区块链
技术丛书

FINANCIAL AND TAX MANAGEMENT WITH BLOCKCHAIN
—— & CORDA DEVELOPMENT GUIDE ——

区块链财税管理与Corda开发指南

偶瑞军 ◎著

机械工业出版社
China Machine Press

图书在版编目（CIP）数据

区块链财税管理与 Corda 开发指南 / 偶瑞军著．—北京：机械工业出版社，2019.2
（区块链技术丛书）

ISBN 978-7-111-61928-4

I. 区… II. 偶… III. 税收管理 - 财务管理 - 应用软件 IV. F812.423-39

中国版本图书馆 CIP 数据核字（2019）第 021943 号

区块链财税管理与 Corda 开发指南

出版发行：机械工业出版社（北京市西城区百万庄大街 22 号 邮政编码：100037）

责任编辑：孙海亮　　责任校对：李秋荣

印　　刷：北京市兆成印刷有限责任公司　　版　　次：2019 年 3 月第 1 版第 1 次印刷

开　　本：186mm×240mm 1/16　　印　　张：20.75

书　　号：ISBN 978-7-111-61928-4　　定　　价：89.00 元

凡购本书，如有缺页、倒页、脱页，由本社发行部调换

客服热线：（010）88379426 88361066　　投稿热线：（010）88379604

购书热线：（010）68326294 88379649 68995259　　读者信箱：hzit@hzbook.com

Preface 前　言

2018年，区块链成为一项广受社会各界关注的技术，相关专业人员争相对其进行研究。市场中能够买到的区块链书籍可以概括为两类：一是普及区块链概念的书，这类书中罗列了区块链可以应用的各种场景和所能发挥的作用。但结合场景对其继续深入研究时会发现，这类书缺乏有深度的内容，会让读者产生是否非用区块链和区块链是否具有独特价值的疑问。二是纯介绍区块链技术的书，这类书往往专门讲述某一种区块链架构，目的是指导开发人员进行应用开发。两类书均不能结合场景，对区块链进行深度介绍。

笔者从事财税系统研发多年，2016年开始深入研究区块链能够对财税领域贡献的独特价值和可能先落地的大规模应用，在技术上分析多个区块链架构的特点，寻找最接近财税场景业务需求的区块链架构。笔者在研究过程中一直希望找到一本合适的参考书籍，但翻遍了区块链领域的图书也没找到。笔者想到肯定有很多读者像之前的自己一样正在找或即将找相关参考书，为了让这些人有书可看，笔者把自己这两年的研究心得和正在尝试的实践思路整理成本书，希望能为对财税结合区块链开展深入研究的读者提供一点有价值的参考。

本书主要分为两大部分：第一大部分主要聚焦于对区块链概念的介绍和对财税业务场景的深入剖析。第二大部分主要是对分布式账本架构Corda进行详细介绍。本书之所以选取Corda进行介绍，是因为笔者认为目前最接近财税场景需求的，能把区块链和分布式账本技术思想充分发挥出来的架构就是Corda。当然，现阶段的Corda还不是最理想的架构，但因为其是开源架构，所以笔者在研发实践中，对不适用的部分进行了改造，对缺失的部分进行了设计补充，这些内容也包含在书中。第二部分的内容主要来自开源社区开发文档，并加入了笔者自己的理解，此事也得到了Corda开源社区和R3公司的官方授权。开发紧密结合开源社区，有利于紧跟社区发展，学习最新内容。

本书的读者对象包括：

- 财务、税务领域的从业人员；
- 财务、税务信息系统的设计开发人员；

- 财税领域区块链与分布式账本应用的关注者和感兴趣者。

刚开始接触区块链概念和对财税领域应用感兴趣的读者，应从第一部分开始阅读；如果仅希望使用 Corda 开发相关应用，且这些应用不是面向财税领域的，可直接阅读第二部分。如果是有意于财税领域的区块链和分布式账本应用开发，并且是有意于使用 Corda 进行开发的读者，也建议从第一部分开始阅读。

书籍的内容在印刷成册的那一刻开始就已固定，但技术的发展和创新是不会固定的，所以技术开发读者可随时访问 github 的 Corda 项目社区，获取最新内容。大家若是对本书有什么建议或者发现书中有什么不妥甚至错误之处，欢迎发送邮件至 Pcb0322@163.com。

在编写本书的过程中，得到了出版社杨福川、孙海亮两位专业编辑的大力支持，也得到了业内专家、领导、同事、家人的支持，在此表示感谢。当然，众多感兴趣读者给予的鼓励，是笔者不停写下去的动力，在此也要表示感谢。

偶瑞军
于北京

Contents 目 录

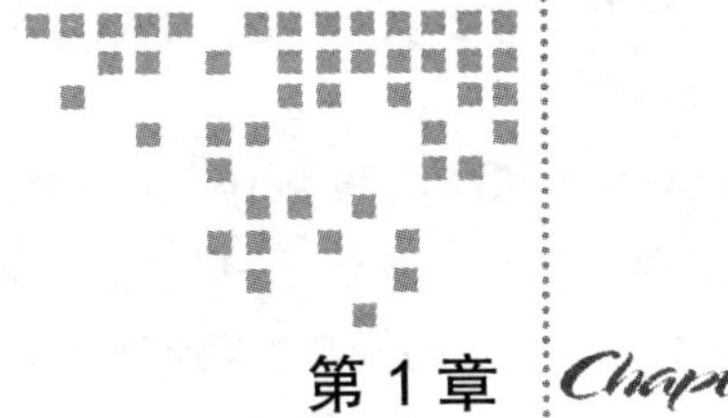

第 1 章 Chapter 1

区块链与分布式账本技术

本章主要介绍区块链与分布式账本是什么以及其他相关的重要知识。现有的区块链书籍和网络中已经有不少讲解区块链技术的内容，所以本章用最简单直白的语言介绍区块链与分布式账本的核心要点，使读者对区块链与分布式账本的主要脉络能有一个初步的了解与把握。

1.1 概念理解

本节将从概念层面介绍区块链和分布式账本的关键知识点，方便非技术人员理解。

1.1.1 区块链的核心本质

对于区块链的核心本质，可以从两个方面来思考：

（1）**用途方面**：区块链的核心用途是记账，记录所有权益与权益归属，以及权益属性的使用。其开启了数字资产的开发和使用，能让资源配置实现更加精细化的管理。

（2）**信任建立方面**：在缺乏信任的情况下，区块链是一种展开交易的信任解决方案。

下面通过对几个关键问题的探讨进一步对上述内容进行阐述，以方便读者体会和理解区块链的本质。

区块链最显著的特征在于其记账的方法——点对点记账。传统的记账方法中，在涉及归属权交换的情况下，广泛使用的是委托第三方记账的方法，例如我们的存款记录在存款的银行中，这就是委托第三方进行记账。

区块链的记账方法是权益者自己记账，这就引出了另外一个问题：涉及权益的交割时，如何达成相关方的无异议，在区块链领域，不同的人各自记账，而保证形成一致结果的，是共识算法。

比特币和其使用的 POW 共识算法所带来的点对点记账、去中心化、所有节点共同持有一份相同的账本、交易不可篡改等特点，是大多数人对区块链的第一印象。随着对区块链研究的不断深入，人们对区块链的设计有了进一步的拓展，也有了新的疑惑，下面笔者将对相关问题简单阐述一下自己的理解和看法。

（1）**由一堆已有技术组合起来的区块链，到底创新了什么？**

区块链使用的 P2P 协议、数据库、各种加密算法、共识算法，单独讨论哪一样人们都觉得都是已有的技术，为什么组合在一起就被称为是从信息互联网发展到价值互联网的技术？区块链到底创新了什么？笔者认为，单从技术角度讲，区块链里面算得上创新的技术有两个：共识算法和节点数据库。这两点后面会单独讲。区块链主要的创新在于两个方面，一是解决了网络和计算机高度发展以后，进入人机协作、机机协作时代后人机社会协作问题。在此之前，计算机乃至极大的中心化计算机系统，都处于辅助工具的地位。二是通过区块链可以引入数字资产的开发，精细优化资源配置，可以对目前没有开发的人、物的各类主体的各项权益和属性优势都建立数字标的，然后使用。

（2）**共识算法比分布式数据库同步多了什么？**

现在大的中心化系统，比如像 12306 售火车票这样的系统，其拓扑结构的轮廓可以看成是一个沙漏形状，前面是海量的客户端访问，后台由受理、负载均衡、处理、分布式数据库来实现，安全问题由防火墙解决，中间是一个访问焦点，需要足够的带宽。后台采用分布式数据库，因为有安全防火墙，并且是系统内彼此可信，所以分布式数据库之间只需要考虑同步的问题。而区块链节点之间的账本同步，因为彼此都暴露在互联网空间，所以节点之间的共识算法，除了考虑记账的一致性同步以外，还需要考虑恶意记账攻击，此外还需要考虑治理的经济模型，所以公链的共识算法需要包括这三方面的考量。对于非公链来说，比如联盟链和私链，共同的特点是采用统一的 PKI/CA 身份许可入链，这由中心化的根证书系统进行管理。因为参与共识的验证记账节点之间身份可信，所以可以采用简化的同步算法，防恶意记账攻击和经济模型几乎不需要过多考虑。

（3）**PKI/CA 身份机制可能会阻碍联盟链的发展，DID 身份机制更适合区块链。**

从技术本质上讲，非对称密钥对中的公钥即身份，私钥即操作权，再往上就是实名制了，与之对应的是管理需求，所以比特币是匿名的。不论什么样的区块链系统，只要引入统一的 PKI/CA 证书体系，那么实际就在一定程度上中心化了这个系统。建立联盟链的联盟方，谁来管理和掌握数字证书的发行权？这可能会使处于市场竞争关系的多个联盟方又回到不采用区块链系统的中心化系统对接的局面，这么一来，开发者可能就会问自己，区块链的优势体现在哪里？所以在业务上可以采取分层的处理方式，初始匿名，若需要享受更高级的业务权益，则需要相关验证与对应的身份，这肯定是当前情况比较好的解决方案。再进一步，DID 身份机制或是其他区块链身份机制进一步成熟以后，会有更好的解决方案。

（4）怎么理解去中心化？

去中心化，首先体现在技术架构上，这是一目了然的，在区块链中，没有任何一个节点像中心化系统的服务器那样重要。中心化系统的服务器宕机，整个系统停止服务，而在区块链里面，任何一个节点宕机都不会影响整个系统。对去中心化进行更深层次分析，可以从信任建立的方式上来进行。在中心化或是第三方服务的情况下，信任的建立是靠实力和口碑的，这是从现实世界多年发展而来的一种信任建立方式。而网络空间与现实世界最大的不同在于网络空间中的空间法则和时间法则得到了突破，你可以复制无数个你，并安置到无数个业务场景系统中，你可以在过去、现在、未来任意时间点产生或修改数据，在这种情况下，要想人机协作、机机协作，只能通过节点共识这种横向的锁定方法来建立信任。区块链技术实际上不是建立了信任，而是建立了一个信任基础，或者说是管理信任的方式。

（5）用中心化系统的负载指标 TPS 衡量区块链系统并不合适，分布式账本是重要延伸。

中心化系统因为所有访问都聚集在中心化的服务器上，所以存在一个 TPS 指标的问题。在比特币、以太坊推出以后，人们认为它们还不能大规模应用的一个最主要原因是 TPS 太低。笔者认为这是用中心化系统的眼光和角度去衡量区块链系统。这就好比最早的汽车发明出来的时候，能坐 2～3 人，时速不超过 100 公里，若人们把客车、货车、跑车的需求都堆到它的身上，就会发现它什么都不行。实际情况是，汽车已经发明出来了，随着时间的推移，汽车会朝着不同的方向进行优化。另外，卖钻石的交易和卖铁钉的交易显然不是一个重要程度，没有必要将所有交易都堆到一个链上处理，否则必然就会出现现在常说的比特币块容量不够、要扩容的问题。一个每天现金往来几十万的出纳需要配一个保险柜，而一个每天现金往来只有几千块的人，配个文件柜就够了。从这个点上来说，不同的交易，视重要程度，可以选择不同的记账层次。在金融财税场景下，还会涉及商业隐私的问题，这时只需要相关方接触敏感信息即可，这就有了分布式账本的需求。分布式账本就是不是所有的节点都持有一份相同的账本，而是不同的节点持有不同的账本，区块链可以看成是分布式账本的一个特例，即所有的节点持有一份相同的账本。这样一来，区块链系统中与 TPS 相关的指标应该更宽泛，例如一个区块链生态里面的共识圈数量、最大共识节点数、最大 TPS 共识圈、最小 TPS 共识圈、共识算法种类等。如果需要一个总的 TPS，那也是所有共识圈 TPS 之和，这样衡量才比较全面。如此一来，对于所有的节点而言，不同业务场景下不同的节点参与不同的共识圈，与其他节点无关。对于确实需要全局共识的交易，可再发起全局共识，而对于庞大数量的节点共识，随机记账权的分配是兼顾效率、安全、经济模型的最佳方式。

1.1.2 区块链与分布式账本的异同点

区块链与分布式账本的相同点是都是点对点记账。

区块链的概念由比特币引申而出，比特币提出的是一种点对点的电子现金系统，这里最关键的概念就是“点对点”，也就是人们常说的去中心化。准确的说法是，在区块链中无单一全功能中心，无突出的不可缺的全局中心，在实际生活中，应该是不同的业务、不同的领域、不同的生态，具有不同的价值权益。对于某一个个体，也许对于 A 业务来说，他是用户，但对于 B 业务来说，他就是共识参与节点。实际上区块链技术是扁平化技术的进一步应用。

区块链与分布式账本的不同点是持有账本的节点数不同。

区块链的账本是所有参与共识的节点记录的账本，只有一份完全相同的账本。这种账本的优点是账本记录范围大，无法全面攻击和篡改，而面向单一节点的攻击和篡改因为得不到其他节点的认可而无效。但这种账本并非与所有的交易和所有人相关，也并非所有的交易都是金额很大的交易，其上的交易没有差异化，这样一来就会出现隐私保护的问题。对于比特币而言，采取的是单纯的密钥即身份的匿名机制。这种全局账本的另外一个不足是，随着参与节点数的增多，记录交易也会增多，达成全局共识的耗时会越来越大，那么记账效率就会不断下降，这就导致其只适合记录重要的且涉及全局的交易。

分布式账本的思想是：不必全局共享账本，根据业务的重要程度和交易额的大小，在一定范围内实现共识，或者只在交易相关方实现共识，这样对于不同的业务场景，适应性更广。也就是说，在各种不同的主体之间，不同的生态内，会有很多面向不同业务的共识账本，存在于有意参与共识的节点上。如此看来，区块链就是分布式账本的一种极端特例，是全局所有节点参与共识的全局账本。

这样我们在概念上就分清楚了区块链和分布式账本的相同和不同之处。在一般场合中，在中心化和第三方记账方面，区块链和分布式账本是一回事，而在分布式记账的概念里，区块链和分布式账本是两个不同的概念，不能混淆。

1.2 技术理解

1.2.1 区块链和分布式账本架构的组成

区块链与分布式账本在技术架构上分为以下几个部分：

- 账本：记录交易和权益归属。
- P2P 协议：节点之间的网络通信协议。
- 共识算法：用来保障不同节点的账本是一致的。
- 激励：权益的应用方式。
- 合约：以程序代码达成交易的机制。

- 应用：面向场景的应用功能实现。

1. 账本

每个区块链和分布式账本的节点都持有一份自己认可的账本。账本就是记录若干交易和账户状态的数据集合，也可以理解为账本数据库。但是要注意，与分布式数据库相比，区块链和分布式账本有几个不同的要点：

（1）在数据库内，区块链与分布式账本的每条交易记录之间都具有锁定关系，一般是严格按照时间先后顺序锁定的，而普通的数据库记录之间则没有这种锁定关系，可以设置索引，按不同的索引规则任意排序，其中任何一条记录删除后，按索引会重新排序。

（2）在数据特点方面，区块链与分布式账本记录的数据完全是具有交易特征和账户状态的数据，就是说任何一条记录一定会体现某种权益的交割和状态变化。而普通的数据库，无论是结构化的还是非结构化的，都可以存储任何数据。

（3）在数据库之间，普通的分布式数据库中的数据的同步是分数据库向主数据库看齐。而区块链和分布式账本则是依据共识算法的规则进行验证，通过验证则自己认可，记入自己的账本；验证不通过的，丢弃，不记入自己的账本。也就是说，在区块链和分布式账本中不是像其他数据库看齐，而是向共识规则看齐。

2. 对等网络与 P2P 协议

这是非常非常底层和基础的部分，事实上包括众多区块链平台的开发者在内，在这一部分可以设计的余地都不大，都是选择不同的对等网络特性和 P2P 协议参数。因为我们的网络基础标准是固定的，所以在此基础上设计、修改的余地不大，而且一般研发者和设计者不需要，他们也没有实力在这一层次做出独特的设计和修改。读者只需要知道，区块链与分布式账本建立在对等网络的基础上，不同的区块链和分布式账本架构，根据自己的架构设计面向的方向，均已选择好适合的对等网络、P2P 协议及相关参数。

3. 共识算法

共识算法是区块链和分布式账本最具特色的部分，如果一个系统没有共识算法，那么就不能称为区块链或是分布式账本系统。共识算法的基本功能是保持账本的一致性和唯一性，是在众多节点发起的众多交易中确定账本的下一笔交易的下一个块应该是哪个。虽然实现记账一致是共识算法的基本功能，但是因为是处在对等网络环境和点对点记账中，所以共识算法往往还需要考虑安全性和经济模型。安全性是指在遭受恶意记账攻击和双重花费的情况下，能够识别和抵御；经济模型用来处置整个区块链生态中的资源分配优化问题。当前几种比较主要的共识算法有 POW、POS、DPOS 及各类 BFT。笔者针对财税这种涉及公共管理的场景设计了 EPOS 共识算法，即扩展权益证明共识，在本书后面的章节有专门的介绍。

4. 激励

激励是区块链和分布式账本系统对参与并产生贡献者的奖励，是以区块链系统独特的技术优势形成的一种资源优化配置机制。例如在比特币系统中，众多节点通过 POW 共识算法随机筛选出下一个具有记账权的节点，被选出的节点因为贡献了计算资源，所以获得系统共识算法自动分配的比特币奖励，这可以称为算力激励。对于其他节点而言，虽然在此轮计算中没有获得记账权，但是因为 POW 的随机性，使得所有参与节点都不断有机会获得记账权，从而形成回报。

5. 合约

合约以及智能合约是在区块链和分布式账本系统中自动处理不同交易方的权益交易的程序。合约和智能合约有几个主要特征：

（1）至少包含了两个参与方，产生了有条件的交易，发生了与交易权责对应的权益交割。如果仅仅是使用计算机程序就达成某一条件自动执行某一程序，这不算是合约和智能合约。

（2）合约以及智能合约是完全在无人参与的情况下达成的，合约的条件和要交割的权益，需要计算机可准确判断和识别的对象，否则就需要有人参与。

（3）最重要的一点，部署合约和智能合约需要在该应用场景和生态中认可代码即法律，否则无意义。而财税场景的特殊之处在于，这个场景的各种业务绝大多数涉及各种现行的传统的行政政策法规，如何做好衔接、平滑过渡和发展到能完全发挥出区块链的潜力，是额外的工作。

6. 应用

区块链和分布式账本的不同节点代表不同的主体，而对于任何一个主体而言，为了这个主体内部节点与其他各种业务系统的配合，所对应的节点程序必须又是一个小的中心化系统，即以节点为中心。区块链中的应用程序不管是 Web 应用程序还是手机应用程序，或是其他应用程序，都与现有的应用程序完全相同，这里不再展开叙述。所以，单从应用程序来看，可能不太容易发现后台支撑是否涉及了区块链。

1.2.2 五种非常有用的加密算法

区块链和分布式账本技术带来了加密经济模式。所以对加密技术的使用是必不可少的，我们先对财税领域涉及的几种有价值的加密技术做介绍。

1. 哈希算法

哈希算法又称摘要算法，其功能是把一段对象数据转换为一个固定长度的数据串，其特点是如果你的原文发生了一点改变，那么哈希值就会跟着变，这个可以用来锁定文件内容并校验内容是否有修改。其另外一个功能是为其他算法简化对象原文数据。

2. 对称加密算法

对称加密算法使用一个密钥对一段对象数据进行加密，解密使用同一密钥，所以密钥的保管非常重要。

3. 非对称加密算法

非对称加密算法的密钥成对生成，一个用于加密，另外一个用于解密。其中一个密钥属于私钥，永久不公开，另外一个属于公钥，完全公开。因为是密钥对，所以当你用私钥加密某一信息时，其他任何人都可以用你的公钥解开，能用你的公钥解开就代表是你做的加密，这就是数字签名，这是一种电子签名的技术机制，可实现不可抵赖性。所以在技术范畴内，公钥代表身份，私钥代表操作权。通过该算法可以实现匿名性。在现实社会的公共事务中，配合电子签名法可产生相应法律效力。对于任一主体，其私钥、公钥与实体法人或者自然人具有对应关系，按照《电子签名法和商用密码产品管理条例》规定，由公安部和国密办检验合格的数字证书服务机构可提供数字签名相关产品和服务。在此情况下进行操作，效果与实体盖章和手写签名等同。

4. 零知识证明算法

在财税领域，涉及大量的交易信息，这些是双方的商业秘密。在实际场景中，有一种需求是双方要验证对方就某一事务的权益，但又不适合泄露任何事务信息，这种情况下就非常适合使用零知识证明算法。该算法的功能是双方彼此验证对方就某一事务的知情状态或支配权，但不需要提供给对方任何有效信息。

5. 同态加密算法

同态加密算法用来处理密文，并得到和处理明文一样的结果。对于财税商业交易，如果需要某一非当事人的第三方就一项数据进行加工，并给出一个结果值，但该第三方又不是交易的相关方时，为了信息保密，适合使用同态加密算法。先将业务数据加密后再交给第三方处理，得到结果后解密，解密后的值和直接把明文交给第三方处理得到的结果一样。现阶段有许多为了交给第三方办理某项业务，而不得不提供隐私信息，最后造成信息泄露的例子，这些都可以用同态加密算法来解决。

1.2.3　几种具有代表性的架构和共识算法

对于区块链和分布式账本技术，这里介绍几种具有典型代表意义的架构思想和共识机制，以帮助读者进一步理解。

1. 比特币

比特币是一种点对点的电子现金系统，其特征是所有节点记录在一本账中，身份匿名，以公钥标识身份，以私钥操作转账，形成的效果是，所有节点都能看到已有公钥名下有多少比特币，但不知道这个公钥是谁。比特币是一条公链，任何人都可以参与，不涉及实名对应。因为比特币被定义为一种电子现金，所以需要考虑庞大的共识节点数量。其共识机制为 POW（工作量证明），共识的方法是，确定一个随机数哈希目标值，所有节点各自计算，先得到符合要求的结果节点，再获得下一次的记账权，其他节点以该节点的最新记账数据为准。这样比特币的架构和 POW 共识算法的应用价值就是：适合庞大数量的节点达成共识，一本账管理重要资产的交易和权益属性。

2. 以太坊

以太坊是在比特币的基础上，考虑把所有节点的综合算力都利用起来的思想，其提出了以太坊虚拟机和智能合约的机制。以太坊使得区块链的应用思路相对于一开始的比特币有了很大的拓宽。以太坊也是公链，任何人都可以参与，且无须许可，身份是隐匿的。以太坊的共识算法分阶段设计，初始阶段也是 POW。以太坊的核心价值就是提出了虚拟机和智能合约，以及运行合约需要消耗以太币的机制，这为进一步设计复杂、灵活的应用打下了良好的基础。关于激励和代币，我们在后面会有阐述，这里仅讨论架构和共识算法。

3. 超级账本 Fabric

超级账本是 Linux 基金会的开源区块链项目，该项目下面目前有 7～8 种进展不同的架构社区，目前应用广泛的是 Fabric。Fabric 是一种联盟链架构，特点是有许可机制，需要获得成员管理模块发行的数字证书才能开展链上操作。联盟链是适合联盟场合使用的区块链架构，联盟中参与共识的各参与方，都具有自己庞大的用户群和业务群。也就是说与之前的比特币和以太坊比较，联盟链适合的是链接多个中心系统，这种情况下，参与共识的节点目前一般不超过 30 个，使用的共识算法可插拔。Fabric 的特点是在 1.0 版本后增加了通道的机制，就是一个节点可以加入多个通道，共识是在通道内形成，以此来满足复杂应用场景的需求。

4. Corda

Corda 是 R3 公司提出的一种分布式账本架构，非常适合用于金融处理、财税业务等场景。Corda 的思路是不设立全局账本，账本只在交易相关方持有和共识。其引入了公证人概念，公证人可理解为不同业务群的权威机构。实际上技术不断发展，如果某些业务需要全局共识，这与 Corda 的架构也不冲突。另外，Corda 实现了合约与现实合约的完全衔接和对应，这使得实施变得更为平滑和容易。本书第二部分将详细介绍 Corda 的开发。

5. Sawtooth

Sawtooth 是英特尔公司基于其硬件体系提出的区块链架构，提供结合硬件芯片级的 TEE 环境，以及 POET 共识。其节点地址包含节点自身地址与域地址两部分，域地址具有域共识特性，即大范围域覆盖小范围域，这种共识特性使 Sawtooth 可用于与其对应的场景。

6. IOTA

IOTA 是面向物联网的一种架构，和前面所有架构的不同之处在于，其交易的验证具有随机性，所有的交易之间关系整体看是一个网状的结构，而不是像其他架构那样的链状结构，共识效率与被验证的次数权重有关。这是一种另辟蹊径的发展方向，感兴趣的读者可关注。

7. NEO 与 ONT

NEO 是中国社区很早就开始贡献的一种开源架构技术体系。NEO 因应用开发的友好和开发环境的完善而受到开发者称赞；ONT 重在实现多链网间应用和身份识别，其是发展前景比较好、构思成熟的一类技术体系。

除了上述共识算法外，还有 POS、DPOS 和 BFT 等共识算法。

在某一业务背景下，具有利害关系的参与方共识才有意义，其他人可能就是用户。与中心化的单一角色服务的信息系统相比，通过共识算法达成的区块链系统，能够使得各种业务需求得到分布式的区域实现。而对于中心化系统来说，若其不支持区域局部需求，那么区域局部性需求就无法实现。另外，区块链系统通过共识算法，能避免单一系统的被操纵，因为利益方不会认可任何损害自身利益的事务。所以共识算法的设计，往往除了考虑记账一致性这个基本需求外，还需结合经济模型和并充分考虑安全性。

1.2.4　区块链激励机制设计与发展趋势

目前比特币、以太坊等公链已有的都是算力激励，即节点持有者投入了设备，那么就可以挖矿，挖矿所得报酬就是对算力贡献的一种回报，记账也需要支付代币作为报酬，这一层的激励都算是算力激励。随着区块链技术的应用发展，会出现第二层的与业务场景绑定的业务场景激励，和第三层的与应用绑定的应用激励。

激励机制和经济模型的设计，依据设计者对于区块链生态的设计意图而产生。我们可以结合一个例子来分析一下算力激励的优点。例如，在传统的计算机设备销售过程中，制造商将计算机卖给客户，获得销售收入，客户使用到年限然后报废，整个过程就这么简单。如果购买计算机的客户，共同用这些计算机搭建一个信息系统，那么一般会有几个现象：

（1）不同客户产生的业务量对系统资源的消耗，与不同客户贡献计算机的比例可能不匹配。

（2）这个系统可能还有没有贡献计算机设备的使用者。

在这种情况下，需要一种分配机制，使得购买计算机者能够获得相匹配的回报。而产生业务量消耗计算资源者的付出，也与自己的业务量匹配。通过这两方面的兼顾考虑，使得资源配置更加公平合理。在 POW 算法中，记账权的节点获得的奖励，记账获得的记账费，这都是算力激励的体现。

当前因为区块链处在发展的初级阶段，各类区块链平台也都处在建设期，所以各类算法和激励都体现在算力激励与算力资源配置的优化上。笔者认为，区块链系统的激励和经济模型，不会只有体现在算力这一层，还会有更多层面和更多维度的激励和经济模型设计，例如不同领域的区块链系统的激励措施就应该有区别，比如银行业和农牧业应该区别对待。而相同领域中的不同组织或不同产品，也应该有所区别，比如同属银行业，但是一线大城市的银行和小县城的银行之间应该区别对待，而不同档次的理财产品之间也应该有所区别。这就如同我们现在常见的会员系统，往往不同等级的会员会设定不同的年费和可以享受不同的服务。区块链系统结合场景和代币来设计激励措施和经济模型，可以使品质与价格匹配得更加紧密，真正做到一分钱一分货。体现到在商业上，可能会产生消灭统一定价，甚至消灭价格的效果。

第 2 章 Chapter 2

区块链重塑企业财务管理

本章首先介绍现代企业财务管理的现状和痛点。接着介绍区块链在财务管理方面能带来的变化。目前企业财务管理是生产、运营、财务三足鼎立的形式，各部门处理财务业务时在协同效率方面还有进一步提升的空间。本章还将阐述区块链重塑企业财务管理的几个重要方向，介绍区块链对于企业内部财务管理而言，能有哪几个方面的改善，例如：在企业内部生产、运营、财务三条管理主线之间的协同方面，在内外部系统打通方面，在发挥区块链优势处置传统票据功能方面，在审计保障方面，在区块链释放会计人员创新潜力方面等。

2.1 现代企业财务管理的现状

2.1.1 资金往来管理

对于企业资金的往来控制，为了资金安全和合规，基本思路是按业务环节分开处理，互相有牵制，尽量避免单人操作一项完整业务。越是重大的资金往来，越是需要完善和严密的业务处理链条。各个对外、对内的业务往来和交割，都有相关单据，都要注明业务要素，且要求相关经办人员签字。各种业务安排有如下特点：

- 资金业务往来在不同环节上设计不同的岗位职责，不同的职责严格分离，坚决不能由同一个人完成资金业务的全部办理流程。
- 在资金支出的办理过程中，负责审批的人员只负责审批，负责出纳的人员只负责出纳，保管支票或现金的人员只负责保管支票或现金，记账的人员只负责记账。
- 日常业务还有一个常见的收款和开票事项，同样的道理，负责收款的人员和负责开具发票的人员不能是同一人。

2.1.2 成本费用管理

这里所说的成本，一般是指在企业的生产经营活动中，采购原材料或生产设备的成本、制造成本和制造涉及的各项费用。实际上，对于生产型企业和非生产型企业来说，在这方面有很大的不同。对于生产型企业来说，需采购大量原材料，按照企业自身的技术和工艺生产成品，再卖给消费者，在这个过程当中，如果技术先进，成本控制得好，那么利润会很大，竞争优势会较强，反之则可能很快被市场淘汰。对于非生产型企业来说，例如云计算服务公司、网上娱乐服务公司，其需采购大量的计算机作为固定生产设备，剩下的就是智力的投入了，例如科技研发的投入、文化娱乐创意的智力投入等。由此可见，这类企业的成本费用管理与生产型企业完全不同。

企业对于成本的管理，一般是结合自身的业务特点展开的，其会制定一套成本管理的机制，其中会涉及费用的计划、控制、核算、报告、考核等内容。与此同时，企业一般还会将成本的管理与相关的管理岗位挂钩，形成成本的岗位管理责任制，明确规定相关部门和岗位的职责与权限，确保各个相关部门对自己负责的部分尽职尽责。同样，各个岗位的职责要相互分离、制约和监督。

2.1.3 会计核算管理

企业会计核算管理要符合《会计法》等相关法规的要求。

1. 会计凭证

会计凭证是会计核算的基础，会计凭证又分为原始凭证和记账凭证两种。会计人员必须根据审核无误的原始凭证填制记账凭证。这里提到的原始凭证审核无误，与具体的业务能够提供的审核手段有关，例如发票的审核可通过发票查验来实现。

记账凭证需要与原始凭证在业务上具有匹配性，记账凭证要根据附带的原始凭证的经济性质和内容进行编制。记账凭证必须带有时间要素和连续的编号，记账凭证的日期与原始凭证的日期关系应具有一般的业务合理性。

原始凭证会计人员和业务经办人必须审核原始凭证的真实性、完整性，申请人、审批人的签字手续必须齐全且符合公司的规章制度。

2. 会计账簿

企业应设置流水类账簿（例如现金和银行转账类流水账）、分类账簿（各种业务总的分类账和明细的分类账）及各类专项管理账簿（一般是为了方便管理，供特定人员查看）。

账簿是会计档案的重要组成部分，账簿记录需要完整、合法。账簿还需要明确记账责任，需要列出对应的记账人员和经营人员。理想的账簿是完全记录真实情况且不可篡改。

3. 会计报表

会计报表依托账簿和企业经营情况生成。除会计报表外，企业财务类报告还包括会计报表附注和财务情况说明书。财务类报告及报表的内容、种类、格式应遵循企业会计准则的规定。对于上市公司来说，财务报告分季度和年度两种，月度财务报告一般就是会计报表。

4. 会计规则

企业内部为了保证会计信息对比和管理的高效，一般会设计统一的会计科目和使用规则，在计算机财务管理系统中也会编制统一的计算机科目代码。在会计信息系统中会有由企业信息部和财务部制定的方案，该方案由企业管理层审定。会计科目的设计和使用需要满足财政部的要求，满足国家有关会计、税务政策法规的要求，同时也需要满足内部管理的要求。

2.2 现代企业财务管理的痛点

本节介绍现代企业财务管理的痛点，后面会介绍应用区块链技术如何改善这些痛点。

1. 生产、运营、财务协调效率存在内耗

在现代企业治理结构方面，财务部自成一体，在企业生产经营活动中，涉及财务的事务，均得找财务部处理。这就使得企业生产、运营、财务三个部门的协同处于各自为政的局面，内部的协同也像一个小社会一样，需要各种协调和手续。这一点确实是公司管理的需要，但同时也限制了业务部门的潜力。

2. 不同系统之间存在连接鸿沟

现代企业经营活动涉及各种内部、外部信息系统，这些系统均按照特定业务需求设计，办理什么业务就访问什么系统，同一业务的不同阶段，系统无法衔接的环节，只能用原始的线下手续办理，然后接入下一个系统时，又要重复地从身份认证和已办理业务校验开始。这些系统分属不同的单位或由企业内部由不同的部门管理，这就使得当需要实现新的功能需求时，会涉及管理权和系统访问权限的协调，以及系统维护者是否愿意开发的问题，从而使得信息系统在为企业生产经营活动提供助力时，为了系统或者业务的打通，需要付出更高的成本。

3. 存在大量的业务单据和业务留痕机制的冗余

现代企业财务管理涉及不同的系统，或者不同的业务环节，为了权益的交割和存证，设计了非常多的业务单据机制。这是因为在实际生产中，总有系统之间的空隙无法打通，使得一直无法摆脱线下办理，自然相应的单据和业务留痕也就无法避免。而在企业生产经营中，各部门为此也都付出了相当多的管理成本。例如简单的一个日常报销业务，需要粘贴票据、填写各种 ERP 和使用费用控制系统，日复一日，消耗许多工时，且一个环节不合格，就要重来。

4. 审计与稽核的成本与业务规模成正比

现代企业财务管理，虽然设计了各种规章制度，但在实际业务中，还是有违规的风险，所以需要专门的审计与稽核机制，而审计与稽核的成本与企业经营活动的业务量、企业规模成正比。

5. 财务工作人员的业务创新、改善无法实现

现代企业均使用专门的财务系统软件，会计人员有改善业务效率的想法时，只能作为需求提交给服务厂商，是否能获得响应还不确定，而且即便有响应，具体周期也无法确定。这使得很多企业财务工作人员在此方面有心无力。

2.3 区块链重塑企业财务管理

2.3.1 区块链改善生产、运营、财务协同效率的应用设计

从整体来看，区块链能改善生产、运营、财务三方面的协同效率，内部协作可以围绕生产主线展开，运营和财务管理可以作为智能合约上链，从而减少线下的协同消耗，把内部相关的控制管理变成企业生产主线服务。继续深入，会涉及与不同行业的结合，以及与公司治理机制的结合，按业务主线设计账本，需要考量不同的权责、业务合规性、业务凭证或原始行为的触发，然后是相应的共识机制的选择或设计，以及对经济模型和代币机制的考量。

下面介绍一个停车场应用区块链技术进行停车位管理和电子发票开具的案例。

现有的城市公共停车位，收费管理通过人工计时实现，提供的发票为纸质定额发票。随着营改增政策的推进和国家税务总局发票管理新系统的普及，停车收费开具增值税普通发票的需求也逐渐增强。因电子发票是发展趋势，并已得到政策支持，所以停车收费一步到位，从定额发票过渡到电子发票是一种比较成熟的可选方案。同时，电动汽车的保有量逐渐提升，在停车场为电动汽车补充电力，是一项为广大车主提供方便的好的公共服务措施，补充电力就会收费，这也能为运营者增加收入。

应用区块链技术的停车位管理和电子发票开具方案时，每个停车位经营管理企业将成为一个主节点，每个节点使用统一社会信用代码和国家税务总局统一配发的国税 CA 数字证书公钥作为身份标识，二者也具有唯一性和一一对应关系。该企业所经营的每一个车位为一个分节点，每个分节点使用企业自有或者社会公共商密体系颁发的数字证书公钥和车位编号作为身份标识，二者也具有唯一性和一一对应关系。所有停车位按编号顺序从主节点开始构建两条主区块链，一条为停车收费主链，一条为充电收费主链，两个主链分别记载与停车位收费管理、充电收费管理、经营权变化、经营政策变化等重大事件发生时创建的新块。每一个停车位运行两个以太坊智能合约，分别是停车服务合约和充电服务合约，从投入使用开始，每一次停车服务和充电服务事件均由智能合约创建一个区块，区块中客

户身份签名机制通过支持的支付手段关联，不为客户带来额外操作环节。支付手段支持除现金以外的所有支付手段，例如支付宝、微信、NFC、银行移动支付等。停车服务智能合约通过车辆停车耗时计费并结算和生成区块，充电服务智能合约通过充电功率、耗时综合计算收费并结算和生成区块。停车位管理装置含有车辆车牌识别装置和停车感应模块，以及进行支付结算时的驾驶者身份识别装置，从而为智能合约程序代码提供所需的输入信息，以供智能合约创建区块。每发生一次交易，客户均会进入停车管理服务 Web 界面，录入开票信息以触发开票操作，企业主节点开票服务程序用停车节点公钥验证相应交易区块后，使用发票管理新系统为用户开具相应电子发票，然后发送给用户，并为开票信息创建一条区块链接在相应的交易区块上。

本方案涉及的装置有：一个计算单元，用以运行以太坊智能合约程序和其他感应处理控制程序；一个通信装置，用于接入互联网；一个固定柱体，安装在地面，用来安装计算单元、车牌照识别装置、充电插座装置、车辆停放识别感应装置、停车位干涉装置、电池组、太阳能电池板、市电输入模块等。其中停车位干涉装置为可选活动装置，用来在闲置时占用车位，只有车辆发出停车请求才会移开；太阳能板和电池组也为可选装置。

本方案是公共停车位收费管理、充电管理和发票开具的新方案，满足了业务需求，降低了人工负担，提升了管理水平。

2.3.2　区块链改善内部、外部信息系统连接关系的应用设计

从内部不同部门和外部不同单位之间的连接关系来看，区块链通过分布式账本可以使得这种连接关系从无连接变成有连接，从弱连接变成强连接。例如，目前外部业务不同实体之间的系统是没有打通的，都是办理什么业务，就访问对应的系统，如果业务合作很紧密，那就专门开发对接系统。公司内部也一样，如果要在内部不同部门共享信息，要么整合打通不同的系统，要么共同使用一套系统。使用区块链，可以通过设计具有衔接关系的分布式账本来建立这种连接关系，而且是可靠的连接关系。

下面介绍一个应用区块链技术的商品分类与物品追溯电子发票综合管理系统方案。

商品分类编码在电子发票管理系统中刚开始使用，开具时相应内容由用户选择填写，商品分类编码根据经济结构分类制定，目的是统计各行业流通情况。现有的物品追溯在食品、药品领域应用相对深入，但目前主流的中心化服务器系统后台依然采用集中登记来实现。商品分类统计、电子发票开具、物品追溯，这三者目前为互相独立的系统，但从事物管理的角度看，三者如果能够统一设计管理机制，将能够进一步提高统计的覆盖率、准确率和效率，并能降低成本。应用区块链技术将三者进行整合，整体设计，能对商品分类编码、物品追溯和电子发票的开具三者进行综合管理。

应用区块链技术实现的商品分类统计、物品溯源和电子发票开具三者综合管理的方案是：每家企业作为一个节点，每个节点使用统一社会信用代码和国家税务总局统一配发的国税 CA 数字证书公钥作为身份标识，二者也具有唯一性和一一对应关系。每一个税务机

关也作为一个节点，使用税务数字证书公钥和税务机关编号作为身份标识，二者也具有唯一性和一一对应关系。按照商品分类编码建立商品分类账本，每一大类或者每一个商品分类编码设立一个账本，由税务机关写入第一个区块，之后按交易时间先后和顺序，由企业在开具电子发票后，写入交易区块，该交易区块包括块哈希值、指向前一块的指针、开票方标识、物品信息（名称、规格型号、产地、制造商等）、物品来源信息、受票方（物品流向）标识、商品分类编码、电子发票内容等。对于商贸型企业，进项商品分类编码和销项商品分类编码大部分情况下是一致的；对于生产型企业，进项可能是原材料，销项可能是成品，大多是不一致的。此时记账块的物品来源可空或者列出该成品覆盖消耗的原材料清单。在上述账本的实施中，各分类账本能统计商品流通情况，能进行物品追溯。

本方案的优势是，不需要中心化的服务平台，大大降低了记账服务商、企业、政府等各相关方的成本，同时也使商品分类统计、电子发票的开具、物品追溯的操作脉络更加清晰和准确。

2.3.3 区块链简化业务单据和业务留痕机制的应用设计

区块链可以使得各类单据交割、流程、业务留痕的设计机制简单化、自动化，甚至直接消失。因为区块链本身存在的数字签名、不可篡改、各自持有的特点，再加上智能合约和时间戳，所以该方案和之前的各种单据比较，具有同样效果，具有一定的代替性。这是因为当前所有的各种单据起到的作用就是为相关各方提供一个不可抵赖的凭证，或是承担某种业务，而区块链和分布式账本在此方面发挥的作用与单据的需求有很大的重复性。所以，从区块链的角度看待财务场景的业务需求，不管是企业内还是企业间，大量的单据将没有存在的必要，或者说单据发挥的作用将大幅降低。

下面介绍一个电商在线财务系统应用区块链技术中的智能合约进行电子发票综合服务系统的方案。

现有的线上业务系统属于中心化服务系统，所有的业务应用和数据均部署在服务器端。当发生业务交易时，客户端向服务器端发起请求，服务器端进行处理。如果有开具电子发票的需求，则在服务器端统一开具，再推送到受票方。区块链技术出现后，通过构建分布式应用可以大幅降低中心化服务系统的建设成本，将更多的业务分布在各个节点。

本方案是面向区块链智能合约应用提出的电子发票开具方案：一个电子发票开具装置作为一个节点加入区块链网络，该节点以电子发票开具装置的数字证书公钥和所属企业的统一社会信用代码作为唯一身份标识，二者具有一一对应关系。企业业务智能合约应用部署在同一区块链网络，智能合约在触发执行时创建业务记录块，同时智能合约含有开具电子发票程序代码，指向约定的电子发票开具节点，其可触发电子发票开具，获取当前业务对应的电子发票，并创建一个块链接到对应业务块。该智能合约创建业务块和发票块并进行数字签名，使用所属企业电子发票开具装置的数字证书。创建的电子发票块可建立销项记账链，可供受票方需要时下载。

本方案的优势是，完成了企业财务信息系统与电商平台在管理原始凭证电子发票时的衔接需求，提出了区块链智能合约与电子发票开具一体化解决方案，提升了效率，降低了成本。

2.3.4　区块链筑起合规墙减少审计与稽核投入的应用设计

从审计与合规方面看，在区块链上实施智能合约，违反制度的事务就无法通过，从而形成合规墙的效果，减少审计与稽核投入。并且参与共识的都是职责分离的利害相关方，使用共识的区块链系统比单一系统在被非法控制的方面安全性要高。也就是说，可以将目前的事后审计与稽核，变成事前的或是正在进行当中的审计与稽核。

下面介绍一个企业财务信息系统应用区块链技术管理主要原始凭证电子发票的稽核方法与应用系统设计方案。

现有的电子发票由开票方提供，发票的形式是 PDF 文件，受票方通过电子邮件或者到开票方的电子发票服务平台下载获得发票，报销记账时电子发票作为一个附件被添加在报销审核流程中，最终存入报销系统数据库。现有的电子发票记账方式，解决重复记账的方法是，使用一个公共的、总的、中心的第三方记账和电子发票存储服务平台，电子发票都存在那里，哪张电子发票已经记账了，就在第三方服务平台登记一个标记记录。这样如果有谁想再次入账，就会发生冲突。这种方案能解决电子发票的重复入账问题，但有几方面的缺陷：

（1）**第三方服务平台的公信力的问题**。是不是有资质和牌照管理，是不是有政府监管。

（2）**成本问题**。如果收费过高，企业可能就不会选择第三方服务平台的服务，因为这不是必须的。而如果收费低，那么第三方服务平台就可能无法盈利，自然也无法长久运营。而电子发票的保存期限，根据当前的法规要求是 30 年，电子发票存在第三方服务平台，如果第三方服务平台终止运营，数据如何处理？怎么保障？

（3）**企业无法自查重复入账问题，每次核查都需要连接中心平台**。

本方案应用区块链技术的电子发票记账方案，每家企业作为一个节点，每个节点使用统一社会信用代码和国家税务总局统一配发的国税 CA 数字证书公钥作为身份标识，二者具有唯一性和一一对应关系。每个节点具有一个销项电子发票记账链和一个进项电子发票记账链，销项电子发票为该企业开出给客户的发票，进项电子发票使该企业作为购买方，企业从销售方那里获得电子发票。

任意一个节点作为开票方每开出一张电子发票，即用自身数字证书进行哈希和签名形成一个销项记账块并链接到前一块。每个销项记账块包含当前电子发票的号码、哈希值、指向前一块的指针及电子发票 PDF 文件。受票方节点收到该电子发票在进行记账时，用自身数字证书进行哈希和签名形成一个进项记账块并链接到前一块，每个进项记账块包含当前电子发票的号码、哈希值、指向前一块的指针、指向开票方节点和相应发票号码块的指针、电子发票 PDF 文件。同时，向开票方的对应发票块以分支方式申请链接一个当前记账块，表示该张发票已由受票方记账。

如果某一节点的销项电子发票记账链的某一块，被以分支方式链接了两个以上的分支记账块，则表示出现了重复记账，此时通过电子发票记账块共识算法筛选出合法记账块，由开票方或开票方与随机选择的 6 个以上活跃节点一起使用每一个分支记账块的受票方公钥验证该记账块，并且比对记账块电子发票号码和受票方统一社会信用代码与开票信息是否一致，51% 以上节点判定一致的为合法记账块，其余分支记账块作废。通过这种方法能够杜绝非法记账，同时因为一个开票块受开票方控制只能链接一个记账块，也杜绝了受票方将同一张电子发票两次记账的可能。

按照本方案的电子发票区块链记账方法，每一个节点的销项记账和进项记账实际各享有两个记账链，一个本地链和一个网络链。如果本地链发生损坏，可以通过各业务相关方节点的链的记账块恢复出来本地链。

本方案的稽核方法是，对于任一企业销项电子发票记账块，若分支方式太多则标为异常，若没有分支则也是标为异常，进而展开稽查。这是一个有效的线索发现途径，还可以进一步结合商品分类编码记账链进行商品流通路径合理性分析，从而提高稽核效率。

本方案的优势是，不需要中心化的服务平台，大大降低了记账服务商、企业、政府等各相关方的成本，同时也使电子发票的记账受控，更容易按照会计准则规范化。进行稽核时因为有线索、有路径、有信息化手段，从而大幅提高了稽核准确度和效率。

2.3.5 财务虚拟机与会计智能合约编辑语言的应用设计

就财务会计工作而言，有很强的单一性和规则性，所以在财务业务场景下，可以进一步降低智能合约的开发门槛，设计财务业务虚拟机与会计智能合约编辑语言。这里使用编辑而不是编程，是想说明进一步降低门槛，使得会计人员也能编辑智能合约，以此来方便广大财务工作者的业务开发。

对于广大财务工作者来说，其所使用的各种财务系统、费用控制系统、ERP 系统，以及涉及的各种功能和业务流程设计均已形成固定的模式，这使得当财务人员发现信息系统与实际业务出现不匹配的情况时，只能通过人工纸质单据来补充。若想把问题整理成需求报告给系统开发者则需要很长的响应周期，有时甚至得不到响应。同时因为财务领域的业务相对来说受会计规则的限制，使其处在一个比较窄的领域，这就使得专业开发人员不懂会计知识，会计人员不懂开发，从而产生会计人员可自己编程的需求。也就是把专业人员才能开发的区块链系统和智能合约与财务会计规则相结合，整理出其共同特点，提炼公共工具，封装成文案编辑层面的财务智能合约编辑（编程）平台，与相应的智能合约执行体财务虚拟机结合，使得财务人员在碰到财务信息系统不满足实际使用需求的情况下，能自己动手设计出实用的区块链应用，这类似于 Office 里面的 VBA 编程体系。当然这只是笔者目前的设想，具体是否可行以及如何实施，还需进一步思考，读者也可以分析得出自己的结论。

第 3 章 Chapter 3

区块链重塑税收管理

第 3 章从税收管理信息系统的角度简单介绍当前中国税收体系和税收管理的现状。本章在描述税收管理特点时采取了分类方法，这和税务领域本身的分类方法不同。本章从税务信息系统结合实际业务执行的层面展开要点叙述。

本章还会介绍区块链在税收管理中的应用，这部分实际是从社会税收管理需要一个什么样的区块链平台的角度来展开的，内容涉及不同税种的税收账本、财税联盟链的设计思路、财税公链的设计思路，以及扩展的权益证明共识机制设计思路。

3.1 当前社会税收管理现状

本节介绍当前社会税收管理的现状，内容包含税收种类和税收管理的特点。

3.1.1 税收领域的税种分类

按征税对象的性质可将税种分为流转税、所得税、资源税、财产税和行为税五大类。所有税种的纳税地点管理都是相同的，要么是机构或经营所在地，要么是应税行为发生地，所以这一点在下面不再讨论。

1. 流转税

流转税是以商品或劳务流转额为征税对象的税种的统称。商品流转额是指在商品交换过程中发生的交易额。劳务流转额是指经济主体在向社会提供交通运输、邮政电信、金融保险、文化体育、娱乐服务等劳动服务时所取得的各项劳务性收入额。我国现行的流转税包括增值税、消费税、关税。

2. 所得税

所得税是以所得额为征税对象的税种的统称。纳税人的应税所得通常是指自然人或法人在一定期间内，由于劳动、经营、投资或把财产提供给他人使用而获得的收入，扣除为取得收入所需费用后的余额。我国现行的所得税包括企业所得税和个人所得税。

3. 行为税

行为税是以某些特定的行为作为征税对象的税种的统称。我国现行的行为税包括城市维护建设税、环境保护税、印花税和车辆购置税。

4. 资源税

资源税是以资源的绝对收益和级差收益为征税对象的税种的统称。征税对象的资源是指那些具有商品属性的自然资源，即具有交换价值和使用价值的资源。我国现行资源税有城镇土地使用税、土地增值税、耕地占用税。

5. 财产税

财产税是以财产价值为征税对象的税种的统称。作为征税对象的财产包括不动产和动产两类。我国现行的财产税包括房产税、契税和车船税。

3.1.2 各类税收管理的特点

1. 业务流通类税收管理的特点

这类税收的特点是范围非常广，往往覆盖了非常长的业务流通渠道。税务局在税收管理上，发挥的是一种以点对面、以点对线的管理方式，还没有组织起所有纳税人形成的一种网的协作模式，区块链在此方面能发挥一定的作用。

1）增值税征收管理

增值税涉及的不同产业的业务流通渠道最长，且是最大的税种。增值税的另外一个特别之处是抵扣，目前增值税的征收管理主要通过增值税发票系统和电子底账库勾选抵扣实现，对于某个行业的税收是否合理、是否存在真票虚开等问题，需要通过专项稽核调查才能清楚。

增值税的缴纳，存在应税行为、缴纳期限、抵扣期限等时间要素。现行的增值税发票系统在填开时要求填写商品分类编码，这是一项非常有用的功能。

2）消费税征收管理

我国目前主要采取在应税消费品生产经营的起始环节征收消费税。选择了 5 种类型的 15 个税目的消费品作为消费税的征收范围：第一类是一些过度消费会对人身健康、社会秩序、生态环境造成危害的特殊消费品，包括烟、酒、鞭炮和焰火；第二类是非生活必需品中的奢侈品，包括化妆品、贵重首饰、珠宝宝石、高档手表、高尔夫球及球具、游艇；第三类是高能消耗及高档消费品，包括小汽车、摩托车；第四类是不可再生且不易替代的稀缺性资源消费品，包括成品油；第五类是不利于可持续发展及环保的产品，如木制一次性筷子、实木地板。

国内消费税由税务局负责征收，而进口应税消费品应征的消费税由海关代征。从征收消费税的商品的特点看，消费税的征收也伴随着消费者对质量溯源的更多需求。

2. 强关联权证类税收管理的特点

这类税收管理的特点是要么和某项业务或系统具有很强的关联性，要么就是和某种权证以及相应的主管机构具有很强的关联性。区块链技术在这里应用的优势在于权证上链与跨机构业务协同。

1）关税的征收管理

进口货物的纳税人应当按时向货物的进（出）境地海关申报。经海关对实际货物进行查验后，根据税则中货物的归类和完税价格计算应纳关税和进口环节代征税费，填发税款缴纳证。纳税义务人按时缴纳税款。

2）资源税的征收管理

资源税的征收管理，一般由资源管理部门和税务局共同管辖，税收缴纳在税务局，权证办理在资源管理部门，税务局和资源管理部门具有业务上的关联关系，并且缴税是重要的办证依据。

3）财产税的征收管理

财产税的征收管理，一般和财产确权挂钩，具有和相应的业务管理部门的业务关联关系。

4）印花税和车辆购置税

印花税是对经济活动和经济交往中书立、使用、领受的凭证征收的一种税。

车辆购置税是对在我国境内购置应税车辆的单位和个人征收的一种税。纳税人应当持主管税务机关出具的完税证明或者免税证明，向公安机关车辆管理机构办理车辆登记注册手续；没有完税证明或者免税证明的，公安机关车辆管理机构不得办理车辆登记注册手续。

3. 其他专项类税收征收管理的特点

此类税收管理，区块链能够发挥作用的地方在于计税依据上链。

1）企业所得税征收管理

企业所得税征收管理有一个重点——源泉扣缴。源泉扣缴是指以所得支付人为扣缴义务人，在每次向纳税人支付有关所得款项时，代为扣缴所得税税款的做法。

我国与其他国家签订了多项防范税基侵犯的国际公约。

2）个人所得税征收管理

个人所得税的申报缴纳分为自行申报纳税和代扣代缴税款两种方式。

自行申报的纳税人，其申报纳税地点一般为收入来源地的主管税务机关。

代扣代缴的扣缴义务人应设立代扣代缴税款账簿，正确反映个人所得税的扣缴情况，并如实填写《扣缴个人所得税报告表》及其他有关资料。

3）环境保护税和城市维护建设税征收管理

环境保护税是在中国领域和中国管辖的其他海域，直接向环境排放应税污染物的企业、事业单位和其他生产经营者应征缴的税收。

城市维护建设税是对缴纳增值税、消费税的单位和个人，按其实际缴纳的增值税和消费税税额的一定比例征收，专门用于城市维护建设的一种税收。

3.2 区块链对税收科技产生影响的四个阶段

区块链已经成为一个行业和社会热点，人们对于区块链的理解也各不相同，事实上笔者认为区块链是云计算技术发展到成熟阶段的必然产物，因为我们每个人、每个组织所拥有的计算节点的计算能力已经使得我们身处云中，云计算不再是简单的由软件开发者把应用部署到云端虚拟机那样的狭隘概念，而是无处不在的。简单概括，云计算组织计算资源，区块链组织计算关系，这里不再展开论述。

笔者认为，区块链对税收科技的影响将体现在四个阶段：

第一阶段：企业电子发票链。

这一阶段的主要特点是，为解决当前电子发票和非税电子票据推广问题，以及电子发票和非税电子票据直接入账时重复入账行业问题和存档需求，而形成的类似“企业电子发票账本”类的产品，主要由行业服务商推动，可实现电子发票文件直接入账，以及提高流转效率、简化管理方案、降低管理成本。这种方案从整体行业的角度看，存在一个缺点是：因为它首先由企业推动，属于企业行为，会存在竞争格局，会产生信息孤岛，流通不够通畅，会存在相应的跨连协同技术问题。

第二阶段：政府电子发票链。

这一阶段的主要特点是区块链技术发展到一定程度，由政府组织开发相关应用，充分利用全体纳税人计算节点的计算资源，服务于纳税企业，实现全链验证、全链查重、全链存档，降低政府主管单位在此方面的成本投入。这种方案的优点是，税局节点和纳税节点一体化，进一步挖掘区块链技术潜力，优化纳税服务。缺点是纳税节点的开机状况和网络状况对性能有影响，设计时需考虑补充机制。

事实上，企业电子发票链和政府电子发票链是企业和政府从各自不同角度出发形成的不同应用形式，但在技术上属于同一应用水平。

第三阶段：政府数字发票链。

在这一阶段，完全发挥区块链技术的价值交换和立体融合的能力和优势，从重点行业和大额发票开始，开具数字发票，将商品流、资金流、发票流、纳税流进行一票融合并全部上链，全面解决涉税信息多管道分开的融合问题，大大加强税收监管能力。在这一阶段，通过智能合约，税务征期、申报、抵扣等概念将开始淡化，因为这些可由系统自动实现。因为技术支撑使得对这种管理措施的依赖进一步下降，纳税手续进一步简化。

第四阶段：数字货币税收链。

在这一阶段，金融科技、数字货币和税收科技实现高度融合，各类纳税手续几乎透明，税务征期、申报、抵扣、退税等概念将完全消失，因为这些可由系统完全自动处理，政府税务部门和纳税者相关操作零负担。

总体而言，四个阶段的发展不会是简单按时间先后进行分开，行业内的研究可能会同步展开与试点，实施时也会出现一定程度的重合并行，由此可能产生软硬分叉问题。结合行业场景特点，从需求的角度来看，这并不会对业务运行的效果产生障碍，只需设计时进行一定的考虑即可。

3.3　区块链在电子发票领域的应用

本节结合当前电子发票推广应用的现状和遇到的一些难点，分析应用区块链技术解决这些难点的方法和所具有的优势。对电子发票在企业间全面深入应用过程中区块链技术所能提供的助力和相关应用场合进行展望。

3.3.1　电子发票的应用现状

1. 政策现状

国家税务总局在 2015 年年底发布公告，自 2016 年 1 月 1 日起全国推行通过增值税电子发票系统开具增值税电子普通发票，其他开具电子发票的系统同时停止使用。这项政策和相应的增值税电子发票系统的推出，主要解决了营改增后一些开票量大的行业的开票问题，这些行业存在大量的面向个人的开票业务，例如电商、电信、快递、公用事业。（更多内容可参考：http://www.chinatax.gov.cn/n810341/n810765/n1465977/n1466007/c2061033/content.html。）

国家财政部、国家档案局在 2015 年年底公布修订后的《会计档案管理办法》，自 2016 年 1 月 1 日起实施。其中第八条规定，单位内部形成的属于归档范围的电子会计资料可仅以电子形式保存，形成电子会计档案。第九条规定，单位从外部接收的电子会计资料附有符合《中华人民共和国电子签名法》规定的电子签名的，可仅以电子形式归档保存，形成电子会计档案。修订后的《会计档案管理办法》从政策层面解决了电子发票的直接入账问题。增值税电子发票系统开具的增值税电子普通发票具有税务数字证书的电子签名，符合修订后的《会计档案管理办法》，可以仅以电子形式归档保存。（更多内容可参考：http://www.mof.gov.cn/pub/tfs/zhengwuxinxi/caizhengbuling/201512/t20151214_1613338.html。）

2. 电子发票开票方案现状

国家税务总局在 2015 年年底发布推行电子发票政策的同时，作为附件 2 同步发布了增值税电子发票系统技术方案。方案中公布的增值税电子发票系统实现方案逻辑示意如图 3-1 所示。

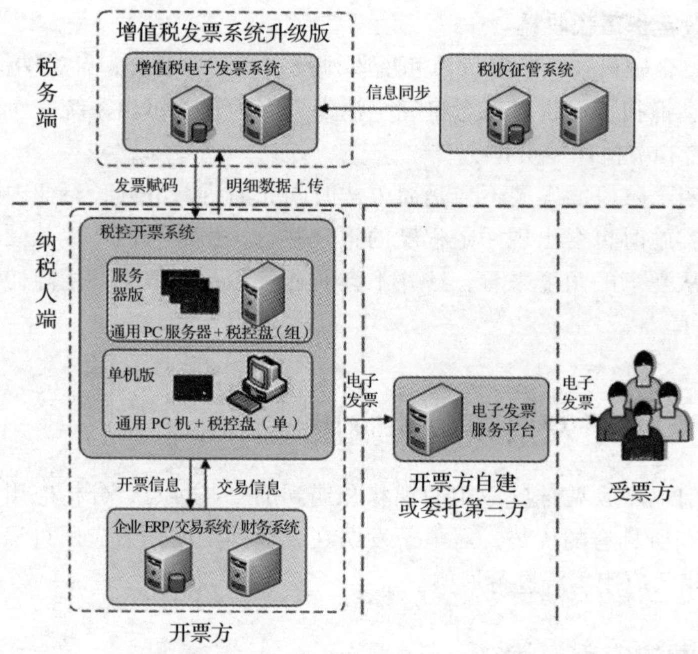

图 3-1 增值税电子发票系统实现方案逻辑示意

增值税电子发票的号段，由税务后台征管系统通过接口方式同步至增值税电子发票系统，通过增值税电子发票系统最终赋予纳税人。电商等用票量大的企业可选用服务器版税控开票系统以满足企业大量集中开票需求。票量小的企业可使用单机版税控开票系统完成电子发票开具及电子数据生成。电子发票版式文件可在企业端直接生成，也可由第三方电子发票服务平台完成。使用第三方电子发票服务平台的纳税人，需将电子发票数据传递给第三方电子发票服务平台。电子发票明细数据通过增值税电子发票系统实时传送到税务机关，进入发票电子底账库。数据接口规范包含两种：第一种适用于税控开票系统（单机版）开具电子发票的纳税人；第二种适用于开票量大、使用税控开票系统（服务器版）的纳税人。（更多内容可参考前文增值税电子发票系统全国推行政策网址。）

3. 企业电子发票管理现状

表 3-1 通过对电子发票管理和纸质发票管理的对比，描述了电子发票全生命周期管理的现状。

表 3-1 电子发票全生命周期管理的现状

阶段	纸票管理现状	电子发票管理现状
收	收取纸质发票	收取电子发票版式文件
报	纸质发票粘贴纸质报销单	作为电子报销单附件导入电子报销系统，或者打印电子发票版式文件按照纸质发票报销（有分歧）
验	在发票开具方税局网站查验	在发票开具方税局网站查验

（续）

阶段	纸票管理现状	电子发票管理现状
滤	不存在重复报销的问题	电子化处理时，企业报销系统无法验证发票文件是否有篡改，发票在本企业和其他企业是否有过报销，需依赖可信的税局或者第三方服务平台标识发票状态
记	审批完的报销单和纸质发票一起作为会计凭证记账存档	审批完的电子报销单和电子发票文件作为电子会计凭证记账，存档在电子会计系统数据库或电脑硬盘
查	1～2年内一般会有业务查阅和年度例行审计查阅	
审	5～7年内可能会有高管调职引发例行审计查阅	
存	档案柜保存30年	电子会计系统数据库、电脑硬盘、第三方记账服务平台，保存30年
毁	按规定销毁	按规定删除销毁

电子会计凭证的成立依赖于电子签名法，电子发票涉及的各类数字证书体系和存档，需要具有长达30年的保障，即在30年内可以验证电子签名和数据的随时可用。

3.3.2 电子发票大规模应用的难点

当前电子发票应用的主要难点在于报销、入账和保存三个方面。电子发票文件因为其具有可重复拷贝、可重复提交、可篡改的特点，给企业的报销管理、入账管理和存档管理带来了新的困惑。企业需要借助专业的信息系统来实施报销流转、验证发票的真伪和发票文件的完整性、防止发票的重复入账和保存30年文件完整可用。

在解决企业管理电子发票的难点上，目前有三方面的服务商在做出努力，其产品均已上线投入市场：一是提供电子发票开具服务的平台向报销流转、查验、记账、保存方向扩展延伸，成为完整的电子发票解决方案平台；二是传统的财务软件服务商和税务会计师中介服务机构，建设电子发票记账和报销管理平台；三是新进入的互联网企业服务商，例如微信的电子发票解决方案，发挥沟通平台的优势，解决发票报销流转的痛点，阿里的发票服务平台，提供完整的电子发票解决方案平台。表3-2所示汇总对比了各方面服务商平台的优劣势和局限。

表3-2 各类电子发票服务平台对比

平台	优势	劣势	局限
开具服务平台延伸	发票查验和杜绝重复入账最方便解决	没有报销和入账管理的基础积累	平台建设投入巨大，一般企业上线积极性不高，投入收益前景不明，进展缓慢
财务软件服务平台	报销和记账管理基础深厚	发票查验、入账状态依赖开具平台	财务系统改造成本高，多个系统对接
互联网企业平台	平台技术深厚，运维成本低	发票查验依赖开具平台，财务管理没有积累	解决部分问题，出发点还是自身战略

（续）

平　台	优　势	劣　势	局　限
税务局建设平台	发票开具、查验、入账标识方便	平台建设投入大	出于成本和工作范围考虑，可能性小

电子发票管理主要的难点就是解决重复报销的问题、报销流传问题和可靠保存问题。其中报销流传问题，对于电子发票来说，如果有改造且建设好的财务信息系统及平台支撑，电子发票报销比纸质发票方便快捷，没有的话电子发票比纸质发票麻烦。现阶段解决重复报销的问题主要还是依靠中心化的统一服务平台的标识，该平台需具有权威可信的特点。报销流传只是一般的信息系统优化需求，随着时间的投入会越来越顺畅。可靠保存有点特殊，电子发票文件基本 2 年后就进入一个沉寂的状态，是否一直在线保存还有待行业的选择。

建设中心化的服务平台或是采用其他技术解决手段，电子发票管理面临的需要处理的数据规模如下：

根据《中国税务报》的报道，截至 2015 年年底，全国营改增试点纳税人共计 592 万户，其中一般纳税人 113 万户，小规模纳税人 479 万户。新纳入试点的四大行业纳税人接近 1000 万户，是此前试点纳税总户数的 1.7 倍。（更多内容可参考 http://www.ctaxnews.net.cn/html/2016-03/25/nw.D340100zgswb_20160325_2-08.htm。）

上述营改增户数 1600 万，加上原来的增值税企业户数，估计总计有 2000 万户，电子发票服务平台需要满足如此庞大数量的企业应用。

在发票份数方面，根据中国财会网 2016 年 3 月 1 日的报道，增值税电子发票系统全国推行 3 个月以来，已开出电子发票 6000 万份。（更多内容可参考 http://www.e521.com/news/xyxw/450265.shtml。）

考虑到发票电子化的趋势，目前还在使用的增值税纸质发票也需要考虑在内，增值税纸质专用发票 2015 年开票量为 8 亿多份。（更多内容可参考 http://news.eastday.com/eastday/13news/auto/news/china/20160225/u7ai5337234.html。）

增值税普通发票的发票份数，可参考国家税务总局发布的数据。2016 年营改增 5 月 1 日启动当天，全国共有 23669 户试点纳税人开出 63655 份发票，其中，增值税专用发票 7347 份，增值税普通发票 56308 份。（更多内容可参考 http://www.chinatax.gov.cn/n810341/n810780/c2121786/content.html。）

按以上数据估算，发票全面电子化以后，每年开票数量在 100 亿份以上。

3.3.3 区块链技术的主要特点与电子发票对应分析

本节分析区块链技术的主要特征与电子发票应用场景结合的几个关键问题，通过分析来审视区块链与电子发票场景应用的匹配情况。

1. 去中心化

区块链技术所有的应用实现基于区块链网络中的广大分布式节点，不需要中心化的服务器平台，这为节省电子发票服务平台的建设成本开辟了另外一条途径。按每台企业 PC 提供 100GB 存储空间，每张电子发票需要 200KB 计算，以 2000 万户企业的 25%，也就是 500 万台 PC 构成的常在线节点计算，全网络存储能力为 500PB，换算成电子发票份数为 2.5 万亿份，以 100 亿份每年算，能存 250 年的开票量，以 30 年的时间算，每年能存 800 多亿份。计算能力就更不用说了，500 万台以上节点的计算能力，满足电子发票领域的各种应用没有任何问题。

2. 公共账本

区块链技术采用由所有节点共同维护的公共账本来解决重复支付问题。重复支付问题和电子发票的重复报销、重复入账问题很类似，或者更进一步说，重复报销和重复入账本质都是重复支付问题。区块链技术涉及的用于解决重复支付问题的公有链、私有链或者二者结合的方案，都可以用来解决电子发票的重复报销和重复入账问题。

3. 加密算法

加密算法是区块链技术必备的支撑组件，区块链中广泛应用哈希算法保证数据块的完整性，应用非对称算法来标识身份和加密及验证数据。增值税电子发票系统具有完备的数字证书体系，对加密算法的应用也具有良好的基础，在具体应用中采用区块链技术，在加密算法方面没有任何障碍。

4. 分布式共识

区块链技术采用多数节点的意见来形成共识算法，与中心化平台的架构相比，中心化平台需要保证其权威性、可靠性，为此需要投入巨大的成本，而区块链技术则通过广大节点共同维护的账本和共识算法来保证，相比中心化系统，成本极其低廉。

5. 泛洪和效率问题

区块链技术因为其分布式网络的广播需要，容易引发网络资源的侵占。公共账本的日积月累，容易引发后期记账效率低下问题。电子发票因为只涉及开票方、受票方和税局且按年度核算，并不是所有企业都参与交互，所以不易引发泛洪和效率低下问题。

3.3.4　区块链技术用于电子发票管理的 4 个基本要点

1. 制度层面的关系

从会计制度的角度来讲，由国家税务总局推行的增值税电子发票系统，解决了合法的电子原始凭证的产生问题，行业财务系统提供的报销审核等管理功能解决了记账凭证的信息化产生问题，二者统一构成电子会计凭证，可入账和存档。修订后的《会计档案管理办法》，解决了电子会计凭证作为会计凭证的形式认可问题。以上部分，相当于解决了电子发票管理的前半篇。后半篇问题在于，在入账和存档方面，电子凭证不同于纸质凭证，不具有唯一性和不可变更性，缺乏权威的电子账本和电子会计凭证存档器，如果像手工操作那样，随便建一个数据库，随便用一个电脑硬盘文件夹就能存放，虽然可以说得通，但实际业务不可行。理想的情况是，在各服务商财务系统中，提供电子凭证记账和存档的核心模块，如果经过财政部、国家会计协会层面的认证或发布或统一标准筹划，效果更好。这样就能从根本上形成一个完整的电子凭证会计管理闭环，当前的电子发票打印按纸质发票报销入账处理存在分歧的原因也在于此。

2. 区块链电子发票管理与增值税电子发票系统的关系

现行的增值税电子发票系统属于国税总局发票管理新系统的一部分，基于税务数字证书和电子底账库，提供了完备的增值税发票开具和信息管税功能。即便结合区块链技术审视，当前的发票管理新系统也是最佳方案。区块链技术对于电子发票管理能够做出贡献的地方在于，电子发票作为电子会计凭证的后半篇需求，实际上是对增值税电子发票系统的衔接补充和延伸。

3. 区块链节点身份与构成

整个电子发票管理区块链网络实际有两类节点：一是企业节点，二是各级税局节点。企业节点以企业税号和税务数字证书公钥作为节点身份标识，税局节点以其单位名称或编号和税务数字证书公钥作为节点身份标识。对于任一企业节点 PC，除安装有增值税发票开票系统以外，还应安装区块链客户端程序。说是客户端程序，因为是分布式网络，所以该程序实质有两部分——服务端和客户端，服务端部分服务于业务相关方和主管税局的访问，客户端部分处理本地业务。

4. 账本的设置原则

对于电子发票的管理，设立全国统一的公共账本链没有意义，也无法实现，对于任意一张电子发票来说，只与其开票方和受票方以及管辖地税局相关，各账本的设立只在其相关方设置即可。也就是说，电子发票的区块链实质是一群互相有指向关系但无链接关系的区块链群。

对于电子发票的初始号段分配应以省局为单位，设立电子发票号段分配账本，只有省级税局节点具有分配发票号段的权限，相当于省级税局向企业支付了空白可开具的电子发票，各接收企业按号段写接收块，接收企业可只保存与自己有关的号段块。

对于企业电子发票记账，可建立自己的销项发票账链，和进项发票账链，受票方取得电子发票后，可以访问开票方节点验证。或者直接使用开票方公钥验证。验证通过后，写入自己进行记账链，也向开票方销项账本对应块写入记账块，这样任一企业的任一销项发票块只能有一个合法记账块。如果有多的，可启用业务相关方共识机制进行判定，由此解决重复记账问题。企业保存电子发票时只保存业务相关方信息，其额外的信息可考虑异地备份，选取一些距离跨度大的节点。如 A、B、C、D、E 五家企业相互作生意，那么 B 企业保存了A、B、C三家的账本而不管其他家，C企业保存了B、C、D三家企业的账本而不管其他家。这样实现整体网络资源和节点计算机资源的合理使用，由各业务相关方构建的区块链群，彼此交叉，相关方具有公共账本和共识机制。

全国所有企业的区块链账本一般情况下是无需遍历的，可以假设极端情况，如电子底账库损坏，可以由税局节点发起遍历，串起所有企业的账本链，从而恢复电子底账库。当然，正常情况下，企业节点是不具有这样的权限和访问无业务相关的其他节点账本的权限的。对于大型企业，一般都有自己的数据中心，如果愿意，也可以使用区块链网络的资源来运行账本，这样还可以设计由大企业支付资源使用费，由一般小企业受益的机制，类似于比特币的工作量证明挖矿机制的报酬。

3.4 全国区块链税收总账与分类账体系设计

按照税收体系的五大类税收类别，分别设置全国税收总账与分类账，例如增值税账本、消费税账本、财产税账本、行为税账本、资源税账本。

进一步以增值税账本为例，可按类别设立发票领用账本、发票开具账本、发票抵扣账本和其他功能账本。各参与和使用单位，各自在自己获得授权的业务环节维护自己的账本。

具有区域性特点的税收账本只在区域性相关单位维护即可。

下面介绍一个应用区块链技术进行电子发票申领、领用与使用监督的方案。

现有的电子发票申领、领用，基于统一的发票管理系统。电子发票和纸质发票统一管理，电子发票相对于纸质发票不涉及发票实物的管理，实际管理的是电子发票的号段。企业向所属税的发票管理系统局端申领电子发票，局端审核之前号段的使用情况，电子发票号段的授权和传递通过一个专用密码装置实现，改密码装置内置加密存储区和数字证书。现有电子发票申领、领用属于一种中心化的系统架构，该系统同时还管理纸质发票的申领、领用。对于纯电子发票，采用区块链技术实现电子发票的申领和领用，能够降低系统建设成本。

应用区块链技术的电子发票申领、领用与使用监督的系统及方法是：税局具有发放电子发票号段的系统作为一个区块链网络节点，以统一税务数字证书体系发放的数字证书公钥作为身份标识，企业用户作为一个区块链网络节点，同样以税局发放的税务数字证书公钥作为身份标识。一个省级税务行政区每个年度设立一个电子发票号段发放总账。当企业节点提出电子发票申领请求后，税局节点创建一个区块将发放的号段写入发票账本。该区块包括电子发票起始号和终止号、申领企业统一社会信用代码、申请企业公钥、发放税局公钥，申请企业领用操作同样创建一个区块链接到该区块，同样包含上述信息。企业在开具电子发票时，将电子发票号段使用情况按一定的发票数量或固定的时间点创建使用块，并写入发票账本，税局可随时查看企业发票使用情况。

本方案的优势是，提出了应用区块链技术的电子发票号段申领和领用、使用监督方案，相对于现有的服务器方式中心化系统，具有更低的系统建设成本和运行维护成本。

在计算机网络空间，应用区块链技术以后，将出现一类特殊的节点，这类节点的特点是，从政府系统的视角看去，该节点代表企业；从企业信息系统的视角看去，该节点代表政府业务机构。

以税务业务为例，目前是各企业财务人员按照税收政策法规，每月在税局的网站系统进行申报，应用区块链技术以后，税局可以发布税务虚拟机，每次发布税务政策，可以伴随发布相应的税务智能合约，这样企业加载以后，就可以自动处理此方面的业务。就像是税局派出了千千万万上门工作的税务人员一样。

这种政务虚拟机和政务智能合约，同样适用其他生产许可等政务管理场景，比如技术质量监督、公安、工商等。同时，也能发挥监管、合规、沙箱等方面的作用。

3.5 财税联盟链的设计

财税联盟链数字票据生态建设框架，致力于以应用区块链技术的企业电子票据账本项目和国际税收合约项目为起点，推进区块链技术在税务领域的应用，并推动与电子票据相关的财会服务、金融结算、商品分类统计与追溯（供应链）、工业互联等各相关区块链应用的跨链协同（交易），逐步朝着实现社会商业活动中业务流、商品流、资金流、税务流、信息流的按需融合而努力，并对将来真正的数字票据、筹划型税务人工智能，以及数字货币视角下的税收管理进行一些前瞻性的研究。

面向当前国税总局和财政部大力推广的电子发票和非税电子票据，应用区块链技术，研发提供起到底层支撑作用的全社会可信的企业电子票据账本，实现电子票据直接入账和智能合约自动报销的私链应用，解决电子票据重复入账的全社会行业担忧的问题，实现电子票据在企业节点之间自动传递，流转过程透明，并且无须再查验、打印、粘贴报销，解决人们在此方面的精力和时间投入，降低全社会成本。企业电子票据账本层次定位如图 3-2 所示。

1. 项目背景

按照电子发票和非税电子票据目前的推广政策和管理规定，企业报销入账需要打印后按照纸质票据的入账方式管理。这是因为如果使用电子票据直接入账，缺乏全社会认可的支撑系统，虽然有的 ERP 厂商已经致力于企业内的解决方案，但因无法解决全社会的查重，所以难以被监管方认可。

图 3-2 电子票据账本层次定位图

2. 中心化思路的解决方案

需要全国的大平台和中心数据库，政府建设需要预算，但因要迈入企业财务管理而超出政务管理，故存在跨界的困难。另外一种思路是参考发展电子发票较早的国家和地区的经验，建立几家大平台，电子发票（非税电子票据）开具和入账免费，平台收入从增值的代账等服务中获取。这种思路的技术背景是云计算技术尚未出现、网络能力不是及区块链技术尚未出现。

3. 区块链的解决方案

按照全国税务地区划分，可设立 36 个税局主监管节点和约 3000 个子节点，与之对应的，还应设立 36 个财政主监管节点和约 3000 个子节点，同时设立 36 个运维节点，各家企业自身为一个节点，受税局及财政节点监管，规模约为 3 千万个。架构采用 fabric、sawtooth、corda 和 cosmos。其中，fabric 主要用于监管业务层；sawtooth 主要用于开票权共识层；corda 主要用于开票后业务层；cosmos 用于前面三个架构遇到无法融合的业务需求难点时跨链，以及跨链交易；与工业互联的延伸采用 IOTA；企业内私链应用智能合约自动报销采用 fabric。基于全生态设计，企业电子票据账本是其中的一部分，整体架构示意如图 3-3 所示。

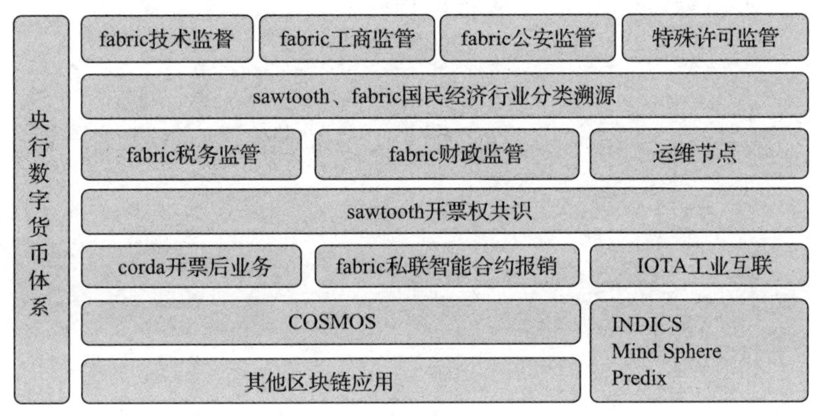

图 3-3 财税联盟链整体架构图

架构设计考虑主要从完全的 P2P 和区块链思维出发，对于每一类参与方，凡是在一个事务圈，具有利害关系，具有同等身份，表态对事务圈状态有影响的，都视为可分配验证节点身份。当然在具体的业务中，可能会有不同的业务和同一方的身份不同的情况，所以架构设计整体上按照业务做了层次划分。这样做的目的是验证和发挥区块链技术的优势，同时也可解决某个节点 TPS 负荷过高的问题，毕竟当前的区块链技术架构还无法支撑海量的交易和节点数。发起人在设计之初也考虑过，全范围设计 10～36 个节点来支撑所有业务，但那样做的证，一来架构支持还有些勉强，二来无法把区块链和点对点思维用到位，还不如就用中心化的方式解决，所以没有采用那种架构设计。

关于 TPS 问题，因为架构采用了整体的业务层次拆分原则，所以大大降低了每一个节点和每一个共识圈的业务负荷。因为税务业务逻辑比较复杂，这里用另外一个场景的例子说明这种设计思想。例如我们在 12306 订票，从业务需求上来看，购买从北京到上海车票的乘客，与购买从太原到西安车票的乘客没有任何关系；进一步，购买从北京到上海的乘客，不同车次的乘客也没有关系；进一步，同一车次的乘客，选择不同车厢的乘客也没有关系；再进一步，喜好靠窗还是靠过道的乘客也没有关系；而一节车型容量 80 多人，只选靠窗的又是 20 多人，这 20 多人又不能同时购票，按照点对点的设计思维，这种拆解下来，将大大降低 TPS 的压力，共识也只在我选择的车厢和客运公司之间有关。

企业电子票据账本可能部署在云平台上，也可能分散地由各参与方选择各自的部署位置，例如监管方节点、工业互联节点及经 COSMOS 对接的其他链节点，其中企业节点可由企业根据预算、网络和设备性能等情况综合考虑自由选择本地部署（0 成本）或云部署（云付费）。

第4章 Chapter 4

关键概念

本章将介绍与Corda平台相关的所有关键概念和特征，以帮助刚开始接触Corda的读者了解Corda的架构。本章不包含任何代码，所以即使不是开发人员也能轻松理解。对于一个分布式账本平台而言，涉及的关键概念和其他区块链系统既有相似之处，又有不同之处，读者可以通过对这些概念的学习了解，对比性地理解Corda与其他区块链分布式账本平台的不同，从而能加深对此类技术的辨证理解。

4.1 基础概念

本节介绍与Corda平台相关的基础概念，包含Corda网络、账本、身份。

4.1.1 Corda网络

Corda网络由Corda和Corda应用节点组成，该网络是一个许可型网络，由看门人控制访问许可。节点之间的通信是P2P方式，而不是全局广播。

Corda网络是一个经过认证的点对点节点网络，每个节点是一个JVM运行时环境，运行Corda服务和Corda应用，Corda应用称为CorDapps。节点之间的所有通信都是直接通信，使用AMPQ/1.0协议传送TLS加密消息。这意味着，数据只在需要知道的相关方共享，在Corda中，没有全局广播。

每个Corda网络都有一个网络地图服务，它发布了网络中每个可以访问的节点的IP地址，以及这些节点的身份证书和它们可以提供的服务。

Corda网络是一个半私有网络，每个网络都有一个看门人服务。看门人服务可以理解为一个身份准入管理服务加上一个业务许可管理服务，它要求节点提供必要的信息，以及在接受进入网络之前必须进行的了解客户的过程。

要加入网络，节点必须联系看门人并提供必要的信息。如果通过看门人审核，节点会获得一个网络许可服务发出的根权限签署的 TLS 证书，该证书用来证明节点与网络其他方通信时的身份。

我们可以将 Corda 网络可视化为图 4-1 所示形式。

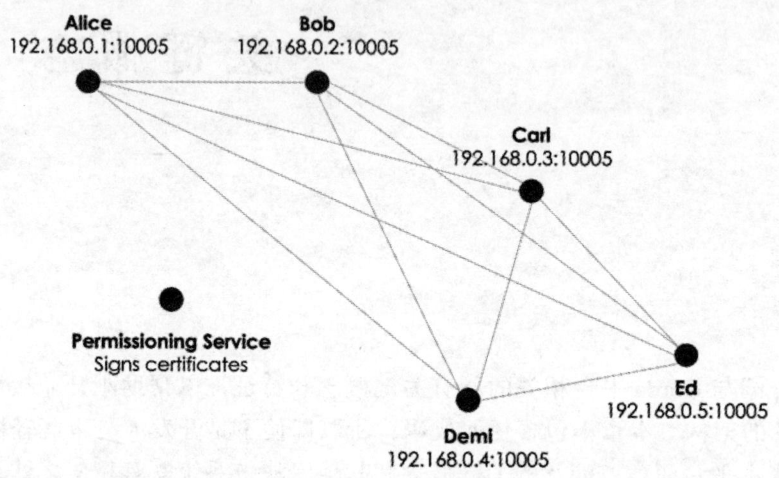

图 4-1 Corda 网络示意图

节点能够提供几种类型的服务：

- **一个或多个可插入的公证服务**：公证节点保证账本更新的唯一性、可行性、正确性。每个公证服务可以运行在一个节点或一组节点上。
- **零个或多个 Oracle 服务**：Oracle 是一个众所周知的服务，它在陈述的事实和事实被确认是真实的情况下签署交易。

4.1.2 账本

账本是每个节点上已经验证过的交易的集合，从每个同等参与方的角度来说账本是个人自有的。通过 Corda 平台共识机制，两个参与方总能保证他们看到同一版本的、双方共享的、事实的账本。

在 Corda 中，没有单独的中央数据存储。代替的是，每个节点维护一个已知事实的分离数据库。因此，每个同等参与方都只能看到账本上的一个子集，没有任何一个节点知道整个账本。

例如，设想一个网络具有 5 个节点，如图 4-2 所示，每个带底纹的圆表示一个共享的事实。

我们可以看到，CARL、ED、DEMI 知道事实 3，但 ALICE 和 BOB 不知道。

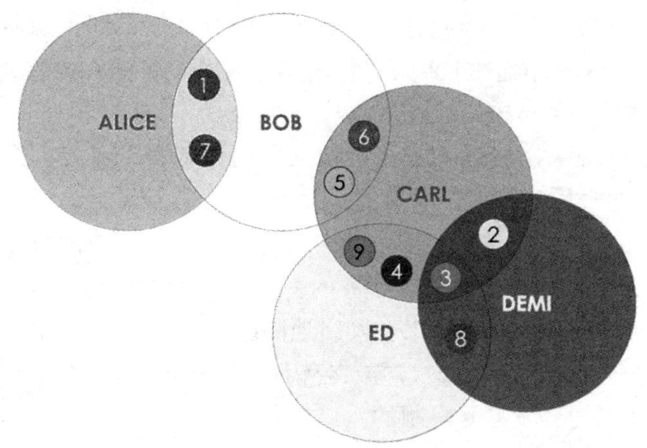

图 4-2 具有 5 节点网络共享事实示意图

同样重要的是，Corda 可保证任何时候由网络中多个节点共享的任一事实在演变时每个知道它的节点的数据库完全同步。例如，ALICE 和 BOB 都知道共享的事实 1 和 7 的同一版本，如图 4-3 所示。

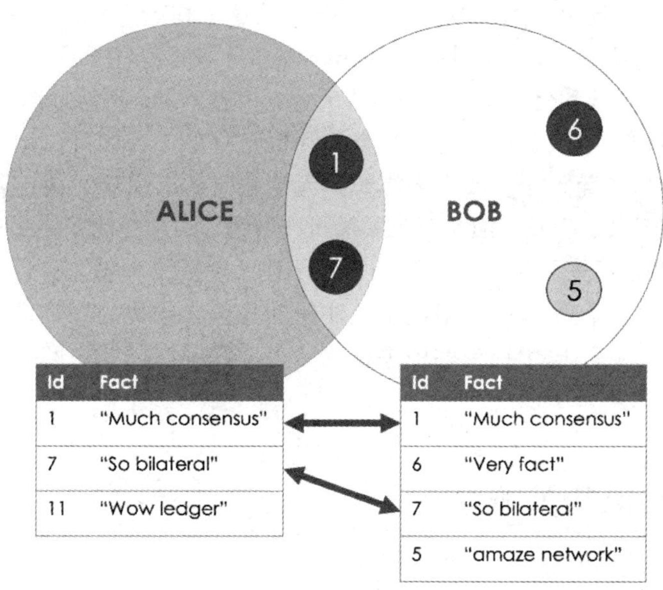

图 4-3 两节点共享事实示意图

4.1.3 身份

身份在 Corda 中有两种，一个是组织的法律身份，另一个是网络服务身份。

法律身份用于交易中的当事人，如现金状态的拥有者。网络服务身份用于提供与交易相关的服务，如公证服务或 Oracle 服务。

服务身份不同于法律身份，因此分布式服务可以存在于不同组织所属的节点上。这样的分布式服务的身份是基于混合 KEY 的，它描述了服务签名的有效签名者集合。有关混合 KEY 的更多技术细节请查阅 API：Core types。

身份证明的 X.509 证书由看门人或者其他众所周知的身份签发。众所周知的身份在网络地图上公布。保密的身份只在需要知道的相关方共享。

身份是众所周知的还是机密的，取决于其 X.509 证书（和相应的根证书路径）是否公开：

- ❑ 众所周知的身份是法律实体或者服务的一般可识别的公钥，这使得其不适合用于需要参与者保密的交易。这种证书在网络地图服务中公布，任何人可以访问。
- ❑ 机密身份只会公布给交易的参与方，公钥可以暴露给第三方（例如公证服务），但名称和 X.509 证书的分发是受限制的。

尽管 Corda 隐私交易模式有一些要素，包括确保交易只在需要看到的相关方共享、计划使用 Intel 的 SGX 模式，但提供纵深防御防范隐私泄露是最重要的。机密身份用来确保即便第三方获取未加密的交易，其在没有附加信息的情况下也无法确定参与者的身份。

节点必须能够验证一个已经取得 X.509 证书的公钥持有者的身份，当第一次运行一个节点生成一个密钥对，并向网络看门人提交证书签名请求时，看门人服务进行适当的身份检查。然后，向节点颁发 CA 证书，用于节点认证授权。从这个初始 CA 证书中，节点自动创建和签署另外两个证书，即一个 TLS 证书和一个节点公知身份的签名证书。最后，节点创建一个节点信息记录，包含地址和公知身份，并用这个节点信息记录在网络地图服务中注册。

从签署的证书中，组织可以创建公知身份和机密身份。公知身份用例包括为节点集群创建一个单一的身份避免冗余，或者为组织单元创建身份。由组织决定其在网络地图服务中公开哪些身份，而出于隐私原因又保留哪些机密身份（通常是为了避免交易中的商业敏感细节信息）。在某些情况下，出于业务原因，除了使用主网络地图服务以外，节点还可以使用专用网络地图服务。在这样的网络地图上注册的身份必须为公知身份，而且永不将机密身份存储在没有记录级别应用控制的中央存储目录，以确保需要访问身份的人才能检索其证书。

4.2 交易与共识相关概念

本节介绍与交易、共识相关的概念。

4.2.1 状态

状态表示账本上的事实，是一个不可变的对象，表示在特定时刻由一个或多个 Corda 节点所知的一个事实。状态可以包含任意数据，使它们能够表示任何类型的事实（如股票、债券、贷款、客户数据、身份信息等）。状态是通过将当前状态标记为历史状态和创建更新状态演变而来。每个节点都有一个库，存储自己相关的一切状态。

例如，下面的状态表示了一个借据，从ALICE向BOB借款，数量为X，如图4-4所示。

具体来说，这个状态表示了一个ALICE向BOB借10欧元的借据。除这个事实本身的所有信息以外，这个状态还包含了一个智能合约的引用，这个智能合约管理状态随时间变化进行演变。我们在后面章节会专门讨论智能合约。

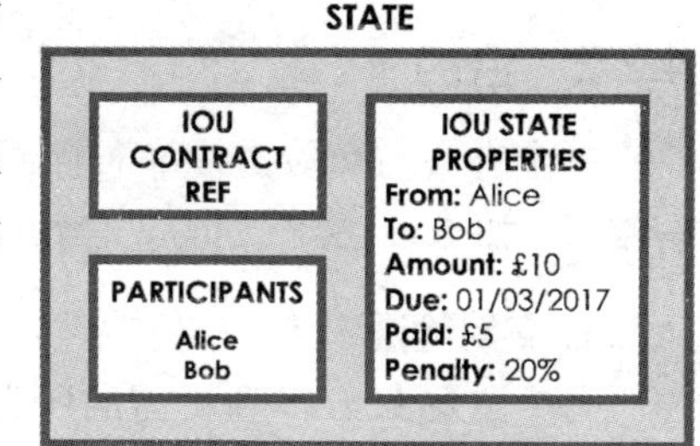

图4-4 借据示意图

1. 状态序列

由于状态是不可改变的，所以不能以直接修改的方式来反映时间状态的变化。替代的方法是，一个共享事实的生命周期随时间变化的演变表示为一个状态序列。当一个状态需要更新时，我们创建状态的一个新版本表示时间的新状态，并标记现有状态为历史状态。

这一系列的状态更替让我们对共享事实随着时间演变的整体有了认识。状态序列示意如图4-5所示。

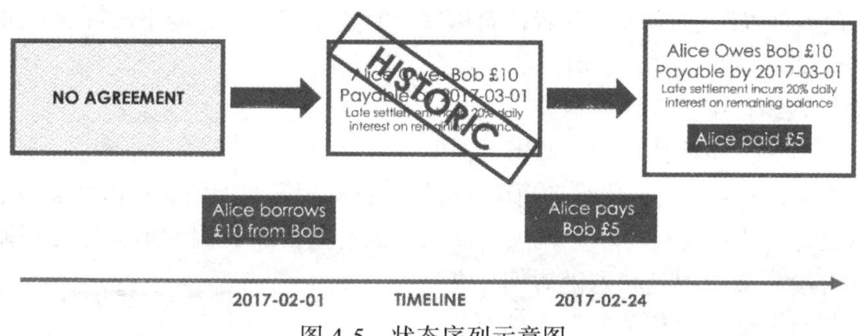

图4-5 状态序列示意图

2. 库

库是一个跟踪所有已知的被认为和自己相关的当前和历史状态的数据库，如图4-6所示。网络中的每个节点都包含一个库。

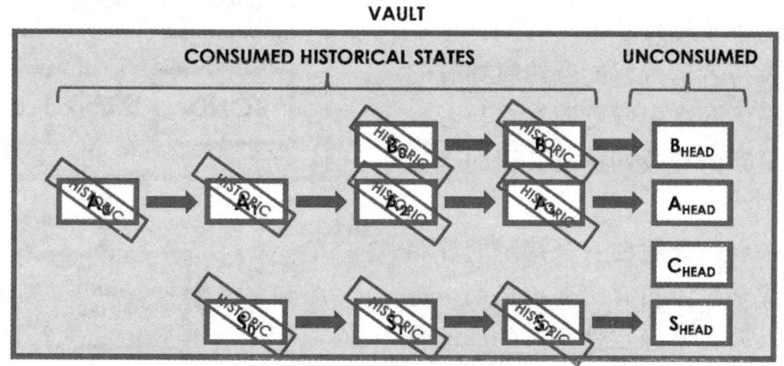

图4-6 库示意图

从每个节点的角度看，账本是它所知晓的所有当前状态（即非历史状态）的集合。

4.2.2 合约

一个有效的交易，其每个输入和输出状态必被合约接受。Corda 合约由一种 JVM 编程语言编写（如 Java 或 Kotlin）。合约的执行是确定的，它对交易的接受只以交易内容为依据。

1. 交易验证

一个交易只有得到所需的所有相关方的数字签名才是一个有效的交易。然而，即便一个交易集齐了所需的所有签名，也只有在合约有效的情况下才有效。

合约的有效性是按照以下要求定义的：

- 每个状态都指向一个合约。
- 合约以交易作为输入，并根据合约的规则说明交易是否被认为有效。
- 交易只有在合约的每个输入和输出状态被确认为有效的情况下才有效。

我们可以把这些要求画成示意图，如图 4-7 所示。

合约的代码可以用任何 JVM 编程语言编写，并能使用该语言的全部特性，包括：

- 检查输入、输出、命令、时间戳的数量，以及附件。
- 检查这些组件中的任何内容。
- 循环结构、变量赋值、函数调用、辅助方法等。

将相似的状态分为一组，按组来确认（例如对所有现金状态的合并值施加一个规则）。

一个不被合约认可的交易不会作为更新账本的有效提案，因此不会提交到账本。通过这种方式，合约施加规则到状态随时间变化的演变上，与给定交易的相关签名者的意愿无关。

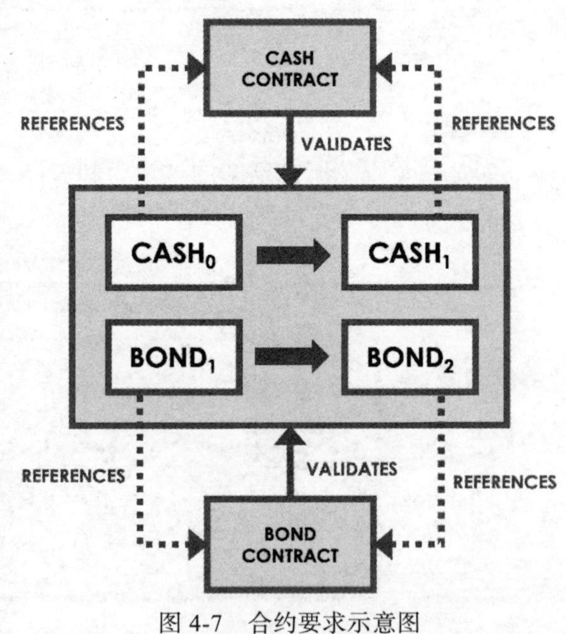

图 4-7 合约要求示意图

2. 合约沙箱

交易验证必须是确定的，合约应该始终接受或拒绝一个给定的交易。例如，交易的有效性不能依赖于进行验证的时间，也不能取决于同等参与者运行智能合约时拥有的信息量。这是确保网络中所有同等参与者就一个给定账本更新的有效性达成共识的必要条件。

为实现这一点，合约在一个特定的沙箱中对交易进行评估。沙箱有白名单机制，这是为了防止引入来自不确定性来源的库的合约。这包括提供当前时间、生成随机数、访问文件系统和网络的库等。交易验证时对合约唯一有效的信息是交易自身包含的信息。

3. 合约的局限性

合约不能访问外部信息，只能检查交易的内部有效性。例如，它无法检查交易是否与原发起方一致。

节点参与方需要在签署之前检查交易内容，即便交易被合约认为有效。参与方没有义务签署一个仅仅是合约认可的交易。例如，参与方可能不愿意接受一笔大的贷款，也可能不同意一个资产的一定数量的现金报价。

4. 预言机

有的时候，交易的有效性取决于一些外部信息，如汇率。在这种情况下，预言机是必须的。在后面的章节对此有详细描述。

5. 法律文书

每个合约都对应一份法律文书，它以与现有传统法律体系相一致的方式规定了状态随时间演变的规则。在发生法律纠纷的情况下，可以依赖和信任这份文书。

4.2.3 交易

交易是更新账本的提案。交易提案只有在满足以下条件时才会被提交：不包含双重花费，合约认可有效，已被所需的相关方签署。

Corda 使用 UTXO（未失效交易输出）模型，账本上的每个状态都不可更改。账本使用交易来随着时间演变。通过标记零个或多个现有账本状态为历史状态（输入），产生零个或多个新的账本状态（输出）来更新账本。交易在状态序列中表现为一个单独的链接。

下面是一个交易更新的例子，它有两个输入和两个输出，如图 4-8 所示。

交易可以包含任意类型任意数量的输入和输出：它们可以包含许多不同的状态类型（例如现金和债券），可以发行（无输入）或退出（无输出），可以合并或拆分可互换的资产（例如将 2 美元和 5 美元合并为 7 美元的现金状态）。

交易是原子的，对于所有交易的更改提案，要么都接受，要么都不接受。

交易有两种基本的类型：

- 公证人改变的交易（用来改变状态的公证人，详细见 4.2.6 节）。
- 一般交易（用于其他事务）。

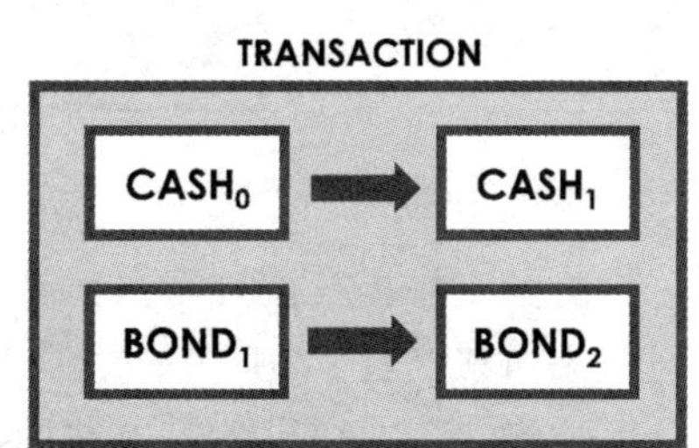

图 4-8 交易示意图

1. 交易链

要创建一个新的交易，其必须用前一个交易的作为输入，经过相关算法产生自己的输出状态。而该交易的输出状态将成为下一个交易的输入状态，如图 4-9 所示。

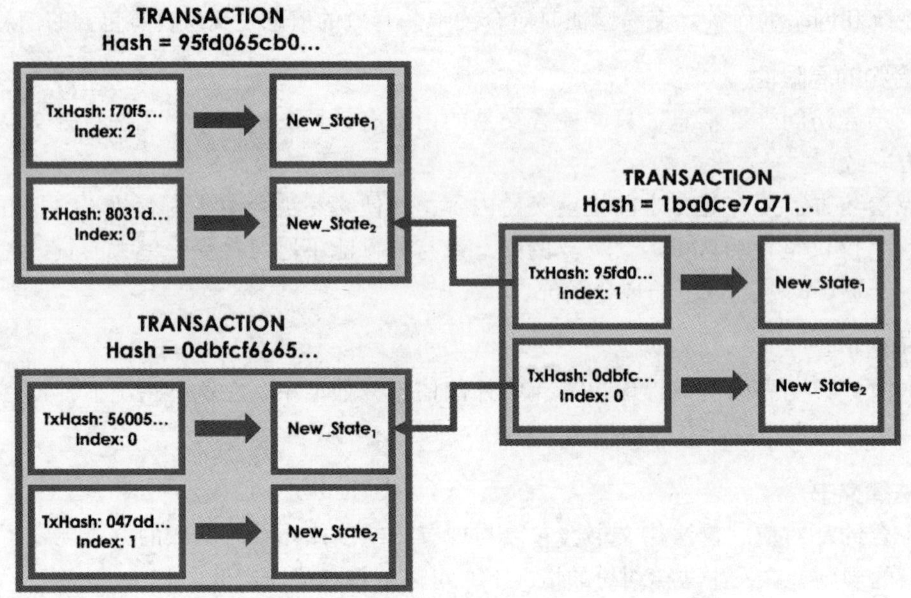

图 4-9　交易链示意图

这些输入状态的引用随着时间变化将交易链接在一起，形成交易链。

2. 提交交易

最初，交易仅仅是账本更新的一个提案。它表示交易创建者所期望的账本未来状态，如图 4-10 所示。

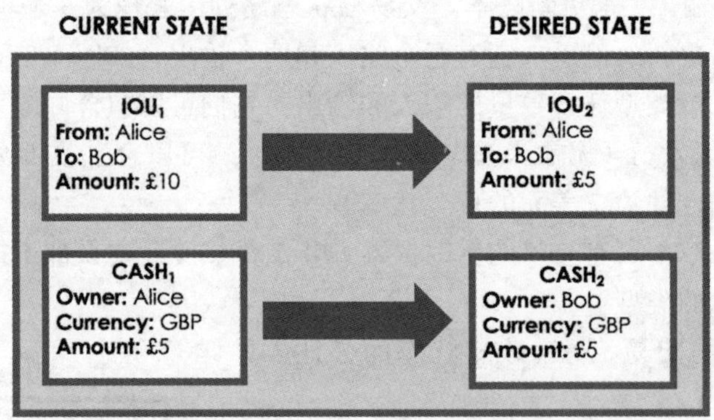

图 4-10　状态更新示意图

为了交易提案被接受，交易必须接收来自所有所需签名者的签名。每个所需的签名者通过添加其签名来表明其同意这笔交易，如图 4-11 所示。

这意味着：交易的输入被标记为历史状态，不能再被用于未来任何交易；交易的输出变为账本当前状态的一部分。

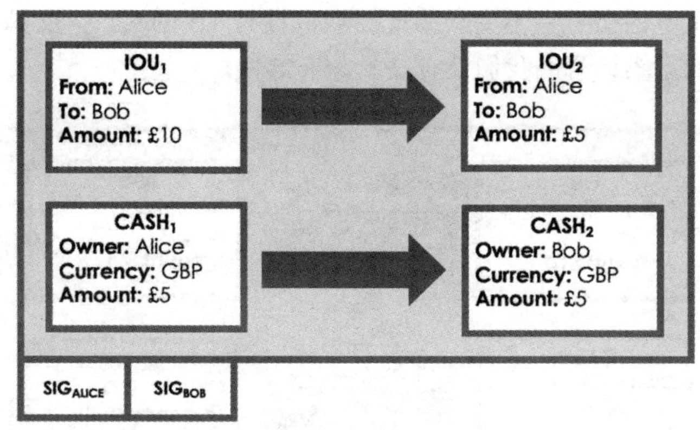

图 4-11　交易签名示意图

3. 交易的有效性

如果以下两个条件成立，则每个所需的签名者仅需要签署交易：

（1）**交易有效**：对于交易提案，和交易链中创建当前交易提案输入的每个交易。

- 交易被所有所需相关方进行了数字签名。
- 交易被合约认为有效（参见 4.2.2 节）。

如果集齐所有所需的签名，则交易变为提交状态，如图 4-12 所示。

（2）**交易唯一**：没有其他已提交的交易使用了我们交易提案中任何一个输入（参见 4.2.5 节）。

如果交易集齐了所有所需的签名，但这些条件不成立，交易的输出将不会有效，并且不会被接受为后续交易的输入。

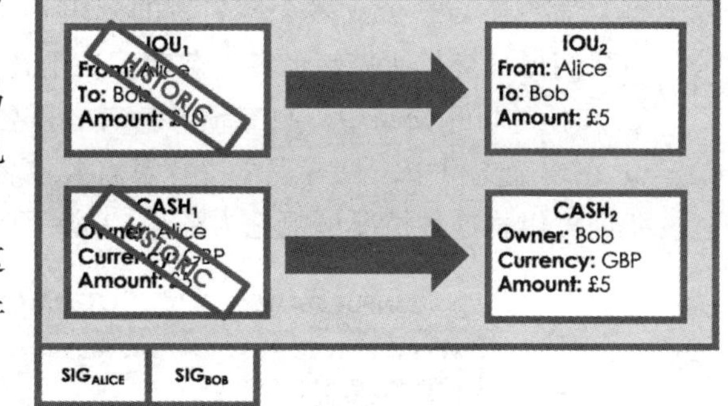

图 4-12　交易提交状态示意图

4. 其他交易组件

除了输入状态和输出状态，交易可以包含命令、附件、时间标记。例如，ALICE 使用 5 欧元现金偿还了 BOB 的部分借款，这个过程由两个附件和一个时间戳支持，示意如图 4-13 所示。

下面我们探讨其余交易组件所扮演的角色。

5. 命令

假设我们有一个交易以现金状态和债券状态作为输入，以现金状态和债券状态作为输出，这笔交易可以表示为两个不同的场景：购买债券和债券付息。

我们可以想象，根据交易是购买债券还是债券付息，施加不同的规则来构成一个有效的交易。例如，在购买债券的情况下，我们需要改变债券的当前持有者，而在债券付息的情况下，我们需要债券的所有者不变。为此，我们设计了“命令”。交易中包含命令，使得我们可以指明交易的意图，帮助我们检查交易的有效性。

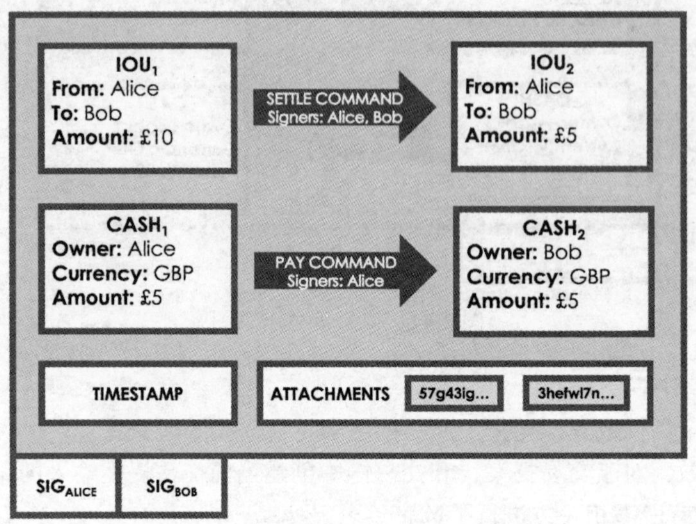

图 4-13　借据附件和时间戳示意图

每个命令还与一个或多个签名者的列表相关联。通过处理命令中列出的所有签名者的公钥，我们得到交易所需签名者的名单。在上述例子中，我们可以想象：

- 在债券付息交易中，只有债券持有者需要签名。
- 在现金支付中，只有现金持有者需要签名。

我们可以将这种情况可视化为图 4-14 所示形式。

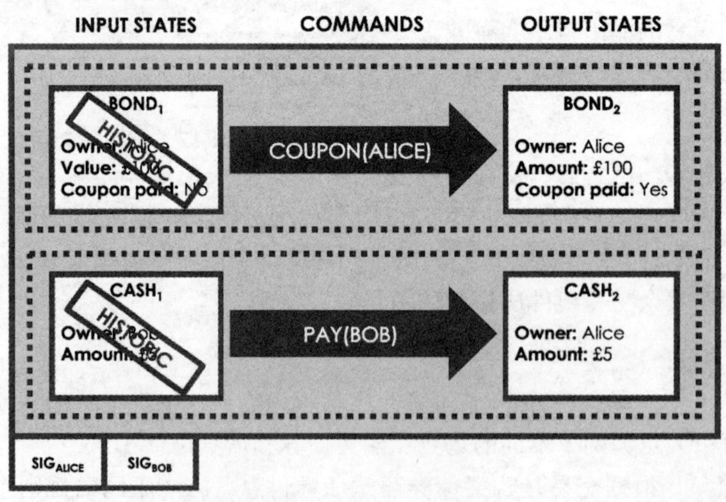

图 4-14　命令示意图

6. 附件

有时，我们有大量数据能在许多不同的交易中重复使用，如公共假日日历、配套的法律文书、货币代码表等。

每个交易可以通过哈希引用零个或多个附件。这些附件是包含任何内容的 ZIP/JAR 文件。检查交易有效性的时候，可以使用这些文件。

在某些情况下，我们希望交易提案只在特定的时间窗口内被批准。例如：期权只能在某一特定的日期后行使；债券只能在到期日前赎回。对于这种情况，我们可以在交易中增加时间窗。时间窗指定交易可以被提交的时间。对于时间窗，后面有专门的章节进行讨论。

4.2.4 流

流可自动实现账本更新的认可处理。节点之间的通信只发生在流中，并且是点对点的。内置的流用来自动处理普通任务。

1. 动机

Corda 网络使用点对点通信代替全局广播。这意味着协调一次账本更新需要网络参与者精确指定哪些信息要发送，发送给哪些参与方，以及发送顺序。

图 4-15 所示是一个 ALICE 和 BOB 之间认可一次简单账本更新的视图示意。

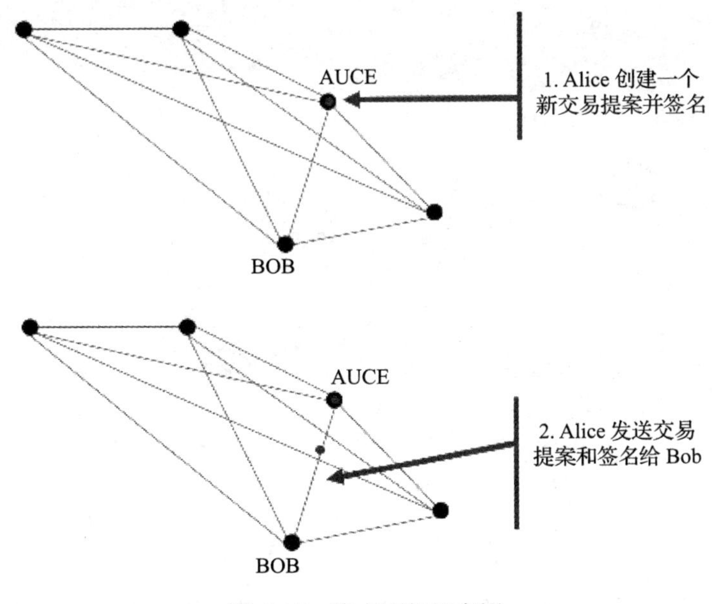

图 4-15 账本更新示意图

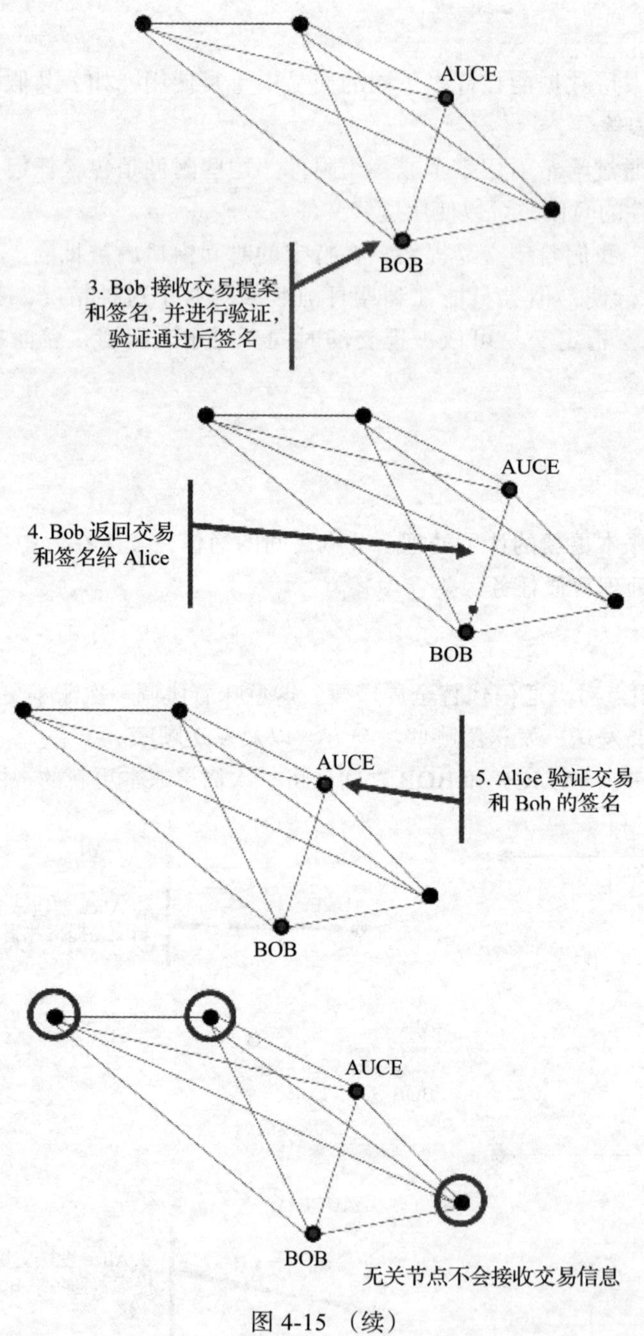

图 4-15 （续）

2. 流框架

Corda 使用流自动处理业务，而不是手动按步骤处理。流是告诉节点如何达成一次特定的账本更新的一系列步骤，例如发布资产或交易结算。

图 4-16 所示是上面例子所述的进行一次简单账本更新时所涉及的流的一系列步骤。

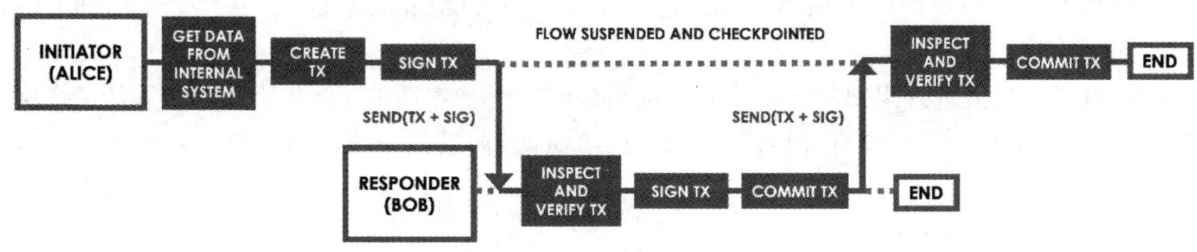

图 4-16 流步骤示意图

3. 运行流

一旦一个给定的商业处理已被封装在一个流中，并安装在节点上作为 CorDapp 的一部分，节点的所有者可以使用一个 RPC 调用在任何时候启动这个商业处理。流从节点所有者抽象了所有的网络、I/O 和并发问题。

节点上所有的活动都发生在这些流的上下文中。与合约不同，流不在沙箱中执行，这意味着节点能够执行网络、I/O 操作，并在流的执行中使用随机性源。

4. 节点间通信

节点通信通过在流之间传递消息实现。每个节点有零个或多个流的类，它们被注册以响应来自单个其他流的消息。

假设 ALICE 是网络上的一个节点，它希望另一个网络节点 BOB 同意一个账本更新，此时就要和 BOB 交流，ALICE 必须：

（1）启动 BOB 注册的响应流。

（2）在该流的上下文中向 BOB 发送一条消息。

（3）BOB 将启动注册的对方的流（ALICE 的流）。

现在已经建立起了连接，ALICE 和 BOB 可以按照流步骤通过一系列的来回消息通信来实现一次账本更新。

5. 子流

流可以作为另外一个流的上下文中的一个子进程来运行。作为子进程运行的流被称为子流，父流启动子流后会一直等待子流的返回。

6. 流库

Corda 提供流库来处理公共任务，这意味着开发人员不需要再重新定义通用流程，例如：

- 公正和记录交易。
- 从交易对方收集签名。
- 验证交易链。

7. 并发

流框架允许节点同时激活多个流。这些流的运行可能会持续几天，甚至会重启和升级节点。

这是通过当流进入阻塞状态时把它们连载到磁盘上来实现的（例如当它们在等待一个网络或 I/O 调用时）。节点没有等待流解锁，而是立即转向其他预定的流，只是在晚些时候需要再返回原来的流。

4.2.5 共识

交易要想提交账本，必须同时实现有效性和唯一性共识。

- 有效性共识需要交易及其所有依赖关系合约有效。
- 唯一性共识可防止双重花费。

1. 两种共识类型

要确定一个交易提案是否是一次有效的账本更新，涉及两种类型的共识：

- 有效性共识：由每个所需的签名者在对交易签名之前进行检查。
- 唯一性共识：只需公证服务进行检查。

2. 有效性共识

有效性共识是检查交易提案和交易提案的输入涉及的交易链中的交易是否满足下列两个条件的过程：

- 交易被每个输入状态和输出状态的合约认可。
- 交易具有所有所需的签名。

仅验证提案交易本身是不够的，我们还必须验证交易链中的每个产生了提案交易的输入状态的交易。这就是所谓的链上行走。例如，网络中有一方提出了一个交易，转移给我们一笔国债，我们只能按以下条件来判断债券转让是否有效：

- 国债由中央银行在一笔有效的发行交易中发行。
- 随后的每一笔债券转手交易都是有效的。

确认这两个条件的唯一方法是链上行走，我们可以可视化这一个过程，如图 4-17 所示。

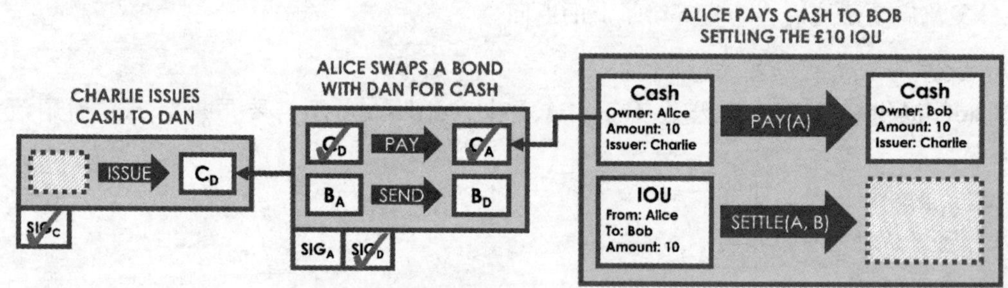

图 4-17　链上行走示意图

当验证一个交易提案时，验证方可能没有其所需要验证的交易链中的每一笔交易。在这种情况下，它可以向交易提案者请求缺失的交易。交易提案者总是拥有全部的交易链，因为在验证创建提案交易的输入状态的交易时，它已经请求得到了交易链。

3. 唯一性共识

假设 BOB 持有一个有效的中央银行发行的 100 万美元的现金状态。BOB 现在能创建两个交易提案：

- 将 100 万美元转让给 CHARLIE 以换取 80 万英镑。
- 将 100 万美元转让给 DAN 以换取 90 万欧元。

这里出现了一个问题，尽管两个交易都会达成有效共识，但 BOB 进行了“双倍花费”意图同时换取英镑和欧元，我们可以将这一问题可视化为图 4-18 所示形式。

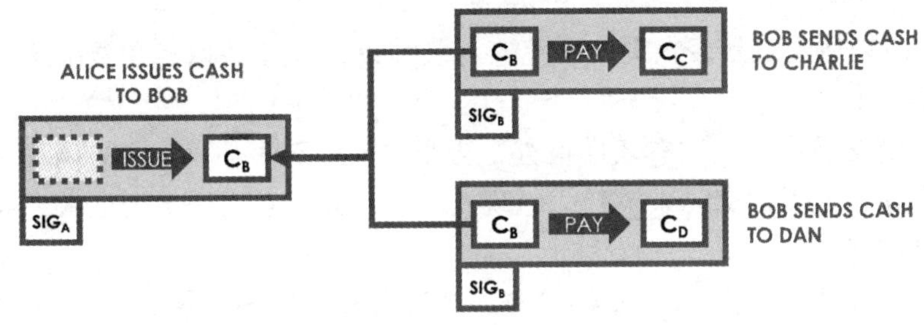

图 4-18　双花示意图

为了避免这种情况，一笔有效的交易提案还需满足唯一性共识。唯一性共识的要求是提案交易的任何一个输入没有在另外一笔交易中被消耗。

如果一个或多个输入已经在其他交易中被消耗，这就会引发双重花费问题，交易提案将被认为无效。唯一性共识由公证人提供。

4.2.6　公证人

公证人的第一作用是防止“双重花费”。公证人可以选择性验证交易。一个网络可以有几个公证人，每个公证人运行不同的共识算法。

公证是一个网络服务，它以证明的方式为一个给定的交易提供唯一性共识，它还没有签署消耗任何交易提案的输入状态的交易。

公证人被请求公证一笔交易时，它会有下面二者之一的表现：如果还没有签署消耗交易提案的输入状态的其他交易，则签名该交易提案；否则，拒绝该交易并标记一个双重花费尝试。

这样一来，公证人在系统中提供了终结点。直到获得公证人签名之前，交易方不能确定一个同样有效，但相互冲突的交易，不会被视为一次针对给定输入状态的“有效”尝试。然而，在获得公证人签名之后，我们可以确认交易提案的输入状态还没有被其他之前的交易消耗，因此，公证是系统的终结点。

每个状态都有一个指定的公证人，公证人只公证所有输入状态的指定公证人都是它的交易。

1. 共识算法

Corda 具有可插拔的共识算法机制，允许公证人根据他们的隐私、可扩展性、法律体系的兼容性和算法的灵活性等需求选择共识算法。

公证人可以有以下不同：

- 结构：公证人可以是一个单个网络节点，也可以是一个由相互信任或不信任的一串节点组成的集群。
- 共识算法：公证服务可以选择运行一个高速、高可信的算法（如 RAFT），低速、低可信的算法（如 BFT），或其他所选择的任何共识算法。

2. 验证

公证服务还必须决定是否在提交每笔交易之前提供验证共识。在做出这个决定时，它有以下的权衡：

- 如果一笔交易没有经过有效性检查，会产生“拒绝状态”攻击的风险，即一个节点故意创建一笔无效交易来消耗一组现有状态，并把它发送给公证人，导致状态被标记为已消耗。
- 如果一笔交易已经经过有效性检查，公证人需要查看交易的全部内容及其依赖关系。这将泄露潜在的私有消息给公证人。

在进行这一权衡时，还有几点需要牢记。在非验证模式下，Corda 控制的数据分布模型意味着未消耗的状态不会广泛共享。此外，Corda 的许可网络意味着公证人能保存创建了“拒绝状态”交易的身份，使得对账本的攻击得以解决。

在验证模式下，交易中匿名的使用，分离产生的公钥代替了法人身份标识交易方，限制了公证人看到的信息。

3. 多个公证人

每个 Corda 网络可以有多个公证人，每个公证人可以运行不同的共识算法，这样设计的好处是：

- 隐私：我们可以在同一网络上兼顾提供验证和非验证的公证服务。这允许节点可以根据每个交易的情况选择优先的公证人提供服务。
- 负载均衡：将交易负荷分散到多个公证人实现平台上，以整体提供更高的吞吐量。
- 降低延迟：通过选择距离交易方更近的公证人，能够将延迟降到最低。

4. 变更公证人

注意，如果交易所有的输入状态指定了一个公证人，那么它只签署一个交易。然而，在一些情况下，我们需要变更状态的指定公证人，这包括：

- 当一笔交易需要消耗指定了不同公证人的多个状态时。

- 当一个节点出于隐私和效率的考虑，倾向于为特定交易选择不同的公证人时。

在这些交易能被创造之前，状态必须首先具有相同的公证。这是通过一个特殊的公证变更交易来实现的：

- 只有一个输入状态。
- 除指定的公证人变更外，输出状态与输入状态相同。

输入状态如果没有构成双重花费，它的指定公证人将签署交易，此时，状态将变为具有所有旧属性的新阶段，但具有一个不同的指定公证人。

4.2.7　时间窗

如果一笔交易包含一个时间窗，那么它只能在该时间窗内提交。

公证人是时间戳的权威，它拒绝在时间窗外提交交易。时间窗可以是有一个开始和结束的时间，也可以是一端开放的时间，例如只规定了某一时间之后开始，或只规定了在某一时间之前结束。

1. 分布式系统中的时间

公证人还具有时间戳权威的作用，公证交易之前验证交易是否发生在指定的时间窗内。

对于一个有意义的时间窗口，它的含义必须与请求方相结合。一方可以获得一个时间窗口签名，以证明某个事件发生在某一特定时间之前、当时或之后。但是，如果一方还没有被强迫提交关联交易，那么在将来某一时刻之前，他有机会选择是否披露这一情况。因此，我们需要确保公证人要么在一个时间范围内签署交易，要么标记时间戳和公证在同一时间进行。后者是我们这个模型选择的行为。

创建交易方和公证人之间永远不会有精确的时间同步。这不仅是因为物理和网络延迟的问题，还因为在插入命令和获得公证人签署以外，可能还有其他许多步骤（例如发送交易给参与交易的相关方，请求人工签署等等）。因此，交易提交公证的时间和交易创建的时间可能相差很多。

2. 时间窗

由于上述原因，交易中的时间被指定为时间窗，而不是绝对时间。在分布式系统中，永远不可能有“真正”的时间，只有一个接近值。时间窗可以是一端开放的，也可以是两端有界的。

4.3　其他相关概念

4.3.1　预言机

一个事实可以作为命令的一部分包含在交易中。预言机是一种服务，它只在交易包含的事实为真的情况下签署交易。

在许多情况下，交易合约的有效性取决于外部数据，如当前的汇率。然而，如果我们让每个参与者基于他们自己对当前汇率的看法来评估交易的有效性，那么合约的执行将是不确定的：一些签名者认为交易有效，而另外一些签名者认为交易无效。因此，会就账本的真实状态产生分歧。

Corda 使用预言机来解决这个问题，预言机是一个网络服务，根据请求提供封装了特定事实的命令（例如在时间 X 时的汇率）并列出预言机所需的签名。

如果一个节点希望在交易中使用一个给定的事实，则从预言机服务请求断言这个事实的命令。如果预言机认为这个事实为真，就会返回所需的命令。节点在其交易中包含命令，预言机将签署该交易断言事实为真。

如果想赚钱盈利，预言机服务可以选择只签署交易，而证明交易包含的事实的有效性则要收取费用。

1. 交易撕裂取舍

要签署一个交易，预言机唯一要看的是它嵌入的命令。向预言机提供任何额外的交易数据将构成隐私泄露。类似的，非验证公证只需要查看交易的输入状态。

针对这个问题，交易提案者在提交预言机或公证之前使用默克尔树剥离那些不需要他们看到的交易部分。默克尔树是著名的加密方案，通常用于提供包含数据完整性的证明。默克尔树广泛用于 P2P 网络、区块链系统和 GIT。

默克尔树的优势是，交易提交预言机时被剥离的部分也不能更改，也不能进行无效预言机的数字签名。

2. 交易默克尔树

默克尔树是将交易拆分成的叶子构建的，这里的叶子要么包含输入、输出、命令，要么包含附件。默克尔树还包含操纵交易的其他域，如时间戳、公证人、类型和签名者。

接下来，按照正常的方式建立默克尔树。哈希级联一系列相关节点的哈希值到一个哈希值下。见下面的例子示意图，如图 4-19 所示。图中 H 代表 SHA256 函数，+ 表示一系列相关信息级联。

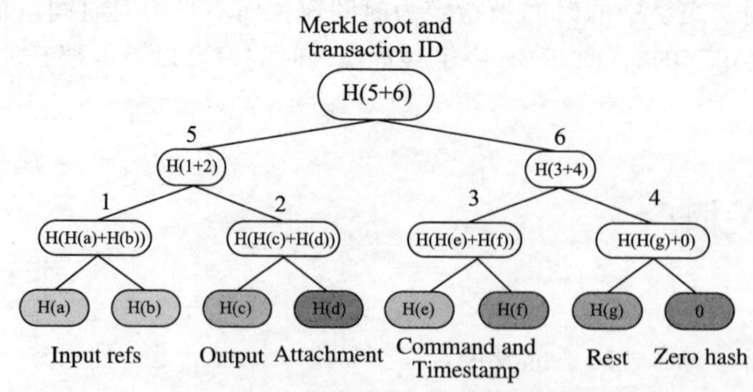

图 4-19　级联默克尔树示意图

上图所示示例中，交易有两个输入状态、一个输出状态、一个附件、一个命令和一个时间戳，为了简洁，我们没有包含图表中的所有叶子（类型、公证人和签名者统一标为REST一片叶子，实际上它们是分开的叶子）。注意，如果一棵树不是一个完整的二叉树，则最近的叶子被0哈希值填充为一个二叉树（因为一个经过SHA256哈希后等于0的初值是非常难以计算的）。最后，根哈希值是交易的标识，它还用来签名和验证数据完整性。在交易的叶子层上的任何改变都会改变交易的标识符，即根哈希值。

3. 隐藏数据

隐藏数据和证明它是交易的一部分由局部默克尔树实现（或称为默克尔分支）。一个默克尔分支是一组哈希值，它给出了叶子的数据，用来计算根哈希值。然后哈希值与整个交易的哈希值比较，如果它们匹配，则意味着我们获得的数据属于那个特定的交易，如图4-20所示。

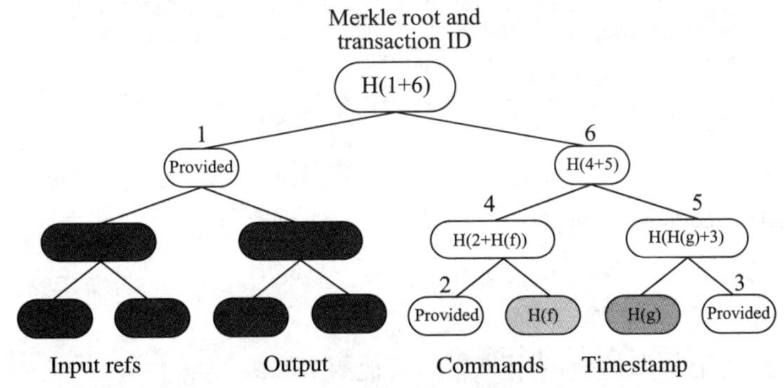

图4-20 隐藏数据默克尔树示意图

在上面的例子中，H(f)包含了预言机服务签名的命令信息，叶子H(g)也包含在其中，因为它保存时间戳信息。节点形式标记构成局部默克尔树，黑色部分被省略。使用节点和分支的带有命令的时间戳，能够计算出这个树的根，并与原始交易标识符比较，这样能得到这个命令和时间戳属于这个交易的证明。

4.3.2 节点

节点是JVM运行时，具有唯一网络标识，可运行Corda软件。节点与外部世界有两个接口：

- 网络层：用于与其他节点交互。
- RPC：用于与其他节点所有者交互。

节点通过插件注册和安装CorDapps应用扩展。

1. 节点架构

一个Corda节点是网络中具有唯一身份的JVM运行时环境，它运行了Corda服务和

Corda 应用。节点内部可视化架构如图 4-21 所示。

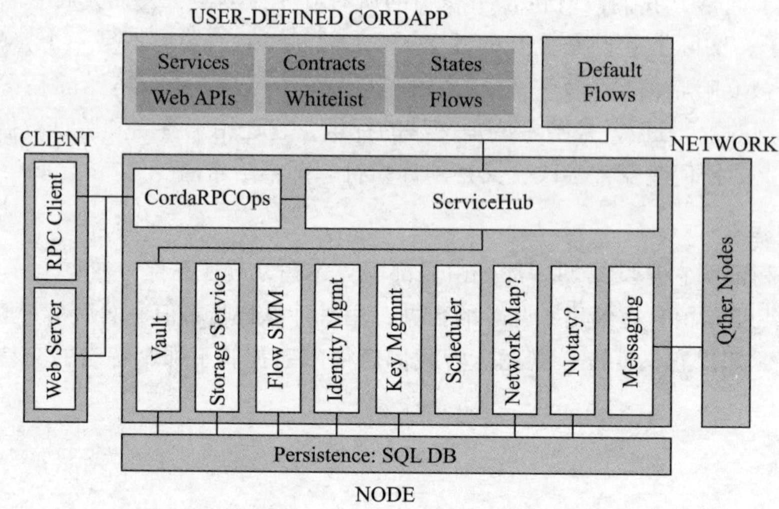

图 4-21　节点内部架构示意图

架构的核心元素是：

- 持久存储层：用于保存数据。
- 网络接口层：用于与其他节点交互。
- RPC 接口层：用于与节点所有者交互。
- 服务中心：用于节点的流调用节点的其他服务。
- 插件注册表：用于安装应用扩展节点。

2. 持久层

持久层有两部分：

- 保险库：存储与节点相关的当前和历史状态。
- 存储服务：存储交易、附件和流检查点。

节点的所有者可以使用 RPC 接口查询节点的存储情况。

3. 网络接口

所有与网络上其他节点的通信都由节点自身来处理，且作为运行流的一部分。节点的所有者不直接与其他网络节点交互。

4. RPC 接口

节点的所有者通过远程过程调用（RPC）与节点交互。RPC 的主要操作在 API 文档 RPC operations 文档中说明。

5. 服务集

在内部，节点可以访问流执行期间使用的一个丰富的服务集以协调账本的更新。该服务集提供的主要服务包括：

- 网络上其他节点的信息和它们提供的服务。
- 访问保险库和存储服务。
- 访问和生成节点的公私密钥对。
- 节点自身的信息。
- 节点跟踪的当前时间。

6. 插件注册表

插件注册表是新的分布式应用安装扩展节点行为的地方。节点还默认安装了几个插件来处理公共的普通任务，例如：

- 从交易对方检索交易和附件。
- 升级合约。
- 广播同意交易对方记录的账本更新。

4.3.3 权衡

本节阐述 Corda 在一些重要技术取向上的权衡，主要从以下三个角度进行权衡：

- 是否更适合用于金融财务场景。
- 点对点的通信允许信息只在需要知道的相关方共享。
- 选择 UTXO 模式允许每秒处理更多的交易。

1. 许可与非许可

传统的区块链网络无须许可，网络上的各方都是匿名的，可以随意加入和离开。相比之下，Corda 网络是需要许可的，网络上的每一方都有一个已知的身份，其与交易对方通信时使用，网络访问由看门人控制。这样有几个好处：

- 匿名参与在大多数涉及金融监管的场景下是不适合的。
- 知道交易对方的身份允许使用现有法律体系解决冲突的分类账。
- 没有使用昂贵的 POW 机制，避免了女巫攻击。

2. 点对点与全局广播

传统的区块链网络广播每一条消息到所有参与者。这样做的原因有两个：

- 不知道对方的身份，所以必须向每一个参与者发送一条信息，以确保消息送达预期的接收者。
- 让每一个参与者都知道每一笔交易，这样网络就可以避免双重花费。

缺点是所有参与者都能看到其他人的数据，这在许多场景下是不可接受的。

在 Corda 中，每一条消息都被代替编址指向特定的对方，并且不会被任何无关的第三方看到。开发人员能够完全控制发送什么样的消息、发送给谁，以按什么样的顺序发送。因此，数据只在需要知道的基础上共享。在这样的系统中防止重复花费，我们采用公证来代替 POW。

Corda 使用几种其他的技术来最大限度提高网络中的隐私权。

- ❑ 交易撕裂：允许以一种在不公开交易内容的情况下进行数字签名以构造交易。这是使用一种称为默克尔树的数据结构实现的。
- ❑ 密钥的随机性：交易双方只通过公钥识别，每笔交易生成一对新的密钥对。因此，一个旁观者无法确定哪些参与方参与了一笔特定的交易。

3. UTXO 与账户模型

Corda 使用 UTXO 模型（未耗尽的交易输出）。每笔交易都消耗一组现有状态来产生一组新的状态。

另一种选择是账户模型。在账户模型中，状态对象存储在账本上，交易采取请求更新这些对象当前状态的形式。

UTXO 模型的主要优势是具有不同输入的交易可以并行应用，从而极大地提高了网络潜在的每秒交易笔数。在账户模型中，每秒交易笔数受限于对给定对象的更新必须按顺序进行。

4. 代码即法律与现有法律体系

金融机构需要有能力在需要的时候利用传统法律体系解决冲突。Corda 设计使这一点成为可能：

- ❑ 具有许可网络，参与者知道他们的每一笔交易的交易对方是谁。
- ❑ 所有的代码合约背后都有法律文件，它描述了合约的预期行为，可以被信赖并用来解决冲突。

5. 建造与复用

只要有可能，Corda 复用现有技术使得平台更强大、更健壮。Corda 复用了：

- ❑ 标准的 JVM 编程语言作为分布式应用 CorDapps 的开发语言。
- ❑ 现有的 SQL 数据库和现有的消息队列。

第 5 章 Chapter 5

快速入门

第 5 章以带着读者操作的方式介绍与 Corda 相关的安装、下载和运行方法，使读者先有一个整体的体验。这是所有计算机开发类指导书的通用做法。本章的目的是让读者对 Corda 所选取的开发体系和技术架构体系有一个基本的了解和体验。对于资深开发者来说，也能从本章了解 Corda 的整体技术理念。

5.1 安装设置

使用 Corda 的行业中已有的标准开发工具有：

- Oracle JDK 8 JVM——最低支持版本为 8u131。
- IntelliJ IDEA——支持版本为 2017.1、2017.2 和 2017.3。
- Git——最新版本。

为了简化开发环境的安装设置过程，Corda 提供了独立的 Gradle 工具包，它还会下载正确版本的 Kotlin。Corda 应用开发同时支持 Java 和 Kotlin 语言。Corda 运行在 JVM 上。JVM 上实现的 Corda 应用程序，在运行时由 Oracle JDK 8 支持是最好的。Corda 的应用可以使用任何面向 JVM 的编程语言编写，但 Corda 自身和大部分例子是使用 Kotlin 编写的。Kotlin 也是 Android 官方的编程语言，如果你不熟悉 Kotlin，有一个官方的入门指南，以及一系列 Kotlin 学习资料，网址如下：

- http://kotlinlang.org/。
- https://www.kotlincn.net/。

使用 Kotlin 开发 Corda 应用程序，推荐使用 IntelliJ IDEA 作为集成开发环境，因为它对 Kotlin 进行了大力整合。

按照上述这些软件推荐，将最大限度减少你遇到错误的数量，并使其他人容易提供支持，以及方便和其他开发者交流。

下面的安装说明将带你安装一个 Corda 开发环境和运行一个基本的 Corda 应用。如果你遇到什么问题，可以到 Corda 的问题论坛和社区交流。

安装说明包含两种平台：Windows 和 Mac。

5.1.1 Windows 平台安装说明

本节就来介绍一下在 Windows 平台下如何安装 Corda 开发环境。

1. 下载和安装 Java

Java 用来编写 Corda 应用程序，安装最新版本即可。

首先打开网址 http://www.oracle.com/technetwork/java/javase/downloads/jdk8-downloads-2133151.html，然后在页面中找到“Java SE Development Kit 8uXXX”(“XXX”表示最新版本)选择“Accept License Agreement”，点击下载链接 jdk-8uXXX-windows-x64.exe(“XXX”表示最新版本)下载并运行 exe 文件这样就安装了 Java（使用默认设置）。

打开一个新的命令窗口通过运行 java -version 即可测试 Java 安装是否成功。

2. 下载和安装 Git

首先打开网址 https://git-scm.com/download/win，然后点击“64-bit Git for Windows Setup”下载链接下载相应文件，然后运行 exe 文件安装 Git（使用默认设置）。安装完成后，可以打开一个新的命令窗口，输入 git --version 以测试 Git 安装是否成功。

3. 下载和安装 IntelliJ

方法同上，先到网址 https://www.jetbrains.com/idea/download/download-thanks.html?code=IIC 下载和运行 exe 文件，即可成功安装 IntelliJ Community Edition（使用默认设置）。

4. 下载一个示例项目

打开一个命令窗口，运行 git clone https://github.com/corda/cordapp-example 克隆应用例子 repo，然后运行 cd cordapp-example 进入 cordapp-example 目录。

5. 从命令窗口运行例子

从命令窗口运行例子的步骤如下：

（1）在 cordapp-example 目录部署节点的命令是 gradlew deployNodes。

（2）启动节点，命令是 call kotlin-source/build/nodes/runnodes.bat。

（3）一直等待直到终端窗口显示“Webserver started up in XX.X sec”或“Node for ‘NodeC’ started up and registered in XX.XX sec”。

（4）测试应用是否正确运行，网址是 http://localhost:10007/web/example/。

6. 从 IntelliJ 运行例子

从 IntelliJ 运行例子的步骤如下：

（1）打开 IntelliJ Community Edition。

（2）在弹出的屏幕上点击并打开（不要导入项目）cordapp-example 目录，注意：如果你点击了导入项目，项目的运行配置文件将被清除。

（3）项目打开后，单击文件→项目结构，在项目 SDK 下设置项目 SDK，点击“新建”命令，然后选择 JDK，并设置指向 C:Program FilesJavajdk1.8.0_XXX，最后点击 OK 按钮。

（4）依次点击 View→Tool Windows→Event Log，接着点击 Import Gradle project，然后单击 OK 按钮，等待一会儿，当出现 Gradle Project Data To Import 窗口，点击 OK 按钮。

（5）等待索引结束。

（6）在屏幕右上角，有一个绿色 play 箭头，能看到一个下拉菜单。在下拉菜单中选择 Run Example CorDapp - Kotlin，再点击绿色 play 箭头。

（7）等待出现 Webserver started up in XX.X sec。

（8）测试应用是否正确运行，网址是 http://localhost:10007/web/example/。

5.1.2 Mac 平台安装说明

本节介绍在 Mac 平台下如何安装 Corda 开发环境。

1. 下载和安装 Java

在 Mac 平台下载和安装 Java 的步骤如下：

（1）打开 System Preferences→Java。

（2）在 Java 控制面板，如果升级可用，则点击 Update Now。

（3）在 Software Update 窗口，点击 Install Update。如果需要，输入你的密码，当出现提示时点击 Install Helper。

（4）等待弹出窗口提示更新成功后，点击 Close。

（5）打开一个新的终端，输入 java -version 以测试 Java 是否正确安装。

2. 下载和安装 IntelliJ

首先打开网址 https://www.jetbrains.com/idea/download/download-thanks.html?code=IIC，下载和运行 exe 文件，即可成功安装 IntelliJ Community Edition（使用默认设置）。

3. 下载一个示例项目

打开一个终端，然后运行 git clone https://github.com/corda/cordapp-example 克隆应用例子 repo，接着运行 cd cordapp-example 进入 cordapp-example 目录即可。

4. 从终端运行例子

从终端运行例子的步骤如下：

（1）在 cordapp-example 目录中部署节点的命令是 ./gradlew deployNodes。

（2）启动节点，命令是 kotlin-source/build/nodes/runnodes，当 8 个附加窗口启动时不要点击。

（3）一直等待直到终端窗口显示“Webserver started up in XX.X sec”或“Node for ‘NodeC’ started up and registered in XX.XX sec”。

（4）测试应用是否正确运行，网址是 http://localhost:10007/web/example/。

5. 从 IntelliJ 运行例子

从 IntelliJ 运行例子的步骤如下：

（1）打开 IntelliJ Community Edition。

（2）在弹出的屏幕上点击并打开（不要导入项目）cordapp-example 目录。

（3）项目打开后，点击“文件”→“项目结构”，在项目 SDK 下设置项目 SDK，点击“新建”命令，选择 JDK 选项，设置指向 /Library/Java/JavaVirtualMachines/jdk1.8.0_XXX，最后点击 OK 按钮。

（4）依次点击 View→Tool Windows→Event Log，接着点击 Import Gradle project，然后单击 OK 按钮。等待，当出现 Gradle Project Data To Import 窗口，点击 OK 按钮。

（5）等待索引结束。

（6）在屏幕右上角，有一个绿色 play 箭头，能看到一个下拉菜单，在下拉菜单中选择 Run Example CorDapp - Kotlin 选项，再点击绿色 play 箭头。

（7）等待出现 Webserver started up in XX.X sec。

（8）测试应用是否正确运行，网址是 http://localhost:10007/web/example/。

5.1.3 Corda 源代码

Corda 平台源代码在下面网址可以获取：https://github.com/corda/corda.git。

你可以使用 CorDapp 模板，基于它开发自己的应用，这里有 Java and Kotlin 版本的模板：

- ❑ https://github.com/corda/cordapp-template-java.git。
- ❑ https://github.com/corda/cordapp-template-kotlin.git。

还有一个简单的关于 CorDapp 的例子，用来浏览可用的基本概念：https://www.corda.net/samples/。通过 git clone [repo URL] 命令可以克隆这些库到本地机器。

接下来就是检查开发和运行环境安装是否正确，最好的方法是阅读和运行例子程序。通过阅读和运行例子程序，你可以结合关键概念来理解 Corda 如何工作。之后就可以尝试开发自己的应用了。在这个过程中，可以参考 API 文档和相关的例子。如果遇到任何问题，可以参考故障排除方法，或通过论坛和 SLACK 联系。

5.2 运行 CorDapp 例子

这里提供一个 CorDapp 例子，这个例子是关于借据业务的，业务内容是允许节点彼此同意 IOU（借据）。在下面条件满足的情况下，节点总是同意创建新的 IOU（借据）：

- ❑ 数额是明确的正值。
- ❑ 节点不是向自己开出 IOU（借据）。

我们将例子部署到四个节点上：

- ❑ Controller：提供网络地图服务和验证公证服务。
- ❑ PartyA。
- ❑ PartyB。
- ❑ PartyC。

因为涉及商业秘密，所以业务数据只在需要了解的相关方基础上传播，任何 PartyA 和 PartyB 同意的 IOU 只在 A 方和 B 方变成共享的事实。C 方不会知道这个事实。

我们从 GitHub 上下载例子：

- ❑ 运行 git clone https://github.com/corda/cordapp-example 克隆例子。
- ❑ 运行 cd cordapp-example 进入 cordapp-example 目录。

5.2.1 在 IntelliJ 中打开例子

首先要启动 IntelliJ，在系统中点击 IntelliJ 图标，首先会弹出启动对话框，如图 5-1 所示。

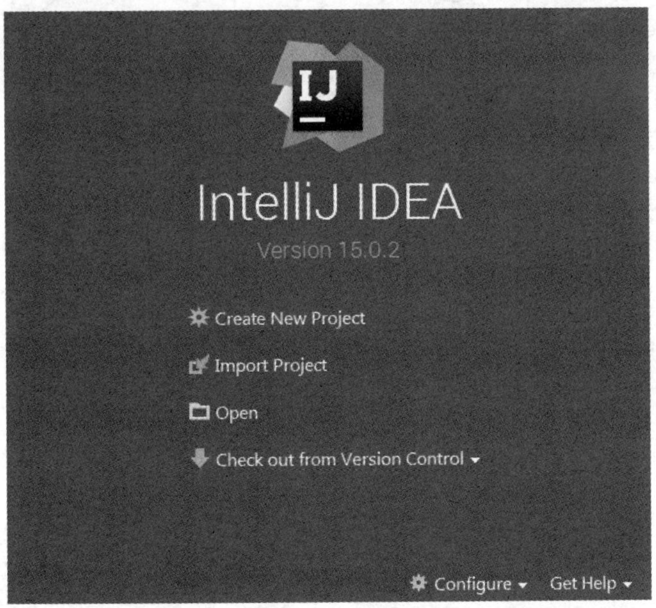

图 5-1 启动 IntelliJ 窗口图

在出现的对话框中选择点击 Open，选择 cordapp-example 目录，然后点击 OK 按钮。IntelliJ 会显示几个弹出窗口，我们需要注意其中一个，如图 5-2 所示。

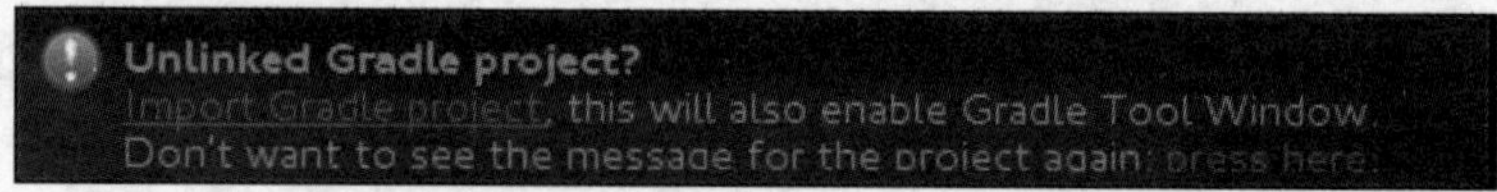

图 5-2　提示链接 Gradle 窗口图

在上图所示对话框中点击 import gradle project 链接，在弹出的对话框上点击 OK 按钮。Gradle 将会下载所有的项目依赖项和执行一些索引。这通常会需要一分钟左右。如果 import gradle project 的弹出窗口不出现，点击 IDE 右下角的绿色小气泡，或者关闭并重新打开 IintelliJ。

5.2.2　项目结构

例子具有以下的目录结构：

```
├── config
│   ├── dev
│   │   └── log4j2.xml
│   └── test
│       └── log4j2.xml
├── doc
│   └── example_flow.plantuml
├── gradle
│   └── wrapper
│       ├── gradle-wrapper.jar
│       └── gradle-wrapper.properties
├── lib
│   ├── README.txt
│   └── quasar.jar
├── java-source
│   └── ...
├── kotlin-source
│   ├── build.gradle
│   └── src
│       ├── main
│       │   ├── kotlin
│       │   │   └── com
│       │   │       └── example
│       │   │           ├── api
│       │   │           │   └── ExampleApi.kt
│       │   │           ├── client
│       │   │           │   └── ExampleClientRPC.kt
│       │   │           ├── contract
│       │   │           │   └── IOUContract.kt
│       │   │           ├── flow
```

```
│       │    │              │    └─── ExampleFlow.kt
│       │    │              ├─── model
│       │    │              │    └─── IOU.kt
│       │    │              ├─── plugin
│       │    │              │    └─── ExamplePlugin.kt
│       │    │              ├─── schema
│       │    │              │    └─── IOUSchema.kt
│       │    │              └─── state
│       │    │                   └─── IOUState.kt
│       │    └─── resources
│       │         ├─── META-INF
│       │         │    └─── services
│       │         │         └─── net.corda.webserver.services.WebServerPluginRegistry
│       │         ├─── certificates
│       │         │    ├─── readme.txt
│       │         │    ├─── sslkeystore.jks
│       │         │    └─── truststore.jks
│       │         └─── exampleWeb
│       │              ├─── index.html
│       │              └─── js
│       │                   └─── angular-module.js
│       └─── test
│            └─── kotlin
│                 └─── com
│                      └─── example
│                           ├─── Main.kt
│                           ├─── contract
│                           │    └─── IOUContractTests.kt
│                           └─── flow
│                                └─── IOUFlowTests.kt
│
├─── .gitignore
├─── LICENCE
├─── README.md
├─── TRADEMARK
├─── build.gradle
├─── gradle.properties
├─── gradlew
├─── gradlew.bat
└─── settings.gradle
```

关键的文件和目录如下：

- root 目录包含一些工具文件、自述文件和许可文件。
- config 目录包含 log4j 配置文件。
- gradle 包含工具包，它允许你在没有安装的情况下使用工具包，也不用担心版本支持问题。
- lib 包含 quasar.jar，它改写了应用的流的检查点。
- kotlin-source 包含了应用例子的源代码，用 kotlin 编写。

- kotlin-source/src/main/kotlin 包含了例子的源代码。
- kotlin-source/src/main/resources 包含证书存储，一些由节点和 WebServerPlugin-Registry 文件提供的静态内容。
- kotlin-source/src/test/kotlin 包含合约和流的单元测试，和通过 IntelliJ 运行节点的驱动。
- java-source 包含同样的源代码，但是用 Java 编写，CorDapps 可以用面向 JVM 的任何编程语言编写。

5.2.3 运行例子

有两种方式运行例子：通过终端或通过 IintelliJ。在这两种运行方式下，我们都会部署一组安装了我们例子的节点，然后运行节点。

1. 通过终端方式运行例子

首先要编译构建例子。在 cordapp-example 目录打开一个终端窗口，使用下列命令构建我们的测试节点和应用。

```
Unix/Mac OSX:  ./gradlew deployNodes
Windows:  gradlew.bat deployNodes
```

这些命令将自动构建 4 个安装了我们例子的预先配置好的节点。这些节点仅适用于本地测试。

注意：CorDapps 可以用面向 JVM 的任意语言编写。在我们的例子中，提供了 Kotlin 和 Java 源代码。因为这两组源文件功能都是相同的，所以我们将参照 Kotlin 构建整个文档。

在构建过程结束后，你会在 kotlin-source/build/nodes 看到新构建的节点。你构建的每个节点会产生一个文件夹，接下来可编写一个 runnodes 脚本文件（或 windows 的批处理文件），来同时运行所有节点。

在 nodes 目录的每一个节点都有下面的结构：

```
. nodeName
├── corda.jar
├── node.conf
└── plugins
```

corda.jar 是 Corda 运行时，plugins 包含我们节点的应用，节点的配置由 node.conf 提供。

接着运行例子应用。在 cordapp-example 目录中运行下列命令启动节点：

- Unix/Mac OSX: kotlin-source/build/nodes/runnodes。
- Windows: call kotlin-source\build\nodes\runnodes.bat。

对每一个节点，runnodes 脚本文件创建一个制表符窗口：

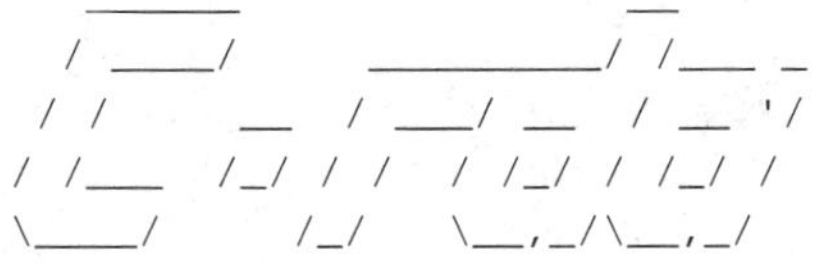

```
                                     It's kind of like a block chain but
                                     cords sounded healthier than chains.

--- Corda Open Source 0.12.1 (da47f1c) -----------------------------------------

New! Training now available worldwide, see https://corda.net/corda-training/

Logs can be found in                    : /Users/joeldudley/Desktop/cordapp-example/
                                          kotlin-source/build/nodes/PartyA/logs
Database connection url is              : jdbc:h2:tcp://10.163.199.132:54763/node
Listening on address                    : 127.0.0.1:10005
RPC service listening on address        : localhost:10006
Loaded plugins                          : com.example.plugin.ExamplePlugin
Node for "PartyA" started up and registered in 35.0 sec

Welcome to the Corda interactive SHELL.
Useful commands include 'help' to see what is available, and 'bye' to shut down the node.

Fri Jul 07 10:33:47 BST 2017>>>
```

对于除控制器以外的每一个节点，脚本文件还创建了一个 Web 服务终端窗口：

```
Logs can be found in
/Users/joeldudley/Desktop/cordapp-example/kotlin-source/build/nodes/PartyA/logs/web
Starting as webserver: localhost:10007
Webserver started up in 42.02 sec
```

节点完成启动通常需要 60 秒，为了确保所有节点运行正常，你可以在下列网址查询终端状态：http://localhost:[port]/api/status（例如 http://localhost:10007/api/status for PartyA）。

2. 通过 IntelliJ 运行例子

选择 IDE 右上角下拉菜单中的 Run Example CorDapp – Kotlin 运行脚本文件。点击绿色箭头标志启动节点，如图 5-3 所示。

图 5-3　IDE 运行标志图

在 /src/test/kotlin/com/example/Main.kt 中定义的节点驱动，允许你指定运行多少个节点，和对每个节点进行设置。例如本例中，驱动启动了 4 个节点并为所有节点添加了一个 RPC 用户，除控制节点以外（控制节点提供网络地图服务和公证服务）：

```
fun main(args: Array<String>) {
    // 当我们不调用流时，不需要任何权限.
```

```
    val user = User("user1", "test", permissions = setOf())
    driver(isDebug = true) {
        startNode(getX500Name(O="Controller",L="London",C='GB"), setOf(ServiceIn
            fo(ValidatingNotaryService.type)))
        val (nodeA, nodeB, nodeC) = Futures.allAsList(
                startNode(getX500Name(O="PartyA",L="London",C="GB"), rpcUsers =
                    listOf(user)),
                startNode(getX500Name(O="PartyB",L="New York",C="US"), rpcUsers =
                    listOf(user)),
                startNode(getX500Name(O="PartyC",L="Paris",C="FR"), rpcUsers =
                    listOf(user))).getOrThrow()

        startWebserver(nodeA)
        startWebserver(nodeB)
        startWebserver(nodeC)

        waitForAllNodesToFinish()
    }
}
```

要停止节点，请点击 IDE 右上角的红色方形节点，接下来运行配置，我们将看到节点驱动如何用来调试应用。

3. 与例子交互

本例定义了几种 HTTP 端点和 Web 前端。端点允许你列出节点所涉及的 IOU，同意新的 IOU，看谁在网络上。这些节点运行在以下端口：

- ❑ PartyA: localhost:10007。
- ❑ PartyB: localhost:10010。
- ❑ PartyC: localhost:10013。

这些端口在 kotlin-source/build/nodes/NodeX 目录下的 build.gradle 和每个节点的 node.conf 文件中定义。

节点启动后，它们会告诉你，它们嵌入 Web 服务器的哪个端口。可用的 API 端点是：

- ❑ /api/example/me。
- ❑ /api/example/peers。
- ❑ /api/example/ious。
- ❑ /api/example/create-iou，参数 iouValue 和 partyName 是节点的 CN 名称。

Web 前端由 /web/example 提供服务。

警告 web/example 的内容仅用于演示的，不实施 anti-XSS，anti-XSRF 或任何其他安全技术。不要把这些代码用于产品。

4. 通过端点创建 IOU 的方法

要想在 PartyA 和 PartyB 之间创建一个 IOU，在命令行运行以下命令：

```
curl -X PUT 'http://localhost:10007/api/example/create-iou?iouValue=1&partyName=O=
    PartyB,L=New%20York,C=US'
```

注意 PartyA 和 PartyB 的端口号都在 PUT 请求的路径中引用。这个命令通知 PartyA 同意 PartyB 的 IOU。一旦处理完成，两个节点都会拥有签署、公证过的 IOU 副本，PartyC 没有。

5. 通过 Web 前端提交 IOU

要想在 PartyA 和 PartyB 之间创建一个 IOU，浏览 /web/example，点击页面左上角的 create IOU 按钮，在 Web 表格中输入 IOU 详细信息，IOU 必须有一个积极价值，例如：

```
Counter-party: Select from list
Value (Int):   5
```

点击“提交”按钮，对话框将关闭，节点将同意 IOU。

一旦一个 IOU 已提交，如果一切顺利，你应该会在 PartyA 的 Web 服务器窗口看到一些活动：

```
>> Signing transaction with our private key.
>> Gathering the counterparty's signature.
>> Structural step change in child of Gathering the counterparty's signature.
>> Collecting signatures from counter-parties.
>> Verifying collected signatures.
>> Done
>> Obtaining notary signature and recording transaction.
>> Structural step change in child of Obtaining notary signature and recording transaction.
>> Requesting signature by notary service
>> Broadcasting transaction to participants
>> Done
>> Done
```

你可以通过访问 PartyA 或 PartyB 的库，查看到新创建的 IOU。

通过 HTTP API：

- PartyA’s 库：浏览 http://localhost:10007/api/example/ious。
- PartyB’s 库：浏览 http://localhost:10010/api/example/ious。

通过 web/example：

- PartyA: http://localhost:10007/web/example 和点击 refresh 按钮。
- PartyA: http://localhost:10010/web/example 和点击 refresh 按钮。
- PartyC（localhost:10013）的库和 Web 前端不会显示任何 IOU。这是因为 PartyC 没有参与这个交易。

6. 通过交互 SHELL（仅限终端）创建 IOU

通过终端启动的节点将显示一个交互式 SHELL：

```
Welcome to the Corda interactive SHELL.
Useful commands include 'help' to see what is available, and 'bye' to shut down the node.

Fri Jul 07 16:36:29 BST 2017>>>
```

在 SHELL 中键入 flow list，可以查看节点可以运行的流的列表。在我们的例子中，这将返回以下列表：

```
com.example.flow.ExampleFlow$Initiator
net.corda.core.flows.ContractUpgradeFlow$Initiator
net.corda.core.flows.ContractUpgradeFlow$Initiator
net.corda.finance.flows.CashExitFlow
net.corda.finance.flows.CashIssueAndPaymentFlow
net.corda.finance.flows.CashIssueFlow
net.corda.finance.flows.CashPaymentFlow
```

我们能够使用 ExampleFlow$Initiator 流创建一个新的 IOU。例如，通过 PartyA 的交互式 SHELL，你可以同意一个 PartyB 的 50 元的 IOU，运行命令是：

```
flow start ExampleFlow$Initiator iouValue: 50, otherParty: "O=PartyB,L=New York,C=US".
```

这将打印出以下进展步骤：

```
✔  Generating transaction based on new IOU.
✔  Verifying contract constraints.
✔  Signing transaction with our private key.
✔  Gathering the counterparty's signature.
    ✔  Collecting signatures from counter-parties.
    ✔  Verifying collected signatures.
✔  Obtaining notary signature and recording transaction.
    ✔  Requesting signature by notary service
            Requesting signature by Notary service
            Validating response from Notary service
    ✔  Broadcasting transaction to participants
✔  Done
```

我们还可以通过交互 SHELL 向节点发出 RPC 操作。键入 run 可以查看可用操作的完整列表。通过 H2 控制台你可以直接连接到节点的数据库，查看其存储状态、事务和附件。为此，请按照节点数据库中的说明进行操作。

7. 使用示例 RPC 客户端

/src/main/kotlin-source/com/example/client/ExampleClientRPC.kt 是一个简单的工具，使用客户端 RPC 库连接到一个节点。它将记录任何现有的借据，并监听将来的白条。如果你在第一次连接到某个节点时没有创建任何白条，客户机只需记录已同意的任何将来的欠条。

通过 IntelliJ 运行客户端：选择 Run Example RPC Client 运行配置，默认情况下，连接到 PartyA。单击绿色箭头运行客户机。你可以编辑运行配置，以便在不同端口上进行连接。

通过命令行运行客户端，运行下面的 gradle 任务：

```
./gradlew runExampleClientRPCKotlin
```

这将连接 RPC 客户端到 PartyA，记录其过去和未来的欠条活动。

你可以使用 Ctrl + C 关闭应用程序。有关客户机 RPC 接口和如何构建 RPC 客户机应用程序的更多信息，请参见：

- 客户端 RPC 文件。
- 客户端 RPC 教程。

8. 跨机器运行节点

节点可以拆分在多个不同的机器上运行，配置为跨网络通信。

部署节点后，导航到构建目录（kotlin-source/build/nodes），对于需要转移到其他机器的每个节点，打开它的配置文件，修改它的 Artemis 消息地址到节点将运行的机器的 IP 地址（例如 p2pAddress="10.18.0.166:10006"）。

这些修改需要在节点之间分发新的节点信息文件。使用网络加载工具（查看创建 Corda 网络有关这方面的内容）更新文件，把它们分布到本地。

```
java -jar network-bootstrapper.jar kotlin-source/build/nodes
```

将节点文件夹移动到指定机器的操作完成以后（例如使用 USB KEY），包含公证人在内，没有节点最终为多台机器。每台计算机有一个 runnodes 和 runnodes.bat 的拷贝。

例如，你可以进行如下布局：

```
Machine 1: Notary, PartyA, runnodes, runnodes.bat
Machine 2: PartyB, PartyC, runnodes, runnodes.bat
```

启动每个节点之后，节点之间能够看到彼此，它们之间会同意 IOU。

9. 调试应用

使用 IntelliJ 按以下方式调试应用：

（1）基于你希望启动的节点数量，编辑 main.kt 中的节点驱动代码，以及其他任何配置选项。例如，下面的代码启动 4 个节点，其中一个作为网络地图服务和公证人，它还为三个非公证节点建立了 RPC 证书。

节点启动代码如下：

```
fun main(args: Array<String>) {
    // 当我们不调用流时，不需要任何权限
    val user = User("user1", "test", permissions = setOf())
    driver(isDebug = true, waitForNodesToFinish = true) {
        startNode(getX500Name(O="NetworkMapAndNotary",L="London",C="GB"), setOf(
            ServiceInfo(ValidatingNotaryService.type)))
        val (nodeA, nodeB, nodeC) = Futures.allAsList(
                startNode(getX500Name(O="PartyA",L=London,C=GB"), rpcUsers =
                    listOf(user)),
                startNode(getX500Name(O="PartyB",L=New York,C=US"), rpcUsers =
                    listOf(user)),
                startNode(getX500Name(O="PartyC",L=Paris,C=FR"), rpcUsers =
                    listOf(user))).getOrThrow()

        startWebserver(nodeA)
```

```
        startWebserver(nodeB)
        startWebserver(nodeC)
    }
}
```

（2）在 IntelliJ 中选择运行 Run Example CorDapp 以运行配置。

（3）IntelliJ 会建立和运行应用。每个节点的远程调试端口将自动生成并打印到终端，例如：

```
[INFO ] 15:27:59.533 [main] Node.logStartupInfo - Working Directory: /Users/
    joeldudley/cordapp-example/build/20170707142746/PartyA
[INFO ] 15:27:59.533 [main] Node.logStartupInfo - Debug port: dt_socket:5007
```

（4）编辑 Debug CorDapp 以运行配置和你希望连接的节点端口。

（5）运行 Debug CorDapp 以运行配置。

（6）设置断点，启动与你希望连接的节点的交互，当节点遇到断点时，执行将暂停。

第 6 章 Chapter 6

Corda 应用开发基础

本章将介绍 Corda 应用是什么以及有关 Corda 应用的一些重要知识。通过学习这些知识，读者能明白 Corda 应用的构建思路和特点，以及在整个 Corda 体系的理念当中，应用的角色定位和能发挥的作用。

6.1　什么是 CorDapp

CorDapp（Corda 分布式应用）是运行在 Corda 平台上的分布式应用程序。CorDapp 的作用是让节点达到更新账本一致。Corda 应用是通过定义流来实现这一目的的，Corda 节点所有者的其他信息系统可以通过 RPC 来调用 CorDapp，如图 6-1 所示。

CorDapp 由以下关键部件组成：

- 状态：确定达成协议的事实。
- 合约：定义什么是有效的账本更新。
- 服务：在节点中提供长期运行的应用。
- 连载白名单：独立限制你的节点将收到的信息类型。

每个 CorDapp 安装在单独的节点个体层次，而不是网络本身。例如，一个节点所有者可以选择安装债券交易分布式应用，该应用由以下几个部分组成：

- 债券状态：用来表示债券作为账本上共享的事实。
- 债券合约：用来管理什么样的与债券状态有关的账本更新是有效的。

三个流：

- 发行债券流：允许新的债券状态发行到账本上。
- 债券交易流：允许账本上已有的债券状态进行买卖。

❑ 债券退市流：允许账本上的债券状态退出。

安装此应用后，节点的所有者可以使用这个应用定义的流来进行债券的发行、销售、采购和退市交易。

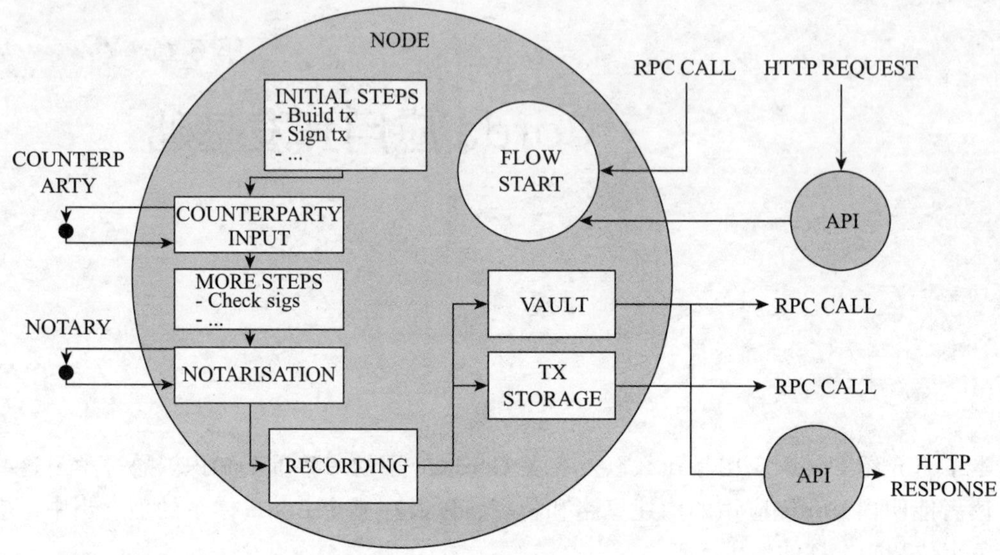

图 6-1　CorDapp 调用示意图

6.2　编写一个 CorDapp

CorDapp 应用可以由 Java、Kotlin 或两者的组合编写。每个应用的组件形式是 JVM 类的一个子类或实现一个 Corda 库类型：

❑ 流的子类：FlowLogic。

❑ 状态执行：ContractState。

❑ 合约执行：Contract。

❑ 服务子类：SingletonSerializationToken。

❑ 连载白名单执行：SerializationWhitelist。

出于测试目的，应用也可以包含：

❑ API 和静态网页内容：这些都是由 Corda 的内置 Web 服务器提供的服务。这不是为生产准备的，而是仅用于测试目的。

❑ RPC 客户端：这些是通过 RPC 与节点交互的自动化处理程序。

在生产环境下，应该使用为生产环境准备的 Web 服务器，这些文件应该被移到一个不同的模块或项目，这样在构建时不会使得应用过于臃肿。

你应该基于 Java 或 Kotlin 应用模板构建你的应用：

- ❑ Java Template CorDapp。
- ❑ Kotlin Template CorDapp。

项目应该分成两个模块：

- ❑ cordapp-contracts-states：将作为流的一部分发送到线上的合约和状态。
- ❑ cordapp：包含其他类。

每个模块都将被编译到它自己的应用中。这将最小化当节点同意账本更新时 JAR 的大小。

1. cordapp-contracts-states 模块

以下是模块 cordapp-contracts-states 的 src 目录：

```
.
└── main
    └── java
        └── com
            └── template
                ├── TemplateContract.java
                └── TemplateState.java
```

该目录只包含两个类的定义：

- ❑ TemplateContract。
- ❑ TemplateState。

这些是我们希望通过线上发送的类的定义。它们将被编译到自己的应用。

2. cordapp

这里是 cordapp 模块 src 目录的结构：

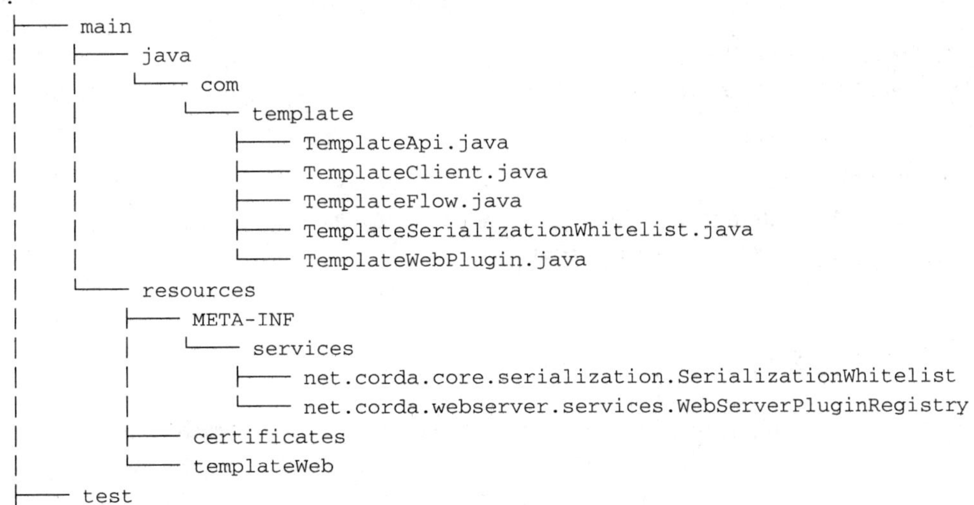

```
.
├── main
│   ├── java
│   │   └── com
│   │       └── template
│   │           ├── TemplateApi.java
│   │           ├── TemplateClient.java
│   │           ├── TemplateFlow.java
│   │           ├── TemplateSerializationWhitelist.java
│   │           └── TemplateWebPlugin.java
│   └── resources
│       ├── META-INF
│       │   └── services
│       │       ├── net.corda.core.serialization.SerializationWhitelist
│       │       └── net.corda.webserver.services.WebServerPluginRegistry
│       ├── certificates
│       └── templateWeb
├── test
```

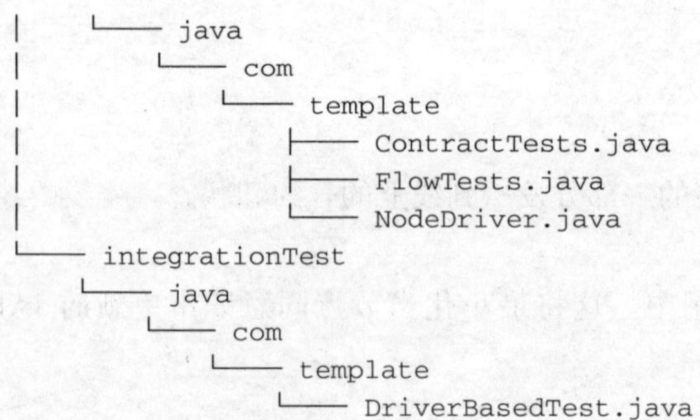

```
│     └── java
│         └── com
│             └── template
│                 ├── ContractTests.java
│                 ├── FlowTests.java
│                 └── NodeDriver.java
└── integrationTest
    └── java
        └── com
            └── template
                └── DriverBasedTest.java
```

src 目录的结构如下：

- ❑ main 包含应用的源代码。
- ❑ test 包含单元测试的例子，像在 IntelliJ 中运行应用的节点驱动。
- ❑ integrationTest 包含例子的集成测试。

在 main 中，我们有下列目录：

- ❑ resources/META-INF/services 包含应用注册的连载白名单和 Web 插件。
- ❑ resources/certificates 包含用于测试目的的模拟证书。
- ❑ resources/templateWeb 包含模拟的前端。
- ❑ java (or kotlin in the Kotlin template) 包含我们应用的源代码。

我们应用的源代码可拆分为以下几个文件：

- ❑ TemplateFlow.java：包含模拟的 FlowLogic 子类。
- ❑ TemplateState.java：包含模拟的 ContractState 实现。
- ❑ TemplateContract.java：包含模拟的 Contract 实现。
- ❑ TemplateSerializationWhitelist.java：包含模拟 SerializationWhitelist 实现。

开发你自己的应用时，你应该通过修改这些类来定义你自己应用的组件。一个应用可以被定义为多个流、状态和合约。

模板也包含了一个 Web API 和 RPC 客户端。

- ❑ TemplateApi.java。
- ❑ TemplateClient.java。
- ❑ TemplateWebPlugin.java。

这些是为了测试，在正式应用中应该被移除。

6.3 平台升级的方法

本节提供了从以前版本升级你的应用的操作说明，现在就从我们的第一个公开测试版开始吧。

6.3.1　平台升级的一般规则

永远记住，要在你项目的 gradle 文件中更新版本标识符，双击打开文件，直接修改以下版本标识符的版本号即可，然后保存退出，就像是在编辑一个文本文件那样。

```
ext.corda_release_version = '1.0.0'
ext.corda_gradle_plugins_version = '1.0.0'
```

可能需要更新主要依赖项的版本：

```
ext.kotlin_version = '1.1.4'
ext.quasar_version = '0.7.9'
```

请参阅发布版本的有关说明。如未指定，你可以假定当前使用的仍然有效。

我们也强烈推荐交叉应用来确认修改的变化。

6.3.2　从 V1.0 或 V2.0 升级到 V3.0

截止到本书出版时，Corda 的最新版本是 3.0 版本，如果你是从 3.0 版开始学习的，那么你应该直接下载最新版，这样的话就不存在升级的问题了。若如此，本节内容可以忽略。本节主要介绍如果是读者已经安装了早期版本，那么如何升级到最新的 3.0 版。

Corda3.0 使用 3.0.8 版本的 gradle 插件，你的 build.gradle 文件应该更新到这个版本。

```
ext.corda_gradle_plugins_version = '3.0.9'
```

你也需要在你的项目 gradle 文件中更新 corda_release_version 标识符。

```
ext.corda_release_version = 'corda-3.0'
```

你需要在你的项目的 gradle 文件中更新 corda_release_version 标识。corda_gradle_plugins_version 应该保留为 1.0.0：

```
ext.corda_release_version = '2.0.0'
ext.corda_gradle_plugins_version = '1.0.0'
```

6.3.3　网络地图服务的升级修改

随着网络地图服务的重新设计、升级，需要进行以下修改。

（1）网络地图不再由一个节点提供，networkMapService 配置可以忽略。代替的是网络地图要么由交换区管理者（也管理了看门人）提供，可用 compatibilityZoneURL 配置，要么由拷贝到本地的签署节点信息文件提供。

（2）简化了公证人的配置。extraAdvertisedServiceIds、notaryNodeAddress、notaryCluster-Addresses 和 bftSMaRt 配置已由一个单一的公证人配置对象代替。

（3）公证人对网络其余部分的广告和它的确认类型，不再由 extraAdvertisedServiceIds 配置决定。代替的是，它被引入网络参数，转为由网络操作员控制。网络加载器自动包含为本地部署生成网络参数时配置公证人。

（4）任何在 deployNodes gradle 作业定义的节点履行的网络地图功能都可以被移除，或网络地图参数能被任何控制节点删除，包括网络地图和公证人。

（5）在看门人那里注册一个节点，certificateSigningService 配置已被 compatibilityZoneURL 取代。

6.3.4 Corda 插件

Corda 插件已经进一步模块化，因此需要额外的 gradle 入口，例如，插件需要被用在所有工具构建的文件中，此时就有 cordaCompile、cordaRuntime、cordapp 等依赖项。

对于现有的从 CommonSchemaV1.LinearState 或 CommonSchemaV1.FungibleState 扩展的合约 ORM，你需要将参与者映射到一个数据库表。以前这个映射是在父类中，但这样会使导致无法正确配置表名称。需要修改的是：

- 添加 override var participants: MutableSet<AbstractParty>? = null 域到你的类。
- 添加 JPA 映射。

下面添加映射的代码。

```
@Entity
@Table(name = "cash_states_v2",
        indexes = arrayOf(Index(name = "ccy_code_idx2", columnList = "ccy_code")))
class PersistentCashState(

        @ElementCollection
        @Column(name = "participants")
        @CollectionTable(name="cash_states_v2_participants", joinColumns = arrayOf(
                JoinColumn(name = "output_index", referencedColumnName = "output_index"),
                JoinColumn(name = "transaction_id", referencedColumnName =
                    "transaction_id")))
        override var participants: MutableSet<AbstractParty>? = null,
```

6.3.5 AMQP

当 AMQP 的启动有了明显的变化时，需要对你的实现程序也进行一些修改，以适应新库的写入，与 AMQP 使能的 JAVA 类必须带参数标记编译。

- 如果没有，错误消息将提示 arg<N> 是未知参数。
- 如果重新编译不可行，自定义序列化器可以为每个应用设置可插拔消息序列。
- 要记住，必须在构造器参数和希望包含在类的序列化形式中的属性之间有一个隐含的映射。

如果没有带参数标记编译，则会提示以下错误信息：

```
Constructor parameter - "<some parameter of a constructor>" - doesn't refer to a
    property of "class <some.class.being.serialized>"
```

上面提示信息中的 some.class.being.serialized 表示在类的主构造函数上有一个与类的属性不相关的参数。这是一个问题，因为 Corda AMQP 序列化库使用类的构造器（默认、主要或注释）作为方法，序列化形式的实例被再造。

另外有一点要特别注意：在 Corda 1.0 和 2.0 中使用的 H2 数据库实例（在文件系统中表现为一个名为 persistence.mv.db 的文件）不能直接在 3.0 中使用，因为 3.0 在基础架构方面做了小的改进和增强。

6.3.6 配置

不需要为 RPC 客户机启用 SSL 的节点，现在需要一个额外的端口作为其配置的一部分来指定。要做到这一点，加一块如下的节点配置即可：

```
rpcSettings {
    adminAddress "localhost:10007"
}
```

对于 node.conf 文件来说，属性 rpcPort 现在不可用，用下列方式代替属性定义，例如 rpcPort=10006 是更好的：

```
rpcSettings {
    address "localhost:10006"
    adminAddress "localhost:10007"
}
```

在类扩展 CordformDefinition 中也应执行同样的修改。

6.3.7 测试

MockNetwork 中的应用注册机制单元测试发生了变化：

- CorDapp 注册现已通过 MockNetwork 的 cordapppackages 构造函数参数实现。这个参数应该是一个字符串列表类型的应用包，包含你希望加载的合约验证码。
- unsetCorDappPackages 方法现在是多余的，已被删除。

许多类调整了所属的包，因此你需要更新一下你的导入。

提示：Corda 提供了几个脚本（根据你的操作系统选择使用），以方便现有项目的平滑过渡。脚本在 BASH SHELL 下的路径是 tools\scripts\update-test-packages.sh，在 Windows 下的路径是 tools/scripts/upgrade-test-packages.ps1。

setCorDappPackages 和 unsetCorDappPackages 已经从 ledger/transaction DSL 和 flow test framework 中移除。现在通过构造函数参数或构造 MockServices（或 MockNetwork）对象是自动设置。

Key 常量（例如 ALICE_KEY）已经被移除，你可以使用 TestIdentity 创建你自己的 KEY 常量。

账本 / 交易现在必须使用 MockServices 提交，输入、输出把它们的参数作为 ContractStates，而不是 lambdas 表达式；而且在交易块中，命令把参数作为 CommandDatas，而不是 lambdas。

读者也可以随时紧跟 github 上面的 Corda 项目社区，查阅它的最新说明。在本书截稿时，MockServices API 相对于早期版本有以下修改：

- TestDependencyInjectionBase 已在 JUnit Rule 中调用，SerializationEnvironmentRule 中不再使用。这代替了账本 / 交易的 initialiseSerialization 参数和匹配的驱动。
- TestSerialization 方法在 SerializationEnvironmentRule 中也不再使用，被废弃。
- MockNetwork 现在使用 MockNetworkParameters 构建器，使得它对 Java 更友好。
- MockNetwork.createNode 方法现在使用 MockNodeParameters 构建器。
- Mocknode 构造函数参数现在都聚集在 MockNodeArgs 子类。
- MockNetwork.Factory 已被废弃，你可以简单使用 lambda。
- TestNodeConfiguration 已被废弃，请使用你选择的模拟对象环境进行代替。
- MockNetwork.createSomeNodes 和 IntegrationTestCategory 已被废弃，没有代替者。
- 现在流可以直接被节点对象启动，修改调用 node.getServices().startFlow(...) 为 node.startFlow(...)。
- 近似的交易可以被节点对象直接执行，修改调用 node.getDatabase().transaction({ it -> ... }) 为 node.transaction({() -> ... })。

6.4 应用升级的方法

本节只涉及应用的升级，而不是平台本身（网路格式、节点数据库架构等）。

6.4.1 与应用升级有关的概念

1. 应用版本

Corda 平台不要求每个应用具有一个基础版本，允许应用的不同部分单独升级。如单独升级状态、合约、服务、流、实用程序和库函数。

有时要更改某一个元素，需要同时对其他元素也进行更改。例如，更改共享数据结构可能需要对那些不向后兼容的流也进行更改。

本节将考虑以下类型的版本控制：流版本、状态和合约版本、状态和状态模式版本、自定义类型的序列化。

2. 流版本

任何流启动其他流量必须注明 @initiatingflow 注释，将其定义为：

```
annotation class InitiatingFlow(val version: Int = 1)
```

version 属性默认为 1，用于指定流的版本。当有不向后兼容的更改流释放时，该整数值应该递增。非向后兼容更改是更改流接口的更改，指发送接收项出现了增减或者某一项的类型发生了变化。

3. 什么定义了流的接口

流接口由启动流和被启动流的发送和接收调用序列定义，包含数据发送和接收的类型。流的接口示意如图 6-2 所示。

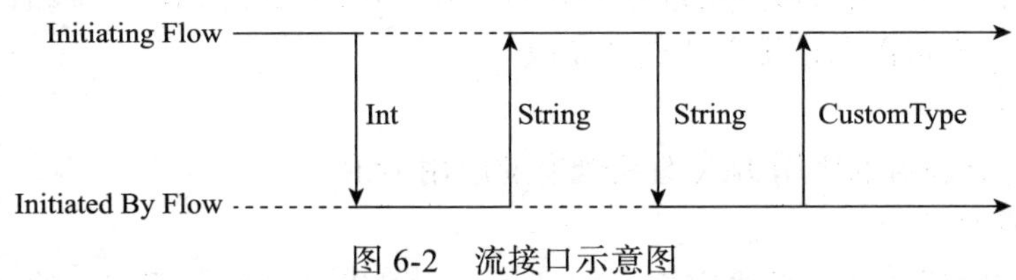

图 6-2　流接口示意图

在上图中，InitiatingFlow：

- 发送一个 Int。
- 接收一个 String。
- 发送一个 String。
- 接收一个 CustomType。

InitiatedBy Flow 流执行与 InitiatedFlow 相反：

- 接收一个 Int。
- 发送一个 String。
- 接收一个 String。
- 发送一个 CustomType。

只要启动流和被启动流双方都符合执行顺序，流就可以以任何你认为合适的方式实现（包括添加专有的不与其他方共享的业务逻辑）。

4. 什么构成了不向后兼容的流的变化

流可以以两种方式变为不向后兼容：

- 发送和接收调用序列的变化：启动流或被启动流增加或移除了发送或接收项；发送或接收调用序列变化。
- 发送或接收调用的类型变化。

5. 运行不兼容版本的流会发生什么？

具有不兼容接口的启动流和被启动流可能会有以下行为：

- 流无限期挂起，永不终止，通常是因为流在等待一个对方永远不会发送的响应。
- 其中一个流以一个异常结束：比如预期类型是 X，但接收的是 Y，因为发送或接收类型不正确。

- 其中一个流以一个例外结束：比如对手流在另一端提前终止，因为一个流将一些数据发送到另一个流，但后者已经结束。

6.4.2 如何升级流

流的升级步骤如下：

（1）更新流，测试变化。递增启动流注释中的流版本号。

（2）确保现有流的所有版本已经结束运行，业务网络的任何节点上没有等待的 SchedulableFlows，这一点可以通过排空节点来完成。

（3）关闭节点。

（4）使用包含新流的应用 JAR 替换现有的应用 JAR。

（5）启动节点。

如果同时关闭所有节点并将它们全部升级，则可以进行任何不兼容的更改。在某些节点仍可能使用流的以前版本的情况下，新版本的流可能会与旧版本进行对话，更新后的流需要向后兼容。这将是几乎所有实际部署的情况，在这种部署中，不能轻松地协调跨网络的新代码的发布。

1. 如何确保流向后兼容？

InitiatingFlow 版本号包含在流会话握手中，通过 FlowLogic.getFlowContext 方法暴露给双方。该方法向一方返回一个 FlowContext 对象，它描述了运行在对方的流。特别是，它有一个 flowVersion 属性，可用于以编程方式演变流经版本。例如，Kotlin 流版本属性代码如下：

```
@Suspendable
override fun call() {
    val otherFlowVersion = otherSession.getCounterpartyFlowInfo().flowVersion
    val receivedString = if (otherFlowVersion == 1) {
        otherSession.receive<Int>().unwrap { it.toString() }
    } else {
        otherSession.receive<String>().unwrap { it }
    }
}
```

上述代码展示了一个流，它的第一个版本希望接收整型数据，但随后的版本改进为希望接收字符串。这样的流仍然能够与正在运行的包含旧版本流的旧版本应用相通。

2. 如何处理内联子流的接口变化

下面是一个内联子流的例子（Kotlin）：

```
@StartableByRPC
@InitiatingFlow
class FlowA(val recipient: Party) : FlowLogic<Unit>() {
    @Suspendable
```

```
    override fun call() {
        subFlow(FlowB(recipient))
    }
}
@InitiatedBy(FlowA::class)
class FlowC(val otherSession: FlowSession) : FlowLogic() {
    //省略
}

// 注：无注释这用作内联子流
class FlowB(val recipient: Party) : FlowLogic<Unit>() {
    @Suspendable
    override fun call() {
        val message = "I'm an inlined subflow, so I inherit the @InitiatingFlow's
           session ID and type."
        initiateFlow(recipient).send(message)
    }
}
```

内联子流在与对方启动一个新的流会话时被当作调用它们的流处理。假设流 A 调用内联子流 B，进而与对方启动一个会话，则 FlowLogic 类型被对方用来确定什么样的回流调用由 A，而不是 B 确定。这意味着内联流的逻辑响应必须在 InitiatedBy 流显式实现。实现方式要么调用一个匹配的内联回流，要么在启动父流中显式实现另一方。内联子流也继承它们父流的会话 ID。因此，内联子流的接口变化必须考虑父流的接口变化。

有一个内联子流的例子——CollectSignaturesFlow，其有一个启动流没有注释的响应流 SignTransactionFlow。因为这两个流都是内联的；因此它们流彼此如何会话是由父流 CollectSignaturesFlow 和 SignTransactionFlow 定义的。

在代码中，内联子流以常规 FlowLogic 实例出现，没有任何 InitiatingFlow 或 InitiatedBy 注释。内联流没有版本管理，它们继承父流 InitiatingFlow 或 InitiatedByFlow 的版本。

非 InitiatingFlow 或 InitiatedBy 流，或非 InitiatingFlow 或 InitiatedBy 流调用的内联子流，更新可以不考虑向后兼容。这类流包括查询库的实用流和用于延伸到外部系统的流。

3. 流消耗

流检查点是流的堆框架和堆可达的任何对象的连载快照。当流暂停或恢复时，检查点被自动保存到数据库，这个过程通常在发送或接收消息时发生。如果节点重启，流可以从最后一个检查点重放。自动检查指示是 Corda 的一个不同寻常的特性，它可以显著帮助开发者写出能应对节点重启和死机的可靠代码。它也有助于扩展，因为等待响应的流可以从内存刷新；但是这意味着将旧的检查点恢复到新版本的流时可能会失败。例如，如果将以前方法的一个局部变量移除，那么流引擎将无法确定将变量的值存放到何处。基于这个原因，Corda 目前发布的版本要求必须在改变 @Suspendable 代码执行应用升级前耗尽节点的流。耗尽机制可阻止启动新的流但允许已存在的流完成。因此，一旦耗尽结束，就不会有未完成的检查点或运行中的流，升级应用自然就会成功。可以通过 RPC 使用 setFlowsDraining-

ModeEnabled 方法决定节点耗尽或不耗尽，可通过 SHELL 使用标准的运行命令来调用 RPC。

6.4.3 合约和状态的版本控制

有两种类型的合约 / 状态升级：

- 隐式：使用约束，允许合约的多个实现提前。
- 显式：创建一个特殊的合约升级交易，让状态的所有参与者使用合约升级流签署它。

这里只关注显式升级类型。在显式升级中，当且仅当状态的所有参与者同意升级时，合约和状态才可随意更改。以下的升级组合是可能的：

- 合约升级，而状态定义保持不变。
- 状态在合约不变的情况下升级。
- 状态和合约同时更新。

使用标志日方法更新状态或合约的过程非常简单：

（1）更新和测试状态或合约。

（2）产生一个新的应用 JAR 文件，分发给所有相关方。

（3）每个节点操作员停止它们的节点，用新的 JAR 替换现有的 JAR，并重新启动 JAR。它们可能希望先做一个节点耗尽，以避免同时有流在改变状态或合约的定义。

（4）为每个节点上每个需要更新的状态运行合约升级授权流。

（5）对于每个状态，节点应该运行合约升级启动流，它会联系其余部分。

1. 更新过程

编写新的状态和合约定义。首先更新合约和 / 或状态定义。对状态如何更新没有任何限制。然而，升级合约必须执行 UpgradedContract 接口。此接口定义为：

```
interface UpgradedContract<in OldState : ContractState, out NewState : ContractState> :
    Contract {
    val legacyContract: ContractClassName
    fun upgrade(state: OldState): NewState
}
```

升级方法描述如何将旧状态升级为新的状态。当状态未被升级时，同样的状态可以用于旧的和新的状态。默认情况下，这个新的合约只能升级由 ZONE 白名单约束的遗留状态（见 API: Contract Constraints）。如果使用了哈希或其他约束类型，新的合约应该执行 UpgradedContractWithLegacyConstraint，以显式指定约束：

```
interface UpgradedContractWithLegacyConstraint<in OldState : ContractState, out
    NewState : ContractState> : UpgradedContract<OldState, NewState> {
    val legacyContractConstraint: AttachmentConstraint
}
```

例如，在哈希约束的情况下，遗留 JAR 文件的哈希值应该被提供：

```
override val legacyContractConstraint: AttachmentConstraint
    get() = HashAttachmentConstraint(SecureHash.parse
("E02BD2B9B010BBCE49C0D7C35BECEF2C79BEB2EE80D902B54CC9231418A4FA0C"))
```

2. 授权升级

一旦新的状态和合约已在所有相关节点的类路径上，则下一步是为所有节点运行 ContractUpgradeFlow.Authorise 流。这个流取得了状态的 StateAndRef 更新对新合约的引用，它必须执行 UpgradedContract 接口。在任何时候，节点管理员可以通过运行 ContractUpgradeFlow.Deauthorise 流不授权合约升级。

3. 执行升级

一旦所有节点都已执行授权处理，参与者必须选择是否通过 ContractUpgradeFlow.Initiate 流为每个状态对象升级。这个流具有以下特征：

```
class Initiate<OldState : ContractState, out NewState : ContractState>(
    originalState: StateAndRef<OldState>,
    newContractClass: Class<out UpgradedContract<OldState, NewState>>
) : AbstractStateReplacementFlow.Instigator<OldState, NewState, Class<out Upgraded-
    Contract<OldState, NewState>>>(originalState, newContractClass)
```

这个流的子类 AbstractStateReplacementFlow，可用于升级不需要合约升级的状态对象。流程成功结束后，旧状态对象的所有参与者都应该拥有引用新合约代码升级后的状态对象。

1）注意要点

合约升级流的能力：

- 不止它的名字，ContractUpgradeFlow 也处理状态对象定义的更新。
- 状态完全修改可以作为升级的一部分。例如，猫状态有可能转为狗状态，只要猫状态的所有参与者都同意。
- 同样，状态根本不需要改变。
- 如果节点尚未运行合约升级授权流，则它们将无法升级合约和 / 或状态对象。
- 升级授权随后能够被解除。
- 升级不必立即发生。一段时间内，双方可以并行使用旧的状态和合约。
- 状态模式更改将分别处理。

2）编写新的状态和合约

如果某个属性从一个状态中移除，则必须从合约代码中删除对它的任何引用。否则，将无法编译合约代码。通常不推荐删除状态的属性，代替的方法是将其标记为过时的属性。

在向状态添加属性时，需要考虑新属性如何影响涉及此状态的事务验证。如果合约没有更新以增加对新属性的约束，则这些新属性将能够赋予任何值。

只要没有更新合约代码的要求，更新的状态对象可以使用旧的合约代码。

3）处理旧的合约代码 JAR 文件

目前，各方必须在节点类路径下保留旧状态和合约定义，因为总是有确认交易涉及的以前版本的状态使用的旧版合约的需求。当合约代码作为附件特性被完全实现时，这种情况将发生变化。

注意　谨防可能的类路径冲突。如果保存旧 JAR，请确保新的 JAR 不包含同名的类。例如，在以文件命名的静态类中放置 Kotlin 文件级声明。

4）升级许可

只有节点管理员可以运行合约以升级授权和解除授权流。

5）升级逻辑

所有节点都需要运行合约升级授权流，只有一个节点应该运行合约升级启动流，如果多个节点运行它用于同样的 StateRef，除了第一个会完成升级的外，其他所有的都会发生双花问题。

提供的升级流一次升级一个状态对象。

6）序列化

目前，除了流检查点（基于 kryo 格式）以外，所有序列化格式都是基于 AMQP 1.0 的，它是一个自描述的、可控的序列化格式。AMQP 是可取的，因为它让我们有一个与数据本身并行的模式描述什么已经系列化。这有助于我们进行版本管理和解码很久以前存档的数据等事情。

7）编写类

虽然没有严格进行版本管理，但 AMQP 序列化要求我们必须以一种特殊的方式编写我们自己的类：

- 你的类必须有一个构造函数，它以序列化形式记录你希望记录的所有属性。为了序列化框架重构类的实例，这是必要的。
- 如果提供了多个构造函数，序列化框架需要知道使用哪一个构造函数。@ConstructorForDeserialization 注释可用于指示所选择的构造函数。对于没有 @ConstructorForDeserialization 注释的 Kotlin 类，主构造函数会被选择。
- 必须与 .class 类文件中的参数名编译，这在 Kotlin 中是默认的，但在 Java 中需要进行转变（使用 javac -parameters 命令行）。
- 你的类必须为构造函数的每一个属性提供 java bean getter，且具有匹配名称。例如，如果一个类有一个构造函数参数 foo，则必须有一个 getter 叫 getfoo()。如果 foo 是一个布尔值，则 getter 也可以命名为 foo()。这就是必须用参数名打开类的原因。
- 类必须用 @CordaSerializable 注释。
- 构造函数的参数 /getter 的声明类型必须被支持。在泛型使用的地方，泛型参数必须是被支持的类型，开放通配符（*）或当前将有界通配符扩展为开放通配符。
- 任何父类必须遵守相同的规则，但可以是抽象的。
- 不支持对象图循环，因此对象不能直接或间接引用自身。

8）编写枚举

元素不能在一个新的版本的代码中被添加到枚举。因此，枚举是真正的静态数据，不能改变只能调用。注意，贸易类型或货币代码不适合用枚举类型。用字符串型更好。

9）状态模式

默认情况下，所有状态对象序列化到数据库的字节、字符串均会被StateRef引用。也可以定义序列化的特殊属性或属性的组合定制模式，这样它们就可以从其他来源查询而不是从Corda库查询，这是通过实施QueryableState接口创建一个自定义的对象关系映射到状态实现的（详细见API: Persistence）。对于向后兼容的更改，如添加列，升级状态模式的过程是扩展现有的对象关系映射器。例如，我们可以更新以下Kotlin代码：

```
object ObligationSchemaV1 : MappedSchema(Obligation::class.java, 1, listOf(Obligation-
    Entity::class.java)) {
    @Entity @Table(name = "obligations")
    class ObligationEntity(obligation: Obligation) : PersistentState() {
        @Column var currency: String = obligation.amount.token.toString()
        @Column var amount: Long = obligation.amount.quantity
        @Column @Lob var lender: ByteArray = obligation.lender.owningKey.encoded
        @Column @Lob var borrower: ByteArray = obligation.borrower.owningKey.encoded
        @Column var linear_id: String = obligation.linearId.id.toString()
    }
}

//在最后增加一行，修改为如下形式

object ObligationSchemaV1 : MappedSchema(Obligation::class.java, 1, listOf(Obligation-
    Entity::class.java)) {
    @Entity @Table(name = "obligations")
    class ObligationEntity(obligation: Obligation) : PersistentState() {
        @Column var currency: String = obligation.amount.token.toString()
        @Column var amount: Long = obligation.amount.quantity
        @Column @Lob var lender: ByteArray = obligation.lender.owningKey.encoded
        @Column @Lob var borrower: ByteArray = obligation.borrower.owningKey.encoded
        @Column var linear_id: String = obligation.linearId.id.toString()
        @Column var defaulted: Bool = obligation.amount.inDefault   // 新行
    }
}
```

通过上述代码就添加了一个包含默认值的新列。

做一个非向后兼容的修改，根据修改的需要必须使用ContractUpgradeFlow或AbstractStateReplacementFlow。做一个向后不兼容的改变，如删除一列（因为属性是从状态对象中删除的），相应的程序是定义另一个对象关系映射，然后把它添加到你的QueryableState的supportedSchemas属性，像这样：

```
@Override public Iterable<MappedSchema> supportedSchemas() {
    return ImmutableList.of(new ExampleSchemaV1(), new ExampleSchemaV2());
}
```

然后，在 generateMappedObject 中添加对新模式的支持：

```
override fun generateMappedObject(schema: MappedSchema): PersistentState {
    return when (schema) {
        is DummyLinearStateSchemaV1 -> // Omitted.
        is DummyLinearStateSchemaV2 -> // Omitted.
        else -> throw IllegalArgumentException("Unrecognised schema $schema")
    }
}
```

通过这种方法，当状态对象存储在保险库中时，它的表示将尽可能存储在两个单独的数据库表中——每个支持的模式都有一个表。

6.5 构建应用

Corda 应用运行在 Corda 平台上，与平台集成。

1. 应用格式

应用是一个半丰满的 JAR，包含除了 Corda 核心库和其他应用依赖项所有的应用依赖。例如，如果一个应用依赖为 corda-core、your-other-cordapp 和 apache-commons，那么应用 JAR 会包含 apache-commons JAR 的所有类、资源和它的依赖项，但不包含其他两个 JAR 的任何项。

2. 构建工具

在后面的说明中，我们假定使用 gradle 和 cordformation 插件来构建应用。你可以使用这些工具在 Kotlin 和 Java 模板的 build.gradle 文件中发现构建应用的例子。

3. 设置你的依赖项

选择你的 Corda、Quasar 和 Kotlin 版本。应用的 build.gradle 文件中使用了一些外部变量来定义使用的版本：

- ext.corda_release_version 定义 Corda 版本。
- ext.corda_gradle_plugins_version 定义 Corda Gradle 插件版本。
- ext.quasar_version 定义 Quasar 版本。
- ext.kotlin_version 定义 Kotlin 版本。

corda_gradle_plugins_versions 在 major.minor.patch 中给出。你应该使用与你正在使用的 Corda 版本相同的 major 和 minor 版本，以及最新的 patch 版本。所有可用的版本列表可以在 https://bintray.com/r3/corda/cordapp 处查询。

如果有疑问，你可以核实自己在 Kotlin 模板和 Java 模板中的 build.gradle 文件中使用的版本号。

例如，使用版本 3.0 的 Corda、版本 3.0.8 的 Corda gradle 插件、版本 0.7.9 的 Quasar 和

版本 1.1.60 的 Kotlin，相应代码如下：

```
ext.corda_release_version = 'corda-3.0'
ext.corda_gradle_plugins_version = '3.0.8'
ext.quasar_version = '0.7.9'
ext.kotlin_version = '1.1.60'
```

在某些情况下，你可能还需要构建非主分支应用。

4. Corda 依赖

cordformation 和 cordapp 插件增加了两个新的 gradle configurations:

- cordaCompile，扩展了编译器。
- cordaRuntime，扩展了运行时。

cordaCompile 和 cordaRuntime 表示依赖关系，不应包括在 cordapp JAR 中。这些配置应该用于任何 Corda 的依赖（如 Corda-core、Corda-node），为了防止依赖被包含两次（一次在 CorDapp JAR 中，一次在 Corda JAR 中）。

Corda 构建，你必须添加下列插件到你的 build.gradle 文件中：

- 应用插件，适用于任何构建项目的应用。
- cordformation 插件，适用于那些希望创建本地小测试网络的项目。

这样做以后，可确保将 net.corda:corda:$corda_release_version 定义为 cordaRuntime 依赖和所有其他 net.corda 编译依赖（例如 net.corda:corda-core:$corda_release_version），并将其设置为 cordaCompile 依赖。

你也许会用到 Corda 测试框架和 WebServer，如果使用的话，需要增加下面的依赖项设置：

- net.corda:corda-test-utils:$corda_release_version 是一个 testCompile 依赖，这是为了使用 Corda 的测试框架。
- net.corda:corda-webserver:$corda_release_version 是一个 cordaRuntime 依赖，这是为了使用 Corda 的内嵌开发 WebServer。

警告 不要用 corda-test-utils 作为 compile 或 cordaCompile 依赖。

5. 对其他应用的依赖

你的应用还可能依赖另一个应用定义的类，如状态、合约和流。有两种方法在你的应用的 build.gradle 文件来添加另一个应用作为你的依赖：

- cordapp project(":another-cordapp")，如果其他应用定义在同一项目的同一个模块，则用这种方式。
- cordapp "net.corda:another-cordapp:1.0"，其他情况用这种方式。

应用 gradle 配置可服务于两个目的：

- ❑ 当使用 cordformation gradle 插件时，该 CorDapp 配置表明，这个 JAR 应该包含在你的节点作为一个 CorDapp。
- ❑ 当使用 CorDapp gradle 插件时，该 CorDapp 配置用于防止依赖被列入 CordApp JAR。

注意：cordformation 插件和 cordapp gradle 插件能在一起使用。

6. 其他依赖

如果你的应用有任何额外的外部依赖，它们可以在 gradle 中指定正常的 kotlin/java 依赖。

下面是一个 CorDapp 的 gradle 依赖块的示例。建立你自己的 CorDapp 时，你应该根据自己的 Kotlin CorDapp 模板和 Java CorDapp 模板中的 gradle 文件来提定相应的依赖。

```
dependencies {
    // Corda 集成依赖关系
    cordaCompile "net.corda:corda-core:$corda_release_version"
    cordaCompile "net.corda:corda-finance:$corda_release_version"
    cordaCompile "net.corda:corda-jackson:$corda_release_version"
    cordaCompile "net.corda:corda-rpc:$corda_release_version"
    cordaCompile "net.corda:corda-node-api:$corda_release_version"
    cordaCompile "net.corda:corda-webserver-impl:$corda_release_version"
    cordaRuntime "net.corda:corda:$corda_release_version"
    cordaRuntime "net.corda:corda-webserver:$corda_release_version"
    testCompile "net.corda:corda-test-utils:$corda_release_version"

    // Corda 插件：依赖流和服务
    //在同一个项目中通过模块标识应用
    cordapp project(":cordapp-contracts-states")
    // 用完全限定的名称标识应用
    cordapp "net.corda:bank-of-corda-demo:1.0"

    // 其他依赖
    compile "org.jetbrains.kotlin:kotlin-stdlib-jre8:$kotlin_version"
    testCompile "org.jetbrains.kotlin:kotlin-test:$kotlin_version"
    testCompile "junit:junit:$junit_version"

    compile "org.apache.commons:commons-lang3:3.6"
}
```

7. 创建 CorDapp JAR

你的依赖设置正确后，可以使用 gradle JAR 任务建立 CorDapp JAR：

- ❑ Unix/Mac OSX: ./gradlew jar。
- ❑ Windows: gradlew.bat jar。

CorDapp JAR 将会被输出到 build/libs 目录。

警告 所产生的 CorDapp JAR 的哈希值是不确定的，它取决于变量，如创建的时间戳。节点上运行相同的 CorDapp 必须确保它们使用的是完全相同的 CorDapp JAR，而不是相同的源创建的不同版本的 JAR。

JAR 的文件名必须包含唯一的标识符来区分同一应用的其他发布版本。通常的做法是，在应用名称中添加版本字符串。JAR 文件一旦在节点上部署，这个唯一标识就不应该再修改。如果要修改，则需要在确保没有流依赖 FlowContext.appName 的情况下进行。

8. 安装应用 JAR

在安装应用之前，你必须创建一个或多个节点。在运行时，节点将加载在它们 CorDapp 文件夹中的任何应用中。因此，为了在一个节点上安装一个 CorDapp，CorDapp JAR 必须被添加到 < node_dir > / cordapps / 文件夹，其中 node_dir 是节点的配置文件和 JAR 的存储目录。

6.6 基于平台主版本构建应用

基于最新的 Corda 稳定版本开发应用是可取的。但你可能想使用具有最新特性的不稳定分支或是主代码库来做实践测试。要基于主分支进行开发，请执行以下操作：

（1）在你克隆代码库的目录中打开一个终端窗口。

（2）使用以下命令检查最新的主分支：

```
git checkout master; git pull
```

（3）使用下列命令发布 Corda 到你的本地专业库：

- Unix/Mac OSX: ./gradlew install。
- Windows: gradlew.bat install。

默认情况下，本地专业库的目录是：

- ~/.m2/repository on Unix/Mac OS X。
- %HOMEPATH%\.m2 on Windows。

当使用的是稳定版时，上述步骤不是必要的，因为稳定版是在线发布的。

> 警告　如果你在发布本地专业库后又做了修改，则必须重新发布到 Maven 的本地库，这样它的本地安装才能更新到你所做的修改后的版本。

Corda 库每天都有改进，不同时间点的两个主分支可能是不同的。如果你使用的是主版本，需要帮助调试错误，那么可以积极参与 Corda 社区的交流。

（4）在你的应用的根 build.gradle 文件中更新 ext.corda_release_version 属性以匹配这里的版本：https://github.com/corda/corda/blob/master/build.gradle#L7。

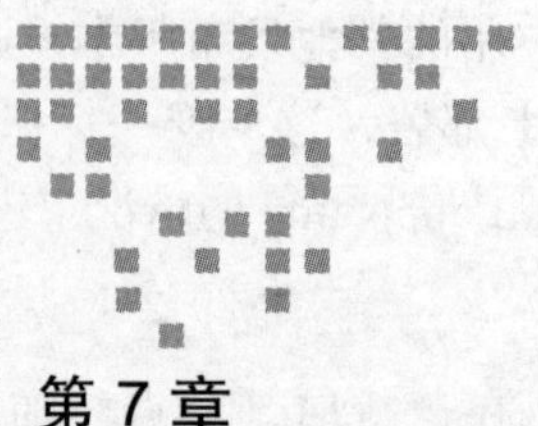

Chapter 7 第 7 章

Corda 应用开发 API

本章介绍 Corda 应用开发的 API，这是应用开发的基础。通过学习这些 API 的构成和特性，读者能明白 Corda 应用开发中调用 API 的构建思路和特点，以及在整个 Corda 体系的理念当中，API 的角色定位和能发挥的作用。

7.1 Corda API 总览

以下是开发应用时会用到的 API：

- States。
- Persistence。
- Contracts。
- Contract Constraints。
- Vault Query。
- Transactions。
- Flows。
- Identity。
- ServiceHub。
- RPC operations。
- Core types。
- Testing。

7.1.1 内部 API 和稳定性保证

Corda 3.0 提供了稳定的通信协议和数据库升级支持。因此，你可以将持久性数据从 3.0 迁移到将来的版本。然而，这将需要使用 API 的未来版本重新编译应用程序，直到稳定提供 ABI。

另外，Corda 3.0 经安全审计证实已经达到一个基本水平，为保证节点的安全性，应遵循以下一系列基本原则：

- RPC 用户、数据库连接和 SHELL 用户的证书应该使用安全密码生成器创建，最好来自节点主机的命令行。
- 不应使用默认或开发模式证书部署节点。
- Corda 的节点应该使用支持的数据库平台，而不是默认的以开发为目的的 H2 数据库，PostgreSQL 是支持的平台之一。
- 节点应该在一个安全的网络（如 DMZ）中操作，对所需端口限制入站和出站流量。具体来说，节点操作员的目标应该是只允许从 Internet 访问对等网络。RPC 和数据库连接应该仅仅是内部的。
- 不建议在节点上启用 Web 服务器模块，也不建议将其部署在生产环境中，因为它不是建立在和 Corda 节点相同的安全标准上的。

Corda artifacts 可以从 Java 9 Jigsaw 模块获得。在 module-info.java 中，你可以引用其中一个模块，例如 requires net.corda.core。

> **警告** Corda artifacts 可以调用 module-info.java 文件，但其仍然不是合适的 Jigsaw 模块，因为它们依靠自动模块机制，声明没有模块描述自己。将来可能会更全面集成 Jigsaw。

7.1.2 Corda 稳定模块

下列的模块有稳定的 API，在随后的版本更新中也不会中断维护，除非出于安全原因需要进行不兼容的修改：

- Core (net.corda.core)：核心函数库，如密码，为这些块的类型（状态、合约、交易、附件等）和一些用于节点和协议的接口。
- Client RPC (net.corda.client.rpc)：客户端 RPC。
- Client Jackson (net.corda.client.jackson)：客户端应用的 JSON 支持。
- Test Utils (net.corda.testing.core)：通用测试工具。
- Test Node Driver (net.corda.testing.node, net.corda.testing.driver)：编程运行节点的测试工具。
- Http Test Utils (net.corda.testing.http)：制作 HTTP 访问的小工具集，用于演示和测试。
- DSL Test Utils (net.corda.testing.dsl)：虚拟交易的简单分布式账本（与通讯协议不同），用于测试。

- Dummy Contracts (net.corda.testing.contracts)：虚拟状态和合约，用于测试。
- Mock Services (net.corda.testing.services)：mock 服务实现，用于测试。

7.1.3 Corda 孵化中的模块

下面是还没有完全稳定的 API 模块，其处于继续开发完善状态，直到变为公共 API 为止：

- net.corda.confidential.identities：账本上秘密身份的试验支持。
- net.corda.finance：一系列基础合约（和相关图式）和协议，如抽象的可互换资产、现金、债券和商业票据。
- net.corda.client.jfx：Java FX UI 支持。
- net.corda.client.mock：客户端模拟工具。
- Cordformation：Gradle 集成插件。

7.1.4 Corda 不稳定模块

下列模块是可用的，但在稳定性或延续性方面仍存在问题：

- net.corda.buildSrc：构建 Corda 的必要 gradle 插件。
- net.corda.node：Corda 节点核心代码（例如：节点驱动、节点服务、消息、保存）。
- net.corda.node.api：在节点和客户端之间的数据结构共享。
- net.corda.samples.network.visualiser：网络浏览器，用于模拟浏览 Corda 网络中节点之间的交互和信息。
- net.corda.samples.demos.attachment：演示从一个节点到另外一个节点发送一个带有附件的交易，以及接收节点访问附件。
- net.corda.samples.demos.bankofcorda：模拟资产发行机构（例如中央银行发行现金）。
- net.corda.samples.demos.irs：演示两个银行之间的利率互换协议。
- net.corda.samples.demos.notary：简单演示一个节点获得分布式（Raft or BFT）公证人的多笔交易公证。
- net.corda.samples.demos.simmvaluation：演示 SIMM 评估和分布式账本上的协议。
- net.corda.samples.demos.trader：演示 4 个节点、1 个公证人、1 个现金发行者（Corda 银行）、2 个交易参与方进行商业票据兑换现金。
- net.corda.node.smoke.test.utils：冒烟测试工具。
- net.corda.node.test.common：公共测试功能。
- net.corda.tools.demobench：运行 Corda 本地节点进行演示的 GUI 工具。
- net.corda.tools.explorer：Corda GUI 前端。
- net.corda.tools.graphs：推断项目依赖的工具。
- net.corda.tools.loadtest：Corda 负载测试。
- net.corda.verifier：允许节点外验证交易，允许水平扩展。

- net.corda.webserver：应用的服务器，输出 HTTP 端点。这个服务器是一个节点的 RPC 客户端。
- net.corda.sandbox-creator：沙箱工具。
- net.corda.quasar.hook：Quasar 代理和排斥类型列表。

> 警告　所有的封装内的代码均包含在 .internal 的 net.corda 命名空间内或在 net.corda.node 内仅供内部使用。未来的 Corda 版本将拒绝任何使用来自这些包的应用。

将来节点将删除 Web 服务器模块。另外设计的 Web 服务器可以通过 RPC 访问 Corda 节点，例如 Spring Boot、Vertx、Undertow.。

7.1.5　@DoNotImplement 注释

Corda API 中特定的接口和抽象类已被标注为 @donotimplement，可能需要在未来的 Corda 版本中对相应类进行扩展。因此开发者应该只使用这些类当前的状态，而不要试图对它们本身进行任何扩展或修改。这些注释也被子类和子接口继承。

7.2　States

7.2.1　ContractState

在 Corda 中，States 是实现 ContractState 的类的实例。ContractState 接口定义如下：

```
@CordaSerializable
interface ContractState {
    val participants: List<AbstractParty>
}
```

ContractState 有一个变量 participants。participants 是一个 AbstractParty 列表，其与 States 利害相关。participants 将会：

- 将状态存储在库中。
- 需要签署涉及这个状态的任何公证变更和合约升级。
- 作为 FinalityFlow 的一部分接收涉及这个状态的任何终结交易。

7.2.2　ContractState sub-interfaces

状态的行为可以通过实现 ContractState 子接口进一步定制。两个最常见的子接口是 LinearState 和 OwnableState。

LinearState 模型共享事实的方式是在任何时间点上只有一个当前版本。LinearState 通过取代自己的方式以直线方式进行状态演进。另外，OwnableState 致力于表示可以自由分割和合并的长期资产。现金是 OwnableState 的一个很好的例子，2 个现有的 5 美元现金状态可以组合成 1 个单一的 10 美元的现金状态，或分成 5 个 1 美元现金的状态。关于 OwnableState，它的持有总量是重要的，比持有的实际单位重要。

我们可以将层次结构，绘制为图 7-1 所示形式。

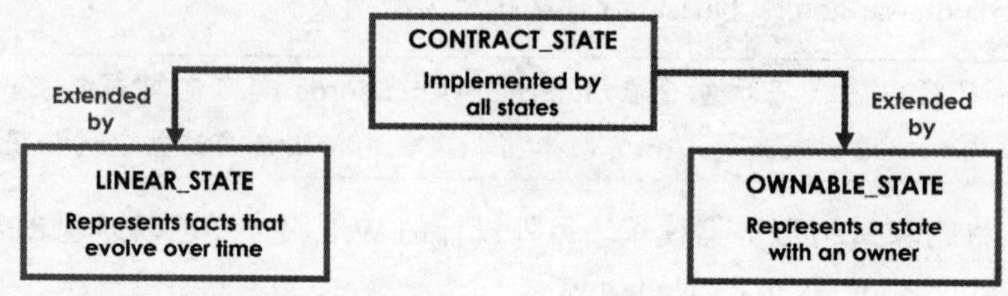

图 7-1 层次结构图

1. LinearState

LinearState 接口定义如下：

```
interface LinearState : ContractState {
    val linearId: UniqueIdentifier
}
```

要记住，在 Corda 中，状态是不可改变的，不能被直接更新。相反，我们是把一个不断发展的事实，表达为一个序列的 LinearState 状态，共享相同的 linearID 和代表的事实的全生命周期随着时间推移的审计跟踪。

当我们想要扩展 LinearState 链（即共享一个 linearID 的状态序列），我们需要：

- 使用 linearID 从库中提取链中的最新状态。
- 创建具有相同 linearID 的一个新状态。
- 创建一个交易，交易中需要包含链中的当前最新状态作为输入，新创建的状态作为输出，新的状态将成为这个链条的最新状态，并代表着协议新的当前现状。

linearID 是 UniqueIdentifier 类型，由一个 Java UUID（表示全局唯一的 128 位随机数）和可选的外部引用字符串（用于引用外部系统中的状态）联合组成。

2. OwnableState

OwnableState 接口定义如下：

```
data class CommandAndState(val command: CommandData, val ownableState: Ownable-
    State)

interface OwnableState : ContractState {
   val owner: AbstractParty
   fun withNewOwner(newOwner: AbstractParty): CommandAndState
}
```

这里 owner 是资产所有者的 PublicKey；withNewOwner(newOwner: AbstractParty) 创建

一个新的所有者状态的副本。因为 OwnableState 模型是可互换的资产，所以可以随着时间推移合并和拆分，OwnableState 实例没有 linearID。一笔交易产生的 5 美元现金被认为与另一笔交易产生的现金 5 美元相同。

7.2.3 用户定义的字段

在实现 ContractState 或子接口以外，状态可以有任意数量的附加字段和方法。例如，这里有一个代表现金状态的相对复杂的定义：

```
data class State(
        override val amount: Amount<Issued<Currency>>,

        override val owner: AbstractParty
) : FungibleAsset<Currency>, QueryableState {
    constructor(deposit: PartyAndReference, amount: Amount<Currency>, owner:
        AbstractParty)
            : this(Amount(amount.quantity, Issued(deposit, amount.token)), owner)

    override val exitKeys = setOf(owner.owningKey, amount.token.issuer.party.
        owningKey)
    override val participants = listOf(owner)

    override fun withNewOwnerAndAmount(newAmount: Amount<Issued<Currency>>,
        newOwner: AbstractParty): FungibleAsset<Currency>
            = copy(amount = amount.copy(newAmount.quantity), owner = newOwner)

    override fun toString() = "${Emoji.bagOfCash}Cash($amount at ${amount.token.
        issuer} owned by $owner)"

    override fun withNewOwner(newOwner: AbstractParty) = CommandAndState(Commands.
        Move(), copy(owner = newOwner))
    infix fun ownedBy(owner: AbstractParty) = copy(owner = owner)
    infix fun issuedBy(party: AbstractParty) = copy(amount = Amount(amount.quantity,
        amount.token.copy(issuer = amount.token.issuer.copy(party = party))))
    infix fun issuedBy(deposit: PartyAndReference) = copy(amount = Amount(amount.
        quantity, amount.token.copy(issuer = deposit)))
    infix fun withDeposit(deposit: PartyAndReference): Cash.State = copy(amount =
        amount.copy(token = amount.token.copy(issuer = deposit)))

    /** 对象关系映射支持 */
    override fun generateMappedObject(schema: MappedSchema): PersistentState {
        return when (schema) {
            is CashSchemaV1 -> CashSchemaV1.PersistentCashState(
                    owner = this.owner,
                    pennies = this.amount.quantity,
                    currency = this.amount.token.product.currencyCode,
                    issuerPartyHash = this.amount.token.issuer.party.owningKey.
                        toStringShort(),
```

```
                    issuerRef = this.amount.token.issuer.reference.bytes
            )
        /** 此处添加其他映射 (例如 CashSchemaV2, CashSchemaV3, ...) */
            else -> throw IllegalArgumentException("Unrecognised schema $schema")
        }
    }

    /** 对象关系映射*/
    override fun supportedSchemas(): Iterable<MappedSchema> = listOf(CashSchemaV1)
    /** 此处可添加附加模式(例如 CashSchemaV2, CashSchemaV3, ...) */
}
```

7.2.4 Vault

当节点记录一个新的交易时，它还要决定是否应该将交易的每个输出状态存储在 Vault 中。默认的 Vault 基于以下规则做出决定：

- 如果状态是一个 OwnableState，如果节点是状态的所有者，则 Vault 将存储状态。
- 否则，如果它是 participants 之一，则 Vault 将存储状态。

未被视为相关的状态不存储在节点的 Vault 中。但是，节点仍将在交易存储中存储创建状态的交易。

7.2.5 TransactionState

当 ContractState 被添加到 TransactionBuilder 中时，它将被包装在 TransactionState 中。TransactionState 代码如下：

```
typealias ContractClassName = String

@CordaSerializable
data class TransactionState<out T : ContractState> @JvmOverloads constructor(

        val data: T,
        val contract: ContractClassName,
        val notary: Party,
        val encumbrance: Int? = null,
        val constraint: AttachmentConstraint = AutomaticHashConstraint)
```

这里：

- data 是存储在账本上的状态。
- contract 是控制这个状态演进的合约。
- notary 是这个状态的公证服务。
- encumbrance 指必须作为消耗这个状态的交易的另一个输入状态。
- constraint 是这个状态能使用的合约代码附件的约束。

7.3 Persistence

Corda 提供一个功能，开发者可选择暴露全部或部分合约状态给对象关系映射（ORM）工具，该工具由一个关系型数据库管理系统维护。这样做的目的是通过高效索引永久库中的合约状态来协助永久库的开发，以方便运行查询它们，让拥有一个节点的组织在 Corda 数据和本地私有数据之间具有连接关系。ORM 映射使用 Java Persistence API（JPA）指定为注释，由节点自动转化为数据库表行。转化是在每次状态作为交易的一部分记录到本地永久库时进行的。

说明 在目前，节点包含 H2 数据库的一个实例，但支持 JDBC 的任何数据库都是候选对象，将来节点将通过 JDBC 驱动程序支持一系列数据库实现。节点的内部状态也存在于此。你可以通过 JDBC 访问内部 H2 数据库。

7.3.1 模式

每一个 ContractState 如果希望被插入节点的本地数据库和易于使用 SQL 访问，那么它可以实现 QueryableState 接口。QueryableState 接口代码如下：

```
interface QueryableState : ContractState {
    fun supportedSchemas(): Iterable<MappedSchema>
    fun generateMappedObject(schema: MappedSchema): PersistentState
}
```

QueryableState 接口需要使用状态来枚举它支持的不同的关系模式，例如在已经完成进化的模式中，每一个关系模式用 MappedSchema 对象表示并被 supportedSchemas() 方法返回。一旦一个模式被选择，它必须生成 MappedSchema 对象。模式通过 generateMappedObject() 方法请求启用时，会连通 ORM。

节点中有一个内部的 SchemaService 决定什么被存储，什么不被 MappedSchema 使用。SchemaService 代码如下：

```
interface SchemaService {
    data class SchemaOptions(val databaseSchema: String? = null, val tablePrefix:
        String? = null)
    val schemaOptions: Map<MappedSchema, SchemaOptions>
    fun selectSchemas(state: ContractState): Iterable<MappedSchema>
    fun generateMappedObject(state: ContractState, schema: MappedSchema): Persistent-
       State
}

open class MappedSchema(schemaFamily: Class<*>,
                        val version: Int,
                        val mappedTypes: Iterable<Class<*>>) {
    val name: String = schemaFamily.name
    override fun toString(): String = "${this.javaClass.simpleName}(name=$name,
```

```
    version=$version)"
}
```

SchemaService 可以由节点管理员进行配置，来选择每个应用程序使用的模式。这样账本状态的关系视图可以在内部系统或其他集成点的锁定步骤中以受控的方式演化，而不必在对合约代码的每一次升级的时候演化。它可以由 QueryableState 提供 MappedSchema 选择，以自动升级到更新版本的架构，甚至提供一个最初不是由 QueryableState 提供的 MappedSchema。

预计多个不同的合约状态实现可为某些公共模式提供映射。例如，利率掉期合约和股票场外期权合约可能都提供了对公共衍生模式的映射。该模式通常不是合约本身的一部分，而是独立存在的，它鼓励在特定的业务领域或应用内复用公共的集。

MappedSchema 提供一个族名称，以消除族内类名的命名空间歧义。Corda 允许 SchemaService 选择模式的优选版本。

SchemaService 还负责 SchemaOptions 可以配置为一个特定的 MappedSchema，允许配置一个数据库模式，或表前缀来避免与其他 MappedSchema 的冲突。

注意 这样做的目的是以插件方式支持 SchemaService，提供版本升级和附加模式作为应用的一部分，并且活动模式可配置。然而当前这些都还没有实现，QueryableState 支持的所有模式的所有版本的简单结果被保存。这将在适当的时候改变。同样的，当前不支持配置 SchemaOptions 但将来会支持。

7.3.2 定制模式注册

自定义合约模式在应用启动时自动注册。节点启动过程将扫描应用 JAR 的插件配置目录，扫描其中的模式（扩展 MappedSchema 接口的任何类）。

出于测试目的，需要手动注册包含自定义模式的包，如下所示：

- 测试使用 MockNetwork MockNode 必须使用 MockNetwork 的 cordapppackages 参数显式注册包。
- 测试使用 MockServices 必须使用 MockServices 的 maketestdatabaseandmockservices() 辅助方法的 cordapppackages 参数显式注册包。

注意 如果自定义模式作为驱动被调用，且在同一个项目的结构下，则测试使用 DriverDSL 时将自动注册你的自定义模式。

7.3.3 对象关系映射

QueryableState 的长期表示是一个 PersistentState 子类的实例，或者由状态自身建立，或者作为 SchemaService 的插件。这使得 ORM 层总是把 StateRef 与 ContractState 的长期表示联合，允许其加入永久库中的未耗尽状态集。

PersistentState 子类应标记为 JPA 2.1 实体定义的表名，它的属性（Java 中的 getter 和 setter）注释映射到相应的列和 SQL 类型。可以添加其他实体来建模这些属性，这些属性比较复杂，例如集合，因此映射不一定是平坦的。MappedSchema 必须为模式提供一个所有 JPA 实体类的列表，以初始化 ORM 层。

几个实体和映射的实例已在代码库中提供了，包 Cash.State 和 CommercialPaper.State。例如，下面是现金模式的第一个版本。

```
package net.corda.finance.schemas

import net.corda.core.identity.AbstractParty
import net.corda.core.schemas.MappedSchema
import net.corda.core.schemas.PersistentState
import net.corda.core.serialization.CordaSerializable
import net.corda.core.utilities.MAX_HASH_HEX_SIZE
import net.corda.core.contracts.MAX_ISSUER_REF_SIZE
import org.hibernate.annotations.Type
import javax.persistence.*

// object用于完全限定[CashSchema]
object CashSchema

@CordaSerializable
object CashSchemaV1 : MappedSchema(schemaFamily = CashSchema.javaClass, version =
    1, mappedTypes = listOf(PersistentCashState::class.java)) {
    @Entity
    @Table(name = "contract_cash_states",
            indexes = arrayOf(Index(name = "ccy_code_idx", columnList = "ccy_code"),
                    Index(name = "pennies_idx", columnList = "pennies")))
    class PersistentCashState(
            /** 持有方的X500名称 **/
            @Column(name = "owner_name")
            var owner: AbstractParty,

            @Column(name = "pennies")
            var pennies: Long,

            @Column(name = "ccy_code", length = 3)
            var currency: String,

            @Column(name = "issuer_key_hash", length = MAX_HASH_HEX_SIZE)
            var issuerPartyHash: String,

            @Column(name = "issuer_ref", length = MAX_ISSUER_REF_SIZE)
            @Type(type = "corda-wrapper-binary")
            var issuerRef: ByteArray
    ) : PersistentState()
}
```

由身份类型定义的模式实体属性（AbstractParty, Party, AnonymousParty）自动处理以确保身份的 X500name 作为众所周知的身份持续存在，否则相关字段就会存储一个空值。为了保护隐私，身份密钥永远不会公开。开发人员应该使用 IdentityService 解决公开的 X.500 身份信息和密钥问题。

7.3.4 JDBC 会话

应用程序也可以直接与节点数据库连接，使用 Java SQL Connection API 所描述的 JDBC 即可。使用 ServiceHub jdbcSession 函数可获得一个 JDBC 连接，JDBC 会话可用于流和服务插件。下面的例子说明了如何使用 jdbcSession 创建一个自定义的 Corda 服务。

```
object CustomVaultQuery {

    @CordaService
    class Service(val services: AppServiceHub) : SingletonSerializeAsToken() {
        private companion object {
            private val log = contextLogger()
        }

        fun rebalanceCurrencyReserves(): List<Amount<Currency>> {
            val nativeQuery = """
                select
                    cashschema.ccy_code,
                    sum(cashschema.pennies)
                from
                    vault_states vaultschema
                join
                    contract_cash_states cashschema
                where
                    vaultschema.output_index=cashschema.output_index
                    and vaultschema.transaction_id=cashschema.transaction_id
                    and vaultschema.state_status=0
                group by
                    cashschema.ccy_code
                order by
                    sum(cashschema.pennies) desc
            """
            log.info("SQL to execute: $nativeQuery")
            val session = services.jdbcSession()
            return session.prepareStatement(nativeQuery).use { prepStatement ->
                prepStatement.executeQuery().use { rs ->
                    val topUpLimits: MutableList<Amount<Currency>> = mutable-
                       ListOf()
                    while (rs.next()) {
                        val currencyStr = rs.getString(1)
                        val amount = rs.getLong(2)
                        log.info("$currencyStr : $amount")
                        topUpLimits.add(Amount(amount, Currency.getInstance(curr-
                            encyStr)))
```

```
                    }
                    topUpLimits
                }
            }
        }
    }
}
```

然后在自定义流中引用它：

```
@Suspendable
@Throws(CashException::class)
override fun call(): List<SignedTransaction> {
    progressTracker.currentStep = AWAITING_REQUEST
    val topupRequest = otherPartySession.receive<TopupRequest>().unwrap {
        it
    }

    val customVaultQueryService = serviceHub.cordaService(CustomVaultQuery.
       Service::class.java)
    val reserveLimits = customVaultQueryService.rebalanceCurrencyReserves()

    val txns: List<SignedTransaction> = reserveLimits.map { amount ->
        // 请求资产发行
        logger.info("Requesting currency issue $amount")
        val txn = issueCashTo(amount, topupRequest.issueToParty, topupRequest.
           issuerPartyRef)
        progressTracker.currentStep = SENDING_TOP_UP_ISSUE_REQUEST
        return@map txn.stx
    }

    otherPartySession.send(txns)
    return txns
}
```

7.4 Contracts

7.4.1 合约

合约是实现 Contract 接口的类。Contract 接口定义如下：

```
@CordaSerializable
interface Contract {
    @Throws(IllegalArgumentException::class)
    fun verify(tx: LedgerTransaction)
}
```

合约有一个单一的方法——verify，它需要一个 LedgerTransaction 作为输入，没有返回。此函数用于检查交易提案是否有效，如下所示：

- 收集每个交易的输入、输出状态的合约。
- 调用每个合约的验证函数，作为输入传递到交易中。
- 交易提案只有在没有任何验证异常的情况下才有效。

verify 在沙箱中执行，具有如下特点：

- 它没有访问封闭范围的权限。
- 它可用的库以白名单方式禁止，这些库会禁止非授权访问，例如通过网络访问、通过 I/O 访问（如磁盘或数据库访问、随机源访问）。

这意味着 verify 在决定交易是否有效时只能访问 LedgerTransaction 定义的属性。

下面是两个最简单的 verify 函数。

（1）verify 接受所有可能的交易：

```
override fun verify(tx: LedgerTransaction) {
    // Always accepts!
}
```

（2）verify 拒绝所有可能的交易：

```
override fun verify(tx: LedgerTransaction) {
    throw IllegalArgumentException("Always rejects!")
}
```

7.4.2 账本交易

LedgerTransaction 对象传递到 verify 具有以下特性：

```
@CordaSerializable
data class LedgerTransaction @JvmOverloads constructor(
        override val inputs: List<StateAndRef<ContractState>>,
        override val outputs: List<TransactionState<ContractState>>,
        val commands: List<CommandWithParties<CommandData>>,
        val attachments: List<Attachment>,
        override val id: SecureHash,
        override val notary: Party?,
        val timeWindow: TimeWindow?,
        val privacySalt: PrivacySalt,
        private val networkParameters: NetworkParameters? = null
) : FullTransaction() {
```

这里：

- inputs 是交易的输入 List<StateAndRef<ContractState>>。
- outputs 是交易的输出 List<TransactionState<ContractState>>。
- commands 是交易的命令和相关签名者 List<CommandWithParties<CommandData>>。
- attachments 是交易的附件 List<Attachment>。
- notary 是交易的公证人，必须与所有的输入公证匹配。

- timeWindow 定义了交易可以被公证的时间窗。

LedgerTransaction 给出很多访问交易内容的通用方法：

- inputStates 从 StateAndRef 列表引用输入的 ContractState 对象。
- getInput/getOutput/getCommand/getAttachment 通过索引引用组件。
- getAttachment 通过 ID 引用附件。
- inputsOfType/inRefsOfType/outputsOfType/outRefsOfType/commandsOfType 基于它们的通用类型引用组件。
- filterInputs/filterInRefs/filterOutputs/filterOutRefs/filterCommands 基于断言引用组件。
- findInput/findInRef/findOutput/findOutRef/findCommand 引用断言匹配的单个组件，如果有多个匹配则抛出异常。

要求 verify 可以编写为对每个约束手动抛出异常：

```
override fun verify(tx: LedgerTransaction) {
    if (tx.inputs.size > 0)
        throw IllegalArgumentException("No inputs should be consumed when issuing
            an X.")

    if (tx.outputs.size != 1)
        throw IllegalArgumentException("Only one output state should be created.")
}
```

然而，这是冗长的。要想实现上述一系列的限制，我们还可以使用如下方式来代替：

```
requireThat {
    "No inputs should be consumed when issuing an X." using (tx.inputs.isEmpty())
    "Only one output state should be created." using (tx.outputs.size == 1)
    val out = tx.outputs.single() as XState
    "The sender and the recipient cannot be the same entity." using (out.sender !=
        out.recipient)
    "All of the participants must be signers." using (command.signers.contains-
        All(out.participants))
    "The X's value must be non-negative." using (out.x.value > 0)
}
```

对于上述代码内的每个 <String, Boolean> 对，如果布尔条件为 false，则 IllegalArgumentException 通过抛出相应的字符串作为异常信息。反过来，此异常将导致交易被拒绝。

7.4.3 命令

LedgerTransaction 包含命令作为 CommandWithParties 实例列表。CommandWithParties 为交易签名者名单匹配 CommandData：

```
@CordaSerializable
data class CommandWithParties<out T : CommandData>(
        val signers: List<PublicKey>,
```

```
        val signingParties: List<Party>,
        val value: T
)
```

其中：

- ❑ signers 是每个签名者的公钥列表。
- ❑ signingParties 是签名者的身份列表（如果知道的话）。
- ❑ value 是被签名的对象（在这里就是个命令）。

7.4.4 用命令进行分支验证

一般来说，我们希望根据其命令对交易施加不同的约束。例如，我们希望对现金发行交易和现金转移交易施加不同的限制。我们可以通过提取命令并在 verify 中使用标准分支逻辑来实现这一点。在这里，我们从交易中提取 XContract.Commands 型单个命令，并验证相应的分支：

```
class XContract : Contract {
    interface Commands : CommandData {
        class Issue : TypeOnlyCommandData(), Commands
        class Transfer : TypeOnlyCommandData(), Commands
    }

    override fun verify(tx: LedgerTransaction) {
        val command = tx.findCommand<Commands> { true }

        when (command) {
            is Commands.Issue -> {
                // 发行验证逻辑
            }
            is Commands.Transfer -> {
                // 传输验证逻辑
            }
        }
    }
}
```

7.5 Contract Constraints

Corda 从状态的定义中分离验证，它主要通过 Contract 类的方法执行验证。这是因为我们实际检查的是交易的有效性，这不仅仅是单个状态在内部是否一致。如果应用程序的规则没有得到尊重，两个有效状态之间的转换可能无效。例如，两个 100 美元和 200 美元的现金状态可能在内部都是有效的，但除非你是现金发行人，否则不允许用第一个取代第二个。

要使交易有效，与每个状态相关联的 verify 函数必须成功运行。为了保证这一点，仅通过名称指定 verify 函数是不够的，因为可能存在具有相同方法签名和封闭类的多个不同实现。通常应用程序升级时会改变 verify 函数，这是正常情况，但也存在恶意修改 verify 函数的情况。

合约约束可以解决这个问题，合约开发人员可以设置使用 verify 函数的范围。附件（JAR）满足约束条件，由于不重叠规则，你不能附加两个定义相同的 JAR。此规则指定两个附件 JAR 不能提供相同的文件路径。如果这样做，则认为交易无效。因为每个状态都指定了附件上的约束和要使用的合约类名，所以指定的类必须只出现在一个附件中。

那么谁挑选要使用的附件呢？这由交易的创建者进行，且交易必须满足输入约束。交易的创造者也可以选择任何输出状态要使用的限制。典型的合约会要求约束传播，即合约将不执行受约束影响的下一个交易，后续所有受此约束影响的交易都会如此。约束机制建立了账本数据创建者和试图编辑它的用户之间的权力平衡，这在管理 Corda 应用升级时是非常有用的。

在 Corda 中升级智能合约有两种方法：

- 隐式升级：使用约束，允许提前使用合约的多个实现。
- 显式升级：通过创建一个特殊的合约升级交易，使用合约升级流让状态的所有参与者来签署它。

本节重点介绍第一种方法。

隐式升级的优点是，你不需要为账本上的每个状态创建升级交易的重量级。缺点是你要给予第三方更多信任，而第三方可能会以你没有预料到的方式改变应用程序。使用显式升级方法的优点是，可以在不考虑约束的情况下升级状态，但它需要每个人签名，要求每个人都要手动授权升级。

1. 约束如何工作

从 Corda 3.0 开始，有两种类型的约束可以使用：哈希和区域白名单。在将来的版本中，将添加第三种约束类型——签名约束。

1）哈希约束

像比特币和 Ethereum 那样的公共区块链系统提供的行为是：一旦数据被放置在账本上，控制它的程序就将是固定的，根本就不支持升级。这实现了一种形式的“程序法”，即假设你是相信现有程序，之后区块链社区将不会发布新的平台，用于消除或改变你的程序的意义。

本小节介绍 Corda 支持的哈希约束的使用方法。这里指定了应用 JAR 的一个已有哈希，该应用 JAR 包含合约和任何消费交易允许使用的状态。一旦创建了这样的状态，其他节点将只接受使用那个确切的 JAR 文件作为附件的交易。言下之意，合约代码或状态定义中的任何错误不能被固定，除了通过 ContractUpgradeFlow 进行一个显式升级过程。

注意 Corda 不支持完全不能升级的状态，但可以通过使用一个哈希约束得到同样的效果，即简单地拒绝任何显式升级。哈希约束将升级置于明确的协议控制之下。

2）区域约束

一个哈希约束往往限制太多。你若想升级一个应用程序，且正好需要在发生交易的时候升级程序生效，在这种情况下，你可以使用一个区域约束，它能指定一个兼容性区域网络参数，预计包含一个类名和允许提供这个类的 JAR 文件哈希值的映射。升级一个应用程序的过程包括请求区域操作员添加你的新 JAR 哈希到参数文件，并触发网络参数的升级过程。这涉及每个节点的操作员运行 SHELL 命令接受新的参数文件，然后重新启动节点。未及时重启的节点，将被停止参与网络。

3）签名约束

签名约束在现阶段还是不被支持的，其一旦开始被支持，将允许状态需要的 JAR 通过一个指定的身份签署，这个过程使用的是 Java Jar signer 工具。这将是最灵活和流畅的部署方式：不需要重新启动或合约升级交易。

如果生成交易时的网络参数有效，包含合约类的入口，则默认约束类型是区域约束，否则就是哈希约束。

TransactionState 包含一个 constraint 字段用于表示状态的附加约束。当一方构建了一个 TransactionState，或使用 TransactionBuilder.addOutput(ContractState) 添加一个状态而没有指定约束参数，那么会使用一个默认值 (AutomaticHashConstraint)。这个默认值会自动解析到一个指定的 HashAttachmentConstraint 或 WhitelistedByZoneAttachmentConstraint。这个自动解析过程发生在 TransactionBuilder 转换为 WireTransaction 的时候。

最后，一个 AlwaysAcceptAttachmentConstraint 可以接受任何东西，虽然这只是为了测试。

请注意，AttachmentConstraint 接口标记了 @donotimplement，表示不允许写新的约束类型。只有平台可以实现此接口。如果你做了尝试，其他节点将无法理解你的约束类型，你的交易将不会被验证通过。

一个 AlwaysAccept 约束等效于这些状态完全禁用安全。没有什么能阻止你在生产环节使用这种约束，但那会将 Corda 降低为带有合约逻辑的分布式通信，且只对捕获错误有用，而不是仅对潜在的恶意行为。

下面的示例显示如何在流内构造一个明确指定哈希约束的 TransactionState：

```
TransactionBuilder tx = new TransactionBuilder();

Party notaryParty = ...
DummyState contractState = new DummyState();

SecureHash myAttachmentHash = SecureHash.parse("2b4042aed7e0e39d312c4c477dca1d96
    ec5a878ddcfd5583251a8367edbd4a5f");
TransactionState transactionState = new TransactionState(contractState, DummyContract.
    Companion.getPROGRAMID(), notaryParty, new AttachmentHashConstraint(myAttach-
```

```
    mentHash));

tx.addOutputState(transactionState);
WireTransaction wtx = tx.toWireTransaction(serviceHub); // 这里是自动约束被解决的地方
LedgerTransaction ltx = wtx.toLedgerTransaction(serviceHub);
ltx.verify(); // 验证附件约束和合约
```

在代码中，硬编码应用程序的哈希可能会很棘手，因此API还提供了AutomaticHashConstraint。这不是一个会出现在交易中的真正的约束：它只是作为TransactionBuilder的一个标记，用来构建应用程序的哈希，该应用提供可使用的特定合约。所以这个自动约束的占位是有用的。

2. 应用作为附件

节点安装的应用JAR和包含的实现合约接口的类在启动时自动装载到节点的AttachmentStorage。

在应用装入附件存储后，节点在合约类和它们的附件之间建立一个链接。这使得找到任何给定合约的附件成为可能。当验证约束和合约时，TransactionBuilder自动执行附件，附件与各自的合约关联。

注意 写一个应用，最简单的方式是把你所有的状态、合约、流和支持的代码放到一个单一的Java模块。这样虽然是可行的，但它也会将你的整个应用程序发布到账本上。这有两个问题：

（1）效率低下。

（2）意味着对你的流或应用程序其他部分进行更改后，该流或应用程序将被账本视为新的应用程序，这可能最终导致要进行不必要的升级程序。更好的方法是将应用程序分成多个模块：一个包含状态、合约和核心数据类型。另一个包含应用程序的其余部分。

3. 测试

由于涉及交易的所有测试现在都需要附件，所以还需要为测试加载正确的附件。在JVM的生态系统单元测试环境往往使用类目录而不是JAR，所以应用JAR通常不适合测试。这将显著增加建立Corda系统和应用的复杂性，所以测试套件有一套方便的功能，其可从包的名称或参与测试的应用已经存在的情况下从指定的JAR网址生成应用。你也可以在你的测试中使用AlwaysAcceptAttachmentConstraint来禁用约束机制。

4. 模拟网络/模拟节点

确保一个普通的模拟节点生成正确应用实例的最简单方法，是在创建模拟网络时使用cordappPackages构造函数参数（kotlin）或setCorDappPackages方法MockNetworkParameters（Java）。这将导致AbstractNode使用指定的包作为应用的资源。这些包中的所有文件将被压缩成一个JAR添加附件库，由CorDappLoader作为应用加载。

这种用法的一个例子是加载应用代码：

```
class SomeTestClass {
    MockNetwork network = null;

    @Before
    void setup() {
        network = new MockNetwork(new MockNetworkParameters().setCorDappPackages
            (Arrays.asList("com.domain.cordapp")))
    }

    ... // 这里可以添加测试代码
}
```

5. 模拟服务

如果你的测试使用 MockServices，则可以直接使用一个构造函数来实例化它，构造函数可取得软件包列表作为应用以使用 cordappPackages 参数。

```
MockServices mockServices = new MockServices(Arrays.asList("com.domain.cordapp"))
```

还有一个更简单的方法！如果你的单元测试与合约代码本身就在同一个包，那么你可以使用 MockServices 的无参数构造函数。用于应用的的包与构造对象类的包相同。

6. 驱动

驱动取得一个参数 extraCorDappPackagesToScan，该参数是作为应用使用的包列表。

```
driver(new riverParameters().setExtraCorDappPackagesToScan(Arrays.asList("com.
    domain.cordapp"))) ...
```

7. 全节点

对全节点的简单测试是把你的应用放在节点的应用目录。

8. 调试

如果附件约束不能解决，MissingContractAttachments 会抛出异常，但有两种常见的 MissingContractattAchments 来源例外：

- 在试验中未设置应用包：你正在运行一个测试，但未指定应用包扫描。
- 错误的完全限定合约名称：正在错误地指定合约的完全限定名称。例如，你已在 com.mycompany.myapp.contracts 包里定义了 MyContract，但你传递给 TransactionBuilder 的完全限定名称是 com.mycompany.myapp.Mycontract，而不是 com.mycompany.myapp.contracts.MyContract。

7.6 Vault Query

Corda 已经从底层架构支持使用工业标准，经过验证的查询框架和库用于访问 RDBMS

支持的交易存储（包含永久库）。

Corda 为访问永久库提供了许多灵活的查询机制：

- 库查询 API。
- 使用 JDBC 会话。
- 自定义 JPA/JPQL 查询。
- 自定义第三方数据访问框架，如 Spring 数据。

查询的大部分需求可以通过使用库查询 API 满足，API 通过 VaultService 暴露被流直接使用：

```
@Throws(VaultQueryException::class)
fun <T : ContractState> _queryBy(criteria: QueryCriteria,
                                 paging: PageSpecification,
                                 sorting: Sort,
                                 contractStateType: Class<out T>): Vault.Page<T>

@Throws(VaultQueryException::class)
fun <T : ContractState> _trackBy(criteria: QueryCriteria,
                                 paging: PageSpecification,
                                 sorting: Sort,
                                 contractStateType: Class<out T>): DataFeed<Vault.
                                     Page<T>, Vault.Update<T>>
```

RPC 客户端应用通过 CordaRPCOps 使用：

```
@RPCReturnsObservables
fun <T : ContractState> vaultQueryBy(criteria: QueryCriteria,
                                     paging: PageSpecification,
                                     sorting: Sort,
                                     contractStateType: Class<out T>): Vault.Page<T>
@RPCReturnsObservables
fun <T : ContractState> vaultTrackBy(criteria: QueryCriteria,
                                     paging: PageSpecification,
                                     sorting: Sort,
                                     contractStateType: Class<out T>): DataFeed<Vault.
                                         Page<T>, Vault.Update<T>>
```

还可通过以下辅助方法为参数提供默认值：

```
fun <T : ContractState> vaultQuery(contractStateType: Class<out T>): Vault.Page<T>

fun <T : ContractState> vaultQueryByCriteria(criteria: QueryCriteria, contract-
   StateType: Class<out T>): Vault.Page<T>

fun <T : ContractState> vaultQueryByWithPagingSpec(contractStateType: Class<out
   T>, criteria: QueryCriteria, paging: PageSpecification): Vault.Page<T>

fun <T : ContractState> vaultQueryByWithSorting(contractStateType: Class<out T>,
   criteria: QueryCriteria, sorting: Sort): Vault.Page<T>
```

```
fun <T : ContractState> vaultTrack(contractStateType: Class<out T>): DataFeed<Vault.
    Page<T>, Vault.Update<T>>

fun <T : ContractState> vaultTrackByCriteria(contractStateType: Class<out T>,
    criteria: QueryCriteria): DataFeed<Vault.Page<T>, Vault.Update<T>>

fun <T : ContractState> vaultTrackByWithPagingSpec(contractStateType: Class<out T>,
    criteria: QueryCriteria, paging: PageSpecification): DataFeed<Vault.Page<T>,
    Vault.Update<T>>

fun <T : ContractState> vaultTrackByWithSorting(contractStateType: Class<out T>,
    criteria: QueryCriteria, sorting: Sort): DataFeed<Vault.Page<T>, Vault.Update<T>>
```

API 为定义的过滤标准集提供静态（快照）和动态（快照和流更新）方法：

- 使用 queryBy 获取数据的一个快照。
- 使用 trackBy 获得当前的快照和未来的更新。

注意　流更新只过滤基于合约的类型和状态（未消耗、消耗或所有）

简单的分页（页面大小和数量）和排序（使用标准或自定义属性定向排序）也可指定，默认是定义了分页（pageNumber = 1, pageSize = 200）和排序（direction = ASC）的。

QueryCriteria 接口提供了一个用于指定不同过滤条件的灵活机制，包括和 / 或、成分和丰富的运算符集，具体如下：

- Binary logical (AND, OR)。
- Comparison (LESS_THAN, LESS_THAN_OR_EQUAL, GREATER_THAN, GREATER_THAN_OR_EQUAL)。
- Equality (EQUAL, NOT_EQUAL)。
- Likeness (LIKE, NOT_LIKE)。
- Nullability (IS_NULL, NOT_NULL)。
- Collection based (IN, NOT_IN)。
- Standard SQL-92 aggregate functions (SUM, AVG, MIN, MAX, COUNT)。

QueryCriteria 接口有 4 个实现，这 4 个实现可以链接在一起定义高级过滤器：

（1）VaultQueryCriteria 提供对永久库内属性状态表的过滤条件：状态（未消耗、消耗）、状态引用、合约状态类型、公证、软锁定状态、时间戳（记录、消耗）。

注意　Corda 为经常使用的属性定义了合理的默认值（状态 = 未用完，总是包括软锁定状态）。

（2）FungibleAssetQueryCriteria 为在 Corda Core FungibleAsset 合约状态的接口中定义的属性提供过滤条件，用以表示可互换的资产，资产由一个特定方发行（例如 Corda 金融模块中的 Cash.State 和 CommodityContract.State）。过滤的属性包括参与者、所有者、数量、

发行方和发行人引用。

> 注意　扩展 FungibleAsset 的所有合约状态，现在自动保存接口公用状态属性到 vault_fungible_states 表。

（3）LinearStateQueryCriteria 为在 Corda Core LinearState and DealState 合约状态接口中定义的属性提供过滤的条件，常用于表示持续更新的实体，这一切都共享相同的 linearId（如贸易实体状态，如在 SIMM 估值演示定义的 IRSState）。过滤的属性包括参与者、linearId、UUID 和 externalid。

> 注意　扩展 LinearState 或 DealState 的所有合约状态，现在自动保存它们的接口公用状态属性到 vault_linear_states 表。

（4）VaultCustomQueryCriteria 提供方法为永久文件和相关例子中描述的实现自身模式的自定义合约状态定义的属性指定一个或多个任意表达式。自定义条件表达式使用一个类型安全的 CriteriaExpression 表示：BinaryLogical, Not, ColumnPredicateExpression, AggregateFunctionExpression。ColumnPredicateExpression 允许任意标准的规范使用前面列举的操作符类型。AggregateFunctionExpression 允许聚合函数的类型规格（和、平均、最大、最小、计数）进行可选的分组和排序。此外，提供丰富的 DSL 使得使用任意 ColumnPredicate 组合简单构建自定义条件。请查阅 QueryCriteriaUtils 中的 Builder 对象，能看到一个完整的 DSL 规范。

> 注意　自定义合约模式在节点启动应用时自动注册。针对不同测试目的有不同的注册机制。

所有的 QueryCriteria 实现由 and 和 or 操作符组成。所有的 QueryCriteria 实现显式指定公共属性的套装：

（1）状态情况属性（Vault.StateStatus），默认为过滤 UNCONSUMED 状态。当使用和 / 或链接多个条件时，此属性的最新值将覆盖以前的任何值。

（2）合约状态类型（<Set<Class<out ContractState>>），其中将包含至少一个类型（默认情况下将是 ContractState，它决定所有状态类型）。当使用和 / 或操作符链接多个条件时，所有指定的合约状态类型组合成一个集合。

下面给出一个自定义查询的示例：

```
val generalCriteria = VaultQueryCriteria(Vault.StateStatus.ALL)

val results = builder {
    val currencyIndex = PersistentCashState::currency.equal(USD.currencyCode)
    val quantityIndex = PersistentCashState::pennies.greaterThanOrEqual(10L)

    val customCriteria1 = VaultCustomQueryCriteria(currencyIndex)
```

```
    val customCriteria2 = VaultCustomQueryCriteria(quantityIndex)

    val criteria = generalCriteria.and(customCriteria1.and(customCriteria2))
    vaultService.queryBy<Cash.State>(criteria)
}
```

上述代码实现了 Queryable 接口的自定义合约状态，通过自定义合约状态可以扩展公共模式类型 FungiblePersistentState 或 LinearPersistentState。此前，所有定制合约可以从根 PersistentState 类扩展得到，扩展时可以定义 FungibleAsset 和 LinearState 属性的重复映射。下面以 SampleCashSchemaV2 和 DummyLinearStateSchemaV2 为例。

当指定的 ContractType 作为 Kotlin 中 QueryCriteria 的一个参数化的类型时，若是在接口中使用，则可以查询当前包括该类型的所有具体的实现。

现在的 Corda 版本（截至本书截稿时）提供的 API 实现了从 Kotlin 和 Java 调用语义的易用性。然而，由于 Java 使用反射字段来引用模式属性类型，所以 Java 自定义查询更详细。

1. 分页

Vault Query API 提供了对分页的支持，在这个页面中会有大量的结果（默认情况下，每页面显示 200 个结果）。开发人员可以自行定义默认页面大小。对于大型结果集（如使用 RPC API 报告和 / 或 UI 显示）的分页显示，会涉及一个 PageSpecification 参数，通过该参数可以正确处理内存的有效利用。在没有定义 PageSpecification 的情况下，Corda 中自带的失败模式会为 API 用户提供警报，提示一个单一的查询返回结果的显示会多于 200 个分页。

下面是一个从永久库按每页 200 个结果提取未消耗 ContractState 的查询，其中从默认的页号开始（第一页）：

```
val vaultSnapshot = proxy.vaultQueryBy<ContractState>(
    QueryCriteria.VaultQueryCriteria(Vault.StateStatus.UNCONSUMED),
    PageSpecification(DEFAULT_PAGE_NUM, 200))
```

一个页面的最大尺寸 MAX_PAGE_SIZE 由 Int.MAX_VALUE 定义，设置该参数时应非常小心，因为若设置过大可能超过 JVM 的内存从而导致抛出异常。

下面是使用 VaultQueryCriteria 进行通用快照查询的一些示例。

（1）所有未使用状态查询（简单查询）：

```
val result = vaultService.queryBy<ContractState>()
val states = result.states
val metadata = result.statesMetadata
val sortAttribute = SortAttribute.Standard(Sort.CommonStateAttribute.STATE_REF_TXN_ID)
val criteria = VaultQueryCriteria(stateRefs = listOf(stateRefs.first(), stateRefs.last()))
val results = vaultService.queryBy<DummyLinearContract.State>(criteria, Sort(setOf(Sort.
  SortColumn(sortAttribute, Sort.Direction.ASC))))
```

（2）对于给定公证人未使用状态的查询：

```
val criteria = VaultQueryCriteria(notary = listOf(CASH_NOTARY))
```

```
val results = vaultService.queryBy<ContractState>(criteria)
```

（3）对于给定的一组参与者未消耗状态的查询：

```
val criteria = LinearStateQueryCriteria(participants = listOf(BIG_CORP, MINI_CORP))
val results = vaultService.queryBy<ContractState>(criteria)
```

（4）对于两个时间点之间记录的未消耗状态的查询：

```
val start = TODAY
val end = TODAY.plus(30, ChronoUnit.DAYS)
val recordedBetweenExpression = TimeCondition(
        QueryCriteria.TimeInstantType.RECORDED,
        ColumnPredicate.Between(start, end))
val criteria = VaultQueryCriteria(timeCondition = recordedBetweenExpression)
val results = vaultService.queryBy<ContractState>(criteria)
```

这个例子展示了 Between ColumnPredicate 的使用。

（5）分页规范的所有状态的查询（每页 10 个结果）：

```
val pagingSpec = PageSpecification(DEFAULT_PAGE_NUM, 10)
val criteria = VaultQueryCriteria(status = Vault.StateStatus.ALL)
val results = vaultService.queryBy<ContractState>(criteria, paging = pagingSpec)
```

（6）使用分页规范查询所有状态和重复使用 totalStatesAvailable 字段直到没有更多的页。结果集的元数据字段 totalStatesAvailable 可以使你进一步按页标记象，看下面的例子。

```
var pageNumber = DEFAULT_PAGE_NUM
val states = mutableListOf<StateAndRef<ScheduledState>>()
do {
    val pageSpec = PageSpecification(pageSize = PAGE_SIZE, pageNumber = pageNumber)
    val results = vaultService.queryBy<ScheduledState>(VaultQueryCriteria(), page-
       Spec, SORTING)
    states.addAll(results.states)
    pageNumber++
} while ((pageSpec.pageSize * (pageNumber)) <= results.totalStatesAvailable)
```

使用 LinearStateQueryCriteria 的 LinearState 和 DealState 进行查询的方法如下。

（1）对给定线性 ID 的未消耗线性状态的查询：

```
val linearIds = issuedStates.states.map { it.state.data.linearId }.toList()
val criteria = LinearStateQueryCriteria(linearId = listOf(linearIds.first(),
   linearIds.last()))
val results = vaultService.queryBy<LinearState>(criteria)
val linearStateCriteria = LinearStateQueryCriteria(linearId = listOf(linearId),
   status = Vault.StateStatus.ALL)
val vaultCriteria = VaultQueryCriteria(status = Vault.StateStatus.ALL)
val results = vaultService.queryBy<LinearState>(linearStateCriteria and vault-
   Criteria)
```

（2）未消耗的交易状态与交易引用的查询：

```
val criteria = LinearStateQueryCriteria(externalId = listOf("456", "789"))
val results = vaultService.queryBy<DealState>(criteria)
```

（3）未消耗的交易状态与交易方的查询：

```
val criteria = LinearStateQueryCriteria(participants = parties)
val results = vaultService.queryBy<DealState>(criteria)
```

使用 FungibleAssetQueryCriteria 的 FungibleAsset 和 DealState 进行查询的方法如下。

（1）对给定货币的可互换资产的查询：

```
val ccyIndex = builder { CashSchemaV1.PersistentCashState::currency.equal(USD.
    currencyCode) }
val criteria = VaultCustomQueryCriteria(ccyIndex)
val results = vaultService.queryBy<FungibleAsset<*>>(criteria)
```

（2）针对最小量为可互换资产的查询：

```
val fungibleAssetCriteria = FungibleAssetQueryCriteria(quantity = builder {
greaterThan(2500L) })
val results = vaultService.queryBy<Cash.State>(fungibleAssetCriteria)
```

本示例使用 Builder DSL 实现。

（3）对于指定发行方的可互换资产查询：

```
val criteria = FungibleAssetQueryCriteria(issuer = listOf(BOC))
val results = vaultService.queryBy<FungibleAsset<*>>(criteria)
```

使用 VaultCustomQueryCriteria 的 Aggregate Function 进行查询的方法如下（用于聚合函数的查询结果包含在结果页的 otherResults 属性）。

（1）利用各种函数对现金进行汇总：

```
val sum = builder { CashSchemaV1.PersistentCashState::pennies.sum() }
val sumCriteria = VaultCustomQueryCriteria(sum)

val count = builder { CashSchemaV1.PersistentCashState::pennies.count() }
val countCriteria = VaultCustomQueryCriteria(count)

val max = builder { CashSchemaV1.PersistentCashState::pennies.max() }
val maxCriteria = VaultCustomQueryCriteria(max)

val min = builder { CashSchemaV1.PersistentCashState::pennies.min() }
val minCriteria = VaultCustomQueryCriteria(min)

val avg = builder { CashSchemaV1.PersistentCashState::pennies.avg() }
val avgCriteria = VaultCustomQueryCriteria(avg)

val results = vaultService.queryBy<FungibleAsset<*>>(sumCriteria
```

```
        .and(countCriteria)
        .and(maxCriteria)
        .and(minCriteria)
        .and(avgCriteria))
```

（2）各种功能的集合如下：

```
val sum = builder { CashSchemaV1.PersistentCashState::pennies.sum(groupByColumns =
   listOf(CashSchemaV1.PersistentCashState::currency)) }
val sumCriteria = VaultCustomQueryCriteria(sum)

val max = builder { CashSchemaV1.PersistentCashState::pennies.max(groupByColumns =
   listOf(CashSchemaV1.PersistentCashState::currency)) }
val maxCriteria = VaultCustomQueryCriteria(max)

val min = builder { CashSchemaV1.PersistentCashState::pennies.min(groupByColumns =
   listOf(CashSchemaV1.PersistentCashState::currency)) }
val minCriteria = VaultCustomQueryCriteria(min)

val avg = builder { CashSchemaV1.PersistentCashState::pennies.avg(groupByColumns =
   listOf(CashSchemaV1.PersistentCashState::currency)) }
val avgCriteria = VaultCustomQueryCriteria(avg)

val results = vaultService.queryBy<FungibleAsset<*>>(sumCriteria
        .and(maxCriteria)
        .and(minCriteria)
        .and(avgCriteria))
```

（3）按发行方和货币分组的现金合计，按金额排序：

```
val sum = builder {
    CashSchemaV1.PersistentCashState::pennies.sum(groupByColumns = listOf(Cash-
        SchemaV1.PersistentCashState::issuerPartyHash,
            CashSchemaV1.PersistentCashState::currency),
            orderBy = Sort.Direction.DESC)
}

val results = vaultService.queryBy<FungibleAsset<*>>(VaultCustomQueryCriteria(sum))
```

动态查询（也使用 VaultQueryCriteria）是一个快照查询扩展，通过运行一个额外的 QueryResults 返回输入 Observable<Vault.Update>。

（1）未消耗的现金状态跟踪：

```
vaultService.trackBy<Cash.State>().updates     // UNCONSUMED default
```

（2）未消耗的线性状态跟踪：

```
val (snapshot, updates) = vaultService.trackBy<LinearState>()
```

上述代码将返回 DealState 状态。

2. 故障排除

如果你期望的结果与实际返回的查询结果不符，那么建议添加一个入口到 log4j2.xml 配置文件，以显式执行 SQL 语句：

```
<Logger name="org.hibernate.SQL" level="debug" additivity="false">
    <AppenderRef ref="Console-Appender"/>
</Logger>
```

3. 行为记录

（1）TrackBy 更新只被 contractStateType 和 stateType 过滤。

（2）QueryBy 和 Trackby 快照视图使用分页时可能返回不同的结果集，每页的请求是对底层数据库的一个单独的 SQL 查询。完全可以想象的是，状态更改、分页请求并行发生。使用分页时，总是会检查 totalStatesAvailable 的值（从库页面结果）和适当调整进一步的页请求。

4. 其他案例的情景

高级用例需要使用复杂的分页、排序、分组和聚合函数，推荐应用开发者使用经过验证的框架，这些框架大多带有沙箱之外的功能，比如带有实现 JPL（JPA 查询语言）的功能，如 Hibernate 高级 SQL 数据存取，以及 Spring Data 高级分页和排序构建。

Corda 提供示例以满足高级用例的使用需求，例如：

（1）应用服务使用 Vault API Custom Query 访问 IOU 状态属性。

（2）应用服务通过 JPQL 执行 Named Queries 查询扩展。

（3）使用 Spring Data JPA 进行先进的分页查询。

7.7 Transactions

Transactions 包含了与交易相关的各种内容，诸如交易的生命周期、交易的组成部分、交易的输入和输出状态、交易的命令、交易的附件、交易的时间窗、交易生成器、交易的签署和验证、交易的公证等。

1. 交易的生命周期

交易在创建和最终纳入账本期间，通常处于下面三种状态之一：

- ❑ TransactionBuilder：交易的初始状态。这是在此期间交易唯一可变的状态，因此我们必须在移动之前添加所有需要的组件。
- ❑ SignedTransaction：签署交易状态。此时该交易有一个或多个数字签名，要保证其不可变。这是通过传递来收集附加签名并记录在账本上的交易状态。
- ❑ LedgerTransaction：表示交易已经被“确认”了。LedgerTransaction 的输入已经从引用转换为实际状态——允许交易被完全检查。

我们可以想象三个阶段之间的转变，如图 7-2 所示。

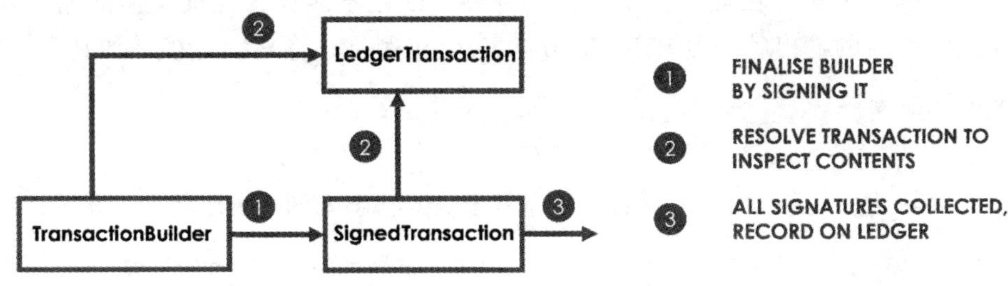

图 7-2　交易阶段示意图

2. 交易组件

交易由 6 种类型的组件组成：

- ❑ 状态，必备项。
- ❑ 输入状态，可选项。
- ❑ 输出状态，可选项。
- ❑ 命令，必备项。
- ❑ 附件，可选项。
- ❑ 时间窗，可选项，最多只能有一个。

有的交易可以不包含时间窗，有的交易需要包含时间窗，这与具体的业务有关。对于包含时间窗的交易，必须带有公证，因为时间是由公证人给出的。每个组件都对应 Corda API 中的特定类。

3. 输入状态

输入状态作为 StateAndRef 被添加到交易中，它融合了 ContractState 本身。识别这个 ContractState 的 StateRef 作为特定交易的输出。示例代码如下：

```
val ourStateAndRef: StateAndRef<DummyState> = serviceHub.toStateAndRef<DummyState>
    (ourStateRef)
```

StateRef 唯一标识输入状态，允许公证人将其标记为历史性的。它是由以下两项组成：

- ❑ 生成状态的交易的哈希值。
- ❑ 交易输出中的状态索引。

示例代码如下：

```
val ourStateRef: StateRef = StateRef(SecureHash.sha256("DummyTransactionHash"), 0)
```

StateRef 会将输入状态链接到创建它的交易上。这意味着交易会形成“链”，并将每个输入链接到原始发布交易上。这允许节点遍历验证之前的交易，并验证每个输入通过有效的交易序列生成。

4. 输出状态

由于交易的输出状态在提交交易之前不存在，因此不能作为先前交易的输出被引用。相反，我们将所需的输出状态创建为 ContractState 实例，并将它们直接添加到交易中。相关代码如下：

```
val ourOutputState: DummyState = DummyState()
```

在输出状态可以确定的情况下，我们可以基于输入状态来创建输出状态。相关代码如下：

```
val ourOtherOutputState: DummyState = ourOutputState.copy(magicNumber = 77)
```

在输出状态能被添加到交易之前，我们需要将它与合约关联起来。我们可以通过封装 StateAndContract 中的输出状态来实现这一点。它融合了：

- 表示输出状态的 ContractState。
- 标识管理状态的合约的 String。

相关代码如下：

```
val ourOutput: StateAndContract = StateAndContract(ourOutputState, DummyContract.
    PROGRAM_ID)
```

5. 命令

命令作为 Command 添加到交易中，该命令组合为：

- 指示命令类型的 CommandData 实例。
- 表示命令所需签名者的 List<PublicKey>。

示例代码如下：

```
val commandData: DummyContract.Commands.Create = DummyContract.Commands.Create()
val ourPubKey: PublicKey = serviceHub.myInfo.legalIdentitiesAndCerts.first().owningKey
val counterpartyPubKey: PublicKey = counterparty.owningKey
val requiredSigners: List<PublicKey> = listOf(ourPubKey, counterpartyPubKey)
val ourCommand: Command<DummyContract.Commands.Create> = Command(commandData,
    requiredSigners)
```

6. 附件

附件通过它们的哈希来标识：

```
val ourAttachment: SecureHash = SecureHash.sha256("DummyAttachment")
```

附件和相应的哈希必须通过节点的 RPC 接口被提前上传。

7. 时间窗

时间窗代表交易必须被公证的期限。时间窗可为用一个开始时间和一个结束时间定义的时间段，也可以为只有一个开始时间或一个结束时间的时间段：

```
val ourTimeWindow: TimeWindow = TimeWindow.between(Instant.MIN, Instant.MAX)
```

```
val ourAfter: TimeWindow = TimeWindow.fromOnly(Instant.MIN)
val ourBefore: TimeWindow = TimeWindow.untilOnly(Instant.MAX)
```

我们还可以定义一个时间窗作为瞬时加 / 减时间公差（例如 30 秒）：

```
val ourTimeWindow2: TimeWindow = TimeWindow.withTolerance(serviceHub.clock.
    instant(), 30.seconds)
```

我们也可以将时间窗作为一个开始时间再加上一个特定的持续时间：

```
val ourTimeWindow3: TimeWindow = TimeWindow.fromStartAndDuration(serviceHub.
    clock.instant(), 30.seconds)
```

8. 交易生成器

创建交易提案的第一步是实例化 TransactionBuilder。如果交易具有输入状态或时间窗，则需要实例化引用公证人的生成器，公证人会公证输入并验证时间窗：

```
val txBuilder: TransactionBuilder = TransactionBuilder(specificNotary)
```

如果交易没有任何输入状态或时间窗，则不需要公证，并且可以实例化交易，此时不需要下面的代码：

```
val txBuilderNoNotary: TransactionBuilder = TransactionBuilder()
```

接下来是通过添加期望的组件来建立交易提案。我们可以使用 TransactionBuilder.withItems 方法来添加组件到生成器：

```
fun withItems(vararg items: Any): TransactionBuilder {
    for (t in items) {
        when (t) {
            is StateAndRef<*> -> addInputState(t)
            is SecureHash -> addAttachment(t)
            is TransactionState<*> -> addOutputState(t)
            is StateAndContract -> addOutputState(t.state, t.contract)
            is ContractState -> throw UnsupportedOperationException("Removed as
                of V1: please use a StateAndContract instead")
            is Command<*> -> addCommand(t)
            is CommandData -> throw IllegalArgumentException("You passed an
                instance of CommandData, but that lacks the pubkey. You need to
                wrap it in a Command object first.")
            is TimeWindow -> setTimeWindow(t)
            is PrivacySalt -> setPrivacySalt(t)
            else -> throw IllegalArgumentException("Wrong argument type: ${t.
                javaClass}")
        }
    }
    return this
}
```

withItems 使用 vararg 对象并根据 vararg 对象的类型添加对象到生成器：

- StateAndRef 对象作为输入状态被添加。
- TransactionState 和 StateAndContract 对象作为输出状态被添加。

TransactionState 和 StateAndContract 二者都是封装链接输出到特定合约的 ContractState：

- Command 对象作为命令被添加。
- SecureHash 对象作为附件被添加。
- TimeWindow 对象替换交易的现有 TimeWindow。

注意，在上述过程中，传入任何其他类型的对象都会引发一个 IllegalArgumentException 异常。

下面是一个 TransactionBuilder.withItems 的示例用法：

```
txBuilder.withItems(
    ourStateAndRef,
    ourOutput,
    ourCommand,
    ourAttachment,
    ourTimeWindow
)
```

下面是添加输入和附件的方法：

```
txBuilder.addInputState(ourStateAndRef)
txBuilder.addAttachment(ourAttachment)
```

可以将输出状态添加为 ContractState、合约类名和公证：

```
txBuilder.addOutputState(ourOutputState, DummyContract.PROGRAM_ID, specificNotary)
```

我们也可以让公证字段为空，在这种情况下，交易的默认公证会被使用：

```
txBuilder.addOutputState(ourOutputState, DummyContract.PROGRAM_ID)
```

我们也可以将输出状态添加为 TransactionState，它指定输出的合约和公证：

```
val txState: TransactionState<DummyState> = TransactionState(ourOutputState, Dummy-
   Contract.PROGRAM_ID, specificNotary)
```

命令可以添加为 Command：

```
txBuilder.addCommand(ourCommand)
```

或作为 CommandData 和 vararg PublicKey：

```
txBuilder.addCommand(commandData, ourPubKey, counterpartyPubKey)
```

对于时间窗，我们可以直接设置时间窗：

```
txBuilder.setTimeWindow(ourTimeWindow)
```

或者将时间窗定义为一个开始时间加上一个持续时间（例如 45 秒）：

```
txBuilder.setTimeWindow(serviceHub.clock.instant(), 45.seconds)
```

9. 签署生成器

一旦生成器准备好了，我们便可以通过签署它并把它转换成 SignedTransaction。我们可以用合法身份进行密钥签名：

```
val onceSignedTx: SignedTransaction = serviceHub.signInitialTransaction(txBuilder)
```

我们也可以选择使用另一个公钥：

```
val otherIdentity: PartyAndCertificate = serviceHub.keyManagementService.freshKey-
    AndCert(ourIdentityAndCert, false)
val onceSignedTx2: SignedTransaction = serviceHub.signInitialTransaction(txBuilder,
    otherIdentity.owningKey)
```

无论采用哪种方式，这个过程的结果都是创建一个不可变的 SignedTransaction。

10. 签署交易

SignedTransaction 是一种组合，它包含不可变交易和该交易的签名列表。示例代码如下：

```
@CordaSerializable
data class SignedTransaction(val txBits: SerializedBytes<CoreTransaction>,
                             override val sigs: List<TransactionSignature>
) : TransactionWithSignatures {
```

在将签名添加到交易之前，我们要验证交易的内容和交易的签名。

11. 验证交易内容

如果交易具有输入，则在验证交易内容之前，我们需要检索交易依赖链中的所有状态。这是因为交易仅在其依赖链也是有效的情况下才有效。如果当前我们的本地存储中没有交易提案者的链中的任何状态，那么我们会要求交易提案者向我们的节点提供之前的所有状态。这个过程是由一个内置的流——ReceiveTransactionFlow 来处理的。

现在我们可以验证交易的内容，以确保它满足所有交易的输入和输出状态的合约：

```
twiceSignedTx.verify(serviceHub)
```

检查交易是否满足合约约束仅仅是验证交易过程的一部分。我们通常还希望在签署之前执行我们自己对交易内容的额外验证，以确保交易提案包含了我们希望加入的协议条款。

但是，SignedTransaction 将其输入作为 StateRef 实例，并将其附件作为 SecureHash 实例，它没有提供足够的信息来正确地验证交易的内容。我们首先需要将 StateRef 和 SecureHash 实例应用到实际的 ContractState 和 Attachment 中，然后我们才可以验证交易。我们通过使用 Service Hub 将 SignedTransaction 转化为 LedgerTransaction 来实现这一点：

```
val ledgerTx: LedgerTransaction = twiceSignedTx.toLedgerTransaction(serviceHub)
```

现在我们可以进行额外的验证了。下面是一个简单的例子：

```
val outputState: DummyState = ledgerTx.outputsOfType<DummyState>().single()
if (outputState.magicNumber == 777) {
```

```
    throw FlowException("We expected a magic number of 777.")
}
```

12. 验证交易签名

除了需要验证交易的内容是有效的之外，我们还需要检查签名是否有效。在交易哈希上进行有效签名能防止篡改交易。我们可以验证所有签名都是有效的，具体如下：

```
fullySignedTx.verifyRequiredSignatures()
```

在收集到所有签名之前，我们常常希望验证该交易的现有签名。为此，我们可以使用 SignedTransaction.verifySignaturesExcept，它使用允许签名丢失的 vararg 公共密钥：

```
onceSignedTx.verifySignaturesExcept(counterpartyPubKey)
```

还有一个 SignedTransaction.verifySignaturesExcept，它只包含允许签名丢失的公钥 Collection：

```
onceSignedTx.verifySignaturesExcept(listOf(counterpartyPubKey))
```

如果因交易没有传入相应的公钥而造成签名丢失，则将引发 SignaturesMissingException 异常。

我们也可以选择简单地验证存在的签名：

```
twiceSignedTx.checkSignaturesAreValid()
```

但是要非常小心，上面代码中这个函数既不保证需要签名，也不检查是否有任何签名丢失。

13. 签署交易

一旦我们对交易的内容没有疑问且签名验证通过，我们就可以将签名添加到 SignedTransaction 以表示我们批准交易。

我们可以使用我们的法律身份密钥，比如：

```
val twiceSignedTx: SignedTransaction = serviceHub.addSignature(onceSignedTx)
```

或者我们可以选择使用另一个公共密钥进行签名：

```
val twiceSignedTx2: SignedTransaction = serviceHub.addSignature(onceSignedTx, other-
    Identity2.owningKey)
```

我们还可以在交易上生成签名，而不直接将其添加到交易中。可以用我们的合法身份密钥来做到这一点：

```
val sig: TransactionSignature = serviceHub.createSignature(onceSignedTx)
```

或者使用另一个公共密钥进行签名：

```
val sig2: TransactionSignature = serviceHub.createSignature(onceSignedTx, other-
    Identity2.owningKey)
```

14. 公证与记录

公证和记录交易由内置流 FinalityFlow 来处理。

7.8 Flows

在讨论流提供的 API 之前，让我们考虑一下标准的流可能是什么样子。想象一下爱丽丝和鲍伯之间达成一个基本的账本更新的流程。这个流将有两个方面：

- 发起方，将启动更新账本的请求。
- 响应方，将响应更新账本的请求。

7.8.1 启动器

在我们的流中，启动器流类将完成大部分工作：

第 1 部分：建立交易。

（1）为交易选择公证人。

（2）创建交易生成器。

（3）从库中提取任何输入状态并将它们添加到生成器。

（4）创建任何输出状态并将它们添加到生成器。

（5）将任何命令、附件和时间戳添加到生成器。

第 2 部分：签署交易。

（1）签署交易建设者。

（2）将生成器转换为签名的交易。

第 3 部分：验证交易。通过运行合约来验证交易。

第 4 部分：收集对方的签名。

（1）将交易发送给交易对方。

（2）等待收到对方的签名。

（3）将交易对方的签名添加到交易中。

（4）验证交易的签名。

第 5 部分：完成交易。

（1）将交易发送给公证人。

（2）等待收到公证交易。

（3）本地记录交易。

（4）在库中存储任何相关的状态。

（5）将交易发送给对方进行录音。

我们可以想象启动器所做的工作，如图 7-3 所示。

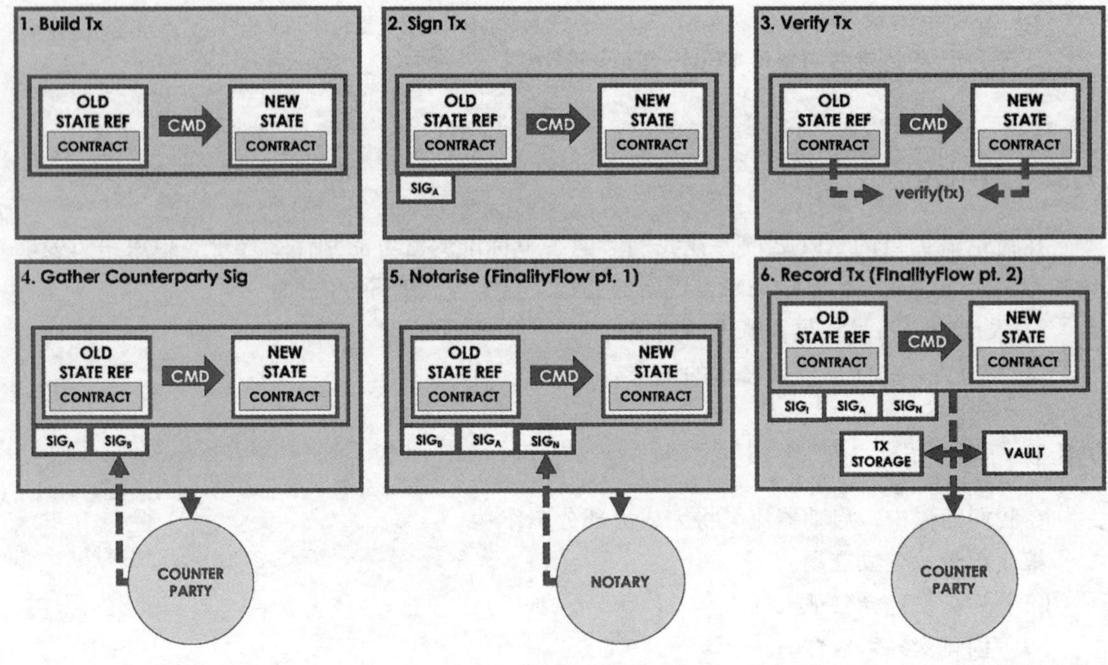

图 7-3 启动器工作示意图

7.8.2 应答器

为了应对这些行动，应答者采取以下步骤：

第 1 部分：签署交易。

（1）从交易对方那里接收交易。

（2）验证交易的现有签名。

（3）通过运行合约来验证交易。

（4）在交易上生成签名。

（5）把签名寄回对方。

第 2 部分：记录交易。

（1）从对手方收到公证交易。

（2）本地记录交易。

（3）在库中存储任何相关的状态。

7.8.3 流逻辑

前面阐述的不管是启动器或是应答器，都是流，即启动器流、应答器流。在 Corda 中，流就是处理业务流程的程序，在编写程序的实践中，流被实现为一个或多个通信 FlowLogic 子类。FlowLogic 子类的构造函数可以接受任意类型、任意数量的参数。FlowLogic 的泛型

（例如 FlowLogic<SignedTransaction>）指示流的返回类型。

示例代码如下：

```
class Initiator(val arg1: Boolean,
                val arg2: Int,
                val counterparty: Party): FlowLogic<SignedTransaction>() { }
class Responder(val otherParty: Party) : FlowLogic<Unit>() { }
```

1. FlowLogic 注释

要启动任何流的流都必须用 @InitiatingFlow 注释。另外，如果希望通过 RPC 启动流，则必须用 @StartableByRPC 注释它：

```
@InitiatingFlow
@StartableByRPC
class Initiator(): FlowLogic<Unit>() { }
```

同时，响应来自另一个流的消息的任何流都必须用 @InitiatedBy 来注释。@InitiatedBy 用它作为单个参数响应的流类：

```
@InitiatedBy(Initiator::class)
class Responder(val otherSideSession: FlowSession) : FlowLogic<Unit>() { }
```

另外，由 SchedulableState 启动的任何流都必须用 @SchedulableFlow 注释。

2. FlowLogic 调用

每个 FlowLogic 子类必须覆盖 FlowLogic.call()，它描述了作为流的一部分所采取的操作。例如，流的发起方的动作将在发起方 Initiator.call 中定义，并且响应方的流的动作将在 Responder.call 中定义。

为了使节点能够同时运行多个流，并允许流在遇到节点升级和重新启动的情况下继续正常运行，流需要可检查且可串行化到磁盘。这是通过标记 FlowLogic.call() 实现的，在 FlowLogic.call() 中的任何函数调用都要使用 @Suspendable 注释。

```
class Initiator(val counterparty: Party): FlowLogic<Unit>() {
    @Suspendable
    override fun call() { }
}
```

7.8.4 服务集线器

在 FlowLogic.call 中，流开发人员可以访问节点的 ServiceHub，它提供对节点各种服务的访问。在下面的示例中，我们将广泛使用 ServiceHub。我们可以在 ServiceHub 中看到服务集线器提供的服务信息。

有许多常见的任务需要在 FlowLogic.call 中执行。本节详细介绍常见的任务 API。流中执行的大部分工作将是建立、验证和签署交易，这包括在 Transactions 中。在生成交易时，通常需要从库中提取你希望消耗的状态，这包括在 Vault Query 中。可以通过使用 ServiceHub.

networkMapCache 获取网络上其他节点和它们提供的服务的信息。

7.8.5 公证人

对于交易，公证人的作用是：

- 如果交易有输入，则防止双重支出。
- 如果事务具有时间窗，则用时间戳授权。

从网络地图中检索公证人的方法的具体实现代码如下：

```
val notaryName: CordaX500Name = CordaX500Name(
        organisation = "Notary Service",
        locality = "London",
        country = "GB")
val specificNotary: Party = serviceHub.networkMapCache.getNotary(notaryName)!!
val firstNotary: Party = serviceHub.networkMapCache.notaryIdentities.first()
```

也可以使用网络地图来检索特定的合作方：

```
val counterpartyName: CordaX500Name = CordaX500Name(
        organisation = "NodeA",
        locality = "London",
        country = "GB")
val namedCounterparty: Party = serviceHub.identityService.wellKnownPartyFromX500
   Name(counterpartyName) ?:
        throw IllegalArgumentException("Couldn't find counterparty for NodeA in
            identity service")
val keyedCounterparty: Party = serviceHub.identityService.partyFromKey(dummyPubKey) ?:
        throw IllegalArgumentException("Couldn't find counterparty with key:
            $dummyPubKey in identity service")
```

7.8.6 流会话

当事人之间在沟通时，为了在发起程序流和接收器流之间创建通信会话，必须调用：

```
initiateFlow(party: Party): FlowSession
```

FlowSession 实例依次提供了 3 个函数：

- send(payload: Any)，发送 payload 对象。
- receive(receiveType: Class<R>): R，接收一个 receiveType 类型对象。
- sendAndReceive(receiveType: Class<R>, payload: Any): R，发送 payload 对象并接收一个 receiveType 类型对象的返回。

此外，FlowLogic 提供批量接收的函数：

- receiveAllMap(sessions: Map<FlowSession, Class<out Any>>): Map<FlowSession, UntrustworthyData<Any>>，此函数接收所有映射的流会话，接收的类型可以不同。
- receiveAll(receiveType: Class<R>, sessions: List<FlowSession>): List<Untrustworthy-Data<R>>，此函数接收所有列表中的流会话，接收的类型必须相同。

批量函数通过流框架实现更有效。

起始流 initiateFlow 用来创建一个与传入的交易对方的通信会话。

```
val counterpartySession: FlowSession = initiateFlow(counterparty)
```

在调用该函数时，没有进行实际通信，只有在第一个真正发生发送或接收操作时才会引发真正的通信，此时交易对方也将：

- 如果未注册消息以响应来自该流的消息，则忽略该消息。
- 启动交易对方自己注册的流来响应这个流。

7.8.7　交易发送

一旦我们有了 FlowSession 对象，就可以把任意数据发送给对方：

```
counterpartySession.send(Any())
```

另一端的流必须最终调用相应的接收函数以获得此消息。这里的调用是指，流是循环依次调用多个函数的，只有在程序运行到调用接收函数的时候才会收到此消息。

接收时，可以等待接收来自对方的特定类型的任意数据。消息的接收有以下几种情况：

- 从来没有收到返回消息。
- 我们收到了一个消息，但它的类型不对。在这种情况下，抛出 FlowException 异常。
- 我们收到一个正确类型的信息返回，一切正常。

在调用 receive (or sendAndReceive) 的时候，FlowLogic 被挂起，直到它接收到一个响应为止。

我们接收在 UntrustworthyData 中封装的数据。接收的数据可能不是它看起来的样子，我们必须使用 lambda 打开 UntrustworthyData。

```
val packet1: UntrustworthyData<Int> = counterpartySession.receive<Int>()
val int: Int = packet1.unwrap { data ->
    // 检查接收到的对象
    // 返回对象
    data
}
```

我们不限于来自单个对方的发送和接收。流可以向它所喜欢的多个方发送消息，并且每个相关方可以调用不同的响应流：

```
val regulatorSession: FlowSession = initiateFlow(regulator)
regulatorSession.send(Any())
val packet3: UntrustworthyData<Any> = regulatorSession.receive<Any>()
```

> 警告　如果从同一个 @InitiatingFlow 流中启动几个流，那么在接收端，必须准备好任何相应的 initiateFlow() 调用。处理这种歧义的一个好方法是将第一个消息作为一个“角色”消息发送给发起的流，指示发起流的其余部分应该符合哪个流。

我们还可以使用单个调用来向对方发送数据，并等待接收特定类型的数据。发送的数据类型不需要与返回的数据类型相匹配：

```
val packet2: UntrustworthyData<Boolean> = counterpartySession.sendAndReceive
    <Boolean>("You can send and receive any class!")
val boolean: Boolean = packet2.unwrap { data ->
    // 检查接收的对象
    // 返回对象
    data
}
```

7.8.8 交易对方反应

假设我们现在处于流的 Responder 侧。我们刚刚从 Initiator 那里收到了一系列信息：

- 向我们发送的 Any 实例。
- 等待接收一个 Integer 实例。
- 发送了一个 String 实例并等待接收一个 Boolean 实例的返回。

我们这边的流必须响应这些呼叫。我们可以这样做：

```
val any: Any = counterpartySession.receive<Any>().unwrap { data -> data }
val string: String = counterpartySession.sendAndReceive<String>(99).unwrap { data ->
    data }
counterpartySession.send(true)
```

7.8.9 为什么要会话

在引入 FlowSession S 之前，发送 API 和接收 API 是不同的。它们是 FlowLogic 上的函数，并以地址 Party 作为参数。Corda 平台内部维护了从 Party 到会话的映射，完全隐藏了会话。

虽然这是一个方便的 API，但它引入了一个微妙的问题：其中原本意味着一个特定会话的消息可能会在另一个会话中结束。

考虑下面的示例使用旧 Party 的基础 API：

```
@InitiatingFlow
class LaunchSpaceshipFlow : FlowLogic<Unit>() {
    @Suspendable
    override fun call() {
        val shouldLaunchSpaceship = receive<Boolean>(getPresident()).unwrap { it }
        if (shouldLaunchSpaceship) {
            launchSpaceship()
        }
    }

    fun launchSpaceship() {
    }
```

```
    fun getPresident(): Party {
        TODO()
    }
}

@InitiatedBy(LaunchSpaceshipFlow::class)
@InitiatingFlow
class PresidentSpaceshipFlow(val launcher: Party) : FlowLogic<Unit>() {
    @Suspendable
    override fun call() {
        val needCoffee = true
        send(getSecretary(), needCoffee)
        val shouldLaunchSpaceship = false
        send(launcher, shouldLaunchSpaceship)
    }

    fun getSecretary(): Party {
        TODO()
    }
}

@InitiatedBy(PresidentSpaceshipFlow::class)
class SecretaryFlow(val president: Party) : FlowLogic<Unit>() {
    @Suspendable
    override fun call() {
        // 这里忽略
    }
}
```

流的意图是非常清楚的：LaunchSpaceshipFlow 问主控是否应该发送一个消息。它正在期待一个布尔型的回答。作为回报，主控首先告诉辅助程序它们需要另一个模块，另一个模块也与布尔通信。之后主控回答了他们不想发送。

然而，当 launcher 恰好是同一方的 getSecretary 返回时，上述情况可能会发生极大的错误。在这种情况下，代表辅助的布尔型值将被发送器接收！这表明，Party 不是通信序列的良好标识符，并且基于 Party 的 API 可能会引入攻击者获取信息的方式，甚至触发类似于上述情况的非预期控制流。

因此，我们引入了流会话，它标识了通信序列。使用 FlowSession S，上面的一组流将是这样的：

```
@InitiatingFlow
class LaunchSpaceshipFlowCorrect : FlowLogic<Unit>() {
    @Suspendable
    override fun call() {
        val presidentSession = initiateFlow(getPresident())
        val shouldLaunchSpaceship = presidentSession.receive<Boolean>().unwrap { it }
        if (shouldLaunchSpaceship) {
            launchSpaceship()
```

```
        }
    }

    fun launchSpaceship() {
    }

    fun getPresident(): Party {
        TODO()
    }
}

@InitiatedBy(LaunchSpaceshipFlowCorrect::class)
@InitiatingFlow
class PresidentSpaceshipFlowCorrect(val launcherSession: FlowSession) : FlowLogic<Unit>() {
    @Suspendable
    override fun call() {
        val needCoffee = true
        val secretarySession = initiateFlow(getSecretary())
        secretarySession.send(needCoffee)
        val shouldLaunchSpaceship = false
        launcherSession.send(shouldLaunchSpaceship)
    }

    fun getSecretary(): Party {
        TODO()
    }
}

@InitiatedBy(PresidentSpaceshipFlowCorrect::class)
class SecretaryFlowCorrect(val presidentSession: FlowSession) : FlowLogic<Unit>() {
    @Suspendable
    override fun call() {
        // ignore
    }
}
```

注意主控是如何明确它想发送哪个会话的。

对旧的参与方 API 进行移植时，第一次发送或接收到一方是从触发回流开始的。这在初始化流函数调用中是明确的。导出现有代码：

```
send(regulator, Any()) // 旧API
// 变为
val session = initiateFlow(regulator)
session.send(Any())
```

7.8.10 子流

子流是可以通过调用 FlowLogic.subFlow 来运行的可重用流片段。子流有两大类：内联的子流和初始化的子流。两者的主要区别在于对手流的启动方法，启动流自动启动对手流，而内联的则期望一些父对手流运行内联的对应部分。

内联子流在启动与对手的新会话时继承它们的调用流的类型。例如，假设我们有一个流 A 调用一个内联子流 B，它又启动一个与一方的会话。用于确定应该触发哪个对手流的流逻辑类型将是 A，而不是 B。注意，这意味着该内联流的另一侧也必须在开机流中显式实现。这可以通过调用匹配的内联对手流来实现，或者通过在启动父流中显式实现另一方来实现。

这种流的一个例子是 CollectSignaturesFlow。它有一个没有 InitiatedBy 注释的对手流信号传输流。这是因为流及其对手流都是内联的，启动关系将由调用 CollectSignaturesFlow 和 SignTransactionFlow 的父流定义。在代码内联的子流中，流及其对手流作为常规的 FlowLogic 实例出现，没有任何 @InitiatingFlow 或 @InitiatedBy 注释。内联流没有单独的版本识别，它们继承父流的版本。

1. 启动子流

启动子流是用 @InitiatingFlow 注释的子流。当这样的流启动一个会话时，它的类型将被用来确定哪一个 @InitiatedBy 在对方上启动。一个例子是 FlowCookbook 的 @InitiatingFlow InitiatorFlow/@InitiatedBy ResponderFlow 流对。启动流与它们的父母的版本是分开管理的。

2. 核心启动子流

Corda 提供的启动子流与标准版本中的有点不同，因为它们与平台一起进行版本管理，并且它们发起的对手流被明确注册，因此不需要由 InitiatedBy 注释。一个例子是 FinalityFlow/FinalityHandler 流对。

3. 内置子流

Corda 提供了一些用于处理常见任务的内置流，其中最重要的是：

- CollectSignaturesFlow（内联）：应用于收集事务的所需签名。
- FinalityFlow（启动）：应用于公证和记录交易，并将其广播给所有相关方。
- StEnTrimeActualFuffes（内联）：如果需要在另一侧解决，则应该用于发送签名的事务。
- ReceiveTransactionFlow（内联）：应该使用它来接收签名事务。
- CurrestPrimeFrad（发起）：用来改变一个状态的合约。
- NotaryChangeFlow（发起）：应用于改变状态的公证人。

让我们看一下三个非常常见的例子。

4. 最终流

最终流允许我们公证交易，并将其记录在所有交易状态参与者的永久库中：

```
val notarisedTx1: SignedTransaction = subFlow(FinalityFlow(fullySignedTx, FINALI-
    SATION.childProgressTracker()))
```

我们也可以选择将交易发送给不属于状态参与者的其他各方：

```
val additionalParties: Set<Party> = setOf(regulator)
val notarisedTx2: SignedTransaction = subFlow(FinalityFlow(fullySignedTx,
    additionalParties, FINALISATION.childProgressTracker()))
```

只有一方必须调用 FinalityFlow 为所有参与者记录给定交易的最终流。它不需要由每个参与者单独调用。

5. 收集器流 / 信号事务流

需要签署交易的当事人的列表由交易的命令决定。一旦我们自己签署了一个交易，我们就可以使用 CollectSignaturesFlow 自动收集其他签名：

```
val fullySignedTx: SignedTransaction = subFlow(CollectSignaturesFlow(twice
    SignedTx, setOf(counterpartySession, regulatorSession), SIGS_GATHERING.
    childProgressTracker()))
Eac
```

每个需要的签名者都需要通过调用它自己的 SturnTraceActudio 流子类来检查事务并提供它们的签名：

```
val signTransactionFlow: SignTransactionFlow = object : SignTransactionFlow(coun
    terpartySession) {
    override fun checkTransaction(stx: SignedTransaction) = requireThat {
        // 这里可以添加任何我们认为合适的检查，例如与具体业务有关的检查
        val outputState = stx.tx.outputsOfType<DummyState>().single()
        assert(outputState.magicNumber == 777)
    }
}
subFlow(signTransactionFlow)
```

6. 发送事务流 / 接收事务流

验证从对方接收的事务还需要对其依赖链中的每个事务进行验证。这意味着接收方需要能够向发送者询问链的所有细节。发送方使用 SendTransactionFlow 来发送事务，然后用于处理所有后续事务，因为接收方使用接收方事务流来访问依赖链：

```
subFlow(SendTransactionFlow(counterpartySession, twiceSignedTx))
subFlow(object : SendTransactionFlow(counterpartySession, twiceSignedTx) {
    override fun verifyDataRequest(dataRequest: FetchDataFlow.Request.Data) {
        // 额外请求验证
    }
})
```

我们可以使用 ReceiveTransactionFlow 接收事务，它将自动下载所有依赖项并验证事务：

```
val verifiedTransaction = subFlow(ReceiveTransactionFlow(counterpartySession))
```

我们还可以发送和接收 StateAndRef 依赖链，并自动解析它的依赖关系：

```
subFlow(SendStateAndRefFlow(counterpartySession, dummyStates))
//在接收端 ...
val resolvedStateAndRef = subFlow(ReceiveStateAndRefFlow<DummyState>(counterparty-
    Session))
```

7. 为什么内联子流？

内联子流提供了一种共享常用流代码的方式，同时强制用户创建父流。以 CollectSignaturesFlow 为例，假设我们启动了一个启动流，系统会自动启动 SignTransactionFlow。这意味着恶意节点可以使用 CollectSignaturesFlow 向我们发送任何旧的事务，我们将自动签署它！通过使用对手内联流，我们强制将它们嵌套到自己的父流以此来向用户提供对于是否签署事务的控制。一般来说，如果你写一个子流，你是否应该启动它的决定应该取决于对手流是否需要更广泛的上下文来实现它的目标。

8. 流异常

假设一个节点在运行流时抛出异常，任何对方流等待来自节点的消息（即作为接收或发送和接收的呼叫的一部分）将被通知流已经意外地结束并且将自己结束。但是，抛出的异常不会被传播回对方。如果希望通知任何等待对方异常的原因，可以通过抛出流异常来实现：

```
open class FlowException(message: String?, cause: Throwable?) : CordaException
    (message, cause) {
    constructor(message: String?) : this(message, null)
    constructor(cause: Throwable?) : this(cause?.toString(), cause)
    constructor() : this(null, null)
}
```

流框架将自动将流异常传播回等待的对方。在很多情况下抛出流异常是必然的选择：

- 事务不验证。
- 事务的签名无效。
- 该事务与所讨论的交易的参数不匹配。
- 背弃了一项交易。

7.8.11 进度跟踪器

我们可以给流一个进度跟踪器。通过进度跟踪器能够在节点的崩溃外壳中直观看到流程的进展。为了提供一个进度跟踪器，我们必须在流中嵌入 FlowLogic.progressTracker：

```
companion object {
    object ID_OTHER_NODES : Step("Identifying other nodes on the network.")
    object SENDING_AND_RECEIVING_DATA : Step("Sending data between parties.")
    object EXTRACTING_VAULT_STATES : Step("Extracting states from the vault.")
    object OTHER_TX_COMPONENTS : Step("Gathering a transaction's other components.")
    object TX_BUILDING : Step("Building a transaction.")
```

```
    object TX_SIGNING : Step("Signing a transaction.")
    object TX_VERIFICATION : Step("Verifying a transaction.")
    object SIGS_GATHERING : Step("Gathering a transaction's signatures.") {
        override fun childProgressTracker() = CollectSignaturesFlow.tracker()
    }

    object VERIFYING_SIGS : Step("Verifying a transaction's signatures.")
    object FINALISATION : Step("Finalising a transaction.") {
        override fun childProgressTracker() = FinalityFlow.tracker()
    }

    fun tracker() = ProgressTracker(
            ID_OTHER_NODES,
            SENDING_AND_RECEIVING_DATA,
            EXTRACTING_VAULT_STATES,
            OTHER_TX_COMPONENTS,
            TX_BUILDING,
            TX_SIGNING,
            TX_VERIFICATION,
            SIGS_GATHERING,
            VERIFYING_SIGS,
            FINALISATION
    )
}
```

然后，不断更新进度跟踪器的当前状态，实现代码如下：

```
progressTracker.currentStep = ID_OTHER_NODES
```

7.8.12 并发、锁定

并发、锁定和等待都是高级话题。因为 Corda 的设计是：

- ❑ 并行运行多个流。
- ❑ 可以保存流到存储器中，并在以后再恢复这些流。
- ❑ 在 JVM 之间迁移流（将来）。

因在 Corda 中并发无关特别之处，与 Java 中的并发类型，这里不再展开介绍。

流应该避免使用锁定，通常甚至不尝试与流之间共享的对象进行交互，Service Hub 和其他高级服务（如 Oracle）除外。锁将显著降低节点的可伸缩性，并且如果节点在流上下文切换边界上保持锁定（例如从上面讨论的对等点发送和接收，以及下面讨论的睡眠），则会导致节点死锁。

如果需要优化系统资源，应该先调查调度状态的使用情况。关于调查调度状态的流应该明确不使用 Thread.sleep，因为这将影响节点同时处理其他流，这会损害节点的性能。

锁定与解锁的相关代码如下：

```
for (retryCount in 1..MAX_RETRIES) {
    if (!attemptSpend(services, amount, lockId, notary, onlyFromIssuerParties,
```

```
            withIssuerRefs, stateAndRefs)) {
            log.warn("Coin selection failed on attempt $retryCount")
            if (retryCount != MAX_RETRIES) {
                stateAndRefs.clear()
                val durationMillis = (minOf(RETRY_SLEEP.shl(retryCount), RETRY_CAP /
                   2) * (1.0 + Math.random())).toInt()
                FlowLogic.sleep(durationMillis.millis)
            } else {
                log.warn("Insufficient spendable states identified for $amount")
            }
        } else {
            break
        }
    }
```

7.9 Identity

7.9.1 当事人

网络上的各方使用 AbstractParty 来表示。AbstractParty 有两种类型：

- ❑ 由公钥和 CordaX500 名称标识的当事人。
- ❑ AnonymousParty，只由公钥识别。

使用 AnonymousParty 来标识状态和命令中的各方，以防止节点在验证事务的依赖链时学习事务中涉及的各方的身份。当不需要保持各方的匿名性（例如，对于内部处理）时，可以使用方来代替。

身份服务允许流解析 AnonymousParty 的参与方，但是只有匿名方的身份已经注册到节点时才可以（通常由 SavaPixIsFielor 或 IddiTysCyFoad 处理）。

在 Corda 中对当事方进行命名时可直接调用 X.500 Nead 类，该类规定了 Corda 中的名称结构，并名称确保在纯文本中一致性呈现。

对 Corda 中的交易参与方和 AnonymousParty 类，可以选择性地公开身份信息。例如，有可能使用 AnonymousParty 构造事务（因此没有人可以通过检查事务来了解您的参与），以向特定的对等体证明这个 AnonymousParty 实际上对应着你的公开身份。这是使用 PARTYNAND 证书数据类实现的，该类包含 X.509 证书路径，可证明给定的 AnonymousParty 对应于给定的一方。每一个 PartyAndCertificate 和证书都可以在需要知道的基础上传播给对手。PartyAndCertificate 类也被网络地图服务用来表示公开身份，证明证书的路径是由看门人服务发布的。

7.9.2 机密身份

机密身份就是密钥对，其中对应的 X.509 证书（和路径）未公开，因此未参与交易的各方不能识别密钥对的所有者。它们是由一个公开身份拥有，公开身份必须签署 X.509 证书。

在构建新的事务之前，参与方必须生成和交换新的机密身份，这是使用 SwapIdentitiesFlow 进行管理的过程。然后，当生成事务的输出状态和命令时，可使用这些机密身份的公钥。

在使用新事务的输入（就是先前事务的输出）时，交易对方可能需要知道参与方是谁。比如，用现有的资产交换现金时，如果使用机密身份，买方将希望确保所转让的资产由卖方所有，卖方同样希望确保所转移的现金由买方所有。验证这一点需要两个节点都有一个资产和现金输入状态的机密标识的副本。IdentitySyncFlow 就负责流管理此过程。它是事务和交易对方的输入，因为在调用节点持有证书路径的事务中会涉及每个机密身份，IdentitySyncFlow 会将此证书路径发送给交易双方。

7.9.3 SWAP 流

SwapIdentitiesFlow 通常作为子流来运行。它作为唯一的构造函数参数，我们希望与交易对方交换机密身份。它返回从交易发起者和交易对方的身份到他们新的机密身份的映射。在未来，这个流程将扩展到处理与多个合作方同时交换身份。

在 TwoPartyDealFlow.kt 中使用 SwapIdentitiesFlow in 的例子如下：

```
@Suspendable
override fun call(): SignedTransaction {
    progressTracker.currentStep = GENERATING_ID
    val txIdentities = subFlow(SwapIdentitiesFlow(otherSideSession.counterparty))
    val anonymousMe = txIdentities[ourIdentity] ?: ourIdentity.anonymise()
    val anonymousCounterparty = txIdentities[otherSideSession.counterparty] ?:
        otherSideSession.counterparty.anonymise()
```

上述例子涉及的关键步骤如下：

（1）从我们的公开身份产生新的机密身份。

（2）创建包含新机密身份（X500 名称、公钥）的证书所有者声明对象。CertificateOwnershipAssertion 用机密身份的私钥签署这个对象。

（3）将机密身份和上述签名发送给交易对方，同时接收交易对方返回的信息。

（4）验证签名以确保所涉及的一组当事人产生机密身份。

（5）验证机密身份是否由预期的公开身份拥有。

（6）存储机密身份并将其返回到调用流。

这不仅保证了机密身份 X.509 证书由正确的已知身份签名，而且还保证了机密身份私钥由交易对方持有，并且一方不能声称自己拥有另一方机密身份的所有权。

7.9.4 身份同步流

当构造输入状态引用机密标识的事务时，对手方通常需要知道每个机密身份映射到哪个已知身份。IdentitySyncFlow 就负责处理此过程。在 TwoPartyTradeFlow.kt 中有一个相关的例子。

在例子中，IdentitySyncFlow 分为 IdentitySyncFlow.Send 和 IdentitySyncFlow.Receive 两个部分。IdentitySyncFlow.Send 被启动身份同步的一方调用，标识同步流的实现代码如下：

```
// 用我们需要的密钥来签署转账交易
val partSignedTx = serviceHub.signInitialTransaction(ptx, cashSigningPubKeys)

// 与交易对方同步交易中的机密身份
subFlow(IdentitySyncFlow.Send(sellerSession, ptx.toWireTransaction(serviceHub)))

// 将已签署的交易发送给交易对方，交易对方必须自己签署并提交
// 通过提交给公证人来提交给分类账
progressTracker.currentStep = COLLECTING_SIGNATURES
val sellerSignature = subFlow(CollectSignatureFlow(partSignedTx, sellerSession,
   sellerSession.counterparty.owningKey))
val twiceSignedTx = partSignedTx + sellerSignature
```

身份同步流通过以下关键步骤实现：

（1）从所有输入和输出状态中提取参与者身份，并删除任何已知的身份。命令中所需的签名者目前被忽略，因为它们被假定为包含在状态参与者中，或者是众所周知的服务标识（例如 Oracle 服务）。

（2）对于每个对手方节点，发送机密标识的公钥列表，并接收交易对方需要证书路径的列表。

（3）验证所请求的标识列表是否只包含所提供列表中的机密标识，若不是则结束流程。

（4）将请求的机密标识作为伙伴和证书实例发送给交易对方。

IdentitySyncFlow 在推送的基础上工作。发起节点只能发送具有 X.509 证书的机密身份，并且远程节点只能请求提供的机密身份（在传递给发起流的事务中引用）。在组装事务之前，没有用于收集机密身份的节点的标准流，如果需要，则会留给单独的流进行管理。

同时，身份同步过程中涉及的所有其他（非发起）方调用 IdentitySyncFlow.Receive 的方式如下：

```
subFlow(IdentitySyncFlow.Receive(otherSideSession))
```

IdentitySyncFlow 将提供所提供的事务中的所有机密身份，而不考虑公开身份。对于具有三方的更复杂的事务案例来说，这是非常重要的，例如：

- 爱丽丝正在构建事务，并提供由爱丽丝的机密身份所拥有的一些输入状态 X。
- 鲍伯提供了自己的机密身份所拥有的一些输入状态 Y。
- 查利提供了查利的机密身份所拥有的一些输入状态 Z。

爱丽丝可能提前知道所有的机密身份，但鲍伯不知道查利的情况，反之亦然。因此，组装的事务有三个输入状态 X、Y 和 Z，其中只有爱丽丝拥有所有机密身份的证书。IdentitySyncFlow 不仅要发送爱丽丝的机密身份，还要将交易中的所有其他身份发送给鲍勃和查利。

7.10 ServiceHub

在流逻辑调用中，流开发人员可以访问节点的 Service Hub，它提供对节点提供的各种服务的访问。Service Hub 提供的服务分为以下类别：

- ServiceHub.networkMapCache：提供有关网络上其他节点的信息（如公证员）。
- Service Hub 身份服务：允许解析已知身份的匿名身份，但需要具有所需证书。
- Service Hub 附件：使你可以访问节点的附件。
- Service Hub 验证事务：提供访问存储在节点中的事务的权限。
- ServiceHub.vaultService：存储节点的当前状态和历史状态。
- ServiceHub.keyManagementService：管理签名事务并生成新公钥。
- ServiceHub.myInfo：有关节点的其他信息。
- 服务时钟：提供对节点内部时间和日期的访问。

另外，Service Hub 公开了以下属性：

- ServiceHub.loadState 和 ServiceHub.toStateAndRef：将 StateRef 解析为 TransactionState 或 StateAndRef。
- ServiceHub.signInitialTransaction ：签署 TransactionBuilder 并将其转换为 SignedTransaction。
- ServiceHub.createSignature 和 ServiceHub.addSignature：创建和签署 SignedTransaction。

7.11 RPC operations

节点的所有者仅可通过远程过程调用（RPC）与节点交互。节点的所有者不能访问节点的 Service Hub。由节点公开的关键 RPC 操作如下：

- CordaRPCOps.vaultQueryBy：基于查询条件从节点库提取状态。
- CordaRPCOps.vaultTrackBy：返回与查询匹配的状态。
- CordaRPCOps.networkMapFeed：网络节点列表和可观察到的网络地图变化列表。
- CordaRPCOps.registeredFlows：查看节点上注册流的列表。
- CordaRPCOps.startFlowDynamic：启动节点的注册流之一。
- CordaRPCOps.startTrackedFlowDynamic：返回流的进度句柄。
- CordaRPCOps.nodeInfo：返回有关节点的信息。
- CordaRPCOps.currentNodeTime：根据节点时钟返回当前时间。
- CordaRPCOps.partyFromKey/CordaRPCOps.wellKnownPartyFromX500Name ：基于公钥或 X.500 名称检索网络上的一方。
- CordaRPCOps.uploadAttachment/CordaRPCOps.openAttachment/CordaRPCOps.attachmentExists：上传、打开附件，或检查附件是否存在。

7.12　Core types

Corda 提供多个核心类作为其 API 的一部分。

7.12.1　安全散列

SecureHash 类用于通过哈希来唯一地标识事务和附件等对象。任何需要通过哈希来标识的对象都应该实现 NamedByhash 接口：

```
interface NamedByHash {
    val id: SecureHash
}
```

SecueHash 是一个只定义单个子类 SecureHash.SHA256 的密封类，其中包括创建和解析 SecureHash.SHA256 对象的实用方法。

7.12.2　复合密钥

Corda 支持需要多个签名来授权状态对象转换的场景。这是通过使用复合密钥实现的，它使用公钥组合来将各种公钥组织成树形数据结构。复合密钥是一种树，其叶子中存储密码公钥基元和中间节点中的合成逻辑。每个中介节点指定自己需要多少子签名。

复合密钥的例证如图 7-4 所示。

每个子节点可以具有相关的自定义权重（默认值为 1）。阈值指定了所需的所有子节点的最小总权重。我们前面的例子也可以表示为图 7-5 所示的情形。

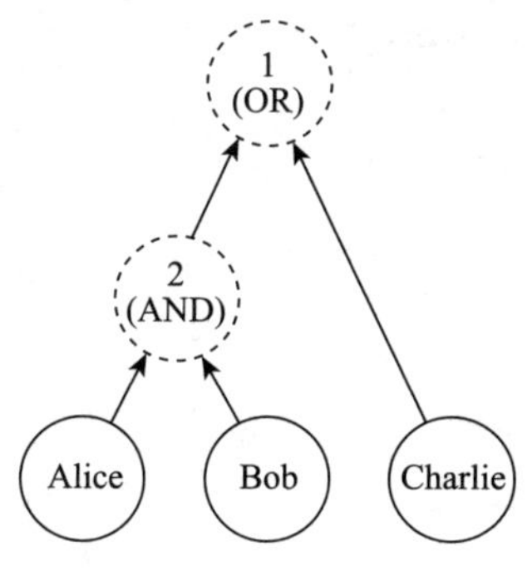

图 7-4　复合密钥示意图

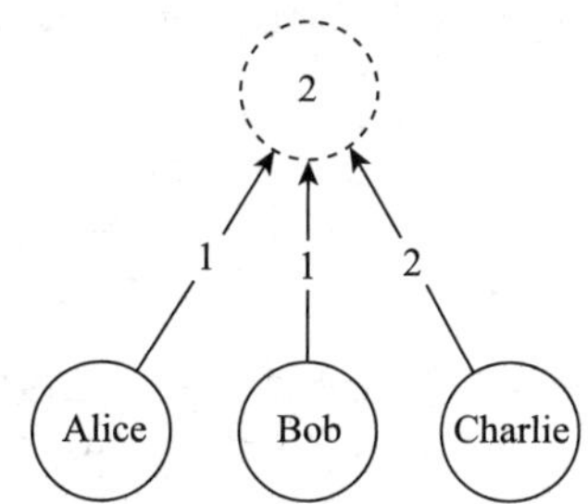

图 7-5　复合密钥权重示意图

签名验证分两个阶段进行：

- 给定签名列表，根据预期内容验证每个签名。
- 对应于签名的公钥与所讨论的复合密钥树的叶子相匹配，并且为每个中间节点计算所有子节点的总组合权重。如果满足所有阈值，则认为满足复合密钥要求。

7.13 Testing

7.13.1 流测试

像一般的程序开发一样，Corda 应用程序也需要尽可能地通过完备的测试来验证应用程序的功能和性能。本节阐述流的测试过程，通过使用模拟网络、添加节点、注册启动流、运行网络和运行流来实现。

1. 使用模拟网络

流测试可以完全自动化，使用由 StartedMockNode 组成的 MockNetwork 实现。每个 StartedMockNode 节点都表现为一个普通的 Corda 节点，但是它的服务要么是在内存中，要么是被模拟。

MockNetwork 的创建方法如下：

```
class FlowTests {
    private lateinit var mockNet: MockNetwork
    @Before
    fun setup() {
        network = MockNetwork(listOf("my.cordapp.package", "my.other.cordapp.
            package"))
    }
}
```

MockNetwork 至少需要一个包列表。每个包被打包成一个 CorDapp.jar，并在每个 StartedMockNode 节点上作为一个 CorDapp 进行安装。

2. 配置 MockNetwork

MockNetwor 网络是自动配置的。你可以使用 MockNetworkParameters 对象来调整它的配置，或者在 Kotlin 中使用命名的参数：

```
val network = MockNetwork(
        // 这里列出要扫描的软件包列表，包含合约、流和Corda服务
        // 这些软件包将被自动地用于模拟网络内的任何节点
        cordappPackages = listOf("my.cordapp.package", "my.other.cordapp.package"),

//如果为真，那么每个节点将在自己的线程中运行
        threadPerNode = false,

// 在模拟网络上使用的公证人。默认情况下得到一个模拟公证
       notarySpecs = listOf(MockNetworkNotarySpec(DUMMY_NOTARY_NAME)),

// 如果为真，那么在使用[MOCKNET.RunNET]方法之前，消息不会从发送方路由到接收方这对于编写单线程
// 单元测试代码是有用的，该单线程单元测试代码可以在发送消息之前和之后检查模拟网络的状态
        networkSendManuallyPumped = false,

// 在多个节点共享单个身份的情况下，需要考虑如何分配流量给每个节点
```

```
        servicePeerAllocationStrategy = InMemoryMessagingNetwork.ServicePeerAllo-
            cationStrategy.Random())
val network2 = MockNetwork(
        listOf("my.cordapp.package", "my.other.cordapp.package"), MockNetwork-
            Parameters(
        threadPerNode = false,
        notarySpecs = listOf(MockNetworkNotarySpec(DUMMY_NOTARY_NAME)),
        networkSendManuallyPumped = false,
        servicePeerAllocationStrategy = InMemoryMessagingNetwork.ServicePeer-
            AllocationStrategy.Random())
)
```

3. 向网络添加节点

节点在 MockNetwork 上创建：

```
class FlowTests {
    private lateinit var mockNet: MockNetwork
    lateinit var nodeA: StartedMockNode
    lateinit var nodeB: StartedMockNode

    @Before
    fun setup() {
        network = MockNetwork(listOf("my.cordapp.package", "my.other.cordapp.
            package"))
        nodeA = network.createPartyNode()
        //我们可以选择给节点一个名称
        nodeB = network.createPartyNode(CordaX500Name("Bank B", "London", "GB"))
    }
}
```

4. 注册节点的启动流

规则的 Corda 节点自动注册在安装的 CorDapp 应用程序中定义的任何响应流。当使用 MockNetwork 时，每个 StartedMockNode 节点必须手动注册它希望使用的任何响应流。

响应者流登记方法如下：

```
nodeA.registerInitiatedFlow(ExampleFlow.Acceptor::class.java)
```

5. 网络运行

规则的 Corda 节点自动处理接收到的消息。当使用 MockNetwork 网络，将 networkSendManuallyPumped 设置为 false 时，必须手动启动接收消息的处理。

手动处理收到的消息如下：

- StartedMockNode.pumpReceive 处理来自节点队列的单个消息。
- MockNetwork.runNetwork 处理每个节点队列中的所有消息。这可能会生成必须依次处理的附加消息。network.runNetwork(-1)（Kotlin 中的默认）将交换消息，直到没有其他消息可处理。

6. 运行流

StartedMockNode 使用 StartedNodeServices.startFlow 方法启动流。此方法返回表示运行该流的输出的未来。

```
val signedTransactionFuture = nodeA.services.startFlow(IOUFlow(iouValue = 99, other-
    Party = nodeBParty))
```

在检索未来的值之前，网络必须手动运行：

```
val signedTransactionFuture = nodeA.services.startFlow(IOUFlow(iouValue = 99, other-
    Party = nodeBParty))
network.runNetwork()
val signedTransaction = future.get();
```

7.13.2 访问 StartedMockNode 内部构件

节点内部测试主要是测试节点数据库的访问是否正常和节点内部构件调用是否正常。

1. 创建节点数据库事务

每当查询节点的数据库（例如从节点的库中提取信息）时，必须将查询封装在数据库事务中，如下所示：

```
nodeA.database.transaction {
    //在这里执行查询
}
```

2. 查询节点库

记录状态可以从 StartedMockNode 的库中使用：

```
nodeA.database.transaction {
    val myStates = nodeA.services.vaultService.queryBy<MyStateType>().states
}
```

这允许你检查给定状态是否已被存储，以及它是否具有正确的属性。

3. 检查节点的事务存储

记录事务可以从 StartedMockNode 的事务存储中使用：

```
val transaction = nodeA.services.validatedTransactions.getTransaction(tran-
   saction.id)
```

这允许你检查给定事务和给定状态是否已被存储，以及它是否具有正确的属性。

7.13.3 合约测试

Corda 测试框架包括通过在 Service Hub 接口实现的基础上调用分类账函数来创建测试分类账的能力。

1. 模拟服务

在MockServices中提供了Service Hub的模拟实现。这是一个测试契约逻辑的最小服务集线器。它有能力将状态插入库中，查询库，并构造和检查事务。模拟服务代码如下：

```
private val ledgerServices = MockServices(
        // 扫描CorDapp应用程序包的列表
        cordappPackages = listOf("net.corda.finance.contracts"),
        //定义这组模拟服务的标识，默认为测试标识
        // 可以使用一个可选参数[CORDAX500名称]
        initialIdentity = megaCorp,
        //身份识别服务的实现，它包含节点已知的所有身份的列表
// 使用[ MaKyTestOpthyService ]返回一个具有给定身份的[InMeMyLogyService]实现
        identityService = makeTestIdentityService(megaCorp.identity)
)
```

另外，还有一个助手构造器，它只接受一个TestIdentity列表。提供的第一个身份是Service Hub正在被模拟的节点身份，并且任何后续的身份都是节点知道的身份。只有调用包用于CorDapps，并且使用所有给定的标识为你创建测试标识服务。

```
private val simpleLedgerServices = MockServices(
        // 这是节点的身份
        megaCorp,
        // 测试节点知道的其他身份
        bigCorp,
        alice
)
```

2. 使用测试分类账编写测试

ServiceHub.ledger扩展函数允许你创建测试分类账。在分类账包装器中，你可以使用事务函数创建事务。在事务中，可以定义事务的输入和输出状态，以及正在执行的任何命令、事务时间窗和附件，比如下面的测试示例：

```
@Test
fun simpleCPMoveSuccess() {
    val inState = getPaper()
    ledgerServices.ledger(dummyNotary.party) {
        transaction {
            input(CP_PROGRAM_ID, inState)
            command(megaCorp.publicKey, CommercialPaper.Commands.Move())
            attachments(CP_PROGRAM_ID)
            timeWindow(TEST_TX_TIME)
            output(CP_PROGRAM_ID, "alice's paper", inState.withOwner(alice.party))
            verifies()
        }
    }
}
```

一旦指定了所有事务组件，就可以运行 verifies() 以检查给定的事务是否有效。

3. 故障状态检查

为了测试交易失败的情况，可以使用 failswith 方法，制造特定的错误。如果你只想断言事务在没有验证消息的情况下失败，那么可以使用如下方法。

```
@Test
fun simpleCPMoveFails() {
    val inState = getPaper()
    ledgerServices.ledger(dummyNotary.party) {
        transaction {
            input(CP_PROGRAM_ID, inState)
            command(megaCorp.publicKey, CommercialPaper.Commands.Move())
            attachments(CP_PROGRAM_ID)
            'fails with'("the state is propagated")
        }
    }
}
```

一次可以测试多个场景，在单个事务块中，你可以多次断言，每次断言构建的事务要么继续传递要么失败。例如，你可以测试一个没有输出状态的合约，此时验证一定是不成功的。此时你可以添加相关的输出状态，并检查合约是否成功验证，如下面的示例：

```
@Test
fun simpleCPMoveFailureAndSuccess() {
    val inState = getPaper()
    ledgerServices.ledger(dummyNotary.party) {
        transaction {
            input(CP_PROGRAM_ID, inState)
            command(megaCorp.publicKey, CommercialPaper.Commands.Move())
            attachments(CP_PROGRAM_ID)
            'fails with'("the state is propagated")
            output(CP_PROGRAM_ID, "alice's paper", inState.withOwner(alice.party))
            verifies()
        }
    }
}
```

可以使用 tweak 函数创建本地范围事务，你可以对其进行更改，然后返回原来未修改的事务。比如下面的例子：

```
@Test
fun 'simple issuance with tweak and top level transaction'() {
    ledgerServices.transaction(dummyNotary.party) {
        output(CP_PROGRAM_ID, "paper", getPaper())
        attachments(CP_PROGRAM_ID)
        tweak {
            // 错误的公钥
            command(bigCorp.publicKey, CommercialPaper.Commands.Issue())
```

```
            timeWindow(TEST_TX_TIME)
            'fails with'("output states are issued by a command signer")
        }
        command(megaCorp.publicKey, CommercialPaper.Commands.Issue())
        timeWindow(TEST_TX_TIME)
        verifies()
    }
}
```

4. 链接事务

下面的示例显示，在分类账中，可以创建一个以上的事务以测试事务链。除了事务之外，unverifiedTransaction 可以在下面的示例中使用，在不验证它们的情况下在分类账上创建事务，用于预填充具有现有数据的分类账。当链接事务时，重要的是要注意，即使事务成功验证，总分类账也可能无效。这可以通过在分类块中放置验证实现，或通过失败语句来单独验证。链接事务的代码如下：

```
@Test
fun 'chain commercial paper double spend'() {
    val issuer = megaCorp.party.ref(123)
    ledgerServices.ledger(dummyNotary.party) {
        unverifiedTransaction {
            attachments(Cash.PROGRAM_ID)
            output(Cash.PROGRAM_ID, "alice's $900", 900.DOLLARS.CASH issuedBy
                issuer ownedBy alice.party)
        }

        // MegaCorp提交CP到账本
        transaction("Issuance") {
            output(CP_PROGRAM_ID, "paper", getPaper())
            command(megaCorp.publicKey, CommercialPaper.Commands.Issue())
            attachments(CP_PROGRAM_ID)
            timeWindow(TEST_TX_TIME)
            verifies()
        }

        transaction("Trade") {
            input("paper")
            input("alice's $900")
            output(Cash.PROGRAM_ID, "borrowed $900", 900.DOLLARS.CASH issuedBy
                issuer ownedBy megaCorp.party)
            output(CP_PROGRAM_ID, "alice's paper", "paper".output<ICommercial-
                PaperState>().withOwner(alice.party))
            command(alice.publicKey, Cash.Commands.Move())
            command(megaCorp.publicKey, CommercialPaper.Commands.Move())
            verifies()
        }

        transaction {
```

```
            input("paper")
            // 转移票据到另一个公钥
            output(CP_PROGRAM_ID, "bob's paper", "paper".output<ICommercialPaper-
                State>().withOwner(bob.party))
            command(megaCorp.publicKey, CommercialPaper.Commands.Move())
            verifies()
        }
        fails()
    }
}
```

第 8 章 Chapter 8

Corda 应用开发其他要点

通过对本章的学习，读者能更加清楚 Corda 应用的构建思路和特点，以及在整个 Corda 体系的理念当中，各相关组成部分的角色定位和能发挥的作用。

8.1 对象序列化

对象序列化是将对象转换为字节流的过程，对象反序列化是从字节流创建对象的过程。涉及对象序列化和反序列化的操作有：节点将对象传递为消息、节点将对象发送到 RPC 客户端或从 RPC 客户端返回对象，以及在数据库中存储事务。

Corda 普遍使用自定义类型的安全二进制序列化。这与 JSON 或 XML 等弱类型或非类型的基于字符串的序列化方法形成了鲜明的对比。驱动这样设计的主要因素是：

（1）希望有一个模式，能描述与实际数据一起被序列化的内容，这些内容包含：

- 协助版本管理，既包含可以解释长期保存的数据的版本标识，也包含不同的代码版本。
- 使编写泛型代码更容易，例如包含可以引导序列化数据格式的用户接口。
- 支持跨平台（非 JVM）交互，其中包含处理不容易理解的类文件格式。

（2）希望使用与平台无关且不受第三方库升级影响的文档和静态网络格式。

（3）支持开放式多态性，其中超类的子类数量可以随着时间进行扩展，并且子类不需要在模式中预先定义。

（4）提高安全性，通过支持的构造函数构造反序列化对象，而不是将数据直接插入相应字段。

（5）二进制格式与文本格式相比更好数字签名，因为修改语法而非语义的更改范围要小得多。

8.1.1 白名单

在经典的 Java 序列化操作中，在 JVM 中的任何类都可以反序列化，通过在类路径上开发大量的第三方库作为 JVM 应用程序的依赖。对于精心设计的要反序列化的字节流的一部分，这会是一个漏洞。在 Corda 中，设计了一个白名单来防止任何类被反序列化（并且在序列化过程中是主动的)、该白名单可阻止每个对象的类属于允许类。

类通过如下三种机制之一可进入白名单：

- 通过 @CordaSerializable 注释。为了实现白名单，这个注释可以出现在类本身、任何超级类或超级类所实现的任何接口上，或由类或超类实现的接口扩展的任何接口上。
- 通过实现序列化白名单接口并指定白名单类的列表。
- 通过内置的 Corda 白名单。虽然这不是用户可编辑的，但它列出了常见的 JDK 类。

注释是白名单的首选方法。在使用客户端 RPC API 时显示了一个示例。在这里复制了两个示例类的实现方式。注释白名单的代码如下：

```
// 没有注释，所以需要人工白名单
data class ExampleRPCValue(val foo: String)
// 注释，所以不需要手动白名单
@CordaSerializable
data class ExampleRPCValue2(val bar: Int)
class ExampleRPCSerializationWhitelist : SerializationWhitelist {
    //像这样添加类
    override val whitelist = listOf(ExampleRPCValue::class.java)
}
```

说明：Corda Core 的几个核心接口已经被注释，所以实现它们的任何类都会自动进入白名单，包括合约、合约状态和命令数据。

警告　流检查站 Java 8 lambda 的表达式是不可序列化的。声明将与 Corda 一起工作的可序列化 lambda 表达式的语法是：

Runnable r = (Runnable & Serializable) () -> System.out.println("Hello World");, 或

Callable<String> c = (Callable<String> & Serializable) () -> "Hello World";。

8.1.2 AMQP

Corda 使用扩展形式的 AMQP 1.0 作为二进制网络协议。Corda 序列化目前用于对等网络和持久化消息，如签名的事务和状态。目前，客户端和服务器端的 RPC 框架仍然使用基于 Kryo 的格式，但计划将 RPC 框架很快移动到 AMQP 框架。对手流的检查点，Corda 使用一个私有方案。它目前基于 Kryo 框架，但这在将来可能不成立。将序列化方案分离到不同的上下文中，可允许我们使用最适合的上下文框架，而不是试图强制使用一种大小适合的方法。Kryo 更适合用于程序堆栈帧的序列化，因为它比 AMQP 框架更灵活，它可以构造

和序列化。然而，这种灵活性使得安全性受到。相反，AMQP 框架允许我们集中在一个安全的框架下，从而使安全性提高，安全漏洞相比 Kryo 少得多。

对于 CorDAPP 开发人员来说，序列化上下文的选择应该是不透明的，Corda 框架选择正确的上下文作为配置。未来，AMQP 序列化格式将继续应用于在对象序列化中已经描述过的白名单功能上。

8.1.3 核心类型

本节描述 AMQP 序列化格式支持的类和接口。

1. 集合类型

AMQP 支持下列集合类型。下面的任何实现都将映射到另一端的接口或类的实现上。例如，如果使用集合的 Java 实现，它将反序列化为原始集合类型。声明类型的属性应该只使用这些类型，而不是任何具体的实现类型。集合必须指定它们的泛型类型，泛型类型参数将包含在架构中，并且当对其反序列化时，将针对泛型参数检查元素的类型。

```
java.util.Collection
java.util.List
java.util.Set
java.util.SortedSet
java.util.NavigableSet
java.util.NonEmptySet
java.util.Map
java.util.SortedMap
java.util.NavigableMap
```

但是，为了方便起见，我们明确地支持下面的具体实现类型，并且它们可以用作声明的属性类型。

```
java.util.LinkedHashMap
java.util.TreeMap
java.util.EnumSet
java.util.EnumMap
```

2. Java 原始类型

AMQP 支持所有的 Java 原始类型。

- boolean：布尔值，可选值为 TRUE 或 FALSE。
- byte：8 位数值类型，有符号。
- char：是一个单一的 16 位 Unicode 字符。
- double：浮点数，双精度，64 位，符合 IEEE 754 标准。
- float：浮点数，单精度，32 位，符合 IEEE 754 标准。
- int：32 位，有符号的以二进制补码表示的整数。

- long：64 位，有符号的以二进制补码表示的整数。
- short：16 位，有符号的以二进制补码表示的整数。

3. 数组

支持任何类型的数组、基元或其他类型。

4. JDK 类型

支持以下 JDK 库类型：

- java.io.InputStream。
- java.lang.Boolean。
- java.lang.Byte。
- java.lang.Character。
- java.lang.Class。
- java.lang.Double。
- java.lang.Float。
- java.lang.Integer。
- java.lang.Long。
- java.lang.Short。
- java.lang.StackTraceElement。
- java.lang.String。
- java.lang.StringBuffer。
- java.math.BigDecimal。
- java.security.PublicKey。
- java.time.DayOfWeek。
- java.time.Duration。
- java.time.Instant。
- java.time.LocalDate。
- java.time.LocalDateTime。
- java.time.LocalTime。
- java.time.Month。
- java.time.MonthDay。
- java.time.OffsetDateTime。
- java.time.OffsetTime。
- java.time.Period。
- java.time.YearMonth。
- java.time.Year。

- java.time.ZonedDateTime。
- java.time.ZonedId。
- java.time.ZoneOffset。
- java.util.BitSet。
- java.util.Currency。
- java.util.UUID。

5. 第三方类型

AMQP 支持以下第三方类型：

- kotlin.Unit：跟 Java 中的 void 具有一样的功能，表示不需要返回。
- kotlin.Pair：二元元组。
- org.apache.activemq.artemis.api.core.SimpleString：AMQP 序列化格式。

6. Corda 类型

AMQP 支持 @CordaSerializableCorda 注释的代码库中的所有类和接口。

所有要序列化的 Corda 类型都可以通过 CordaException（用于检查异常）或 CordaRuntimeException（未检查异常）从 CordaThrowable 继承。任何需要序列化但又不符合 CordaThrowable 的 Corda 类型都将被转换为 CordaRuntimeException，其中保留了原来的异常类型和其他属性。

7. 自定义类型

自定义类型必须遵守以下规则：

- 类必须用包含在 .class 文件中的参数名进行编译。这在 Kotlin 中是默认的，而 Java 必须使用 javac 的命令行参数打开。当无法重新编译类时，例如当使用第三方库时，可以使用代理序列化器来解决此问题。
- 必须用 @CordaSerializable 注释。
- 必须支持声明类型的构造函数参数、getters 和 setters。在使用泛型时，泛型参数必须被支持的类型、开放通配符（*），或者将当前通配符扩展为有界通配符。
- 任何超类必须遵守相同的规则，但可以抽象。
- 对象图循环不受支持，因此对象不能直接或间接引用自身。

8. 构造函数实例化

Corda 的 AMQP 序列化框架的主要方式是通过指定的构造函数来实例化对象。在实例化对象时，首先确定对象的哪些属性将被序列化，然后在反序列化时用序列化的值实例化对象。

建议 Corda 中的可序列化对象遵守以下规则，因为它们允许不可变状态对象被反序列化：

- ❑ 每一个构造函数中都要有一个 java bean 属性的 getter。例如，对于构造函数参数 foo，必须有一个名为 getFoo() 的 getter。如果 Foo 是一个布尔值，则 getter 可以被称为 ifFoo()，这就是必须用参数名编译类的原因。
- ❑ 一个构造函数应包含希望在序列化窗体中记录的所有属性，这是序列化框架重构类的实例的必要条件。
- ❑ 如果有不止一个构造函数，则序列化框架需要知道要使用哪个构造函数。可以使用 @ConstructorForDeserialization 注释来指示用哪一个。对于 Kotlin 的类，如果没有 @ConstructorForDeserialization 注释，则将选择主构造函数。

在 Kotlin 中，@ConstructorForDeserialization 清晰地映射到一个数据类，其中自动生成 getter。例如，假设我们有数据类 data class Example (val a: Int, val b: String)，则属性 A 和 B 将包含在序列化形式中。但是，构造函数中未提及的属性将不会被序列化。例如，在下面的代码中，属性 C 将不被认为是序列化形式的一部分：

```
data class Example (val a: Int, val b: String) {
    var c: Int = 20
}

var e = Example (10, "hello")
e.c = 100;

val e2 = e.serialize().deserialize() // e2.c will be 20, not 100!!!
```

9. 设置器实例化

作为基于构造函数初始化的替代方案，Corda 还可以通过检查类上存在的 getter 和 setter 方法来确定对象的重要元素。如果一个类只有一个默认构造函数和属性，那么可序列化属性将由该属性的 getter 和 setter 的存在来确定，该属性都是公开可见的。在反序列化时，将首先创建默认实例，然后在该对象上调用 setter 以用填充正确的值，例如 class Example(var a: Int, var b: Int, var c: Int)。

警告 不推荐这种模式！ Corda 试图在整个过程中使用不可变的数据结构，如果你严重依赖可变 JavaBean 样式对象，那么有时可能会发现 API 以非直观的方式运行。

---

10. 私有属性不可访问

虽然 Corda AMQP 序列化框架支持私有对象属性的 getter 方法，但强烈建议不用这种开发用法，例如 class C(val a: Int, private val b: Int)。

在设计 Corda 状态时，应该记住，尽管存在传统 OOP 样式对象，但 Corda 状态并不是 OOP 样式对象。被签署、转换、序列化和关系映射。因此，所有元素都应该通过设计实现公开访问。

警告 IDEs 将错误地指示属性可以被赋予一些公共可见性以外的东西。虽然这种做法会起到一定作用，但正如上面所讨论的，这引发一些其他问题，故不建议使用。

按照以下示例提供公共 getter 是可以接受的：

```
class C(val a: Int, b: Int) {
    var b: Int = b
       private set
}
```

11. 不匹配的类属性和构造函数参数

如果你希望确保类的属性总是使用一些特定的标准进行排序，又希望保持类的不可变性，这时可以用如下方式实现：

```
@CordaSerializable
class ConfirmRequest(statesToConsume: List<StateRef>, val transactionId: SecureHash) {
    companion object {
        private val stateRefComparator = compareBy<StateRef>({ it.txhash }, { it.index })
    }
    private val states = statesToConsume.sortedWith(stateRefComparator)
}
```

该示例中，始终确保状态以特定的顺序存储，而不管用于初始化类实例的列表顺序。这是通过使用第一个构造函数参数作为私有成员来实现的。但是，因为构造函数中没有提到该成员（其参数决定了上所讨论的可序列化），所以它不会序列化。此外，由于没有提供检索 statesToConsume 消耗值的机制，所以我们无法为该类构建一个序列化器。

在这种情况下，用 @ConstructorForDeserialization 注释的第二构造函数不会是一个有效的解决方案，因为两个构选函数是相同的。因此，最佳实践是为构造函数参数提供一个 getter，将它与实际的成员变量显式关联起来。

```
@CordaSerializable
class ConfirmRequest(statesToConsume: List<StateRef>, val transactionId: SecureHash) {
    companion object {
        private val stateRefComparator = compareBy<StateRef>({ it.txhash }, {
            it.index })
    }

    private val states = statesToConsume.sortedWith(stateRefComparator)

    // 构造函数参数标识的属性
    fun getStatesToConsume() = states
}
```

12. 可变容器

因为 Java 没有提供任何机制确定类的可变性，因此会出现序列化框架的问题。当用容器属性（列表、地图等）重构对象时，我们必须选择是否创建可变的或不可变的对象。考虑到这些限制，我们建议最好保存不可变对象的不变性，而不是假设不可变对象具有强制变异性。虽然我们可以根据经验推断变异性，但这样做是不可取的，因为这是一个设计决策过程，涉及许多不确定因素，而不是像 JVM 那样是固有的。目前，我们只需保证在重构中事物是不变的，并为使用这些事物的人提供相应解决方案。在未来，这些解决方案可能会改变，但站在现在这个节点，这些方案是最佳的。例如，下面就一种解决方案：

```
data class C(val l : MutableList<String>)

val bytes = C(mutableListOf ("a", "b", "c")).serialize()
val newC = bytes.deserialize()

newC.l.add("d")
```

在上述代码中，newC.l.add 调用会引发一个因不支持 newC.l.add 而导致的操作异常。

有几种方法可以用来保持重构对象的可变性。

首先，如果类不是 Kotlin 数据类，则具有主构造函数不是必须有的，例如下面的代码。

```
class C {
    val l : MutableList<String>
    @Suppress("Unused")
    constructor (l : MutableList<String>) {
        this.l = l.toMutableList()
    }
}
val bytes = C(mutableListOf ("a", "b", "c")).serialize()
val newC = bytes.deserialize()
// 这次这个调用会成功
newC.l.add("d")
```

其次，如果类是 Kotlin 数据类，则可以使用辅助构造函数，例如下面的代码。

```
data class C (val l : MutableList<String>){
    @ConstructorForDeserialization
    @Suppress("Unused")
    constructor (l : Collection<String>) : this (l.toMutableList())
}

val bytes = C(mutableListOf ("a", "b", "c")).serialize()
val newC = bytes.deserialize()

// 这个也会执行
newC.l.add("d")
```

最后，为了保持对象的不可变性（推荐的设计原则），可通过创建一个新的数据类副本来改变类的内容，其中传递的修改列表（在本例中）作为构造函数参数传递。类参数传递代码如下：

```
data class C(val l : List<String>)

val bytes = C(listOf ("a", "b", "c")).serialize()
val newC = bytes.deserialize()

val newC2 = newC.copy (l = (newC.l + "d"))
```

如果数据类没有可更改性，则可以使用单个构造函数。

13. 枚举类型

在 Corda 中，所有的枚举类型都是支持的，但需要它们用 @CordaSerializable 注释。Corda 也支持枚举类型在各不同版本间进行互操作，允许这些类型随时间而改变，而不会破坏向后（或向前）的兼容性。

下面的规则适用于 Corda 支持的可抛出的异常实现：如果你希望你的异常是可序列化的，并且可安全传输类型，则其应该继承自 CordaException 或 CordaRuntimeException；否则，可抛出异常将被反序列化，并包含在原始可抛出的 CordaRuntimeException 异常中，其中包括原始可抛出的类名。

14. Kotlin 对象

Kotlin 的非匿名对象（即非匿名构造对象 foo：像合约 {…}）被记录在没有属性的流中，并反序列化到单独的实例。

Kotlin 的匿名对象 S（即结构类似对象：合约 {…}）目前还不被支持，也不能被正确序列化。它们需要重新编写为显式的类声明。

15. 类综合

Corda 支持在反序列化时动态地从提供的模式中合成类，而不是保存类路径上的支持类。如果泛型代码希望在反序列化数据上使用反射，对于在 JVM 上运行的脚本，也可以确保不在类路径上的类可以被反序列化从而保证不加载潜在恶意代码。

未来可能的改进包括：

- ❑ Java 单类支持。将增加对单类的支持，并识别负责返回单实例的静态方法。
- ❑ 实例内化支持。将添加对实例映射进行解析的支持，以避免创建许多相同的重复实例（类似于 String.intern()）。

16. 类型演化

类型演化是类随时间而改变的机制，可以对所有版本进行序列化和反序列化。这确保了对象进行序列化，并使用“看起来”像旧的概念反序列化，并且实例化该类的当前状态的版本。

8.2 安全编码准则

Corda 平台在默认情况下可以安全地进行设计，但平台不能防止各种安全错误发生。本节介绍在编写应用程序时，阻止各种攻击要考虑的问题。这里假设没有人会使用流攻击来颠覆交易，交易依赖于对软件安全的信任，这可能会导致在没有经过审查的情况下添加合作方。

8.2.1 流

流是应用程序与网络上的其他各方进行通信的组件。因此，它们是恶意数据进入应用程序的典型入口点，必须小心对待。流的接收方法返回在 UntrustworthyData<T> 标记类型中的数据，这种类型不增加任何功能，它只是提醒正确地验证从网络中得到的一切，所以这是安全的。但另一方可能不运行你提供的代码来参与流，它们可能做任何事情，故需要注意如下事项：

- 注意一个与流中先前建立或提议的事务不匹配的事务。例如，如果你提议一个价值 100 美元的现金状态，并且要签署的事务从另一方返回，则必须检查返回内容是否指向你实际请求的状态。否则，攻击者有可能让你签署一个更大金额的交易。
- 注意不属于正确类型的事务。交易类型一般有普通交易和公证变更两种。如果你想得到一种类型，但实际得到的是另一种，此时就可能导致你签署一项交易，将你的资产转移到一个敌对公证人的控制下。
- 注意事务中的意外变化。如果你可以访问所有需要的数据，则应重新运行生成器逻辑并对生成的状态进行比较，以确保这是你所期望的状态。
- 主题应该清楚。签名是一个非常敏感的操作，所以需要确保知道自己将要签署什么，并且自己所签的和自己看的安全一致。一旦你在交易中向交易对方提供了自己的签名，就再也无法阻止其把你的签名提交给分类账了。

8.2.2 合约

合约可以是 JVM 沙箱内的任意功能，因此在设计上有很大的自由发挥的余地。设计合约时需要注意：

- 为了避免当前状态转变了不允许变化的状态，要检查预期的字段是否正在或已经改变。
- 应避免意外捕获并丢弃验证逻辑可能引发的异常。
- 如果你不知道其他合约是什么或可能做什么，则可通过虚拟方法调用其他合约进行确认。

8.3 流操作示范

下面的流操作展示了如何使用 Corda 的 API。github 的 Corda 社区提供了 Java 和 Kotlin

两种语言的示范。因为 Kotlin 是一门新的语言，这里限于篇幅，选择仅展示部分 Java 代码。流操作示范 Java 代码如下：

```
package net.corda.docs;
import co.paralleluniverse.fibers.Suspendable;
import com.google.common.collect.ImmutableList;
import net.corda.core.contracts.*;
import net.corda.core.crypto.SecureHash;
import net.corda.core.crypto.TransactionSignature;
import net.corda.core.flows.*;
import net.corda.core.identity.CordaX500Name;
import net.corda.core.identity.Party;
import net.corda.core.identity.PartyAndCertificate;
import net.corda.core.internal.FetchDataFlow;
import net.corda.core.node.services.Vault;
import net.corda.core.node.services.Vault.Page;
import net.corda.core.node.services.vault.QueryCriteria.VaultQueryCriteria;
import net.corda.core.transactions.LedgerTransaction;
import net.corda.core.transactions.SignedTransaction;
import net.corda.core.transactions.TransactionBuilder;
import net.corda.core.utilities.ProgressTracker;
import net.corda.core.utilities.ProgressTracker.Step;
import net.corda.core.utilities.UntrustworthyData;
import net.corda.finance.contracts.asset.Cash;
import net.corda.testing.contracts.DummyContract;
import net.corda.testing.contracts.DummyState;
import org.jetbrains.annotations.NotNull;

import java.security.GeneralSecurityException;
import java.security.PublicKey;
import java.time.Duration;
import java.time.Instant;
import java.util.Collections;
import java.util.List;
import java.util.Set;

import static net.corda.core.contracts.ContractsDSL.requireThat;
import static net.corda.core.crypto.Crypto.generateKeyPair;

@SuppressWarnings("unused")
public class FlowCookbookJava {
    // InitiatorFlow是第一个流，与下面的ResponderFlow通信
    // 把InitiatorFlow 标记为InitiatingFlow，允许它直接被节点启动
    @InitiatingFlow
    // 把InitiatorFlow 标记为StartableByRPC，允许通过RPC启动
    @StartableByRPC
    // 每个流必须有FlowLogic子类，指示流的返回类型
    public static class InitiatorFlow extends FlowLogic<Void> {
        private final boolean arg1;
        private final int arg2;
```

```
private final Party counterparty;
private final Party regulator;
public InitiatorFlow(boolean arg1, int arg2, Party counterparty, Party
    regulator) {
    this.arg1 = arg1;
    this.arg2 = arg2;
    this.counterparty = counterparty;
    this.regulator = regulator;
}

/*----------------------------------
 * 发布一个进度跟踪器，方便在CRaSH SHELL中查看流的处理过程 *
----------------------------------*/
private static final Step ID_OTHER_NODES = new Step("Identifying other
    nodes on the network.");
private static final Step SENDING_AND_RECEIVING_DATA = new Step("Sending
    data between parties.");
private static final Step EXTRACTING_VAULT_STATES = new Step("Extracting
    states from the vault.");
private static final Step OTHER_TX_COMPONENTS = new Step("Gathering a
    transaction's other components.");
private static final Step TX_BUILDING = new Step("Building a transaction.");
private static final Step TX_SIGNING = new Step("Signing a transaction.");
private static final Step TX_VERIFICATION = new Step("Verifying a
    transaction.");
private static final Step SIGS_GATHERING = new Step("Gathering a
    transaction's signatures.") {
    // 连接一个子进度跟踪器，可以让我们看到子流程在我们的流进度跟踪器中的进展
    @Override
    public ProgressTracker childProgressTracker() {
        return CollectSignaturesFlow.tracker();
    }
};
private static final Step VERIFYING_SIGS = new Step("Verifying a transaction's
    signatures.");
private static final Step FINALISATION = new Step("Finalising a transaction.") {
    @Override
    public ProgressTracker childProgressTracker() {
        return FinalityFlow.tracker();
    }
};

private final ProgressTracker progressTracker = new ProgressTracker(
        ID_OTHER_NODES,
        SENDING_AND_RECEIVING_DATA,
        EXTRACTING_VAULT_STATES,
        OTHER_TX_COMPONENTS,
        TX_BUILDING,
        TX_SIGNING,
        TX_VERIFICATION,
```

```
        SIGS_GATHERING,
        FINALISATION
);
// 流进度跟踪器结束

@Suspendable
@Override
public Void call() throws FlowException {
    // 为了演示，使用虚拟公钥
    PublicKey dummyPubKey = generateKeyPair().getPublic();
  //识别其他节点
    progressTracker.setCurrentStep(ID_OTHER_NODES);

    //公证人
    CordaX500Name notaryName = new CordaX500Name("Notary Service",
        "London", "GB");
    Party specificNotary = getServiceHub().getNetworkMapCache().getNotary
        (notaryName);
    // 选择公证人
    Party firstNotary = getServiceHub().getNetworkMapCache().getNotary-
        Identities().get(0);

    // 选择交易对方
    CordaX500Name counterPartyName = new CordaX500Name("NodeA", "London",
        "GB");
    Party namedCounterparty = getServiceHub().getIdentityService().wellK
        nownPartyFromX500Name(counterPartyName);
    Party keyedCounterparty = getServiceHub().getIdentityService().party-
        FromKey(dummyPubKey);

    /*------------------------------
     * 发送和接收数据*
    ------------------------------*/
    progressTracker.setCurrentStep(SENDING_AND_RECEIVING_DATA);
    // 发起流会话
    FlowSession counterpartySession = initiateFlow(counterparty);
    // 发送数据
    counterpartySession.send(new Object());
    // 等待接收数据
    UntrustworthyData<Integer> packet1 = counterpartySession.receive
        (Integer.class);
    Integer integer = packet1.unwrap(data -> {
        return data;
    });

    // 调用单个的发送并接收数据
    UntrustworthyData<Boolean> packet2 = counterpartySession.sendAnd-
        Receive(Boolean.class, "You can send and receive any class!");
    Boolean bool = packet2.unwrap(data -> {
        return data;
```

```
});

// 发送给多个交易方
FlowSession regulatorSession = initiateFlow(regulator);
regulatorSession.send(new Object());
UntrustworthyData<Object> packet3 = regulatorSession.receive(Object.
    class);
/*--------------------------------------
 * 从节点库中提取状态*
--------------------------------------*/
progressTracker.setCurrentStep(EXTRACTING_VAULT_STATES);
VaultQueryCriteria criteria = new VaultQueryCriteria(Vault.State-
    Status.UNCONSUMED);
Page<DummyState> results = getServiceHub().getVaultService().query-
    By(DummyState.class, criteria);
List<StateAndRef<DummyState>> dummyStates = results.getStates();
StateRef ourStateRef = new StateRef(SecureHash.sha256("DummyTran-
    sactionHash"), 0);
//配对状态
StateAndRef ourStateAndRef = getServiceHub().toStateAndRef(ourState-
    Ref);
/*--------------------------------------------
 * 收集其他事务组件 *
--------------------------------------------*/
progressTracker.setCurrentStep(OTHER_TX_COMPONENTS);

// 构建输出状态
DummyState ourOutputState = new DummyState();
// 拷贝其他变化的状态
DummyState ourOtherOutputState = ourOutputState.copy(77);

// 状态与合约配对
StateAndContract ourOutput = new StateAndContract(ourOutputState, Dummy-
    Contract.PROGRAM_ID);

// 命令与签名配对
DummyContract.Commands.Create commandData = new DummyContract.
    Commands.Create();
PublicKey ourPubKey = getServiceHub().getMyInfo().getLegalIdentities-
    AndCerts().get(0).getOwningKey();
PublicKey counterpartyPubKey = counterparty.getOwningKey();
List<PublicKey> requiredSigners = ImmutableList.of(ourPubKey, counter-
    partyPubKey);
Command<DummyContract.Commands.Create> ourCommand = new Command<>
    (commandData, requiredSigners);

// 命令与合约验证逻辑配对
TypeOnlyCommandData typeOnlyCommandData = new DummyContract.Commands.
    Create();
CommandData commandDataWithData = new Cash.Commands.Issue();
```

```
// 添加附件
SecureHash ourAttachment = SecureHash.sha256("DummyAttachment");
// 添加时间窗
TimeWindow ourTimeWindow = TimeWindow.between(Instant.MIN, Instant.
    MAX);
TimeWindow ourAfter = TimeWindow.fromOnly(Instant.MIN);
TimeWindow ourBefore = TimeWindow.untilOnly(Instant.MAX);


//定义时间窗
TimeWindow ourTimeWindow2 = TimeWindow.withTolerance(getServiceHub().
    getClock().instant(), Duration.ofSeconds(30));
// 时间窗启动时间
TimeWindow ourTimeWindow3 = TimeWindow.fromStartAndDuration(getServi
    ceHub().getClock().instant(), Duration.ofSeconds(30));
/*------------------------
 * 交易构建*
------------------------*/
progressTracker.setCurrentStep(TX_BUILDING);
// 带时间窗则带公证人
TransactionBuilder txBuilder = new TransactionBuilder(specificNotary);
// 无时间窗则无公证人
TransactionBuilder txBuilderNoNotary = new TransactionBuilder();
// 添加交易项
txBuilder.withItems(
       ourStateAndRef,
       ourOutput,
       ourCommand,
       ourAttachment,
       ourTimeWindow
);
// 添加单个组件
txBuilder.addInputState(ourStateAndRef);
txBuilder.addAttachment(ourAttachment);

txBuilder.addOutputState(ourOutputState, DummyContract.PROGRAM_ID,
    specificNotary);
// 公证人如果为空，则会使用默认公证人
txBuilder.addOutputState(ourOutputState, DummyContract.PROGRAM_ID);
// 添加输出状态
TransactionState txState = new TransactionState(ourOutputState, Dummy-
    Contract.PROGRAM_ID, specificNotary);
//添加命令
txBuilder.addCommand(ourCommand);
txBuilder.addCommand(commandData, ourPubKey, counterpartyPubKey);
// 直接设置时间窗
txBuilder.setTimeWindow(ourTimeWindow);
// 只有开始时间的时间窗
txBuilder.setTimeWindow(getServiceHub().getClock().instant(), Duration.
    ofSeconds(45));
```

```
/*-----------------------
 * 交易签署 *
------------------------*/
progressTracker.setCurrentStep(TX_SIGNING);
SignedTransaction onceSignedTx = getServiceHub().signInitialTransac-
    tion(txBuilder);
// 使用不同公钥签署
PartyAndCertificate otherIdentity = getServiceHub().getKeyManage-
    mentService().freshKeyAndCert(getOurIdentityAndCert(), false);
SignedTransaction onceSignedTx2 = getServiceHub().signInitialTran-
    saction(txBuilder, otherIdentity.getOwningKey());
SignedTransaction twiceSignedTx = getServiceHub().addSignature(once-
    SignedTx);
PartyAndCertificate otherIdentity2 = getServiceHub().getKeyManagement-
    Service().freshKeyAndCert(getOurIdentityAndCert(), false);
SignedTransaction twiceSignedTx2 = getServiceHub().addSignature(once-
    SignedTx, otherIdentity2.getOwningKey());

// 交易中生成签名并添加到交易中
TransactionSignature sig = getServiceHub().createSignature(onceSignedTx);
// 使用不同的公钥签名
TransactionSignature sig2 = getServiceHub().createSignature(onceSignedTx,
    otherIdentity2.getOwningKey());
/*----------------------------
 * 交易验证*
-----------------------------*/
progressTracker.setCurrentStep(TX_VERIFICATION);
subFlow(new SendTransactionFlow(counterpartySession, twiceSignedTx));
// 可选的请求验证，进一步限制数据访问
subFlow(new SendTransactionFlow(counterpartySession, twiceSignedTx) {
    @Override
    protected void verifyDataRequest(@NotNull FetchDataFlow.Request.
        Data dataRequest) {
        // 其他请求验证
    }
});
// 接收交易
SignedTransaction verifiedTransaction = subFlow(new ReceiveTransacti
    onFlow(counterpartySession));
subFlow(new SendStateAndRefFlow(counterpartySession, dummyStates));

// 在接收端
List<StateAndRef<DummyState>> resolvedStateAndRef = subFlow(new Rece
    iveStateAndRefFlow<DummyState>(counterpartySession));
try {
    // 验证交易满足合约所有的输入、输出状态
    twiceSignedTx.verify(getServiceHub());
    // 额外的验证
    LedgerTransaction ledgerTx = twiceSignedTx.toLedgerTransaction(get-
        ServiceHub());
```

```
            DummyState outputState = ledgerTx.outputsOfType(DummyState.class).
                get(0);
             if (outputState.getMagicNumber() != 777) {
                 throw new FlowException("We expected a magic number of
                     777.");
             }

        } catch (GeneralSecurityException e) {
             // 添加处理代码
        }
        /*------------------------
         * 收集签名*
        ------------------------*/
        progressTracker.setCurrentStep(SIGS_GATHERING);

        SignedTransaction fullySignedTx = subFlow(new CollectSignaturesFlow
            (twiceSignedTx, Collections.emptySet(), SIGS_GATHERING.childProgress-
            Tracker()));
        /*------------------------
         * 验证签名*
        ------------------------*/
        progressTracker.setCurrentStep(VERIFYING_SIGS);
        try {
            fullySignedTx.verifyRequiredSignatures();
            onceSignedTx.verifySignaturesExcept(counterpartyPubKey);
                onceSignedTx.verifySignaturesExcept(Collections.singletonList
                (counterpartyPubKey));
           // 只验证部分签名
            twiceSignedTx.checkSignaturesAreValid();
          } catch (GeneralSecurityException e) {
            // 添加处理代码
        }
        /*------------------------------
         * 完成交易*
        ------------------------------*/
        progressTracker.setCurrentStep(FINALISATION);
        // 交易经过公证，将所有交易方状态记录到自己的库
        SignedTransaction notarisedTx1 = subFlow(new FinalityFlow(fully-
            SignedTx, FINALISATION.childProgressTracker()));
         // 可以选择发给需要的第三方
        Set<Party> additionalParties = Collections.singleton(regulator);
        SignedTransaction notarisedTx2 = subFlow(new FinalityFlow(fully-
            SignedTx, additionalParties, FINALISATION.childProgressTracker()));
        FlowSession session = initiateFlow(regulator);
        session.send(new Object());
        return null;
    }
}

//第二个流，响应流
```

```
@InitiatedBy(InitiatorFlow.class)
public static class ResponderFlow extends FlowLogic<Void> {
    private final FlowSession counterpartySession;
    public ResponderFlow(FlowSession counterpartySession) {
        this.counterpartySession = counterpartySession;
    }
    private static final Step RECEIVING_AND_SENDING_DATA = new Step("Sending
        data between parties.");
    private static final Step SIGNING = new Step("Responding to Collect-
        SignaturesFlow.");
    private static final Step FINALISATION = new Step("Finalising a tran-
        saction.");
    private final ProgressTracker progressTracker = new ProgressTracker(
            RECEIVING_AND_SENDING_DATA,
            SIGNING,
            FINALISATION
    );
    @Suspendable
    @Override
    public Void call() throws FlowException {

        /*-----------------------------
         * 发送和接收数据*
         -----------------------------*/
        progressTracker.setCurrentStep(RECEIVING_AND_SENDING_DATA);
        Object obj = counterpartySession.receive(Object.class).unwrap(data ->
            data);
        String string = counterpartySession.sendAndReceive(String.class, 99).
            unwrap(data -> data);
        counterpartySession.send(true);
        /*-----------------------------------------
         * 响应收集签名流*
        -----------------------------------------*/
        progressTracker.setCurrentStep(SIGNING);
        class SignTxFlow extends SignTransactionFlow {
            private SignTxFlow(FlowSession otherSession, ProgressTracker
                progressTracker) {
                super(otherSession, progressTracker);
            }
            @Override
            protected void checkTransaction(SignedTransaction stx) {
                requireThat(require -> {
                    //这里可添加需要任何检查
                    DummyState outputState = (DummyState) stx.getTx().getOut-
                        puts().get(0).getData();
                    assert (outputState.getMagicNumber() == 777);
                    return null;
                });
            }
        }
```

```
            subFlow(new SignTxFlow(counterpartySession, SignTransactionFlow.
                tracker()));
            /*------------------------------
             * 完成交易*
            ------------------------------*/
            progressTracker.setCurrentStep(FINALISATION);
            return null;
        }
    }
}
```

8.4 Corda 要点一览表

Corda 要点总结如图 8-1 所示，开发者可在图中提纲挈领地一览和掌握所有 Corda 的知识要点。

- CORDA CHEAT SHEET 部分：给出了所有开发资料来源的链接网址。
- RUNNING CORDA 部分：给出了搭建 CORDA 开发和运行环境的知识要点和来源。
- STATES 部分：给出了与状态有关的知识要点。
- CONTRACTS 部分：给出了与合约有关的知识要点。
- TRANSACTIONS 部分：给出了与交易有关的知识要点。
- FLOWS 部分：给出了与流有关的知识要点。
- FLOW ANNOTATIONS 部分：给出了与流注释有关的知识要点。
- SERVICE HUB 部分：给出了与服务集线器有关的知识要点。
- PROVIDING AN API 部分：给出了与 API 相关的内容及其所在路径。

8.5 应用样本

Corda 提供了两组不同的样本，一组面向新的开发人员介绍了如何编写 CorDApp（可以在 Corda 网站上找到），另一组介绍了如何在 CordApp 中实现多个共同设计的解决方案。新的开发人员应该从 CordApp 的例子开始。

高级样本包含在 Corda 仓库的样本 / 文件夹内。这些样例最普遍的用途是：

- 交易者演示：显示现金支付与商业票据的现金交换。
- 附件演示：演示向节点上传附件。
- CordDemo 银行：显示一个充当资产发行人的节点（Corda 银行），而远程客户端应用程序代表一个大公司的节点请求发行一些现金。

运行样本的文档可以在 RealM.MD 文件的样本目录中找到。如果希望看到节点上的节点流类型的流活动，请使用 flow watch。

CORDA CHEAT SHEET

Useful links:

Website: corda.net
GitHub org.: github.com/corda
Documentation: docs.corda.net
Slack: slack.corda.net
Stack Overflow: stackoverflow.com/questions/tagged/corda

RUNNING CORDA

a. Set up your dev environment

https://docs.corda.net/getting-set-up.html

b. Clone the template app in Kotlin or Java

```
git clone https://github.com/corda/cordapp-template-kotlin
```

c. Check out the latest version (e.g. V2)

```
cd cordapp-template-kotlin && git checkout release-V2
```

d. Deploy the nodes

```
./gradlew clean deployNodes
```

e. Run the nodes

```
Unix: sh kotlin-source/build/nodes/runnodes
Windows: call kotlin-source/build/nodes/runnodes.bat
```

STATES

`ContractState`

The base class for on-ledger states

`.participants`

The parties for which this state is relevant

`LinearState (extends ContractState)`

State representing a 'shared fact' evolving over time

`.linearId`

An ID shared by all evolutions of the 'shared fact'

`OwnableState (extends ContractState)`

State representing fungible assets (cash, oil...)

`.owner`

The state's current owner

`.withNewOwner(AbstractParty)`

Creates a copy of the state with a new owner

CONTRACTS

`Contract`

Establishes which transactions are valid for a given state

`.verify(LedgerTransaction)`

Throws an exception if the transaction is invalid

TRANSACTIONS

`TransactionBuilder`

A mutable container for building a general transaction

`.withItems(vararg Any)`

Adds items (states, commands...) to the builder

`ServiceHub.signInitialTransaction(TransactionBuilder)`

Converts the builder to a signed transaction

TRANSACTIONS (CONT.)

`SignedTransaction`

An immutable transaction plus its associated digital signatures

`.verifyRequiredSignatures()`

Verify all the transaction's required signatures

`.verifySignaturesExcept(vararg List<PublicKey>)`

Verify all the transaction's required signatures except those listed

`.verify(ServiceHub, boolean)`

Verify the transaction

`.toLedgerTransaction(ServiceHub, boolean)`

Resolve transaction into a LedgerTransaction for extra verification

`ServiceHub.addSignature(SignedTransaction)`

Add a digital signature to the transaction

FLOWS

`FlowLogic`

The actions executed by one side of a flow

`.initiateFlow(Party)`

Initiates communication between two flows

`FlowSession.send(Party, Any)/FlowSession.receive(Party)`

Sends data to/receives data from the specified counterparty

`.subFlow(FlowLogic<R>, Boolean)`

Invokes a sub-flow that may return a result

`.serviceHub`

Provides access to the node's services

FLOW ANNOTATIONS

`@InitiatingFlow`

A flow that is started directly

`@InitiatedBy(KClass)`

A flow that is only started by a message from an `InitiatingFlow`

`@StartableByRPC`

Allows the flow to be started via RPC by the node's owner

SERVICE HUB

`.networkMapCache`

Provides info on other nodes on the network (e.g. notaries...)

`.vaultService`

Stores the node's current and historic states

`.validatedTransactions`

Stores all the transactions seen by the node

`.keyManagementService`

Manages the node's digital signing keys

`.myInfo`

Other information about the node

`.clock`

Provides access to the node's internal time and date

PROVIDING AN API

a. Subclass `WebServerPluginRegistry`

```
class MyWebPlugin : WebServerPluginRegistry() {…}
```

b. Override `webApis`

```
override val webApis = listOf(Function(::MyApi))
```

c. Register the fully qualified class name of the plugin

...under src/main/resources/META-INF/services/WebPluginRegistry

Corda Cheat Sheet – www.corda.net

图 8-1 Corda 要点一览表

第 9 章 Chapter 9

Corda 节点

本章将为读者介绍节点开发中的一些基础概念，涉及 Corda 节点的概念、节点的开发部署等。节点对于区块链和分布式账本系统而言是一个非常重要的概念，也是非常重要的架构基础。结合业务来看，节点可能会有不同的属性，也会有大小轻重之分，但从纯技术架构来看，节点在区块链和分布式账本中发挥作用的架构定位和思路，将决定整体区块链和分布式账本的性能和特性。本章可帮助读者对 Corda 节点有一个完整认识，从而方便与其他架构的节点特性进行比较。

9.1 创建本地节点

本节介绍如何创建本地节点，每个节点具有以下的结构：

```
├──── certificates              // 节点证书
├──── Corda-webserver.jar       // 内置的节点webserver
├──── Corda.jar                 // Corda 库
├──── logs                      // 节点日志
├──── node.conf                 // 节点配置文件
├──── persistence.mv.db         // 节点数据库
└──── CorDapps                  // 安装在节点上的应用
```

节点通过编辑它的 node.conf 文件进行配置。通过在 CorDapps 文件夹中放置 CorDapp JAR 以实现在节点上安装 CordApps。在开发模式（即当 DevMode = true 时）中，如果不存在所需的密钥存储库，证书目录会被预配置的密钥存储库填充。这方便了开发人员尽快使节点工作。但是，这些预先配置的密钥存储库是不安全的。

1. 节点名称

节点的名称必须是符合 X.500 的规范。为了与其他实现（特别是 TLS 实现）兼容，Corda 节点的 X.500 名称属性类型有一个限制范围，该范围是 X.509 证书规范的最小支持集，加上局部属性的名称：

- ❑ 组织（O）。
- ❑ 状态（ST）。
- ❑ 地点（L）。
- ❑ 国家（C）。
- ❑ 组织单位（OU）。
- ❑ 通用（CN）。

地区名称要避免与相同或相近的其他名称混淆。Corda 架构主要为金融领域设计，金融行业的企业法人在 Corda 中就是其法律实体，金融行业的机构一般会将主要办公地点设在一个区域的主要城市，例如中国的上海、香港一般会设总部，各省的省会和所有的城市都会设立分支机构，Corda 对于如何设置机构层级并不限制，设置的方法只是作为节点名称标识的一个属性。因此该属性在大多数情况下不会直接在名称中列入，只是作为属性之一，在需要时使用。

节点名称必须遵守以下规则：

（1）组织、地点和国家属性必须存在，状态、组织单位和通用属性是可选的。

（2）不同属性的名称其字段最大字符长度也不同，具体如下：

- ❑ 通用：64。
- ❑ 组织：128。
- ❑ 组织单位：64。
- ❑ 地点：64。
- ❑ 状态：64。

（3）国家属性名称由有效的 ISO 3166—1 中规定的两个字母的大写代码组成。

（4）所有属性名称必须遵守以下约束：

- ❑ 首字母大写。
- ❑ 至少有一个字母。
- ❑ 没有前置的或后置的空白。
- ❑ 不能包括“:”、“=”、“$”、“、”和“\”字符。
- ❑ 必须是 NFKC 规范化形式。
- ❑ 不能包含空字符。
- ❑ 只支持拉丁语、通用的和继承的 Unicode 脚本。

（5）名称的组织字段中不应有双空格，这是为了避免字符易混淆攻击等问题。字符混淆是指计算机在识别字符串时，有不同的识别规格，这会造成按不同的规格识别，得到不同的字符串，所以为了系统的稳定、统一、和安全，大多数关键系统会对此做出限制。

2. 外部标识符

创建的本地节点需要通过外部标识符来确认其合法身分。对外部标识符（如公司注册号）的映射应存储在自定义 X.509 证书扩展名中。这些值可能会根据操作不同而改变，从而损毁它们必然关联的身份信息。若它们包含在区分名称中会显著增加维护负担。在 Corda 将来的规范中将描述这些扩展的 OID 和格式。

3. 核心任务

Corda 提供了一个名为 Cordform 的渐变插件，允许你自动生成和配置一组用于测试和演示的节点。下面是一个名为部署节点的示例 cordform 任务，它创建了三个节点，在 Kotlin CorDapp Template 中的定义如下：

```
task deployNodes(type: net.Corda.plugins.Cordform, dependsOn: ['jar']) {
    directory "./build/nodes"
    node {
        name "O=Notary,L=London,C=GB"
        // 公证人提供公证服务
        notary = [validating : true]
        p2pPort  10002
        rpcSettings {
            port 10003
            adminPort 10023
        }
        // 没有 webport 属性，所以不会创建webserver
        h2Port   10004
        // 包含 corda-finance 应用
        CorDapps = ["net.Corda:Corda-finance:$Corda_release_version"]
    }
    node {
        name "O=PartyA,L=London,C=GB"
        p2pPort  10005
        rpcSettings {
            port 10006
            adminPort 10026
        }
        webPort  10007
        h2Port   10008
        CorDapps = ["net.Corda:Corda-finance:$Corda_release_version"]
        // 给予user1 所有 RPC 权限
        rpcUsers = [[ user: "user1", "password": "test", "permissions": ["ALL"]]]
    }
    node {
        name "O=PartyB,L=New York,C=US"
        p2pPort  10009
        rpcSettings {
            port 10010
            adminPort 10030
```

```
        }
        webPort  10011
        h2Port   10012
        CorDapps = ["net.Corda:Corda-finance:$Corda_release_version"]
        // 给与 user1 权限启动 MyFlow
        rpcUsers = [[ user: "user1", "password": "test", "permissions": ["StartFlow.
            net.Corda.flows.MyFlow"]]]
    }
}
```

如果要将节点配置扩展到部署节点中定义的属性之外，需要使用配置文件属性，并将路径（相对路径或绝对路径）设置为附加配置文件。该附加配置文件应该遵循标准节点配置文件 NODE.CONF 的格式。文件的属性将附加到生成的节点配置中。还可以通过 -PconfigFile 命令行选项运行 Gradle 任务以添加文件的路径。但是，对于所有节点都适用的由相同配置参数构成的配置文件将应用于所有节点。在完成前面的示例之后，PartyB 节点将从文件 none-b.conf 中添加附加的配置选项：

```
task deployNodes(type: net.Corda.plugins.Cordform, dependsOn: ['jar']) {
    [...]
    node {
        name "O=PartyB,L=New York,C=US"
        [...]
        // 给予 user1 权限启动 MyFlow
        rpcUsers = [[ user: "user1", "password": "test", "permissions": ["StartFlow.
            net.Corda.flows.MyFlow"]]]
        configFile = "samples/trader-demo/src/main/resources/none-b.conf"
    }
}
```

运行上述代码将在 Build/Nodes 文件夹中创建三个节点：

- 公证人节点：提供有效的公证服务，不会有 WebServer（因为没有定义 WebPort），运行 Corda 金融应用。
- PartyA 和 PartyB 节点：不提供任何服务，将有一个 WebServer（因为定义了 WebPort），运行 Corda 金融应用，有一个 RPC 用户——用户 1，可以用来通过 RPC 登录到节点。

此外，三个节点都将包含在项目的源文件夹中定义的任意 CordApp 中，即使这些 CordApp 没有在每个节点的 CordApp 入口中列出。这意味着，从模板 CordApp 中运行部署节点任务，将自动构建并向每个节点添加 CordApp 模板。可以扩展部署节点以生成其他节点。

添加节点时，要确保没有端口冲突！

dockerform 是 cordform 的姊妹任务。它们具有几乎相同的语法，并会产生相似的结果。它们通过一个额外的文件来增强，以便于使DOCKER COMPOSE的节点更容易运行。你可以从IRS Demohttps://github.com/Corda/Corda/blob/release-V3.0/samples/irs-demo/CorDapp/build.gradle#L111中找到示例任务，其包括在主Corda github存储库的目录中。下面是示例任务的代码：

```
def rpcUsersList = [
    ['username' : "user",
     'password' : "password",
     'permissions' : [
        "StartFlow.net.Corda.irs.flows.AutoOfferFlow\$Requester",
        "StartFlow.net.Corda.irs.flows.UpdateBusinessDayFlow\$Broadcast",
        "StartFlow.net.Corda.irs.api.NodeInterestRates\$UploadFixesFlow",
        "InvokeRpc.vaultQueryBy",
        "InvokeRpc.networkMapSnapshot",
        "InvokeRpc.currentNodeTime",
        "InvokeRpc.wellKnownPartyFromX500Name"
    ]]
]

// (...)

task prepareDockerNodes(type: net.Corda.plugins.Dockerform, dependsOn: ['jar']) {

    node {
        name "O=Notary Service,L=Zurich,C=CH"
        notary = [validating : true]
        CorDapps = ["${project(":finance").group}:finance:$Corda_release_version"]
        rpcUsers = rpcUsersList
        useTestClock true
    }
    node {
        name "O=Bank A,L=London,C=GB"
        CorDapps = ["${project(":finance").group}:finance:$Corda_release_version"]
        rpcUsers = rpcUsersList
        useTestClock true
    }
    node {
        name "O=Bank B,L=New York,C=US"
        CorDapps = ["${project(":finance").group}:finance:$Corda_release_version"]
        rpcUsers = rpcUsersList
        useTestClock true
    }
    node {
        name "O=Regulator,L=Moscow,C=RU"
        CorDapps = ["${project.group}:finance:$Corda_release_version"]
        rpcUsers = rpcUsersList
        useTestClock true
    }
}
```

没有必要指定端口，因为每个节点都是一个分离的容器，所以不会发生端口冲突。运行上述任务代码将创建与 cordform 任务相同的文件夹结构，在每个节点目录中有一个附加的 dockerfile 文件，在 Build/Nodes 目录中有一个 Docker-compose.yml 文件。默认情况下，每个节点公开端口为 10003，这是 RPC 连接的默认端口。

警告 docker form 任务不支持 WebServer，没有本地 SHELL 启用的节点。

若要创建在部署节点任务中定义的节点，应从定义部署节点任务的项目的根目录的终端窗口中运行以下命令：

```
Linux/macOS:  ./gradlew deployNodes
Windows: gradlew.bat deployNodes
```

这将在 Build/node 文件夹中创建节点，并为部署节点任务中定义的每个节点生成一个节点文件夹，再加上 runnodes 外壳脚本来运行所有节点，以进行测试和开发。如果要对 CordApp 源或部署节点任务进行任何更改，则需要重新运行该任务以查看更改是否生效。

9.2 运行本地节点

有几种方法可以在本地运行 Corda 节点并进行测试。

1. 同时启动所有节点

runnodes 是部署节点生成的 SHELL 脚本（或 Windows 上的批处理文件），允许快速启动所有节点和它们的 Web 服务器。runnodes 只适用于以测试为目的的场景。通过从项目的根目录下运行以下命令启动具有 runnodes 的节点：

```
Linux/macOS: build/nodes/runnodes
Windows: call build\nodes\runnodes.bat
```

与节点进行交互时，如果你收到一个 OutOfMemoryError 异常，则表示需要增加 Java 堆内存量。

2. 启动一个单独的 Corda 节点

当你启动一个单独的节点时，可在节点的文件夹中打开终端窗口并运行：

```
java -jar Corda.jar
```

默认情况下，节点将查找名为 NODE.CONF 的配置文件和当前工作目录中名为 Cordapps 的文件夹。可以重写命令行上的配置文件和工作区路径（例如 ./Corda.jar --config-file=test.conf --base-directory=/opt/Corda/nodes/test）。

可以增加 java 堆内存可使用的 -Xmx 命令行参数的节点数。例如，下面将运行具有 2048MB 的堆大小的节点：

```
java -Xmx2048m -jar Corda.jar
```

如果在与节点交互时收到 OutOfMemoryError 异常，则应该进行上述操作。当然，还可以在节点的文件夹中打开终端窗口并运行该节点的 WebServer：

```
java -jar Corda-webserver.jar
```

警告 节点 WebServer 仅用于测试目的。

3. 启用远程调试的节点

若要启用节点的远程调试，可从终端窗口中运行以下代码：

```
java  -Dcapsule.jvm.args="-agentlib:jdwp=transport=dt_socket,server=y,suspend=y,
    address=5005" -jar Corda.jar
```

此命令行将启动端口 5005 上的调试器，并暂停等待调试器附件的进程。

9.3 部署节点

9.3.1 在 Linux 系统上安装和运行 Corda 作为系统服务

我们建议创建一个系统服务来运行节点和可选的 Web 服务。这个系统服务提供日志和服务处理功能，以确保 Corda 服务在引导时运行。

下面就来介绍如何在 Linux 系统下安装和运行 Corda 作为系统服务（已安装 Oracle Java 8）。

（1）添加用于运行 Corda 的系统用户：

```
sudo adduser --system --no-create-home --group Corda
```

（2）创建目录 /opt/Corda，将其所有权更改为运行 Corda 的用户：

```
mkdir /opt/Corda; chown Corda:Corda /opt/Corda
```

（3）下载 Corda jar (under /VERSION_NUMBER/Corda-VERSION_NUMBER.jar)，并放置在 /opt/Corda 下。

（4）下载 Corda webserver jar (under /VERSION_NUMBER/Corda-VERSION_NUMBER.jar)，并放置在 /opt/Corda（可选）下。

（5）在 /opt/Corda 中创建目录 Cordapps，将 Cordapp jar 文件保存到其中。另外，下载一个 Cordapps 例子到 Cordapps 目录。

（6）保存下面的文本到 /opt/Corda/node.conf 下。9.4 节点配置详细描述了这些选项。

节点配置文本如下：

```
basedir : "/opt/Corda"
p2pAddress : "example.com:10002"
rpcAddress : "example.com:10003"
```

```
webAddress : "0.0.0.0:10004"
h2port : 11000
emailAddress : "you@example.com"
myLegalName : "O=Bank of Breakfast Tea, L=London, C=GB"
keyStorePassword : "Cordacadevpass"
trustStorePassword : "trustpass"
devMode : false
rpcUsers=[
    {
        user=Corda
        password=portal_password
        permissions=[
            ALL
        ]
    }
]
```

（7）对 OPT/CODA/NODE.CONF 进行以下更改：

- 更改 p2paddress 和 rpcaddress 值，从服务器的主机名或外部 IP 地址开始。这是其他节点或 RPC 接口用来与你的节点通信的地址。
- 必要时更改端口，例如，在一台服务器上运行多个节点时。
- 在注册过程中输入一个电子邮件地址，将其作为一个行政联系人。这只在许可服务中可见。
- 输入节点所需的合法名称。这将在证书颁发期间使用，并且很少改变，因为它代表节点的合法身份。
    - 组织（O=）是一个独特的且具有意义的属性（例如花旗银行北京分行）。
    - 位置（L=）是距离你最近的城市。
    - 国家（C =）是 ISO 3166-1 alpha-2 code。
- 更改 RPC 用户名和密码。

（8）Ubuntu 16.04 和最新的 Linux 发行版都使用 SystemD，所以下面我们按照 SystemD 的步骤介绍。SystemD 基于下面的代码创建 Corda.service 文件，并保存到 /etc/systemd/system/ 目录。

```
[Unit]
Description=Corda Node - Bank of Breakfast Tea
Requires=network.target

[Service]
Type=simple
User=Corda
WorkingDirectory=/opt/Corda
ExecStart=/usr/bin/java -Xmx2048m -jar /opt/Corda/Corda.jar
Restart=on-failure

[Install]
```

```
WantedBy=multi-user.target
```

（9）对 Corda.service 或 Corda.conf 做下列修改：

- 确保服务描述是信息性的，特别是在计划运行多个节点的情况下。
- 将用户名更改为要用于运行 Corda 的用户账户。此用户最好不是 root 用户。
- 通过改变 -xMx2048 m 参数设置 Corda 进程可用的最大内存量。
- SystemD 确保 Corda.Service 文件为 root 所有，并具有正确的许可：

```
sudo chown root:root /etc/systemd/system/Corda.service
sudo chmod 644 /etc/systemd/system/Corda.service
```

Corda WebServer 提供了一个简单的接口，用于与在浏览器中安装的 CordApp 进行交互。运行 WebServer 是可选的。

（10）SystemD 基于下面的例子创建 Corda-webserver.service 文件，并保存到 /etc/systemd/system/ 目录。

```
[Unit]
Description=Webserver for Corda Node - Bank of Breakfast Tea
Requires=network.target

[Service]
Type=simple
User=Corda
WorkingDirectory=/opt/Corda
ExecStart=/usr/bin/java -jar /opt/Corda/Corda-webserver.jar
Restart=on-failure

[Install]
WantedBy=multi-user.target
```

（11）向节点提供所需证书。联系网络许可服务或查看网络许可。

（12）对于 SystemD，现在可以启动一个节点和它的 WebServer 了，并通过运行以下 systemctl 命令来启动服务：

- sudo systemctl daemon-reload。
- sudo systemctl enable --now Corda。
- sudo systemctl enable --now Corda-webserver。

上面创建的 Upstart 配置文件告诉 UpStart 在启动时启动 Corda 服务，因此不需要显式启用它们。可以通过创建多个目录和 Corda 服务来运行多个节点。修改 NODE.CONF 和 SystemD 或 Upstart 配置文件，使它们具有唯一性。

9.3.2　在 Windows 系统上安装和运行 Corda 并作为 Windows 服务

我们建议运行 Corda 作为 Windows 服务。这样可提供服务处理，从而确保 Corda 服务在引导时运行，并且 Corda 服务会在没有连接到服务器用户的情况下保持运行。

下面介绍如何在 Windows 系统上安装和运行 Corda 并作为 Windows 服务（假设已安装了 Oracle Java 8）。

（1）创建一个 Corda 目录并下载 Corda jar，用希望的版本替换 VERSION_NUMBER。下面是使用 PowerSHELL 的例子：

```
mkdir C:\Corda
wget http://jcenter.bintray.com/net/Corda/Corda/VERSION_NUMBER/Corda-VERSION_
    NUMBER.jar -OutFile C:\Corda\Corda.jar
```

（2）在 C:\Corda\ 中创建一个目录并将其命名为 Cordapps，然后将你的 Cordapp jar 文件保存到其中。另外，下载一个 Cordapps 例子到 Cordapps 目录。

（3）将下面的配置项文本保存为 C:\Corda\node.conf。9.4 节将详细介绍这些配置项。

```
basedir : "C:\\Corda"
p2pAddress : "example.com:10002"
rpcAddress : "example.com:10003"
webAddress : "0.0.0.0:10004"
h2port : 11000
emailAddress: "you@example.com"
myLegalName : "O=Bank of Breakfast Tea, L=London, C=GB"
keyStorePassword : "Cordacadevpass"
trustStorePassword : "trustpass"
extraAdvertisedServiceIds: [ "" ]
devMode : false
rpcUsers=[
    {
        user=Corda
        password=portal_password
        permissions=[
            ALL
        ]
    }
]
```

（4）对 C:\Corda\node.conf 进行以下更改：

- 更改 p2pAdress 和 rpcAdress 值，从服务器的主机名或外部 IP 地址开始。这是其他节点或 RPC 接口用来与你的节点通信的地址。
- 必要时更改端口，例如，在一台服务器上运行多个节点时。
- 在注册过程中输入一个电子邮件地址，将其作为一个行政联系人。这只在许可服务中可见。
- 输入你的节点所需的合法名称。这将在你的证书颁发期间使用，并且应该很少改变，因为它应该代表你的节点的合法身份。
  - 组织（O=）应该是一个独特的和有意义的属性。
  - 位置（L=）是距离你最近的城市。
  - 国家（C =）是 ISO 3166-1 alpha-2 code。

- 更改 RPC 用户名和密码

（5）拷贝所需的 Java 密钥库到节点。

（6）下载 NSSM service manager。

（7）解缩得到 Unzip nssm-2.24\win64\nssm.exe，然后将其拷贝到 C:\Corda 目录。

（8）保存下面的代码到 C:\Corda\nssm.bat 中，这是一个批处理文件，依次执行了安装节点、设置应用参数、启动节点等命令。

```
nssm install Cordanode1 C:\ProgramData\Oracle\Java\javapath\java.exe
nssm set Cordanode1 AppDirectory C:\Corda
nssm set Cordanode1 AppParameters "-Xmx2048m -jar Corda.jar --config-file=C:\
    Corda\node.conf"
nssm set Cordanode1 AppStdout C:\Corda\service.log
nssm set Cordanode1 AppStderr C:\Corda\service.log
nssm set Cordanode1 Description Corda Node - Bank of Breakfast Tea
nssm set Cordanode1 Start SERVICE_AUTO_START
sc start Cordanode1
```

（9）修改批处理文件：

- 如果正在安装多个节点，则为每个节点使用不同的服务名称（Cordanode1）。
- 通过修改 -Xmx 的参数来设置可用于节点的 java 堆内存容量。
- 设置翔实的描述。

（10）通过单击或命令提示符运行批处理文件。

（11）运行 Service .msc 并验证名为 Cordanode1 的服务是否存在并运行。

（12）运行 netstat-ano 并检查 node.conf 中配置的端口。

（13）可能还需要打开 Windows 防火墙上的端口。

9.3.3　测试安装

可以通过连接到另一个主机的 RPC 端口来验证 Corda 是否正在运行，例如：

```
telnet your-hostname.example.com 10002
```

如果收到“ Escape character is ^]”消息，则表述 Corda 正在运行并可访问。先按 Ctrl+] 组合键，再按 Ctrl+D 组合键便可退出 telnet。

9.4　节点配置

本节介绍节点配置相关知识，包含节点配置文件的路径、配置格式和配置项说明。

1. 文件位置

Corda 一体化的 Corda.jar 文件由 gradle buildCordaJAR 任务生成，默认为从当前工作目录中的 NODE.CONF 文件中读取配置。可以使用 --config-file 文件命令行选项来覆盖该行为，以针对具有不同名称的配置文件或不同文件位置（相对路径与当前工作目录相对）。此外，--base-directory 命令行选项更改了 Corda 节点工作区位置，如果指定了 NODE.CONF 配置文件，则期望工作区在根目录中。

用于 gradle deployNodes 部署节点任务的配置文件模板可以在 /CONFIG/DEV 文件夹中找到。要注意的是，这里从节点 GADLE 模块的内置资源文件 /node/src/main/resources/reference.conf 中加载了一组基本的默认值。此属性中的所有子属性都可以在文件配置中被过度覆盖，并且对于很少更改的属性，此默认值允许将属性从配置文件中排除。

2. 格式展示

Corda 配置文件使用 HOCON 格式，这种格式是 JSON 的一个扩展集。

下面看一个通用节点配置文件托管 IRSDemo 服务的例子。

```
myLegalName : "O=Bank A,L=London,C=GB"
keyStorePassword : "Cordacadevpass"
trustStorePassword : "trustpass"
dataSourceProperties : {
    dataSourceClassName : org.h2.jdbcx.JdbcDataSource
    "dataSource.url" : "jdbc:h2:file:"${baseDirectory}"/persistence"
    "dataSource.user" : sa
    "dataSource.password" : ""
}
p2pAddress : "my-Corda-node:10002"
rpcSettings = {
    useSsl = false
    standAloneBroker = false
    address : "my-Corda-node:10003"
    adminAddress : "my-Corda-node:10004"
}
webAddress : "localhost:10004"
rpcUsers : [
    { username=user1, password=letmein, permissions=[ StartFlow.net.Corda.
        protocols.CashProtocol ] }
]
devMode : true
```

简单的公证配置文件如下：

```
myLegalName : "O=Notary Service,OU=Corda,L=London,C=GB"
keyStorePassword : "Cordacadevpass"
trustStorePassword : "trustpass"
p2pAddress : "localhost:12345"
rpcSettings = {
    useSsl = false
    standAloneBroker = false
    address : "my-Corda-node:10003"
    adminAddress : "my-Corda-node:10004"
}
```

```
webAddress : "localhost:12347"
notary : {
    validating : false
}
devMode : true
compatibilityZoneURL : "https://cz.Corda.net"
```

3. 字段说明

下面列出了可用配置字段。对于涉及路径的配置项，可以把 baseDirectory 作为替换值，并包含到节点的基目录的绝对路径中。这样当发生修改时，只改这个就可以了。

（1）myLegalName：节点的合法身份，是节点公钥的易读别名，可使用它查找节点信息。

（2）keyStorePassword：用于解锁包含节点证书和私钥的密钥存储文件（<workspace>/certificates/sslkeystore.jks）。这是在第一个节点运行期间自动生成的开发证书的非秘密值。长期而言，这些密钥将在安全硬件设备中进行管理。

（3）trustStorePassword：用于解锁包含 Corda 网络根证书的信任存储文件（<workspace>/certificates/truststore.jks）。这是在第一个节点运行期间自动生成的开发证书的非秘密值。长期而言，这些密钥将在安全硬件设备中进行管理。

（4）Database：数据库配置。

- serverNameTablePrefix：用于标识数据库是否可用，可应用到所有数据库表的前缀字符串。默认没有前缀。
- transactionIsolationLevel：事务隔离级别的事务指定定义在 java.sql.connection _ 中的常数，但没有"交易 _"字头。初始安装后默认为 REPEATABLE_READ。
- exportHibernateJMXStatistics：决定是否导出 Hibernate JMX 统计（警告：运行开销大）。

（5）datasourceproperties：为节点存储配置 JDBC 连接和数据库的驱动。

（6）messagingserveraddress：ArtemisMQ 代理实例的地址。如果为空，则节点将在本地运行。

（7）p2paddress：主机和端口上的节点可用于在 ArtemisMQ 上进行协议操作。实际上，ArtemisMQ 消息服务会绑定到指定端口上的所有本地地址。但应注意，主机是包含在网络地图中的广告条目。因此，当在一组机器上运行节点时，这里列出的值必须是外部可访问的。如果所提供的主机是不可访问的，则节点将尝试自动发现其公共节点。

（8）rpcAddress：RPC 系统的地址。在 RPC 系统上可以向节点发出 RPC 请求。如果没有提供该地址，那么节点将不运行响应 RPC 的模块程序。在开始学习阶段，不赞成使用 rpcSettings 块，因为在开发阶段可启用节点自身的 WEB SERVER 模块。

（9）rpcSettings：RPC 服务器选项用于设置 PRC 服务器参数，在正式环境中使用。

- usessl（可选）：布尔型数值，指示节点是否应客户的要求使用 SSL 连接的 RPC 方法，默认为否。

- standalonebroker(可选）布尔型数值：指示节点是否连接到一个独立的代理人，默认为否。
- address（可选）：RPC 服务器绑定的主机和端口。
- adminaddress（可选）：RPC 管理绑定的主机和端口（仅当 usessl 为 false 时才需要，因为节点使用 SSL 连接到 Artemis，以确保在节点之外不可访问管理权限）。
- ssl（可选）：RPC 服务器的 SSL 设置。

（10）keyStorePassword：密钥存储密码。

（11）trustStorePassword：信任存储密码。

（12）certificatesDirectory：除非提供绝对路径，否则将搜索存储区的目录。

（13）sslKeystore：ssl 密钥存储的绝对路径，默认为 certificatesDirectory / "sslkeystore.jks".

（14）trustStoreFile：信任存储的绝对路径，默认为 certificatesDirectory / "truststore.jks".

（15）security：包含控制用户身份验证 / 授权的各种嵌套字段，特别是用于 RPC 访问的嵌套字段。

（16）webAddress：服务器启动时监听的主机和端口。这不是节点本身使用的。如果启用 HTTPS，则浏览器安全检查将要求访问 URL 主机名是机器名称、完全限定的机器名或服务器 IP 地址之一，以便与开发证书中包含的主题替代名称组合成一行。这时需要将 /config/dev/Corda_dev_ca.cer 根证书作为可信 CA 安装的附加项。驱动程序不会自动创建 WebServer 实例，但 Cordformation 会。如果此字段存在，Web 服务器将启动。

（17）Notary：可选的配置对象。如果存在，则配置节点将作为公证运行。如果是 Raft 或 BFT SMaRt 集群的一部分，则分别指定 Raft 或 BFT SMaRt 各自按如下所述进行设置。如果公证是一个节点，则省略这两个共识算法的设置。

- validating：布尔型值，确定公证是验证还是非验证。
- raft：如果分布式 RAFT 集群的一部分指定此配置对象，则具有以下设置。
  - nodeaddress：用来绑定嵌入式 RAFT 服务器的主机和端口。注意，RAFT 集群通过单独的传输层进行通信，该通信层不与 ArtemisMQ 消息服务集成。
  - clusteraddresses：必须列出群集中所有成员的地址，且至少一个成员必须是活动的，该成员还要能够与集群领导者通信，以便节点加入集群。如果为空，则将启动一个新的集群。
- bftSMaRt：如果分布式 BFT 智能集群的一部分指定此配置对象，则具有以下设置。
  - replicaId：当前副本基于零的索引。所有副本必须指定唯一的复制 ID。
  - clusterAddresses：必须列出群集中所有成员的地址，且至少一个成员必须是活动的，该成员还要能够与集群领导者通信，以便节点加入集群。如果为空，则将启动一个新的集群。
- custom：这是一个布尔型设置项，如果是真的，代表选用其他共识算法，此时将从 CorDapp 加载并安装公证服务。

注意 只能指定RAFT、BFTTSMART或自定义配置值中的一个。

（18）rpcUsers：被授权访问RPC系统的用户列表。列表中的每个用户都是一个配置对象，其具有以下字段。

- username：用户名，只包含字符a～z、A～Z、0～9和“_”。
- password：密码。
- permissions：通过RPC启动流的权限列表。为了给用户启动foo.bar.FlowClass的权限，将StartFlow.foo.bar.FlowClass添加到列表中。如果列表中包含所有字符串，则用户可以通过RPC启动任何流。此值用于管理员用户和开发过程。

（19）devMode：通过此标志可设置节点在开发模式下运行。在启动时，如果密钥库<workspace>/certificates/sslkeystore.jks不存在，且DEVMODE为真，则使用开发者密钥存储库。如果DEVMODE为false且密钥存储不存在，则节点退出。DEVMODE还打开了流检查点的后台检查，以消除对检查点的检查过程中引发任何错误的可能。此外，如果DEVMODE是true，则Hibernate将尝试自动创建Corda所需的模式或在SQL数据库中更新现有的模式；如果DEVMODE是false，则Hibernate将简单验证在节点启动时失败的现有模式。

（20）detectPublicIp：此标志触发自动IP侦测行为，默认情况下是启用的。在启动时，节点将首先通过查找其网络接口上的任意公共地址，然后通过向网络地图服务发送IP发现请求来发现其外部可见的IP地址。设置为false将禁用。

（21）compatibilityZoneURL：Corda兼容区域网络管理服务的根地址，它由Corda节点使用以注册到网络并获得Corda节点证书，并由节点使用以获得网络地图信息。

（22）JVMARGS：一个可选的JVM ARG列表，如字符串。它只在通过Corda.JAR启动时替换从命令行继承的那些字符串，例如jvmArgs = ["-Xmx220m", "-Xms220m", "-XX:+UseG1GC"]。

（23）systemProperties：在Corda.JAR启动时设置的附加系统属性的可选映射。地图的键和值应该是字符串型，例如systemProperties = { visualvm.display.name = FooBar }。

（24）jarDirs：一个可选的包含JAR文件的系统目录，在只通过Corda.jar启动时才包含在类路径中。每个都应该是一个字符串。其只在目录中添加了JAR，而不是目录本身。这对于JDBC驱动程序是有用的，例如jarDirs = ['lib']。

（25）SSHD：如果设置了此项，节点将启动内部SSH服务器，该服务器将提供管理外壳。SSHD使用与RPC子系统相同的凭据和权限。SSHD有需要一个参数port用于启动SSH服务器的端口。

（26）exportjmxto：如果设置了HTTP，将允许JMX度量报告通过jolokia HTTP/ JSON的代理显示。默认的jolokia访问网址为http：//127.0.0.1:7005/jolokia/。

（27）transactionCacheSizeMegaBytes：指定应该使用多少内存来缓存分类账事务。默认为 8MB 加上所有堆内存的 5%。

（28）attachmentContentCacheSizeMegaBytes：指定应该使用多少内存来缓存内存中的附件内容。默认为 10MB。

（29）attachmentCacheBound：指定应该在本地缓存多少附件。注意，这里所说的附件仅包括密钥和元数据，内容单独缓存，并且可以缓慢加载。默认值为 1024。

9.5 客户端 RPC

Corda 提供了一个客户端库，允许用 JVM 兼容语言编写客户端，以与正在运行的节点进行交互。该库使用消息队列协议连接到节点，然后提供与节点交互的简单 RPC 接口。交互时，创建一个 Java 对象调用，编组返回相应的处理。

客户端库的起点是 CordaRPCClient 类。CordaRPCClient 提供了一个返回 CordaRPCConnection 的启动方法。一个 CordaRPCConnection 允许访问 CordaRPCOps 接口与 Java 在 Kotlin 或 getproxy() 代理的实现。可以订阅由 RPC 操作返回的观测值，以便接收来自节点的正在进行的更新流。

CordaRPCConnection 会消耗服务器端资源。当你完成相关工作时，请关闭它。不要为每一个调用创建新的代理，应尽量重用现有的。

1. RPC 权限

对于一个节点的所有者来说，要想通过 RPC 与它们的节点进行交互，必须定义一个或多个 RPC 用户。每个用户通过用户名和密码进行身份验证，并分配一组权限来控制它们可以执行哪些 RPC 操作。

RPC 用户是通过将自己添加到节点 node.conf 文件中的 rpcusers 列表来创建的：

```
rpcUsers=[
    {
        username=exampleUser
        password=examplePass
        permissions=[]
    }
    ...
]
```

默认情况下，不允许 RPC 用户执行任何 RPC 操作。

2. 授予流权限

通过使用语法 StartFlow.<fully qualified flow name>，你可以为 RPC 用户提供启动特定流的权限。见下面的代码：

```
rpcUsers=[
```

```
    {
        username=exampleUser
        password=examplePass
        permissions=[
            "StartFlow.net.Corda.flows.ExampleFlow1",
            "StartFlow.net.Corda.flows.ExampleFlow2"
        ]
    }
    …
]

//还可以为RPC用户提供使用语法InvokeRpc.startFlow启动任何流的权限

rpcUsers=[
    {
        username=exampleUser
        password=examplePass
        permissions=[
            "InvokeRpc.startFlow"
        ]
    }
    …
]

//授予其他RPC权限
//通过使用语法调用InvokeRpc.<rpc method name>，可以为RPC用户提供执行特定RPC操
//作的权限

rpcUsers=[
    {
        username=exampleUser
        password=examplePass
        permissions=[
            "InvokeRpc.nodeInfo",
            "InvokeRpc.networkMapSnapshot"
        ]
    }
    …
]

//授予所有权限
//可以为RPC用户提供使用所有权限执行任何RPC操作（包括启动任何流）的权限

rpcUsers=[
    {
        username=exampleUser
        password=examplePass
        permissions=[
            "ALL"
        ]
    }
```

```
    ...
]
```

3. RPC安全管理

通过设置rpcusers可以给固定用户集授予RPC权限，这种方法虽然简单，但是有一些明显的缺点。为了支持更高的安全性和灵活性，Corda提供了附加的安全特征，例如：

- 从外部数据源（如远程RDBMS）获取用户凭据和权限，具有可选的内存缓存。这允许凭据和权限在外部更新，而不需要重新启动节点。
- 密码以哈希加密形式存储。当安全性受到关注时，这被认为是必不可少的。Corda目前支持灵活的密码哈希格式，这是符合Apache SHIRO框架的模块化的隐秘格式。

这些特征由嵌套在node.conf安全字段中的选项控制。下面的示例演示了如何从远程数据库检索用户凭据和权限，并启用对用户数据的内存缓存：

```
security = {
    authService = {
        dataSource = {
            type = "DB",
            passwordEncryption = "SHIRO_1_CRYPT",
            connection = {
                jdbcUrl = "<jdbc connection string>"
                username = "<db username>"
                password = "<db user password>"
                driverClassName = "<JDBC driver>"
            }
        }
        options = {
            cache = {
                expireAfterSecs = 120
                maxEntries = 10000
             }
        }
    }
}
//还可以通过指定内存类型的数据源来在安全结构中嵌入用户的静态列表

security = {
    authService = {
        dataSource = {
            type = "INMEMORY",
            users = [
                {
                    username = "<username>",
                    password = "<password>",
                    permissions = ["<permission 1>", "<permission 2>", ...]
                },
                ...
            ]
```

```
            }
        }
    }
```

> 警告 一个有效的配置不能同时指定 RPC 用户和安全字段，不然将触发节点启动时的异常。

dataSource 结构定义了为用户提供凭据和权限的数据提供者。存在两种支持类型的此类数据源，且均由 dataSource.type 字段标识：

（1）INMEMORY：用户字段指定的用户凭据和权限的静态列表。

（2）DB：通过 JDBC 连接访问外部 RDBMS。注意，与 INMEMORY 情况不同，在用户数据库中，权限被分配给角色而不是单个用户。当前实现预期数据库根据以下模式存储数据。

- 包含用户名和密码的表用户。用户名列必须具有唯一值。
- user_roles 表包含列用户名和 role_name，将用户关联到一组角色。
- roles_permissions 表包含 role_name 和允许将角色关联到一组权限字符串的权限。

在每个列的 SQL 类型上没有更多扩展（尽管我们的测试是通过 SQL 类型的 VARCHAR 和文本类型的密码声明的用户名和 role_name 进行的）。每个表中可以有额外的列和预期的列。在安全性非常重要的应用程序中，应防止在纯文本中存储密码。但在默认情况下，密码被假定为纯格式，除非密码格式字段指定了不同的格式，如：

```
passwordEncryption = SHIRO_1_CRYPT
```

SHIRO_1_CRYPT 标识了 Apache Shiro fully reversible Modular Crypt 格式，它是目前唯一支持的非纯密码哈希加密格式。可以通过使用 Apache Shiro Hasher command line tool 来生成这种格式的哈希加密密码。

在用户凭据和权限的外部数据源之上的缓存层，可以显著改善某些情况下的性能，其缺点是在对基础数据进行更新时会导致（可控）延迟。默认情况下，缓存被禁用的，可以通过定义 security.authService 中的 options.cache 字段来启用，例如：

```
options = {
    cache = {
        expireAfterSecs = 120
        maxEntries = 10000
    }
}
```

这将启用包含在节点内存中的非持久性缓存，其中最大条目被设置为 maxEntries，若条目过期则将在 expireAfterSecs 秒之后刷新。

4. 可观测性

RPC 系统以特殊的方式处理可观测性。方法是在客户端上创建一个可观察到并可匹配到服务器的对象。当一个方法返回一个可观察对象时，该对象会被推送到队列中，然后由客户端显示。通过返回的可观测的对象可以判断它们是否都像预期的那样工作。

这个特性带来了一些计算成本，因为服务器必须维护观察对象队列，一直到它们被下载为止。服务器端的观察缓冲区是有界的，一旦缓冲区被填满，客户端处理的速度就会很慢，然后会踢出客户端。要订阅返回的所有可观测值，否则客户端内存会随着观察结果的不断填充而被占用得越来越多。如果你不想要某一个可观察的订阅了，则应立即取消该订阅以清除客户端缓冲区并阻止服务器流。如果应用程序退出了，那么服务器端资源会自动释放。

警告 如果你泄漏了一个可观察的客户端，则它会被垃圾收集，你会得到一个打印到日志的警告，同时该客户端将被取消订阅。虽然这样也可以取消订阅，但千万不要依赖这种做法，因为垃圾收集是非确定性的。

观测方法还可以在其对象图中返回 ListenableFuture，并且以与观测方法的方式对待可观察的对象。在将来调用取消方法，将停止观测，并释放任何资源。

5. 版本控制

客户端 RPC 协议使用节点的平台版本进行版本控制。当创建代理时，会查询服务器环境版本，并指定最低要求。以后版本中添加的方法均用 @RPCSinceVersion 标注。如果尝试使用服务器不支持广告的方法，则抛出 UnsupportedOperationException 异常。如果想知道服务器的版本，可以通过 protocolVersion 属性（即 getprotocolversion）实现。

6. 线程安全性

代理是线程安全的、阻塞的，并且允许多个 RPC 同时运行。返回和订阅的任何可见项都会在后台线程池中按顺序发出对象。每个可观察流被绑定到一个线程，但是两个单独的观测值可以调用它们在不同线程上的相应回调函数。

7. 错误处理

如果 RPC 基础结构本身出了问题，就会抛出 RPCException 异常。如果调用一个需要比服务器支持的协议更高版本的方法，则会抛出 UnsupportedOperationException 异常。如果服务器抛出了异常，则可将该异常序列化并在客户端上重新抛出，就像它从被调用的 RPC 方法中抛出一样。这样的话，这些异常就可以被正常捕获了。

8. 网络协议

客户端 RPC 网络协议在 NET/Corda/Client / RPC/RPCAPI.KT 中定义和记录。

9. 网络安全

Cordarpcclient 具有一个 SSLConfiguration 类型的构造函数参数，默认为 NULL，它允许使用 SSL 与节点通信。默认空值意味着在 RPC 上下文中不使用 SSL。

10. 使用 Corda 节点的白名单类

CorDapp 必须使用 Corda 的序列化框架才能把 RPC 使用的任何类列入白名单，除非默认情况下它们已经进入白名单。白名单是通过插件架构或 @CordaSerializable 注释实现的。

9.6 SHELL

Corda SHELL 是一个嵌入的命令行，允许管理员控制和监视节点。它是基于 CRASH SHELL 实现的，支持许多与 CRASH SHELL 相同的功能。其具有的功能包括：

- 调用任何节点的 RPC 方法。
- 查看线程的仪表板、堆使用情况、VM 属性。
- 上传和下载附件。
- 向底层数据库发出 SQL 查询。
- 查看 JMX 度量和监视出口。
- 用于文本和对象的 UNIX 风格管道，以及用于 egrep 命令和处理柱状数据的命令。

在开发模式中，SHELL 将显示在节点的终端窗口中。在运行该节点时，可以通过 --no-local-SHELL 禁用它。SHELL 也可以通过 SSH 访问。 默认情况下，SSH 服务器是禁用的，要启用它，必须在节点的 NODE.CONF 文件中配置端口：

```
sshd {
    port = 2222
}
```

用户通过 SSH 登录到 SHELL，使用与 RPC 相同的凭据。这是因为 SHELL 实际上使用 RPC 调用与节点通信。不允许 RPC 权限连接和登录。主机密钥从 <node root directory>/sshkey/hostkey.pem 文件中加载。如果此文件不存在，则自动生成该文件。在开发模式中，可以指定种子以在同一台计算机上给出相同的结果，以避免主机检查错误。

9.6.1 连接 SHELL

本节介绍不同操作系统下连接 SHELL 的方法。

1. Linux 与 MACOS

从终端运行以下命令：

```
ssh -p [portNumber] [host] -l [user]
```

其：

- [portnumber] 是 node.conf 文件中指定的端口号。
- [host] 是节点的主机（例如本地运行节点时的本地主机）。
- [user] 是 RPC 用户名。

在建立连接后，将请求 RPC 密码。在开发模式中，频繁重新启动节点可能会导致主机密钥被重新生成。SSH 通常保存可信主机，并且在发生更改时拒绝连接。可以使用 -o StrictHostKeyChecking=no 标记来禁用此项检查。注意这个选项不应该在生产环境中使用。

2. Windows

Windows 不提供内置的 SSH 工具。可使用其他替代方法，例如 PuTTY。

当通过 SSH 访问 SHELL 时，需要一些额外的 RPC 权限：

- 监视流（flow watch）InvokeRpc.stateMachinesFeed。
- 启动流时需要调用 InvokeRpc.startTrackedFlowDynamic 和 InvokeRpc.registeredFlows 流。

SHELL 通过发出 RPCs（远程过程调用）与节点交互。通过键入 run，然后使用所需的 RPC 方法的名称，从 SHELL 中创建 RPC。例如，通过运行如下代码，你将看到节点上注册流的列表：

```
run registeredFlows
```

一些 RPC 会返回事件流，这些事件将在屏幕上显示，直到按下 CTRL+C 组合键才会终止显示。可以在这里找到可用 RPC 方法的列表。

SHELL 还具有用于处理流的特殊命令：

- flow list：列出节点上可用的流。
- flow watch：显示当前在节点上运行的所有具有结果（或错误）信息的流。
- flow start：启动流。flow start 命令带有流类的名称或其任何明确的子串，以及要传递给流构造函数的数据。如果给定子串有几个匹配项，则打印出所有可能的匹配项。如果流具有多个构造函数，则使用参数的名称和类型来尝试并自动确定要使用哪个参数。如果与可用构造函数的匹配不清楚，将打印出每个可用构造函数未能匹配的原因。在模糊匹配的情况下，将使用第一个适用构造函数。

9.6.2 参数语法

参数使用一种名为 YAML（另一种标记语言）的语法传递给 RPC 或流命令，这是一种简单的 JSON 语言。YAML 的主要特点是：

- 参数用逗号分隔。
- 每个参数都被指定为一个“键 : 值”对。在冒号之后必须有一个空格，否则会出现语法错误。
- 字符串不需要被引号包围，除非它们包含逗号、冒号或嵌入引号。
- 类名称必须是完全限定的（如 java.lang.string）

如果你的 CorDapp 是用 Java 写的，命名参数不会工作，除非你编译的节点使用 javac -parameters。

1. 创建类的实例

类实例是使用卷曲括号语法创建的。例如，如果我们有一个带有以下构造函数的活动类：

```
data class Campaign(val name: String, val target: Int)
```

则我们可以创建这个类的一个实例作为参数传递：

```
newCampaign: { name: Roger, target: 1000 }
```

这里 newCampaign 是一个 Campaign 类型的参数。

类可以自动从字符串映射多个参数类型。我们这里涵盖了最常见的类型。

（1）Amount<Currency> 类型的参数可以写成：美元（美元）、英镑（或欧元）的符号，后面是十进制的金额；以十进制为单位，后面是 ISO 货币代码（例如“100.12 CHF”）。

（2）opaquebytes 类型参数能够以字符串形式提供，字符串将被自动转换为 opaquebytes。

（3）Party 类型参数可以写为以下几种形式：

- 使用节点的全名：“中国工商银行北京分行海淀支行”
- 只指定组织名称：“工商银行”
- 指定名称中的任何其他非歧义部分：“北京”(如果只有一个网络节点位于北京)

一个 Instant 类型的参数可以写成：“2017-12-22T00：00：00Z”。

2. 实例启动流

我们可以按以下方式启动 CashIssue 流：

```
flow start CashIssueFlow amount: $1000, issuerBankPartyRef: 1234, notary: "O=Controller,
    L=London, C=GB"
```

这种情况如下：

- flow start 是启动流的 SHELL 命令。
- cashissure 是我们想要启动的流。

每个名称值对之后是流构造函数参数。这个命令调用下面的 CashIssure 构造函数：

```
class CashIssueFlow(val amount: Amount<Currency>,
                    val issueRef: OpaqueBytes,
                    val recipient: Party,
                    val notary: Party) : AbstractCashFlow(progressTracker)
Querying the vault
```

可按以下方法查询永久库 IOUState 的状态：

```
run vaultQuery contractStateType: com.template.IOUState
```

其中：

- Run 是一个用于执行 RPC 调用的 SHELL 命令。
- VaultQuery 疑问是我们想要做的 RPC 调用。

- contractStateType: com.template.IOUState 是我们查询的状态类型的完全限定名。

SHELL 可以用来从节点中上传或下载附件。

3. 帮助

可以在 SHELL 中输入 help 命令以获取所有可用的命令，并在多个命令中获得交互式帮助。还可以对某个命令执行 help 命令或赋予 -H 标志以获取关于它支持哪些开关的信息。命令可能具有与 Git 相同的子命令，可自己运行命令以列出该命令支持的所有子命令。

4. 扩展 SHELL

SHELL 可以用 Java 或 Groovy 命令扩展（一个 Java 兼容的脚本语言）。这些命令可以完全访问节点的内部 API，因此可以用来实现几乎任何事情。扩展得到的新命令放置在节点目录中的 SHELL 命令子目录中。节点启动后可对 SHELL 命令子目录已有命令进行编辑，编辑后的命令可以自动使用，但当前节点启动后再次添加的命令是不会被自动检测和使用的。只有重启节点后才会检测利用。命令的扩展名必须使用小写字母，例如 .java 或 .groovy。

警告 因用 Groovy 编写 Java 命令时会忽略安全检查，所以可以无限制地访问节点和 JVM 内部任何地方的沙盒。因此，绝对不能允许不信任的用户编辑 SHELL 命令目录中的文件。

---

5. 局限性

SHELL 虽然具有不少优势，但是也有一定的不足，其功能虽然会随着时间的推移而增加，但目前下列的使用限制仍要注意：

- 对手流或 RPCs 没有结束命令。
- 命令历史不会在重新启动时保存。
- JDBC 命令要求首先显式登录到数据库中。
- 放置在 SHELL 命令目录中的命令只在节点重新启动后才会被识别。
- JUL 命令公开了对日志的访问，但它并不适用于我们正在使用的日志记录框架。

9.7 节点数据库

当前节点使用 H2 数据库保存数据。将来计划支持更多数据库。你可以直接连接到运行节点的数据库，查看其存储的状态、事务和附件，具体操作步骤如下：

（1）下载 h2 platform-independent.zip 文件，解压缩，并在终端窗口中进入解压后的文件夹。

（2）将目录更改为 bin 文件夹，即 cd h2/bin。

（3）运行以下命令，在 Web 浏览器选项卡中打开 H2 Web 控制台：

```
Unix: sh h2.sh
Windows: h2.bat
```

（4）查找节点的 JDBC 连接字符串。每个节点在启动时会在终端窗口中输出它的连接字符串。在一个节点正在运行的终端窗口中查找以下字符串：

```
Database connection URL is            : jdbc:h2:tcp://10.18.0.150:56736/node
```

（5）将此字符串粘贴到 JDBC URL 字段中，使用默认用户名和密码登录后单击 Connect，此时将会出现一个 Web 界面，其中显示了与节点存储和库相关的内容，并提供了一个接口，通过该接口可使用 SQL 查询想要的信息。

9.8　节点管理

当一个节点运行时，它会提供一个 RPC 接口，通过该接口可监视节点运行情况，并在节点上进行上传和下载附件等操作。

1. 日志记录

默认情况下，节点日志文件存储在工作目录的日志子目录中，并且循环记录。日志记录也可以通过控制台查看，设置这个标志，也可以将日志记录打印到控制台。默认的日志记录级别可以使用命令行参数调整。此配置选项将影响所有模块。

有时可能需要修改模块的特定子集的日志级别，此时可以重写 Log4J 2 配置文件，该文件被分配给了 log4j.configurationFile 文件。

下面看一个例子。在当前工作目录中创建文件 Sql.XML，并添加以下代码：

```
<?xml version="1.0" encoding="UTF-8"?>
    <Configuration status="WARN">
        <Appenders>
            <Console name="Console" target="SYSTEM_OUT">
                <PatternLayout pattern="%d{HH:mm:ss.SSS} [%t] %-5level %logger{36}
                    - %msg%n"/>
            </Console>
        </Appenders>
        <Loggers>
            <Logger name="org.hibernate" level="debug" additivity="false">
                <AppenderRef ref="Console"/>
            </Logger>
            <Root level="error">
                <AppenderRef ref="Console"/>
            </Root>
        </Loggers>
    </Configuration>
```

注意，这里添加了一个名为 org.hibernate 的记录器，它已经设置了特定的日志记录级别以供调试使用。

启动节点，将附加参数 log4j.configurationFile 设置为上面的文件名，例如：

```
java <Your existing startup options here> -Dlog4j.configurationFile=sql.xml -jar
    Corda.jar
```

对于 Corda 的对象，需要使用完全符合规范的域名来确定记录器的名称。如果找不到需要引用的内容，可通过上面的日志记录级别选项来从控制台输出中确定日志模块名称。

2. 数据库访问

节点通过一个套接字公开它的内部数据库，可以使用 JDBC 驱动程序的工具进行浏览。JDBC URL 是在节点启动时打印到日志中的，通常看起来是这样的：

```
jdbc:h2:tcp://192.168.0.31:31339/node
```

用户名和密码可以在节点配置中更改，用户名默认为“SA”和密码默认为空。

在 Corda 中，任何支持 JDBC 的数据库浏览工具都可以使用，其中 IntelliJ 最终版本中包括了与 IDE 集成的工具，通过这个工具只需打开数据库窗口并添加一个 H2 数据源，就可以浏览数据了。

3. 监控节点

像大多数 Java 服务器一样，节点支持各种符合行业标准 JMX 的度量和管理操作。JMX 是注册 MBENS 的标准 API，其包括的对象属性和方法均可用于服务器管理。通过 JMX 得到的监控数据不需要任何特定的网络协议就可导出。所以这个数据可以以各种方式从节点输出。一些监控系统提供了 Java 代理，这些 Java 代理的本质其实就是一个 JVM 插件，通过该插件可以发现所有 MBeans 并将它们发送到一个网络的数据集中。这些系统都遵循供应商提供的指令。

Jolokia 允许可在不直接连接 JMX 端口的情况下访问原始数据和进行相关操作。节点在 jolokia 端点上通过 HTTP 导出数据，Jolokia 定义了访问 MBEANS 的 JSON 和 REST 格式，并提供了与该协议一起工作的客户端库。

下面是一些构建仪表板和提取节点监视数据的方法：

- hawtio 是一个直接连接到 JVM 的 Web 控制台，它由 Jolokia 代理提供服务。这个工具提供了一个非常好的 JMX 仪表板，其与传统的 JVisualVM/Jconsole MBeas 原件非常相似。
- JMX2Graphite 是一种可以指向、监视 JSON 的工具，可清除发现的统计数据，然后定期将监控数据插入石墨监测工具中。它运行在 DOCKER 中，并且可以从单个命令开始。
- JMXTrans 是 Graphite 的另一个工具，它有自己的代理（JVM 插件），可读取自定义配置文件并只输出命名的数据。它比 JMX2 更具可配置性，不需要单独的配置过程，因为其可通过 JVM 直接将数据写入 Graphite。
- 云度量服务，如新的 Relic，其也支持 JMX，通常 Relic 通过提供代理的方式将数据上传。

- Telegraf 是一个收集、处理、聚合和编写度量的工具。它可以使用插件系统将任何数据输入桥接到任何输出。例如，Telegraf 可以被配置为从 Jolokia 收集数据然后将数据写入 DATADOG Web API。

为确保 Jolokia 代理与 JVM 运行时一起被检测，应该将节点配置参数 exportJMXTo 设置为 HTTP，并导出以下 JMX 统计数据：

- Corda 特定度量：流信息（包括总数、开始的流、完成的流、在运行的流；流持续时间、按流类型分类显示）、附件个数。
- Apache ARTEMIS 度量：P2P 和 RPC 服务的队列信息。
- JVM 统计：与类加载、垃圾回收、内存、运行时、线程、操作系统相关信息。
- Hibernate 统计：一个通过框架（因为时间成本较高，所以仅当节点在 DEVMODE 中启动时才会进行 Hibernate 统计操作）。

当使用 Cordformation runner 启动 Corda 节点时，你应该会看到类似于以下的启动消息：

```
Jolokia: Agent started with URL http://127.0.0.1:7005/jolokia/
```

当使用 DriverDSL 启动 Corda 节点时，在日志中应该会看到与以下类似的启动消息：

```
Starting out-of-process Node USA Bank Corp, debug port is not enabled, jolokia
    monitoring port is 7005 {}
```

一些基于 Jolokia 策略的安全配置文件（jolokia-access.xml）可用于 /config/<env> 下的开发、测试和生产环境。图 9-1 所示为使用 Hawtio 可视化的 Corda 流量度量。

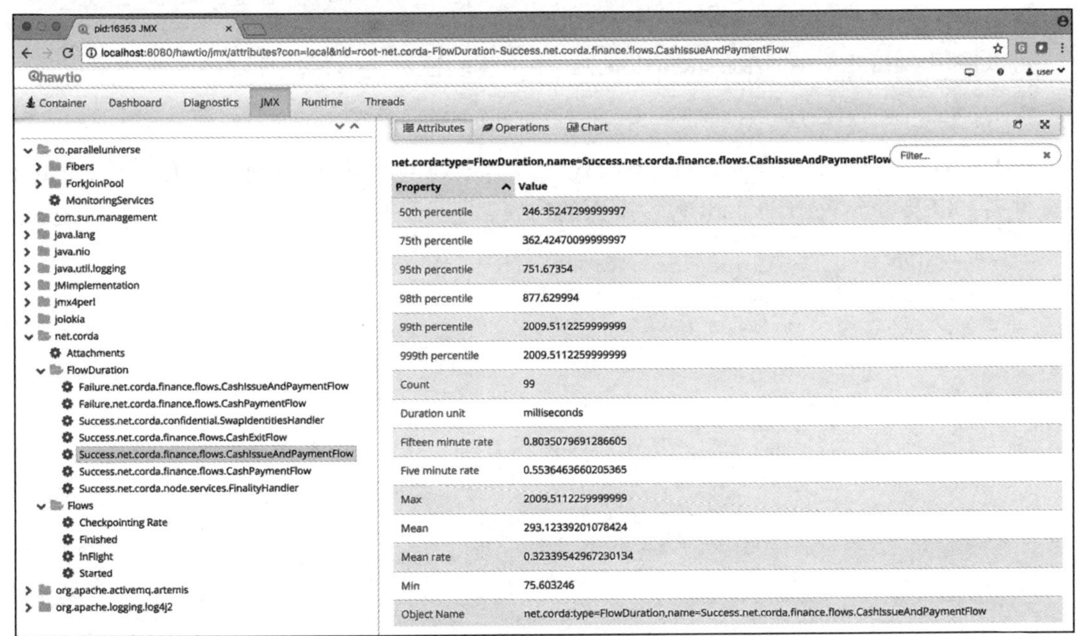

图 9-1　流量视图

4. 内存的使用和调整

内存越大，垃圾收集程序运行得越快，因为收集频率降低了，所以为 JVM 分配的内存越多越好。Corda 默认配置了一个 200MB 的 Java 堆。当添加其他开销时，这将导致一个节点的总内存使用量约为 500MB，开销主要来自编译代码、元数据、堆缓冲区、线程堆栈等。如果想让节点运行更快，或者节点内存不足，可以通过指定内存大小运行节点：

```
java -Xmx1024m -jar Corda.jar
```

上面的命令会给出一个 1GB 的 Java 堆。JVM 不允许限制 java 程序的总内存的使用情况。

9.9 进程外验证

Corda 节点通过 ServiceHub.transactionVerifierService 进行事务验证。默认情况下该事务验证是一个 InMemoryTransactionVerifierService，它只对正在进行的事务进行验证。

Corda 可以被配置为使用进程外验证。可以通过节点提供的 ARTEMIS SSL 端口启动任意数量的验证器连接到节点。消息层负责负载均衡。Corda 计划在外围沙箱中引入内核级沙箱作为额外的防线，以防内部沙箱逃逸。若要配置节点以使用进程外验证，应在 NODE.CONF 中指定 verifierType 选项：

```
myLegalName : "O=Bank A,L=London,C=GB"
p2pAddress : "my-Corda-node:10002"
webAddress : "localhost:10003"
verifierType: "OutOfProcess"
```

可以使用 ./gradlew verifier:standaloneJar 来构建验证器。运行验证器的方法如下：

```
java -jar verifier/build/libs/Corda-verifier.jar <PATH_TO_VERIFIER_BASE_DIR>
```

PATH_TO_VERIFIER_BASE_DIR 应该包含一个证书文件夹，类似于节点目录中的证书文件夹，以及一个 verifier.conf 包含下面的内容：

```
nodeHostAndPort: "my-Corda-node:10002"
keyStorePassword : "Cordacadevpass"
trustStorePassword : "trustpass"
```

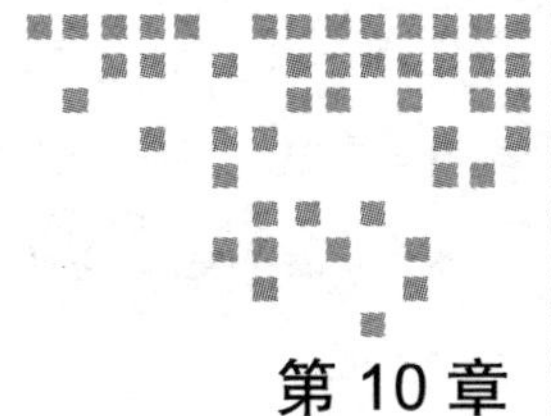

第 10 章 Chapter 10

Corda 网络

本章中将为读者介绍 Corda 网络开发中涉及的一些基础概念。通过对本章的阅读，读者能够了解 Corda 网络是一个什么样的网络，与传统的网络架构比较，Corda 网络的独特之处在哪里。

10.1 设置 Corda 网络

Corda 网络由多个运行节点的机器组成。这些节点使用持久协议进行通信，以便创建和验证事务。节点具有三种类型，每个类型对应不同功能，这些功能可作为服务对外提供，并且一个节点可以具有其中的几个角色。

- 公证人：运行公证服务、见证状态的花费，在判断交易是否为双重支出时拥有最终决定权。
- Oracle：通过提供影响交易有效性的事实，将分类账链接到账本外部的网络。
- 普通节点：所有节点都有一个库，并且可以启动与其他节点、公证人和预言机通信的协议，并开发它们的私有分类账。

1. 建立自己的网络

Corda 网络中的每个节点都必须具有由根 CA 签署的身份证书。可以在节点的目录中添加或编辑 NODE.CONF 来配置节点。示例配置如下：

```
myLegalName : "O=Bank A,L=London,C=GB"
keyStorePassword : "cordacadevpass"
trustStorePassword : "trustpass"
dataSourceProperties : {
    dataSourceClassName : org.h2.jdbcx.JdbcDataSource
```

```
    "dataSource.url" : "jdbc:h2:file:"${baseDirectory}"/persistence"
    "dataSource.user" : sa
    "dataSource.password" : ""
}
p2pAddress : "my-corda-node:10002"
rpcSettings = {
    useSsl = false
    standAloneBroker = false
    address : "my-corda-node:10003"
    adminAddress : "my-corda-node:10004"
}
webAddress : "localhost:10004"
rpcUsers : [
    { username=user1, password=letmein, permissions=[ StartFlow.net.corda.
        protocols.CashProtocol ] }
]
devMode : true
```

关于网络配置，涉及的重要字段是：

- p2paddress：其指定了 artemis 将绑定的与其他节点进行消息传递的主机和端口。注意，不只是自己的 Corda 节点的地址，所有网络接口上开放的地址都需要绑定。指定的主机名必须是网络中其他节点在外部可解析的主机名。
- rpcaddress：artemis 为 RPC 调用绑定的地址。
- WebAddress：Web 服务器绑定的地址。注意，如果在同一台机器上，则端口必须与 p2paddress 和 rpcaddress 的端口不同。

2. 自举网络

节点使用网络地图相互查看。网络地图是一个静态签名的节点信息文件集合，用于网络中的每个节点。大多数生产部署都将通过 HTTP 来使用高度可用的、安全的网络地图分发。对于驻留在同一文件系统上的测试部署节点，其信息文件可以直接放置在节点的 additional-node-infos 目录中，节点将从其中检索并存储在本地网络地图缓存中。节点在启动时会生成自己的信息文件。

除了网络地图之外，网络上的所有节点都必须使用相同的网络参数集。参数集中的所有参数均是常数，可保证节点之间的互操作性。HTTP 网络地图自动分配节点下载的网络参数。在这种情况下，网络参数必须在本地生成，可以通过网络引导程序完成参数的生成过程。有一个生成网络参数文件的工具——bootstrapper，它可从公共目录扫描所有节点配置生成网络参数文件。它还可将每个节点的信息文件复制到其他节点，以便它们相进行交互。

bootstrapper 可以从 http://downloads.corda.net/network-bootstrapper-corda-X.Y.ja 处下载，其中 X 是主要的 Corda 版本，Y 是次要的 Corda 版本。如果要使用该工具，应为每个节点创建包含 NODE.CONF 文件的目录，然后运行以下命令：

```
java -jar network-bootstrapper.jar <nodes-root-dir>
```

例如，在包含这些文件的目录上运行如下命令：

```
.
├── notary.conf              // 公证人的节点配置文件
├── partya.conf              //  A方的节点配置文件
└── partyb.conf              //  B方的节点配置文件
```

通过上述操作将生成包含三个节点的目录——公证、PartyA 和 PartyB。

这个工具只支持单次操作。如果有新节点需要加入，或者现有节点的信息（例如 P2P 地址）发生改变，则该工具不能动态更新。为此，新的节点信息文件将需要放置在其他节点的附加节点 additional-node-infos 目录中，简单方法是使用 rsync。但是，如果事先知道要加入的节点，则最终节点文件夹的节点集可以在引导程序中预先生成这些节点，并且只在需要时启动。

3. 白名单合约

如果想创建区域白名单，可以在 CorDapp.jar 列表中传递如下信息：

```
java -jar network-bootstrapper.jar <nodes-root-dir> <path-to-first-corDapp>
    <path-to-second-corDapp> ..
```

在 Corda 中，会对 CorDapp.jar 进行被散列并扫描合约类。默认情况下，bootstrapper 将生成一个名为 Whitelist.txt 的文件，该文件包含一个带有 Jar 散列的每个合约的入口，例如：

```
net.corda.finance.contracts.asset.Obligation:decd098666b9657314870e192ced0c3519c
    2c9d395507a238338f8d003929de8
net.corda.finance.contracts.asset.Cash:decd098666b9657314870e192ced0c3519c2c9d39
    5507a238338f8d003929de9
```

这些将被添加到 NetworkParameters.whitelistedContractImplementations 中。

这意味着默认情况下，网络引导程序工具将在所有已通过的 CorDapp 中发现所有的合约。如果已经在根目录中有一个 Whitelist.txt 文件，则 bootstrapper 将向它追加新的 jar 散列或合约。区域操作员将维护此白名单文件，并且使用该工具追加 CorDapp 的新版本。

警告 区域操作员必须确保 Whitelist.txt 文件仅可进行追加操作。

如果操作员从列表中移除散列，指向该版本的所有事务将突然失去约束验证，整个链都会受到损害。

如果从白名单中删除一个合约，那么那个时刻创建的所有状态将受到 HashAttachmentConstraint 约束。

在将来的 Corda 版本中，将提供一种防篡改的维护合约白名单的方法。

对于细粒度约束的控制，如果多个合约位于同一个 Jar 文件中，则 bootstrapper 会从 exclude_whitelist.txt 文件中读取合同，其中包含不应该进入白名单的合约列表，因此默认为限制性的 HashAttachmentConstraint。例如：

```
net.corda.finance.contracts.asset.Cash
net.corda.finance.contracts.asset.CommercialPaper
```

4. 启动节点

可以按任意顺序启动节点。节点启动后会看到一个横幅、一些日志行和最终的 Node started up and registered，看到这些内容就表示节点已完全启动。在过程管理方面，没有特定的方法，你可以手工启动 Jar，也可以使用 systemd 和 friends。

5. 日志

只有少数几条重要的线索被打印在控制台上。对于细节问题和诊断问题，可查看日志文件。

日志记录是标准的 Log4J2，可以对其进行相应配置。默认情况下，日志被重定向到 NODE_DIRECTORY/logs/ 中的文件中。

6. 连接到节点

一旦节点成功启动，其就可以作为一个客户端运行了，通过连接它可以进行启动协议、查询状态等操作。是否可以实现上述操作，取决于网络设置，可能需要通过隧道进行远程操作。客户端总是与单个节点关联，客户端只有一个标识，在客户端上只看到各个节点分类账的一部分。

10.2 网络许可

Corda 网络是许可网络，节点要连接到 Corda 网络，需要在文件夹 <workspace>/certificates/ 具有三个密钥库。

- truststore.jks：存储可信的公钥和证书（在例子中，是网络的根 CA）。
- nodekeystore.jks：存储节点的身份密钥对和证书。
- sslkeystore.jks：节点的 TLS 密钥对和证书。

部署安全生产需要证书颁发机构的配合。在生产部署时，最想使用现有的证书颁发机构，或构造一个自制软件来自制证书。可以用下面的文档创建自己的证书颁发机构。

1. 证书体系

Corda 网络有四种类型的证书颁发机构（CAS）：

- 根网络 CA：当建立一个证书体系时，发行的最高级别的证书。
- 看门人 CA：代替根网络 CA 进行日常密钥签名，以降低根网络 CA 私钥被泄露的风险。
- 节点 CA：每个节点都作为自己的 CA，发布用于标识其身份密钥和 TLS 证书的子证书。
- 法律身份 CA：节点的法律身份，除了签署交易，还可以签发证书。

证书体系还会被施加以下约束：

- 看门人证书是由不包含扩展名的网络根发布的。
- 众所周知的服务身份证书由一个有看门人证书的实体签发。
- 节点 CA 证书由具有看门人证书的实体颁发。
- 众所周知的法律标识 /TLS 证书由标记为节点 CA 的证书颁发。
- 保密的法律身份证书由标有众所周知的法律身份的证书签发。
- 对方证书标记为众所周知的身份或机密身份。
- 看门人 / 网络地图上面的证书结构不进行保留，因为它们与身份服务无关，因此在这些证书上执行特定结构没有意义。证书层次结构一致性检查是必需的，因为节点可以发布他们自己的证书，并且可以在证书上设置自己的角色标志，验证这些证书与证书层次结构设计的一致性很重要。这也是对颁发证书的深度限制。

所有证书必须以自定义角色扩展发布。可以想象许可结构如图 10-1 所示。

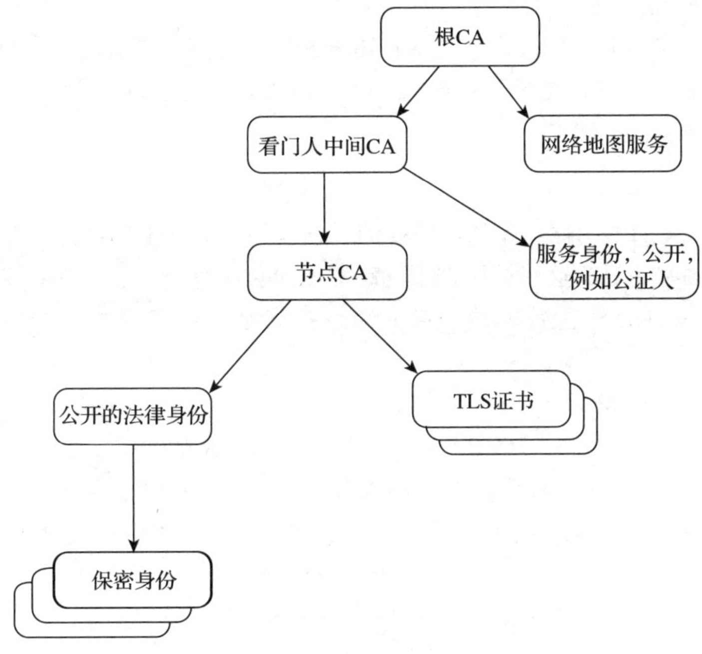

图 10-1　许可结构图

2. 密钥对和证书格式

可以使用任意标准的密钥工具或 Corda 的 X509Utilities（使用 Bouncy Castle）来创建所需的公钥 / 私钥对和证书。密钥对和证书应遵守以下限制：

- 证书必须遵循 X.509 标准，推荐 X.509 V3，可向前兼容。
- TLS 证书必须遵循 TLS V1.2 标准。

- 根网络 CA、看门人 CA 和节点 CA 密钥以及节点 TLS 密钥必须遵循下列方案之一：使用 NIST P 256 curve（SECP256R1）的 ECDSA；3072 位密钥大小的 RSA。

3. 证书角色扩展

Corda 证书具有自定义 X.509 V3 扩展名，以此指定证书涉及的角色。这个扩展具有 OID 1.3.61.4.1.50530.1.1，并且是非关键的，因此 Corda 节点之外的实现可以安全忽略它。扩展包含一个单独的 ASN.1 整数。标识证书的身份类型如下：

- 看门人。
- 网络地图。
- 服务标识（当前仅用作分布式公证人中的共享身份）。
- 节点证书颁发机构（从其中发出 TLS 和已知身份证书）。
- 传输层安全性。
- 众所周知的法律身份。
- 保密法律身份。

在一个典型的安装中，节点管理员不必知道这些。然而，当节点证书由外部工具（如部署在组织内的现有 PKI 解决方案）管理时，了解这些约束是很重要的。证书路径验证被扩展，使得证书必须包含扩展名。

4. 创建根

创建根网络 CA 的密钥存储库和信任存储时，应注意如下事项：

（1）创建新的密钥对，这将被用作根网络 CA 的密钥对。

（2）创建密钥对的自签名证书。基本约束扩展必须设置为真。这将用作根网络 CA 证书。

（3）创建一个新的密钥存储库，并将根网络 CA 的密钥对和证书存储在其中，以供以后使用，这个密钥存储将被根网络 CA 用来签署看门人 CA 的证书。

（4）创建一个新的 Java 命名和存储根密钥 truststore.jks CA 的证书，使用别名 corda-rootca。必须将密钥存储库提供给各个节点，以便将它们存储在证书文件夹中。

根网络 CA 的私钥应该被保护，并应保证长期的安全性。

---

5. 创建看门人 CA 的密钥库

创建看门人 CA 的密钥库的步骤如下：

（1）创建新的密钥对，其将被用作看门人 CA 的钥匙对。

（2）获取由根网络 CA 密钥签名的密钥对的证书。基本约束扩展必须设置为 true。这将作为看门人 CA 的证书。

（3）创建一个新的密钥存储库并存储看门人 CA 的密钥对和证书链（即看门人 CA 证书

和根网络 CA 证书）以供以后使用。看门人 CA 将使用该密钥库签署节点的身份证明。

6. 创建节点 CA 密钥存储库和 TLS 密钥库

创建节点 CA 密钥库步骤如下：

（1）为每个节点创建一个新的密钥对。

（2）获取用看门人 CA 密钥签名的密钥对的证书。基本约束扩展必须设置为 true。

（3）创建一个新的 java 库命名 nodekeystore.jks 和存储密钥，使用别名 cordaclientca，节点将在本地存储此密钥存储库，以标识其身份密钥和匿名密钥。

7. 创建节点 TLS 密钥库

创建节点 TLS 密钥库的步骤如下：

（1）为每个节点创建一个新的密钥对。

（2）创建用节点 CA 密钥签名的密钥对的证书。基本约束扩展必须设置为 false。

（3）创建一个新的 Java 库命名 sslkeystore.jks，使用别名 cordaclienttls，节点将在本地存储此密钥存储库并签署其 TLS 证书。

8. 在节点上安装证书

对于每个节点来说，应将下列文件复制到节点的证书目录（<workspace>/certificates/）：

（1）节点的 nodekeystore.jks 密钥库。

（2）节点的 sslkeystore.jks 密钥库。

（3）根网络 CA 的 truststore.jks 密钥库。

9. 连接到兼容区域

要连接到兼容区域，需要通过提交证书签名请求（CSR）来注册它们的证书签署机构（看门人），以获得该区域的有效标识。在注册之前，必须首先从兼容区域接收包含根证书的信任存储文件，然后运行以下注册命令：

```
java -jar corda.jar --initial-registration --network-root-truststore-password
    <trust store password>
```

默认情况下，节点将希望信任存储文件位于 certificates/network-root-truststore.jks 证书中，可以用附加的 --network-root-truststore 标志来重写该证书。上述注册命令将基于从节点配置获得的节点信息来创建证书签名请求，创建过程还需要来自节点配置文件的以下信息：

- myLegalName：公司的法定名称，为 X.500 字符串。X.500 允许节点在网络上唯一使用同实体拥有的合法名称。如果另一个节点已经被允许使用这个名称，那么许可服务器将自动拒绝使用请求。如果违反法定名称规则，请求也将被拒绝。
- 电子邮件地址：例如 Admin @ Posiy.com。
- devMode：用于设置是否为开发模式。必须设置为 false。

❑ compatibilityZoneURL：Corda 兼容区网络管理服务根 URL。

由 Corda 节点生成的一对新的私有密钥和公开密钥将用于创建请求。向看门人服务器提交请求并定期轮询结果以检索证书。一旦请求被批准，并且从服务器下载了证书，节点将使用证书和生成的私钥创建密钥存储和信任存储。如果审批过程占用的时间比预期的长，可以随时退出该程序。请求过程将在重新启动时恢复。只有当节点首次连接到网络或证书到期时，才需要进行上述过程。

10.3 网络地图

网络地图是签名的 nodeinfo 对象的集合。每个节点信息都由它所代表的节点进行签名，因此不能被篡改。网络地图在兼容区域中形成一组可达节点。节点可以从两个来源接收如下对象：

❑ 表示简单 HTTP 协议的网络地图服务器。

❑ 节点目录中的 additional-node-infos 目录。

网络地图服务器还分发参数文件，参数文件定义了所有节点需要约定的各种设置的值以保持设置同步。在 Corda 3 中，没有提供 HTTP 网络地图服务器的实现。这是因为兼容性区域管理其成员（数据库、工作流、HSM 硬件等）的细节在运营商之间会有所不同，因此 Corda 提供了一个简单的基于 REST 的协议，用于上传 / 下载 NodeInfos 和管理网络参数。在 Corda 3.0 中，运行测试网络的正确方法是通过自己的机制分发相关文件。其提供了一个工具来自动化文件分发任务的大部分工作。

1. HTTP 网络地图协议

如果节点被配置为 compatibilityZoneURL，那么它首先将自己签名的 Nodeinfo 上传到服务器，然后继续下载整个网络地图（网络地图由 nodeinfo 哈希列表组成）。该节点周期性地为网络地图（基于 HTTP cache expiry header）进行轮询，并下载和缓存任何新的条目。从节点的缓存中删除不再存在的条目。网络地图服务的休息（仍存在于网络，但暂时不提供服务）端点集如下：

```
Request method
Path
Description
POST
/network-map/publish
For the node to upload its signed NodeInfo object to the network map.
POST
/network-map/ack-parameters
For the node operator to acknowledge network map that new parameters were
   accepted for future update.
GET
/network-map
```

```
Retrieve the current signed network map object. The entire object is signed with the
    network map certificate which is also attached.
GET
/network-map/node-info/{hash}
Retrieve a signed NodeInfo as specified in the network map object.
GET
/network-map/network-parameters/{hash}
Retrieve the signed network parameters (see below). The entire object is signed
    with the network map certificate which is also attached.
```

Corda 在网络地图服务中使用 HTTP，而不是其自己的基于 AMQP 的对等消息传递协议，以使服务器被放置在缓存内容分发网络 Cloudflare、Akamai、Amazon Cloudfront 等后面。通过使用工业 HTTP 缓存网络，可以更有效地屏蔽 MAP 服务器免受 DoS 攻击。此外，对于很少改变的小文件来说，HTTP 是一个很好理解和优化的协议。

2. additional-node-infos 目录

HTTP 网络地图服务无法涵盖新加入的节点，如果有新加入的节点，可将其放于基本目录 additional-node-infos 中。新的节点文件应该与网络地图服务发布的签名 nodeinfo 对象保持一致。节点文件将被自动添加到节点的缓存中，来补充或替换 HTTP 网络地图。如果通过这两种机制对同一节点进行广播，则采用最新的节点。

在启动时，节点生成自己的签名节点信息文件，文件名格式为 nodeInfo-${hash}。节点也可以使用 --just-generate-node-info 命令行标志而不启动节点。若要创建没有 HTTP 网络地图服务的简单网络，只需将签名节点信息文件放置在网络成员节点的 additional-node-infos 目录中。简单的方法是使用 rsync。

通常，测试网络有一个已知的结构。为了创建测试网络，Corda 提供了一个 network-bootstrapper 工具。如果给定网络中每个机器的 IP 地址 / 域名，该工具将预先生成节点配置目录。生成的节点目录包含网络上每个其他节点的 nodeinfo，以及网络参数文件和身份证书。生成的节点不需要全部同时在线，一个不与之交互的脱机节点不会影响网络。因此，这样生成的测试集群可以按当时所需要的最大情况确定其大小，后期可根据实际需要进行放大和缩小。

3. 网络参数

网络参数是一组值，每个参与网络的节点都需要同意和使用网络参数，以便彼此正确进行互操作。网络参数可以被认为是一个封装了所有参数的 Corda 部署。虽然其他区块链或是分布式账本系统通常需要一个源代码指令来改变各种常量（例如，代币总数、使用的端口号等），但在 Corda 中，我们将这些决策重构为一个单独的文件，并允许“区域操作员”做出决定。操作员签署包含网络参数的数据结构，并与网络地图一起分发。Corda 提供相关测试工具以获得用户对新版本参数的同意，并确保每个人同时切换到新版本参数。如果节点正在使用 HTTP 网络地图服务，那么在 Corda 网络第一次启动时，将下载已签名的网络参数，并将这些参数缓存到 network-parameters 文件中，以供节点使用。

> 警告 如果 network-parameters 被更改，并且不再匹配网络地图服务正在进行的广播，则该节点将自动关闭。若不希望节点自动关闭，可删除不正确的文件并重新启动节点，以便可以再次下载参数。

如果节点不使用 HTTP 网络地图服务，则预期通过其他方式提供签名的文件。对于这样的场景，通过网络引导程序工具除了可以生成网络参数文件之外，还可以将节点信息文件分发到节点目录。

网络参数集如下：

- minimumPlatformVersion：节点必须运行的最小平台版本。低于此版本，节点将无法启动。
- notaries：在兼容性区域中允许的公证人的身份和验证类型（验证或非验证）的列表。
- maxMessageSize：消息的最大字节数目前被忽略，将在未来的版本中生效。
- maxTransactionSize：事务的最大允许字节数，包含事务对象及其附件的大小。
- modifiedTime：网络参数最后通过兼容区域运算符修改的时间。
- epoch：网络参数的版本号。从 1 开始，每当网络参数发生变化时，这个值总是递增的。
- whitelistedContractImplementations：合约代码的白名单版本。对于每一个合约类，都有一个包含该合约的已批准的 CorDapp jar 版本的哈希列表。

在未来 Corda 版本中，将添加更多的参数来调节诸如允许的端口号、节点在退出区域之前可以离线多长时间、区域成员是否需要 IPv6 连接、所需的密码算法和推出时间表（例如迁移到后量子密码）、与 SGX 相关的参数等。

4. 网络参数更新过程

在需要改变网络参数的情况下，Corda 区域操作员将启动更新过程。有许多情况会触发网络参数的修改，例如添加公证、设置添加的新字段以启用平滑的网络互操作性或者改变现有的兼容性常数。为了使兼容性区域中的所有节点都同步使用新的网络参数集合，Corda 提供了两个 RPC 方法，下文会分别介绍。这个过程需要人工参与，节点运营商可以审查修改内容，并具决定权。

当更新即将发生时，网络地图服务开始用通常的网络地图数据对附加信息进行广播。它包括新的网络参数哈希、更改描述和更新期限。节点为新的一组参数查询网络地图服务器。新的参数集被广播的事实显示在节点日志中，消息为“下载了新的网络参数”，并且通过 RPC 连接的程序使用 CordaRPCOps.networkParametersFeed 方法接收参数 ParametersUpdateInfo 信息。通常，区域操作员也会发电子邮件给节点操作员，让他们知道即将发生的变化的细节，以及理由、如何对待和期限等。

```
@CordaSerializable
data class ParametersUpdateInfo(
    val hash: SecureHash,
```

```
    val parameters: NetworkParameters,
    val description: String,
    val updateDeadline: Instant
)
```

节点管理员可以查看更改并决定是否接受该更改。审批应在更新截止日期之前完成。在截止日期之前不批准的节点可能会被区域操作员从网络地图中删除，具体是否删除由操作员决定。如果网络操作员开始广播不同的新参数集合，那么新的集合将重写前一个集合。只有最新的更新可以被接受。

若要向区域操作员返回对参数的批准，则必须从更新中调用 parametersHash 来调用 RPC 方法 fun acceptNewNetworkParameters(parametersHash: SecureHash)。注意，批准不能撤消。你可以通过 Corda SHELL 来实现参数更新：

```
run acceptNewNetworkParameters parametersHash: "ba19fc1b9e9c1c7cbea712efda5f78b5
   3ae4e5d123c89d02c9da44ec50e9c17d"
```

如果管理员不接受更新，那么下一次节点在截止日期后轮询网络地图，则广播的网络参数将是更新后的网络参数，以前的参数集将不再有效。此时，节点将自动关闭，并要求节点操作员将其再次返回。

10.4 版本管理

随着 Corda 平台的发展和新的特性不断增加，需要提供一个版本管理系统，通过该系统用户可以轻松比较各个版本并知道哪些功能对他们有用。每个 Corda 版本使用 major.minor.patch 的标准语义版本化方案。这在公共域发布时是有用的，但对于在平台上工作的开发人员来说是不友好的。版本信息必须被解析。版本信息有三个单独的段用于确定 API 差异，并确定发布版本是否有用。节点发送的每个 MQ 消息都将附加到发布版本头属性中，并可用于调试。

使用一个单一的递增整型变量来表示 Corda 平台的 API，即平台版本。它类似于 Android 的 API 级别，从 1 开始，每更新一个版本该变量都会增加 1。API 的更新包括节点本身公共 API、RPC 系统、消息传递、序列化等的更新。API 会始终保持向后兼容，通过弃用来迁移远离旧 API。有些罕见的情况，API 可能必须被删除，例如，由于安全问题。平台版本和发布版本之间没有关系——主要、次要或补丁值的改变可能会增加平台版本，但也可能不会增加平台版本。

平台版本信息是节点的 nodeinfo 对象的一部分，该对象可以由 Service Hub 提供。这使得 CorDapp 能够找出其上正在运行的版本，并确定是否有需要的特性。当节点注册网络地图服务时，它将使用节点的平台版本来确定对网络的最小版本要求。未来版本可能会引入目标平台版本的概念，这将类似于 Android 的 targetSdkVersion，未来还将提供一种手段以保持平台的行为发生改变时的兼容性。

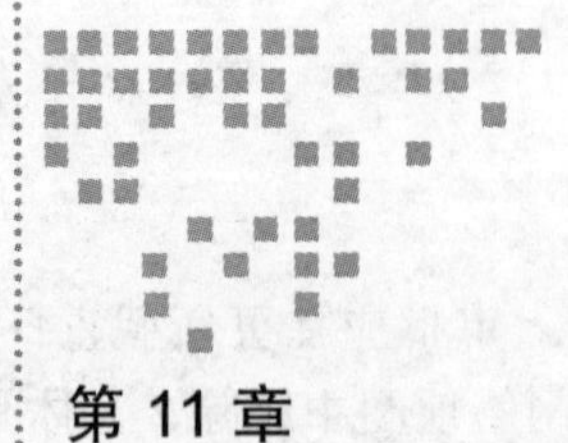

Chapter 11 第 11 章

合约开发示范

在本章将为读者介绍 Corda 合约开发中的一些基础概念。本章中的 Hello World 教程遵循 CorDapp 模板，这里展示了如何使用 CorDapp 模板。其余的内容覆盖了合约开发的特性。它们不依赖于 Hello World 教程中的代码，可以按任意顺序阅读。

11.1 Hello World

到这一节，你的开发环境应该已经搭建好了，且应该已经运行过一个 CorDapp 例子了，你也熟悉 Corda 的关键概念了。如果你是开发者，下一步就是编写自己的 CorDapp。CorDapp 是安装在一个或多个 Corda 节点上的插件，并且提供给节点的所有者，使他们的节点能够执行一些新的进程——从发放债务到预订餐馆等各种事情。

11.1.1 我们的用例

我们的 CorDapp 将在分类账上制作白条。IOU 是“I o（we）（YO）U”）的简称，记录了一个人欠另一个人一定数额的钱的事实。显然，这是在贷款人和借款人之间需要知道的基础上进行交流的敏感信息。幸运的是，这是 Corda 擅长的领域之一。Corda 很容易允许各方同意的一小部分人共享一个事实，而不需要与网络上的其他人分享这一事实。为了服务有用，我们的 CorDapp 至少需要做如下两件事：

- ❑ 状态，Corda 节点达成共识，然后存储在分类账上的共享事实。
- ❑ 流，它封装了执行特定分类账更新的过程。

我们的 IOU CorDapp 也不例外，它将定义一个状态和一个流。

1. IOUState

我们的状态将是 IOUState。它将存储 IOU 的价值，以及贷款人和借款人的身份。我们可以将 IOUState 可视化为图 11-1 所示。

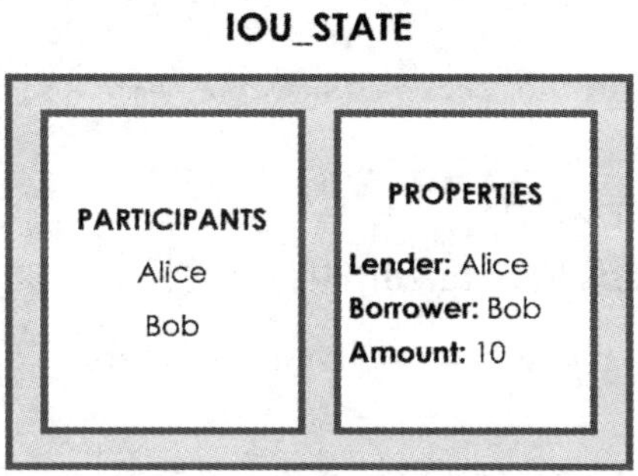

IOU_STATE
PARTICIPANTS
Alice
Bob
PROPERTIES
Lender: Alice
Borrower: Bob
Amount: 10

图 11-1　IOUState 示意图

2. IOUFlow

我们的流是 IOUFlow。该流将完全自动地将新的 IOU 发布到分类账上。它由以下步骤组成，如图 11-2 所示。

INITIATOR
CREATE TX
SIGN TX
RECORD TX
END
SEND
(TX + BORROWER SIG)
ACCEPTOR
RECORD TX
END

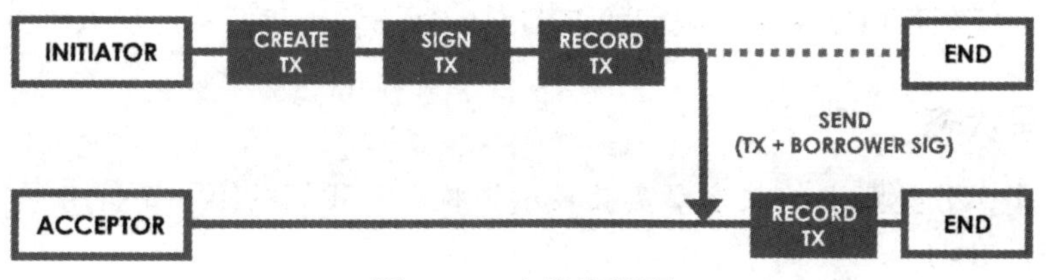

图 11-2　入账步骤图

在传统的分布式分类系统中，所有数据都被广播到每一个网络参与者，你不需要考虑数据流，你只需打包你的账簿更新并将其发送给网络上的其他所有人。在 Corda 中，隐私是一个核心焦点，流允许我们控制谁在分类账更新过程中看到什么。到目前为止我们已经完成一个简单的 CorDapp，它允许节点在分类账上秘密地发布新的 IOU。接下来，将看到我们使用的模板项目，模板项目将作为我们开发一个新的 CorDapp 的基础。

3. CorDapp 模板

当编写一个新的 CorDapp 时，建议使用标准模板：

- ❑ Java CorDapp 模板。
- ❑ Kotlin CorDapp 模板。

CorDapp 模板为开发 CorDapp 提供了必要的样板，以方便将 CorDapp 部署到本地的虚拟节点测试网络进行功能测试。CorDapp 可以使用 Java 或 Kotlin 编写。注意，不需要下载和安装 Corda 本身。Corda 所需的库将从在线 Maven 存储库自动下载。

1）下载模板

下载模板的方法是，在要下载 CorDapp 模板的目录中打开一个终端窗口，并运行以下命令：

```
git clone https://github.com/Corda/CorDapp-template-java.git ; cd CorDapp-
    template-java
*或*
git clone https://github.com/Corda/CorDapp-template-kotlin.git ; cd CorDapp-
    template-kotlin
```

2）在 IntelliJ 中打开模板

下载模板后，按照下面的说明在 Intellij 中打开它：

```
https://docs.Corda.net/tutorial-CorDapp.html#opening-the-example-CorDapp-in-
    intellij.
```

模板有许多文件，但可以忽略其中的大部分，只修改以下文件：

（1）state 文件：CorDapp-contracts-states/src/main/kotlin/com/template/StatesAndContracts.kt。

（2）flow 文件：CorDapp/src/main/kotlin/com/template/App.kt。

（3）清理：为了防止以后的生成错误，在开始之前删除以下文件。

- ❑ Java：CorDapp/src/main/java/com/template/TemplateClient.java。
- ❑ Kotlin：CorDapp/src/main/kotlin/com/template/Client.kt。

现在有一个模板可以用来定义我们的 IOU CorDapp。让我们从定义 IOUState 开始。

11.1.2 编写状态

在 Corda 中，分类账上的共享事实被表示为状态。我们的第一个任务是定义一个新的状态类型来表示 IOU。

1. 合约状态接口

Corda 状态是实现合约状态接口的类的任何实例。合约状态接口定义如下：

```
interface ContractState {
    // 与该状态有利害关系的实体列表
    val participants: List<AbstractParty>
}
```

需要注意的第一件事是 contractstate 的声明，它不是用 Java 写的。核心 Corda 平台，包括上面的接口声明，完全用 Kotlin 编写。学习 Kotlin 语言对于理解 Corda 内核非常有用，通常一个有经验的 Java 开发者只需要一天就能熟悉。然而，学习 Kotlin 并不重要。因为 Kotlin 代码是要编译为 JVM 字节码，用其他 JVM 语言（如 Java）编写也一样，可以互操作。

我们可以看到，合约状态接口只有一个字段——参与者。参与者是该状态相关的实体的列表。除此之外，我们的状态可以自由定义任何字段、方法、帮助器或内部类，它需要准确地表示分类账上给定类型的共享事实。

2. IOU 模型

在分类账上，我们应该如何定义表示 IOUState？除了实现合约状态接口之外，我们的 IOUState 还需要跟踪 IOU 的相关特性的属性：

- IOU 的价值；
- 借贷方；
- 借记人。

其实还可以包括更多的字段，比如 IOU 的货币种类，但是现在我们可以忽略那些信息，先把握关键要素，以后添加它们就会像在类定义中添加一个附加属性一样简单。

3. 定义 IOUState

打开 templatestate.java（java）或 statesandcontracts.kt（Kotlin）并更新 templatestate，定义一个 ioustate。

```
// 增加导入:
import net.Corda.core.identity.Party

// 替换模板定义:
class IOUState(val value: Int,
               val lender: Party,
               val borrower: Party) : ContractState {
    override val participants get() = listOf(lender, borrower)
}
```

如果你使用 Java，你还需要重命名 TemplateState.java 为 IOUState.java。为了定义 IOUState，我们做了如下改变：

（1）将 TemplateState 类改名为 IOUState。

（2）添加属性值为贷款人和借款人，连同所需的 getter 和 setter。

- 价值是 int 类型。
- 贷款人和借款人属于 Party 类型。Party 是一个内置的 Corda 类型，表示网络上的实体。

（3）重写参与者，返回贷款人和借款人的列表。

参与者是所有应通知该状态创建或消费的参与方名单。我们在分类账上发布的数据仅仅是这个类的实例。

到目前为止，我们已经定义了一个 IOUState，用来表示在分类账上共享的事实。正如我们所看到的，Corda 中的状态只是实现合约状态接口的类，它们可以有任何额外的属性和方法。剩下的就是编写 IOUFlow 了，它的用途是实现一个节点以便在分类账上创建一个新的 IOUstate，并且传递给需要知道的参与方。

关于合约，如果你已经阅读了关键概念部分，就将知道每个状态都有一个关联的合约，它对状态如何随时间演变进行了定义。是否为第一个 CorDapp 设计和编写一个合约并不重要，所以我们现在只需使用定义的 TemplateContract 和 TemplateContract.Commands.Action

命令。在下一个教程中，我们将实现我们的合约和命令。

11.1.3 编写流

流定义和编码了一个节点可以执行的步骤序列，以实现特定的分类账更新。在节点上安装新的流，就能处理相应的业务流程。我们定义的流实现的是一个节点在分类账上发出一个 IOUState。

1. 流轮廓

我们的流目标是协调 IOU 发行交易。Corda 中的交易是更新分类账的原子单位。每个事务是一个提议，将零个或多个现有状态标记为历史（输入），同时创建零个或多个新状态（输出）。

创建该交易并应用于分类账的过程由借款人进行，并需要执行以下步骤：

（1）在分类账上建立新的 IOU 的交易提议。

（2）签署交易提议。

（3）记录交易。

（4）向 IOU 的借款人发送交易，以便他们也能记录。

在这个阶段，我们还未处理借款人批准和签署 IOU 发行交易。

2. 子流

在 Corda 中，记录交易或向对方发送交易等任务非常普遍。Corda 不强制每个开发人员重新实现它们自己的逻辑来处理这些任务，而是提供许多库流来处理这些任务。我们在更大流的上下文中调用这些可重复的任务子流处理业务。在例子中，我们可以使用 FinalityFlow 自动实现 IOU 发行流的部分步骤。要设计合理的子类流逻辑，然后，通过重写 FlowLogic.call 来定义流所采取的步骤。在 TemplateFlow.java 或 App.KT 中定义 IouFlow。删除模板中的两个现有流（发起方和响应方），并用以下代码替换它们。

```
// 增加导入:
import net.Corda.core.contracts.Command
import net.Corda.core.identity.Party
import net.Corda.core.transactions.TransactionBuilder
import net.Corda.core.utilities.ProgressTracker

// 替换模板流定义:
@InitiatingFlow
@StartableByRPC
class IOUFlow(val iouValue: Int,
              val otherParty: Party) : FlowLogic<Unit>() {

    /** 进度跟踪器提供检查点，指示流向观察员的进度。 */
    override val progressTracker = ProgressTracker()
```

```
    /** 流逻辑封装在call ( ) 方法中。 */
    @Suspendable
    override fun call() {
        // 从网络地图中检索公证身份
        val notary = serviceHub.networkMapCache.notaryIdentities[0]

        // 创建交易组件
        val outputState = IOUState(iouValue, ourIdentity, otherParty)
        val cmd = Command(TemplateContract.Commands.Action(), ourIdentity.owningKey)

        //创建交易生成器，添加组件
        val txBuilder = TransactionBuilder(notary = notary)
            .addOutputState(outputState, TEMPLATE_CONTRACT_ID)
            .addCommand(cmd)

        // 签署交易
        val signedTx = serviceHub.signInitialTransaction(txBuilder)

        // 完成交易
        subFlow(FinalityFlow(signedTx))
    }
}
```

如果你是用 Java 编写的，还需要重命名 TemplateFlow.java 为 IOUFlow.java。让我们一步步地浏览这段代码。我们已经定义了自己的流逻辑子类。调用有一个返回类型，它必须与传递给流逻辑的类型参数匹配，这是通过运行流返回的类型。流逻辑子类的可选项有构造函数参数，这些参数可以用作流逻辑调用的参数。在我们的例子中，有两个参数：

- iouvalue：即 IOU 发行的价值。
- otherParty：借款人（流的节点是贷款人）。

FlowLogic.call 注释 @Suspendable——其允许流被检查并指向磁盘，当它遇到长时间运行的操作时，允许节点继续运行其他流。没有这个注释会导致一些非常奇怪的错误信息！关于流逻辑子类本身也有一些注释：

- @InitiatingFlow 意味着该流可以直接由节点启动。
- @StartableByRPC 允许节点所有者通过 RPC 调用启动此流程。

让我们查看 FlowLogic.call 的步骤，这是我们实际描述将 IOUState 发布到分类账上的过程。

3. 选择公证人

每笔交易都需要公证人来防止双重支出，并充当时间戳授权给相关机构。我们在流中做的第一件事是从节点的 Service Hub 中检索一个公证人。ServiceHub.networkMapCache 缓存提供有关网络上其他节点和它们提供服务的信息。每当我们需要一个流的信息时，不管它是关于节点的身份、本地存储，还是网络的其余部分，通常都通过节点的 Service Hub 获取。

4. 建立交易

我们将在两个步骤中建立交易提案：

- ❑ 创建事务的组件。
- ❑ 将这些组件添加到事务生成器。

我们的交易将具有以下结构，如图 11-3 所示。

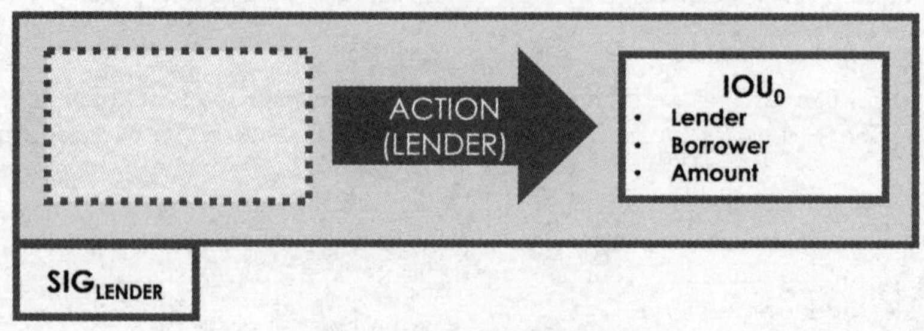

图 11-3 交易结构图

由图 11-3 可知：

- ❑ 右边的输出 IOUState 表示我们将添加到分类账中的状态。没有输入，则不消耗任何现有的分类账来创建我们的 IOU 状态。
- ❑ 将 IOU 贷方作为签名者的操作命令。

我们在前文已经讨论过 IOUState，但是还没有查看命令。该命令具有如下两个功能：

- ❑ 表明交易的意图——发行、转让、赎回、撤销，这是至关重要的。
- ❑ 允许我们为事务定义所需的签名者。例如，IOU 创建可能需要来自贷方的签名，而 IOU 的转移可能需要 IOU 的借款人和贷款人的签名。

每个命令包含一个命令类型加上一个公钥列表。现在，我们使用预定义的 TemplateContract.Action 作为命令类型，并且将贷款人列表作为唯一的公钥。这意味着对于交易是有效的，贷款人需要签署交易。

5. 创建事务生成器

要实际构建提案的事务，我们需要一个事务生成器。这是一个可变事务类，我们可以为它添加输入、输出、命令和事务等所需的任何其他项。我们创建了一个事务构建器，它使用了我们更早检索的公证人。一旦我们拥有事务生成器，我们就需要添加组件：

- ❑ 命令直接使用 TransactionBuilder.addCommand 添加。
- ❑ 使用 TransactionBuilder.addOutputState 添加输出 IOUState。除了输出状态本身之外，该方法还引用了随时间来控制状态演化的合约。

6. 签署交易

既然我们有一个有效的交易提案，那么我们就需要签署它。一旦事务被签署，没有人能够修改事务而使得这个签名无效。这也使得事务不可变。使用 ServiceHub.toSignedTransaction 签署事务，返回 SignedTransaction。SignedTransaction 是一个对象，它将事务与该事务上的签名列表配对。

7. 完成交易

现在我们有一个有效的签名交易。剩下的就是让所有相关方都被记录下来。这样做以后，交易将成为分类账的永久组成部分。正如我们前面介绍的，这里将使用一个名为 FinalityFlow 的内置流自动处理这个过程。FinalityFlow 完全自动化处理如下工作：

- 公证交易（即如果交易包含输入和 / 或时间窗）。
- 把交易记录在我们的永久库里。
- 将交易发送给其他参与者（即贷款人），以便他们也能记录。

到目前为止，流和 CorDapp 都准备好了！我们现在已经定义了一个流，可以从我们的节点开始，完全自动地将 IOU 发布到分类账上。剩下的就是运行一些节点，测试我们的 CorDapp。

11.1.4 运行我们的 CorDapp

现在我们已经编写了一个 CorDapp，可以在一些 Corda 节点上运行它了。

1. 部署我们的 CorDapp

让我们来看看我们要部署的节点。打开项目的 build.gradle 文件并向下滚动到 task deploynodes 部分。本节定义了三个节点，其中有两个标准节点（PARTYA 和 PARTYB）和一个特殊的网络地图 / 公证节点，运行网络地图服务并公布一个有效的公证服务。部署节点应用的代码如下所示。

```
task deployNodes(type: net.Corda.plugins.Cordform, dependsOn: ['jar']) {
    directory "./build/nodes"
    node {
        name "O=Notary,L=London,C=GB"
        notary = [validating : true]
        p2pPort 10002
        rpcPort 10003
        CorDapps = ["net.Corda:Corda-finance:$Corda_release_version"]
    }
    node {
        name "O=PartyA,L=London,C=GB"
        p2pPort 10005
        rpcPort 10006
        webPort 10007
        CorDapps = ["net.Corda:Corda-finance:$Corda_release_version"]
        rpcUsers = [[ user: "user1", "password": "test", "permissions": ["ALL]]]
    }
    node {
        name "O=PartyB,L=New York,C=US"
        p2pPort 10008
        rpcPort 10009
        webPort 10010
        sshdPort 10024
        CorDapps = ["net.Corda:Corda-finance:$Corda_release_version"]
```

```
        rpcUsers = [[ user: "user1", "password": "test", "permissions": ["ALL"]]]
    }
}
```

我们可以使用 Gradle 运行这个部署节点。对于每个节点，Gradle 将会进行如下操作：

- 将项目的源文件打包到 CorDapp jar；
- 在我们已经安装了 CorDapp 的节点中创建一个新节点。

我们可以通过从项目的根中运行以下命令来实现上述操作：

```
//  Windows系统
gradlew clean deployNodes
//  Mac系统
./gradlew clean deployNodes
```

2. 运行节点

运行部署节点将在节点下构建节点。此时如果我们查看到这些文件夹中的任意一个，都将看到三个节点文件夹。每个节点文件夹具有以下结构。

```
.
|____Corda.jar                       // 可运行节点
|____Corda-webserver.jar             // 节点web服务
|____node.conf                       // 节点配置文件
|____CorDapps
|____java/kotlin-source-0.1.jar  // IOU 应用
```

我们从项目的根中运行以下命令来启动节点。

```
//  Windows系统
build/nodes/runnodes.bat
//  Mac系统
build/nodes/runnodes
```

这将为每个节点启动一个终端窗口，并为每个节点的 Web 服务器启动一个附加窗口——总共 8 个终端窗口。给每个节点一个开始的时间，当它的终端窗口显示消息“欢迎来到 Corda 交互式 SHELL”时，就说明它准备好了，如图 11-4 所示。

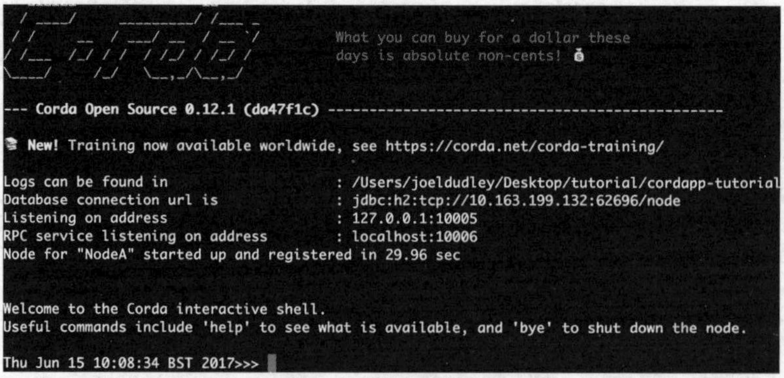

```
What you can buy for a dollar these
days is absolute non-cents!

--- Corda Open Source 0.12.1 (da47f1c) ------------------------------------------------

New! Training now available worldwide, see https://corda.net/corda-training/

Logs can be found in                    : /Users/joeldudley/Desktop/tutorial/cordapp-tutorial
Database connection url is              : jdbc:h2:tcp://10.163.199.132:62696/node
Listening on address                    : 127.0.0.1:10005
RPC service listening on address        : localhost:10006
Node for "NodeA" started up and registered in 29.96 sec


Welcome to the Corda interactive shell.
Useful commands include 'help' to see what is available, and 'bye' to shut down the node.

Thu Jun 15 10:08:34 BST 2017>>>
```

图 11-4 交互 SHELL 图

3. 与节点交互

节点运行后，其中一个命令启动 IOUFlow 以创建一个 IOU。在一个更大的应用程序中，通常会提供一个 Web API。这里为了简单起见，我们将通过它内置的 crash SHELL 与节点进行交互。找到 PARTYA 的显示 crash SHELL 的终端窗口，输入 help 将显示可用命令的列表。本地终端 SHELL 仅在开发模式下可用。在生产环境中，可以启用 SSH 服务器。

我们想用 PARTYB 创造一个 IOU 100。可以通过键入如下命令开始 IOUFlow：

```
start IOUFlow iouValue: 99, otherParty: "O=PartyB,L=New York,C=US"
```

这个单一命令将导致 PARTYA 和 PARTYB 自动同意 IOU。这是流框架的一大优点，它允许你将复杂的协商和更新过程简化为单个函数调用。如果流顺利，它应该在 PARTYA 和 PARTYB 两个永久库中记录一个新的 IOU。可以通过运行如下命令来检查每个节点的内容：

```
run vaultQuery contractStateType: com.template.IOUState
```

PARTYA 和 PARTYB 的永久库都应该显示以下输出。


```
states:
- state:
        data:
            value: 99
            lender: "C=GB,L=London,O=PartyA"
            borrower: "C=US,L=New York,O=PartyB"
            participants:
            - "C=GB,L=London,O=PartyA"
            - "C=US,L=New York,O=PartyB"
        contract: "com.template.contract.IOUContract"
        notary: "C=GB,L=London,O=Notary"
        encumbrance: null
        constraint:
            attachmentId: "F578320232CAB87BB1E919F3E5DB9D81B7346F9D7EA6D9155DC0F7BA
                8E472552"
    ref:
        txhash: "5CED068E790A347B0DD1C6BB5B2B463406807F95E080037208627565E6A2103B"
        index: 0
statesMetadata:
- ref:
        txhash: "5CED068E790A347B0DD1C6BB5B2B463406807F95E080037208627565E6A2103B"
        index: 0
    contractStateClassName: "com.template.state.IOUState"
    recordedTime: 1506415268.875000000
    consumedTime: null
    status: "UNCONSUMED"
    notary: "C=GB,L=London,O=Notary"
    lockId: null
    lockUpdateTime: 1506415269.548000000
```

```
totalStatesAvailable: -1
stateTypes: "UNCONSUMED"
otherResults: []
```

上述就是把我们的 IOUState 发行到分类账上的交易。

11.1.5 结论

我们已经编写了一个简单的 CorDapp，它将 IOU 发送到分类账上。我们的 CorDapp 由两个关键部分组成：

- IOUState，在分类账上代表白条的借据。
- IOUFlow，协调在分类账上建立借据的过程。

完成本教程后，你的 CorDapp 应该是如下所示的：

- Java: https://github.com/Corda/Corda-tut1-solution-java。
- Kotlin: https://github.com/Corda/Corda-tut1-solution-kotlin。

下一步，我们可以对 CorDapp 做一些改进：

- 使用合约测试和流测试框架来添加单元测试。
- 将借贷金额从一个整数变为一个给定货币的适当量。
- 添加一个 API，以便与 CorDapp 进行交互。

但目前，最大的优先事项是增加一个 IOU 合约，它能对每个 IOUState 的演变施加限制。这将是我们下一节的重点。

11.2 Hello World!Pt.2-Contract Constraints

本节内容将扩展在 11.1 节中构建的 CorDapp。

在“Hello，World”Tudio 中，将建立一个 CorDapp，以允许我们在分类账上模拟 IOU。CorDapp 由两个要素组成：

- IOUState，在账簿上代表白条的借据。
- IOUFlow，负责协调在分类账上建立 IOU 的过程。

然而，我们的 CorDapp 并没有在时间上对账簿上资金的演变施加任何限制。任何人都可以自由地在任何一方之间创造任何价值。在本节中，我们将起草一份合约，规定 IOUState 如何随时间变化。反过来，这将需要对前一个教程中定义的流进行一些小的更改。

11.2.1 编写合约

很容易想象，大多数 CorDapp 都想对其状态如何随着时间的推移施加一些约束：

- 现金 CorDapp 不想让用户从无到有创造出交易。

- 贷款 CorDapp 可能不想允许创建负值贷款。
- 资产交易 CorDapp 不想让用户在没有交易对方协议的情况下完成交易。

在 Corda 中，对状态利用合约演变进行约束。Corda 的合约与其他分布式分类账平台的智能合约不同。它们不是代表当前世界状态的状态对象。相反，就像一个真实世界的合约，它们只是强加规则，指定允许什么样的交易。每个状态都有一个相关的合约。如果事务不满足涉及的每个输入和输出状态的合约，则该事务无效。

1. 合约接口

正如每个 Corda 状态必须实现合约状态接口一样，每个合约必须实现合约接口。

```
interface Contract {
    // 在代码中实现合约约束.
    @Throws(IllegalArgumentException::class)
    fun verify(tx: LedgerTransaction)
}
```

合约通过一个以事务为输入的验证函数来表达它的约束，并且，如果拒绝事务提议，则引发 IllegalArgumentException 异常；如果接受交易建议，则静默返回。

2. 控制 IOU 进化

一个好的合约对一个状态有什么样的影响？没有正确或错误的答案，这只取决于你希望你的 CorDapp 采取的行为。对于我们的 CorDapp，通过强加约束，可以只允许创建白条，即不能进行节点转移或兑换现金。实施这种行为的一种方式是施加以下约束：

- 涉及白条的事务必须消耗零输入，并创建一个 IOUState 类型的输出。
- 事务还应该包括一个创建命令，指示事务的意图（更多的是在命令上）。

我们可能还想对发行的 IOUState 的属性施加一些限制：

- 它的价值必须是非负的。
- 贷款人和借款人不能是同一实体。

最后，我们希望对需要签署交易的人施加限制：

- 出借人必须签名。
- 借款人必须签名。

我们可以将此交易描绘为图 11-5 所示形式。

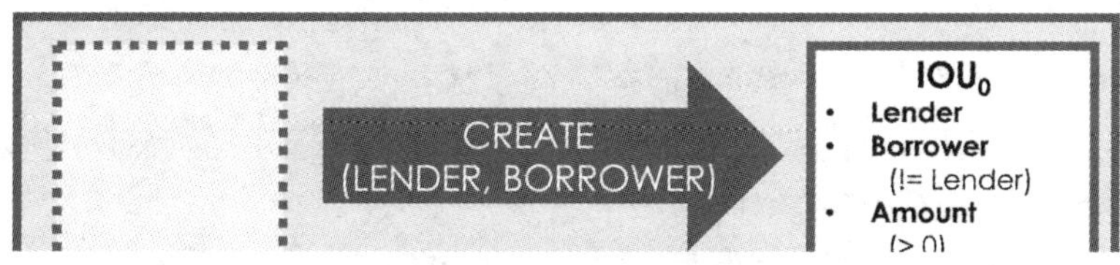

图 11-5　交易示意图

3. 定义 IOU 合约

下面起草一份强制执行这些限制的合约。我们将通过修改 TemplateContract.java 或 or StatesAndContracts.kt，以及更新 TemplateContract 来定义一个 IOUContract：

```
// 增加导入
import net.Corda.core.contracts.*

// 替换IOU合约ID 和定义
val IOU_CONTRACT_ID = "com.template.IOUContract"

class IOUContract : Contract {
    // 创建命令
    class Create : CommandData

    override fun verify(tx: LedgerTransaction) {
        val command = tx.commands.requireSingleCommand<Create>()

        requireThat {
            //交易模型约束
            "No inputs should be consumed when issuing an IOU." using (tx.inputs.
                isEmpty())
            "There should be one output state of type IOUState." using (tx.outputs.
                size == 1)

            // IOU特定约束
            val out = tx.outputsOfType<IOUState>().single()
            "The IOU's value must be non-negative." using (out.value > 0)
            "The lender and the borrower cannot be the same entity." using (out.
                 lender != out.borrower)

            // 签名约束
            "There must be two signers." using (command.signers.toSet().size == 2)
            "The borrower and lender must be signers." using (command.signers.
                 containsAll(listOf(
               out.borrower.owningKey, out.lender.owningKey)))
        }
    }
}
```

如果用 Java 编写，则还需要重命名 TemplateContract.java 为 IOUContract.java。

4. 创建命令

我们在合约中添加的第一件事就是命令。命令具有两个功能：

- 指示事务的意图，允许我们对不同类型的事务执行不同的验证。例如，提议建立 IOU 的交易可能必须满足不同的约束条件。
- 为事务定义所需的签名者。例如，IOU 创建可能需要来自贷方的签名，而 IOU 的转移可能需要 IOU 的借款人和贷款人的签名。

我们合约的所有命令都必须实现命令数据接口。命令数据接口是命令的简单标记接口。事实上，它的声明只有两个字长（Kotlin 接口不需要主体）：

```
interface CommandData
```

5. 验证逻辑

我们的合约还需要通过实施验证来定义实际的合约约束。编写验证函数的目标是写一个函数验证给定事务：

- ❑ 如果事务被认为是无效的，则抛出 IllegalArgumentException 异常。
- ❑ 如果事务被认为是有效的，则不会引发异常。

在确定事务是否有效时，验证功能仅访问事务的内容：tx.inputs（列出输入）、tx.outputs（列出输出）、tx.commands（列出命令及其相关的签名者），以及事务的附件和时间窗口，但这里不增加附件和时间窗口。

基于上面的约束，我们编写一个验证函数，如果下面的任何一个都是真的，则拒绝事务。

- ❑ 事务不包括创建命令。
- ❑ 交易有输入。
- ❑ 事务没有一个精确输出。
- ❑ IOU 本身无效。
- ❑ 交易不需要贷款人的签名。

6. 命令约束

我们的第一个约束是围绕事务的命令。我们使用 Corda 的 requireSingleCommand 函数来测试单个创建命令的存在。如果创建命令不存在，或者事务有多个创建命令，则将引发异常，并且合约验证将失败。

7. 事务约束

我们还希望交易没有输入，只有一个输出——发行交易。这里的约束使用的是 Corda 的内置需求块。需要提供一个简洁的方式来写以下内容：

如果右边的条件没有评估为真…

……用左手边的消息抛出 IllegalArgumentException。

如前所述，抛出此异常的行为导致事务无效。

8. IOU 约束

我们想对 IOUState 本身施加两个限制：

- ❑ 它的价值必须是非负的。
- ❑ 贷款人和借款人不能是同一实体。

我们将这些约束强加在与前面相同的块中。你可以看到，我们并不局限于仅在所需的块中编写约束，还可以编写其他语句提取事务的单个 IOUState 并将其赋值给变量。

9. 签名者约束

最后，我们要求贷款人和借款人在交易中都签名。事务所需的签名者等于命令上列出的所有签名者的联合。因此，我们从 CREATE 命令中提取签名者。这是一个必要的约束——它可保证在贷方和借方节点没有明确协议的情况下，在分类账上不会产生任何 IOUSTate。

10. 到目前为止的进展

我们现在写了一个 IOU 合约，限制了每个 IOUSTate 随着时间的演变：

- 一个 IOUState 只能被创造，而不是转让或赎回。
- 创建 IOUState 需要没有输入、单个 IOUState 输出和创建命令的发布事务。
- 发行交易所产生的债务必须有非负值，贷款人和借款人必须是不同的实体。

接下来，我们将更新 IOUFlow，以便在向分类账上发出 IOUState 时遵守这些合约约束。

11.2.2 更新流

我们现在需要更新流来实现三件事：

- 验证我们构建的交易建议满足 IOU 合约约束。
- 更新贷方的流请求借方的签名。
- 创建响应贷方签名请求的借款人响应流。

我们将通过修改前面所写的流来实现这一点。

1. 验证交易

在 IOUFlow.java/App.kt 中，将导入块更改为以下内容：

```
import co.paralleluniverse.fibers.Suspendable
import net.Corda.core.contracts.Command
import net.Corda.core.contracts.StateAndContract
import net.Corda.core.flows.*
import net.Corda.core.identity.Party
import net.Corda.core.messaging.CordaRPCOps
import net.Corda.core.serialization.SerializationWhitelist
import net.Corda.core.transactions.TransactionBuilder
import net.Corda.core.utilities.ProgressTracker
import java.util.function.Function
import javax.ws.rs.GET
import javax.ws.rs.Path
import javax.ws.rs.Produces
import javax.ws.rs.core.MediaType
import javax.ws.rs.core.Response
```

从网络中检索公证人的身份，通过修改代码更新 IOUFlow.call 的代码，如下所示：

```
// 创建交易生成器
val txBuilder = TransactionBuilder(notary = notary)

// 创建交易组件
val outputState = IOUState(iouValue, ourIdentity, otherParty)
val outputContractAndState = StateAndContract(outputState, IOU_CONTRACT_ID)
val cmd = Command(IOUContract.Create(), listOf(ourIdentity.owningKey, otherParty.
   owningKey))

// 增加交易项
txBuilder.withItems(outputContractAndState, cmd)

// 验证交易
txBuilder.verify(serviceHub)

// 签署交易
val signedTx = serviceHub.signInitialTransaction(txBuilder)

//创建会话
val otherpartySession = initiateFlow(otherParty)

// 取得对方的签名
val fullySignedTx = subFlow(CollectSignaturesFlow(signedTx, listOf(other-
   partySession), CollectSignaturesFlow.tracker()))

// 完成交易
subFlow(FinalityFlow(fullySignedTx))
```

在原始的 CorDapp 中，我们通过调用一个名为 FinalityFlow 的内置流作为子流，公证事务并记录在每个参与方的库中。我们将使用另一个预定义流 CollectSignaturesFlow 收集借款人的签名。

首先，我们需要更新命令。现在使用 IOUContract.Commands.Create，而不是 TemplateContract.Commands.Action。我们也希望借款人根据合约的限制成为一个签署人。这就像把借款人的公钥添加到事务的命令中一样简单。

我们还需要使用 IOU 合约的引用来将事务状态添加到事务中。现在，我们的状态由一个真实的合约管理，我们要检查交易提案是否满足这些要求，然后开始签署过程。在添加签名完成交易之前，调用 TransactionBuilder.verify 在事务提案上的实现。

2. 请求借款人的签名

我们现在需要与借款人沟通，要求他们在交易中签字。每当你想在流的上下文中与另一方通信时，首先需要建立与它们的流会话。如果对方具有注册的流逻辑以响应流逻辑启动会话，则会话将被建立。然后，两个流逻辑实例之间的所有通信将作为本会话的一部分。

一旦我们与借款人进行了一次会话，并使用 CollectSignaturesFlow 收集借款人的签名，则需要由流引发符合签名的事务，生成流发起人和所需签名者之间的流会话列表，并返回由所有所需签名者签名的事务。然后，就可以将这个完全签名的事务传递到 FinalityFlow 了。

3. 创造借款人的流

在贷方的节点，可使用 CollectSignaturesFlow 来自动化签名集合。为了让贷款人做出反应，还需要写一个响应流。在 Java 中新建一个 IOUFlowResponder.java 文件，或在 Kotlin app.kt 文件中添加下面的类。

```
// 增加导入
import net.Corda.core.contracts.requireThat
import net.Corda.core.transactions.SignedTransaction

// 定义 IOUFlowResponder
@InitiatedBy(IOUFlow::class)
class IOUFlowResponder(val otherPartySession: FlowSession) : FlowLogic<Unit>() {
    @Suspendable
    override fun call() {
        val signTransactionFlow = object : SignTransactionFlow(otherPartySession,
           SignTransactionFlow.tracker()) {
            override fun checkTransaction(stx: SignedTransaction) = requireThat {
                val output = stx.tx.outputs.single().data
                "This must be an IOU transaction." using (output is IOUState)
                val iou = output as IOUState
                "The IOU's value can't be too high." using (iou.value < 100)
            }
        }

        subFlow(signTransactionFlow)
    }
}
```

与 IOUFlow 一样，我们的 IOUFlowResponder 流是一个流逻辑子类，在这里我们已经重写了流逻辑。该流用 InitiatedBy(IOUFlow.class) 注解，这意味着当从另一个节点上运行的启动器实例接收消息时，节点将调用 IOUFlowResponder.call。如果查看 CollectSignaturesFlow 的定义，可以看到将发送一个 SignedTransaction，并希望在该事务上发送回我们的签名。我们可以编写自己的流来处理这个过程。当然，通过预定义的流 SignTransactionFlow 可以自动处理进程。唯一的捕获是 SignTransactionFlow，这是一个抽象类——我们必须对它进行子类化处理并重写 SignTransactionFlow.checkTransaction。

4. 检查交易

SignTransactionFlow 将在签名之前自动验证交易及其签名。因为交易是有效，所以我们不一定要进行签署。如果我们不想和对方交易，比如觉得价值太高或者对交易的结构不满意，就可以重写 SignTransactionFlow.checkTransaction 来实现。在我们的案例中，检查的内容如下：

- ❑ 该事务涉及 IOUState，这确保运行 IOU 合约以验证事务。
- ❑ IOU 的价值小于一定数量（在此用例中为 100）。

如果这些条件中的任何一个不满足，将不签署交易——即使交易和签名是合约有效的。一旦我们定义了 SignTransactionFlow 子类，那么在使用 FlowLogic.subFlow 时会调用它，并且借款人和贷款人的流的通信会自动进行。

11.2.3　结论

我们通过更新流来验证交易并收集贷款人的签名，与 IOUContract 中定义的约束保持一致。我们可以使用以前的指令重新运行更新后的 CorDapp。我们的 CorDapp 现在对发行资金提出了限制。最重要的是，IOU 发行只有贷方和借款人都同意，才能在分类账上产生借记状态。这可以防止贷款人或借款人单方面更新分类账。

完成本节的学习后，CorDapp 应该是这样的：

- ❑ Java: https://github.com/Corda/Corda-tut2-solution-java。
- ❑ Kotlin: https://github.com/Corda/Corda-tut2-solution-kotlin。

大家现在应该准备开发自己的 CorDapp 了。可以在 Corda 社区寻找样本 CorDapp 的列表。在编写 CorDapp 时，如果有任何疑问，可以在 Slack 或 Stack Overflow 上咨询。

11.3　编写合约

本节将带大家学习一个简单的商业票据合约。Corda 中的合约有三个关键要素：

- ❑ 可执行代码（验证逻辑）。
- ❑ 状态对象。
- ❑ 命令。

合约的核心是可执行代码，它验证事务中对状态对象的更改。状态对象是保存在分类账上的数据，它代表合约实例的当前状态，并被用作事务的输入和输出。命令是包含在事务中的附加数据，用于描述正在发生的事情，也用于指示可执行代码如何验证事务。例如，发出命令可以指示验证逻辑应该期望看到一个不存在的输出，它是由同一个实体签署的命令发出的。

对于商业票据合约，状态是由一个法律实体发行的，它希望在将来（到期日）建立一个合约，以换取较低的付款。然后，它们作为交易的一部分被转移到另一个所有者手中，其中发行人在支付中获得资金，随后（在到期日之后）向所有者支付商业票据上规定的面值并销毁（赎回）票据。商业票据的生命周期如图 11-6 所示。

Role	Name
Seller of paper	Example Inc.
Buyer	Bank ABC

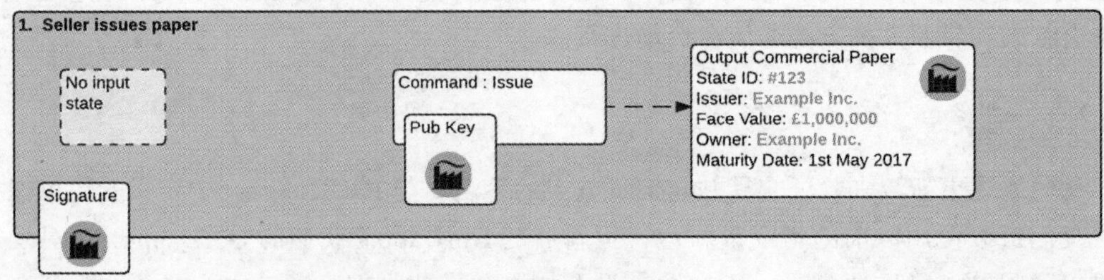

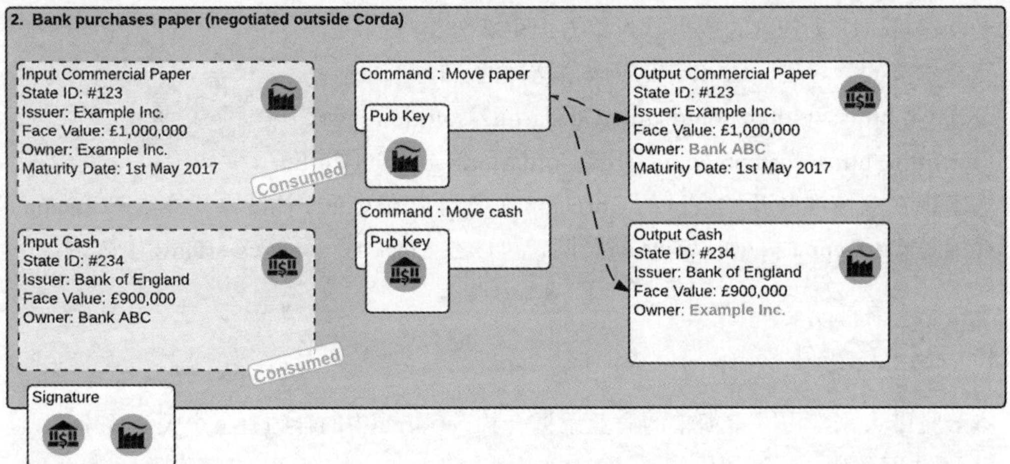

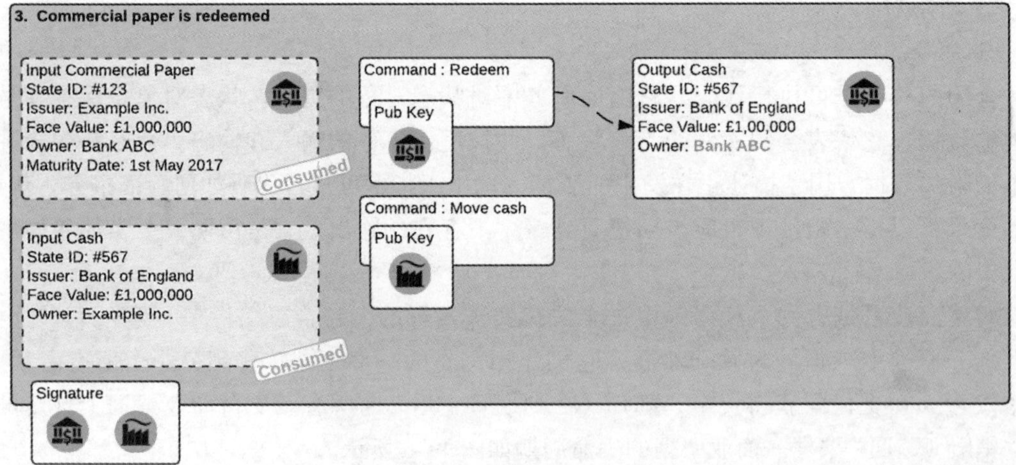

图 11-6 商业票据生命周期示意图

1. 开发商业票据类

合约是实现合约接口的类。合约接口可以直接开发实现，如本小节所做的，或者通过子类分类抽象合约，如 OnLedgerAsset 中任何一个合约的核心都是验证函数，它确定给定事务是否有效。此示例演示如何从头开始编写验证函数。

```
class CommercialPaper : Contract {
    override fun verify(tx: LedgerTransaction) {
        TODO()
    }
}
```

每个合约必须至少有一个验证方法，该验证方法不返回任何内容，这是故意设计的：函数要么正确执行，要么抛出异常。在抛出异常时事务将被拒绝。现在我们需要定义一个商业票据状态，它代表一份发行文件所有权的事实。

2. 状态

状态是存储由合约检查的数据的类。商业票据的结构如图 11-7 所示。

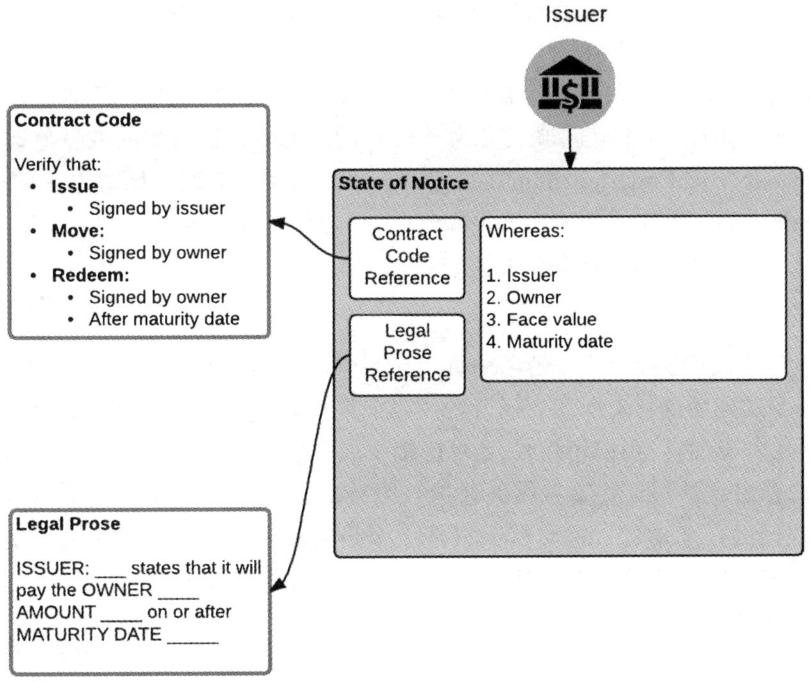

图 11-7　商业票据结构图

合约状态接口类代码如下所示。

```
data class State(
        val issuance: PartyAndReference,
        override val owner: AbstractParty,
        val faceValue: Amount<Issued<Currency>>,
        val maturityDate: Instant
) : OwnableState {
    override val participants = listOf(owner)

    fun withoutOwner() = copy(owner = AnonymousParty(NullKeys.NullPublicKey))
    override fun withNewOwner(newOwner: AbstractParty) = CommandAndState
        (CommercialPaper.Commands.Move(), copy(owner = newOwner))
}
```

我们定义了一个实现合约状态接口的类。状态有四个字段：

- issuance，是指某一方发行的特定商业票据。
- owner，当前所有者的公钥。这是与比特币相同的概念。公钥没有附加的身份，并且出于隐私原因预期是一次性使用的。然而，与比特币不同的是，我们将所有权分为各个状态的级别，而不是作为平台级别的概念，因为我们设想，在平台上的许多（可能是最）的合约将不代表“所有者 / 发行者”关系，而是代表“参与方 / 参与方”关系，如衍生工具。
- FaceValue，Amount<Issued<Currency>>，包含整数的硬币和一个特定发行人（例如正规银行、中央银行等）的货币。
- maturitydate，这是 Java 8 标准时间库的一个类型。它定义了时间轴上的一个点。

状态是不可变的，因此类也被定义为不可变的。Kotlin 版本中的数据修改器会使编译器自动生成 equals/hashCode/toString 方法，以及一个可用于创建原始对象变体的复制方法。数据类与 Scala 中的 CASE 类相似。withoutOwner 方法使用自动生成的复制方法返回具有所有者公钥状态的版本（后面将证明真是有用的）。

3. 命令

合约的验证逻辑可能取决于一个状态的生命周期自动化的阶段。因此，将额外的数据传递到不存在于分类账中的状态所代表的合约代码中是有必要的，因为这可以澄清交易的意图。

为了达到这个目的，我们可以使用一套命令。它们通常不需要包含任何数据，只需要存在即可。这套命令是与某些签名相关联的一段数据。在合约运行时，签名已经被检查过，所以从合约代码的角度来看，这套命令只是一个带有附加公共密钥列表的数据结构。每个密钥都有签名，证明相应的私钥被用来签名。由于使用的是这种方法，所以合约实际上从未与数字签名直接交互。

现在我们来定义几个命令：

```
interface Commands : CommandData {
    class Move : TypeOnlyCommandData(), Commands
    class Redeem : TypeOnlyCommandData(), Commands
    class Issue : TypeOnlyCommandData(), Commands
```

```
}
```

我们定义了一个简单的分组接口或静态类，这给了我们一个所有命令都共有的类型，然后我们继续创建三个命令：移动、赎回、发行。TypeOnlyCommandData 数据对于命令内没有数据的情况来说是有用的，它定义了等值和哈希代码，使得任何实例总是将相等、散列值与相同的值进行比较。

4. 验证函数

智能合约的核心是验证一组状态转换（事务）的代码。涉及的函数很简单：给出一个表示事务的类，如果函数有正常返回，则事务被认为是可接受的；如果引发异常，则拒绝该事务。每个事务可以具有不同类型的多个输入和输出状态。事务要运行哪一组合约是通过在每个状态内的代码来决定的，每个合约只运行一次。这里的例子里包括 2 个现金状态和 1 个商业票据状态作为输入，1 个现金状态和 1 个商业票据状态作为输出，将运行两个合约，每次运行一个，分别是现金合约和商业票据合约。

验证函数代码如下所示。

```
override fun verify(tx: LedgerTransaction) {
    // 除了所有者以外的一切分组：对CP的任何修改都视为从根本上改变它
    val groups = tx.groupStates(State::withoutOwner)

    // 有两种事情可以用这个CP来做，第一个是进行交易，第二次是赎回到期现金
    val command = tx.commands.requireSingleCommand<CommercialPaper.Commands>()
```

我们首先使用 groupStates 方法，该方法采用类型和函数。状态分组可以确保合约能够处理同一事务中的多个不相关的状态，这是对资产进行分割 / 合并、原子互换等操作必备的。第二行执行代码搜索从 CommercialPaper.Commands 继承的命令对象、命令超类型，有时会返回搜索结果；如果有 0 个或多个这样的命令，则抛出异常。

5. 使用状态组

编写一个合约最简单的方法就是让每个事务可以有一个输入状态和一个由该合约所覆盖的单一输出状态。这对于开发人员来说可使工作变得简单化，但是会阻止许多重要的用例。编写合约的另一个简单的方法是迭代每个输入状态，并期望它具有输出状态。可以建立一个单一的交易，例如，同时对不同的货币移动两个不同的现金状态。但是当你想在移动一个状态时发出或退出另一个状态时，交易会变得复杂。

一旦想要分裂或合并状态，事情就会变得更加困难。如果收件人相同，那么状态是可替代的，尽管事实上，它们并不完全相同。这就如同美元纸币是可替代的一样，无论你手中的纸币有点脏，还是全新的，其价值是一样的。10 张 1 美元的钞票永远相当于一张 10 美元的钞票。但是，10 美元和 10 英镑是不可等价替代的：如果你试图用 10 美元 +10 英镑的钞票支付 20 英镑的东西，交易就不会被接受。为了使这上述替代过程变得容易，合约 API 提供了一个“组”的概念。“组”是一组输入状态和输出状态，会被一起检查有效性。考虑

以下简化的货币贸易交易：

- Input: $12,000 owned by Alice (A)
- Input: $3,000 owned by Alice (A)
- Input: £10,000 owned by Bob (B)
- Output: £10,000 owned by Alice (B)
- Output: $15,000 owned by Bob (A)

在这笔交易中，爱丽丝和鲍伯的交易价是 15 000 美元和 10 000 英镑。爱丽丝的钱是两种不同的投入形式，例如她收到了两次付款的美元。输入和输出金额确实平衡，但现金智能合约必须考虑将英镑和美元分开，因为它们是不可相互替代的，也就是说它们不能合并在一起。所以我们有两个分组：A 和 B。

LedgerTransaction.groupStates 方法就专门用处理上述逻辑：首先，它只选择给定类型的状态（因为事务可以包括其他类型的状态，例如表示债券所有权的状态或多个 SIG 状态），然后通过一个函数将状态映射到分组。共享相同密钥的所有状态都被分在一组。在上面的现金示例中，分组密钥是货币。

在这种合约中，我们不希望 CP 是可替代的：合并和拆分是（在我们的例子中）不被允许的。因此，我们只使用一个状态的副本减去所有者字段作为分组密钥。下面是一些分组状态代码示例。

```
// 分组列表
val groups = tx.groupStates { it: Cash.State -> it.amount.token }
    for ((inputs, outputs, key) in groups) {
        // 任何输入或输出可以为空
        val (deposit, currency) = key

        ...
}
```

通过组状态调用提供的函数计算一个“分组密钥”。所有具有相同分组密钥的状态都放置在同一组中。分组密钥可以是实现相等 / 哈希代码的任何东西，但它始终是不应该在输入和输出之间变化的字段的集合。在上面的例子中，我们选择了想要的字段，并把它们打包成一对。打包函数返回一个 InOutGROUP 列表，它仅仅是输入、输出和用于定义组的密钥的持有者。在 Kotlin 版本中，我们使用解析器解包，以便访问输入、输出、存款数据和货币。Java 版本更冗长，但与 Kotlin 版本实现的功能等效。

然后，规则可以应用于输入和输出，就像它是单个事务一样。一组可能有零输入或零输出：这可能发生在向分类账上发布资产或删除资产时。在上面的例子中，我们做了不同的操作，并使用状态类本身作为聚合器。我们只需删除允许更改的字段，使分组密钥隐去所有者：

```
val groups = tx.groupStates(State::withoutOwner)
```

对于具有许多字段、必须保持恒定且只有一个或两个真正可变的大状态时，这样做往往比指定每个字段必须保持相同更容易。这里的 withoutOwner 函数只返回对象的副本，但会将 owner 字段设置为 NullPublicKey（这只是一个全零的公钥）。这里的 WithoutOwner 函数是无效的，但是这不影响最终结果，因为我们所做的只是为了阻止字段在等值和哈希代码中被处理。

6. 检查需求

在提取命令和组之后，我们对每个组进行迭代，并验证它是否满足所需的业务逻辑。

分组验证代码如下所示。

```
val timeWindow: TimeWindow? = tx.timeWindow

for ((inputs, outputs, _) in groups) {
    when (command.value) {
        is Commands.Move -> {
            val input = inputs.single()
            requireThat {
            "the transaction is signed by the owner of the CP" using (input.owner.
                owningKey in command.signers)
                "the state is propagated" using (outputs.size == 1)
                //不需要任何检查 ，如果输出大小为1，且输出等于输入，忽略所有者分组
            }
        }

        is Commands.Redeem -> {
            // Redemption of the paper requires movement of on-ledger cash.
            val input = inputs.single()
            val received = tx.outputs.map { it.data }.sumCashBy(input.owner)
             val time = timeWindow?.fromTime ?: throw IllegalArgumentException
                ("Redemptions must be timestamped")
            requireThat {
                "the paper must have matured" using (time >= input.maturityDate)
                "the received amount equals the face value" using (received ==
                    input.faceValue)
                "the paper must be destroyed" using outputs.isEmpty()
                "the transaction is signed by the owner of the CP" using (input.
                    owner.owningKey in command.signers)
            }
        }

        is Commands.Issue -> {
            val output = outputs.single()
            val time = timeWindow?.untilTime ?: throw IllegalArgumentException("
               Issuances must be timestamped")
            requireThat {
                // 不允许在其他实体身份下发行商业票据
                "output states are issued by a command signer" using (output.
```

```
                issuance.party.owningKey in command.signers)
            "output values sum to more than the inputs" using (output.
                faceValue.quantity > 0)
            "the maturity date is not in the past" using (time < output.
               maturityDate)
            //不要允许现有的CP状态被本次发行所取代.
            "can't reissue an existing state" using inputs.isEmpty()
        }
    }

    else -> throw IllegalArgumentException("Unrecognised command")
  }
}
```

这个循环是合约的核心逻辑。第一行只是从事务中获取时间戳。事务的时间戳是可选的，因此这里可能缺少时间。我们稍后检查它是否为空。

接下来，根据命令对象的类型，我们选择三个路径中的一个来进行讲解。

1）命令是“移动”命令

命令的第一行要求有商业票据。我们不允许多个 CP 单元被分割或合并，即使它们是由同一所有者拥有的。single() 方法是 Kotlin 标准库定义的静态扩展方法：给定一个列表，如果列表大小不是 1，则抛出异常，否则返回该列表中的单个项。在 Java 中，这是一个常规的静态类型。在 Kotlin 中，它显示是可以在任何 JDK 列表上调用的方法。两个不同版本语法略有不同，但在幕后，都是由代码编译到同一字节码中。

接下来，我们检查事务被标记为商业票据的当前所有者的公钥签名。因为平台在合约开始执行之前已经验证了所有的数字签名，我们所要做的就是验证所有者的公钥是签署事务的密钥之一。Java 代码很简单，我们只是利用 Guava 的 Preconditions.checkState 方法。Kotlin 版本看起来有点奇怪，我们需要一个看起来像是构建在语言中的构造。事实上，这是平台的合约 API 提供的普通功能。Kotlin 支持通过语言的几个特征的交叉来创建特定领域的语言，我们在这里使用它来支持需求的自然列表。在要求中使（表达式）语句的每个“字符串”都变成给定表达式是 true 的断言，如果这一点没有实现，则抛出包含字符串的 IllegalArgumentException 异常。这只是写一个常规断言的方式。

接下来，我们将验证输出状态是否存在：不允许移动命令从分类账中删除 CP。分组逻辑已经确保细节是相同的，并且没有被改变，保存所有者的公钥。

2）命令是“赎回”命令

如果命令是“赎回”命令，则要求更为复杂：

（1）我们仍然检查到有一个 CP 输入状态。

（2）我们希望看到 CP 的面值被转移为对某方的现金索赔，也就是说，CP 的发行人实际上是在偿还面值。

（3）交易必须在到期日之后进行。

（4）商业票据不得通过该交易传播：必须由没有输出状态的组删除。这样可防止相同的 CP 被多次赎回。

为了计算现金流动的多少，我们使用 SUMCASHBY 实用函数。同样，这是一个扩展函数，所以在 Kotlin 代码中，JDK 不提供这样的方法。在 Java 中我们看到其本质：它实际上是一个叫 CashKt.sumCashBy 的静态方法。此方法简单地返回包含由给定公钥所拥有的事务输出中的所有现金状态的总和的对象，如果没有这样的状态或输出表示不同货币，则抛出异常。因此，我们可以看到，该合约对赎回交易的结构施加了限制：不允许在不涉及 CP 的同一交易中移动货币。这个限制也可以用 API 来解决。

3）命令是“发行”命令

最后，通过“发行”命令在分类账上创建商业票据的新实例。

它同样强制发行中的各种不变量具备一定条件，例如，必须有一个输出 CP 状态。这个合约很简单，没有实现真正的商业文件生命周期管理程序的所有业务逻辑，例如，没有要求发行人赎回签名（假设在赎回的同时发生的任何货币转移都是足够好的）。同样，如果发行人破产或者发生纠纷，则没有逻辑处理。

7. 如何测试你的合约

必须对业务逻辑进行单元测试，以确保它符合预期。合约代码只是一个普通的 Java 程序，你完全可以用手工以通常的方式写出其逻辑。但这种实现方式效率太低，而且可能会因为节省时间而跳过一些测试项。为了使合约测试更方便，Corda 提供了 Kotlin 和 Java 两个版本的 API，通过这些 API 可以让你在构建交易链时进行验证。在下面我们会编写一个合约测试以便对相关内容进行介绍。

1）在合约中添加生成 API

合约类必须提供验证功能，但它们也可以可选地提供帮助函数来简化使用。大多数合约提供的简单函数是生成函数，它们可以创建或修改事务以执行某些操作。

生成可能涉及复杂的逻辑。例如，现金合约有一个 generateSpend 方法，它给出一组现金状态，并选择一种逻辑将这些状态组合在一起，以发送相应的货币量。在不可变状态模型中，我们使用的是条目，条目（状态）只能被创建和删除，不可进行修改。比如，当我们只有 900 美元和 500 美元时，发送 1200 美元需要将两个状态合并在一起，然后再创建 1200 美元和 200 美元这两个新的输出状态。后一种状态被称为“改变”，这是熟悉比特币的人都会熟悉的概念。

我们也可以通过网格算法生成许多人必须签署的复杂事务以完成上面的例子。虽然这样的代码对于单个实用程序来说可能太大了（它可能更像一个模块），但基本概念是一样的：

都是使用复杂的逻辑来准备事务。然而，对于我们的商业票据合约来说，用这种方法实现相应功能就很简单了。让我们用如下方法来总结发行过程。

```
fun generateIssue(issuance: PartyAndReference, faceValue: Amount<Issued<Currency>>,
   maturityDate: Instant,
        notary: Party): TransactionBuilder {
    val state = State(issuance, issuance.party, faceValue, maturityDate)
    val stateAndContract = StateAndContract(state, CP_PROGRAM_ID)
    return TransactionBuilder(notary = notary).withItems(stateAndContract,
        Command(Commands.Issue(), issuance.party.owningKey))
}
```

我们以一个发证方（即呼叫者）为例，它可以包含我们需要的任何内部簿记 / 参考号码。引用字段是放置连接键、CP 的面值和到期日的理想位置，引用字段返回事务生成器。事务生成器是平台提供的几个可变类之一。它允许你向其中添加输入、输出和命令，并可以在多个合约之间传递。

生成方法应该被编写成彼此组合，也就是说，它们应该把事务生成器作为一个参数而不是一个返回对象，除非这种类型的事务与其他事务结合起来是没有意义的。在这种情况下，在做其他事情的同时发布 CP 只会增加复杂性而没有其他意义，因此我们每次都返回一个新对象；相反，发行者应该发行 CP，然后在一个单独的交易中出售它。

我们定义的函数创建了一个 CommercialPaper.State 对象，它主要使用我们给出的参数，但是它填充了状态的所有者字段作为发行方的公钥。然后，我们将商业票据、状态对象与商业合约的引用相结合，这是合约本身定义的。

```
companion object {
    const val CP_PROGRAM_ID: ContractClassName = "net.Corda.finance.contracts.
        CommercialPaper"
}
```

上述代码是合约的完全限定类名，它告诉 Corda 平台在哪里找到合约代码，用于验证包含该合约类型的输出状态的事务。通常，合约代码将作为附件包含在事务中。返回的部分事务有一个命令对象作为参数。这是实现 CommandDATA 接口的所有对象的容器，以及预期签署此事务的密钥列表。在这种情况下，会要求发行方签字，所以我们把当事人的密钥放在那里。

TransactionBuilder 可以方便使用变量参数列表的 withItems 方法。你可以传递任何 StateAndRef（输入）、StateAndContract（输出）或 command 对象，并建立事务。还有一件事要注意：我们要求呼叫者选择一个公证人来控制这个状态并防止它被双重花费。现在，不要担心如何选择公证人，类似这样的更多的基础设施的实现，后面会自动完成。那要如何移动票据，即重新分配所有权给别人？

移动票据的代码如下所示。

```
fun generateMove(tx: TransactionBuilder, paper: StateAndRef<State>, newOwner:
   AbstractParty) {
    tx.addInputState(paper)
    val outputState = paper.state.data.withNewOwner(newOwner).ownableState
    tx.addOutputState(outputState, CP_PROGRAM_ID)
    tx.addCommand(Command(Commands.Move(), paper.state.data.owner.owningKey))
}
```

上述代码所用方法在采用预先存在的事务生成器。这是比较好的实现方式，因为通常情况下，你会想要把销售的原子与其他资产的流动结合起来，比如现金。因此，两种生成方法都应该在同一事务上运行。

票据是一个 StateAndRef<CommercialPaper.State> 对象。它有一个状态对象，还有一个（txHASH，index)，指示这个状态在分类账上的位置。我们将现有的票据状态添加为输入，将相同的票据状态与所有者字段调整为输出，最后添加具有旧所有者的公钥的移动命令：这是强制当前所有者签名出现在事务上的原因，并且是由反向服务器检查的。

最后，我们可以进行赎回，赎回的实现代码如下所示。

```
@Throws(InsufficientBalanceException::class)
fun generateRedeem(tx: TransactionBuilder, paper: StateAndRef<State>, services:
   ServiceHub) {
    // 使用库中的状态添加现金转账
    Cash.generateSpend(
        services = services,
        tx = tx,
        amount = paper.state.data.faceValue.withoutIssuer(),
        ourIdentity = services.myInfo.singleIdentityAndCert(),
        to = paper.state.data.owner
    )
    tx.addInputState(paper)
    tx.addCommand(Command(Commands.Redeem(), paper.state.data.owner.owningKey))
}
```

在这里，我们可以看到一个一起组成合约的例子。当业主希望赎回商业票据时，发行人（即呼叫者）必须从其保险库收取现金，并将面值发给票据持有人。本合约没有明确的翻转概念。金库是由呼叫方拥有的一组状态（如现金）。在这里，我们使用保险库来更新部分交易，我们将现金从商业票据发行人转移到当前所有者。如果我们的金库里没有足够的现金，就会抛出一个异常。然后，我们将票据本身作为输入，而不是输出。最后，我们添加一个赎回命令，并由商业票据的所有者签署。

警告 我们传递给 Cash.generateSpend 函数的数量必须首先使用 withoutIssuer 来处理。这反映了我们处理发行人约束的方式仍在发展；商业票据合约需要以特定参与方（例如中央银行或发行人自己的银行）发行的货币形式支付。但是金库希望利用任何发行者的现金状态来组装消费交易，因此我们必须在这里剥离它。

事务生成器本身并不准备在任何地方使用，所以首先我们必须将其转换为网络可识别的东西。最重要的下一步是参与实体签署。通常，发起流将通过调用 serviceHub.toSignedTransaction 方法创建初始部分签名的 SignedTransaction。然后，冻结的 SignedTransaction 可以通过流传递到其他节点，这些可以使用 serviceHub.createSignature 创建和分发签名。CollectSignaturesFlow 提供了可作为子流程使用的该过程的通用实现。通过检查商业票据单位测试，你可以看到交易如何在不同的阶段间流动。

2）多方交易如何构建和传递

现在我们知道了如何定义分类账的规则，知道了如何构建满足这些规则的交易，但这些的前提都是我们做的是保持自己的数据。我们必须清楚，Corda 是为了让许多不同的参与方保持同步。在一个经典的区块链系统中，所有的数据都传输给个人，如果你想做一些特殊的事情，比如多方交易，那就只能靠自己了。在 Corda 中，数据只传送给需要它的用户，但多方交易是一种现实生活中常遇到的情形，因此我们提供了大量的支持来管理它们。我在其他章节会专业介绍相关内容，你可以了解如何在对等体之间移动事务，并通过生成签名公证广播写入流。

3）面向非资产的合约

虽然本节涵盖如何实现拥有的资产，但不要求状态和代码合约必须与资产的所有权有关。最好把状态看作代表世界的有用的事实，而（代码）合约则是关于事实如何结合以产生新的事实的逻辑关系。或者你可以想象，状态就像关系数据库中的行，而合约就像存储过程和关系约束。

在编写处理类似实体的实体而不是类似资产的实体的合约时，你可能希望参考“利率互换”。虽然两者所有的概念都是相同的，但交易通常不是可拆分或可合并的，因此你不必担心状态分组。

4）让事情发生在特定的时间

如果你能让你的节点在商业票据到期后自动兑现，那就再好不过了。Corda 为各状态提供了一种方式来宣传未来应该发生的事件。默认情况下忽略此信息，如果相应的 CorDapp 在你的节点中被安装和激活，并且如果该状态被你的库视为相关的，那么节点就可以自动创建事务并通过 LI 进行事务的处理过程。

5）累赘

所有缔约状态可能会被一个其他状态束缚，我们称这种情形为累赘。如果存在状态，强制状态会对被保护状态施加额外的控制，因为在执行事务期间也将验证累赘状态合约。

例如，一个合约状态可以被一个时间锁定合约状态约束，然后该状态只能在一个事务中进行处理，该事务在累赘时间锁定中指定的时间验证已经通过。受约束状态指的是其索引的累赘，而这里所指的累赘状态是在创建受押状态的同一事务上的特定位置上的输出状态。请注意，消费的被保护状态必须在同一事务中消耗它的累赘，否则事务无效。在合约状态接口中，可选引用为：

```
val encumbrance: Int? get() = null
```

上面提到的时间锁定合约可以非常简单地实现，如下所示。

```
class TestTimeLock : Contract {
    …
    override fun verify(tx: LedgerTransaction) {
        val time = tx.timestamp.before ?: throw IllegalStateException(...)
        …
        requireThat {
            "the time specified in the time-lock has passed" by
                (time >= tx.inputs.filterIsInstance<TestTimeLock.State>().single().
                    validFrom)
        }
    }
    …
}
```

然后我们可以建立一个被保护的状态。

```
val encumberedState = Cash.State(amount = 1000.DOLLARS `issued by` defaultIssuer,
   owner = DUMMY_PUBKEY_1, encumbrance = 1)
val fourPmTimelock = TestTimeLock.State(Instant.parse("2015-04-17T16:00:00.00Z"))
```

我们构建了一个产生累赘的状态事务时，必须保留交易对应的输出位置。当我们随后使用相同累赘的状态时，则状态必须为某处设置状态的输入。我们也应考虑标记的状态，比如是否能够负担等，这将防止状态被不经意用作抵押。

11.4　编写合约测试

本节将编写一个 Kotlin 合约测试。测试 DSL 允许人们定义一个具有相互参照的事务的分类账，以及验证其正确性的方法。

1. 测试单个事务

我们从空分类账开始。

```
class CommercialPaperTest{
    @Test
    fun emptyLedger() {
        ledger {
        }
```

```
    }
    ...
}
```

DSL 关键字 ledger 可以建立几个交易，并验证其整体的正确性。分类账实际上是一个没有预先存在的交易或服务的新世界。我们将从定义返回商业文件状态的助手函数开始。助手函数代码如下所示。

```
private val ledgerServices = MockServices(
    // 扫描CORDAPP应用程序包的列表
    CorDappPackages = listOf("net.Corda.finance.contracts"),
    //由这组模拟服务表示的标识，默认为测试标识。
    //还可以使用接受参数的可选参数 [CORDAX500名称]
    initialIdentity = megaCorp,
    //身份识别服务的实现，它包含节点已知的所有身份的列表
    // 使用 [makeTestIdentityService] 返回给定身份的
    // [InMemoryIdentityService]
    identityService = makeTestIdentityService(megaCorp.identity)
)

//这是美加公司发行的商业票据，面值为1000美元，到期日为7天
//让我们增加一个商业票据交易

@Test
fun simpleCPDoesntCompile() {
    val inState = getPaper()
    ledger {
        transaction {
            input(CommercialPaper.CP_PROGRAM_ID) { inState }
        }
    }
}
```

我们可以使用事务原语将一个事务添加到分类账中。事务可以依次通过指定输入 S、输出 S、命令和附件 S 来定义。上面的输入调用有点特殊，事务实际上不包含输入状态，只是引用其他事务的输出状态。上面的输入调用在分类账中创建一个哑事务（未被验证的事务），它指定输出的状态，并从该事务中引用。但是上面的代码没有编译：

```
Error:(29, 17) Kotlin: Type mismatch: inferred type is Unit but EnforceVerifyOrFail
    was expected
```

这是故意的，因为 DSL 迫使我们在事务的最后一行指定“验证”(或)“失败”(“某些文本”)。指定验证代码如下所示。

```
@Test(expected = IllegalStateException::class)
fun simpleCP() {
    val inState = getPaper()
    ledgerServices.ledger(dummyNotary.party) {
        transaction {
            attachments(CP_PROGRAM_ID)
```

```
            input(CP_PROGRAM_ID, inState)
            verifies()
        }
    }
}
```

让我们来看一个失败的事务。

```
@Test(expected = TransactionVerificationException.ContractRejection::class)
fun simpleCPMove() {
    val inState = getPaper()
    ledgerServices.ledger(dummyNotary.party) {
        transaction {
            input(CP_PROGRAM_ID, inState)
            command(megaCorp.publicKey, CommercialPaper.Commands.Move())
            attachments(CP_PROGRAM_ID)
            verifies()
        }
    }
}
```

运行时，该代码会产生以下错误。

```
net.Corda.core.contracts.TransactionVerificationException$ContractRejection: java.
    lang.IllegalArgumentException: Failed requirement: the state is propagated
```

事务验证失败，因为我们想移动票据，但没有指定输出，也没有传播状态。但是，我们可以通过改变 verifies() 来指定这种预期的行为。

```
'fails with'("the state is propagated"):


@Test
fun simpleCPMoveFails() {
    val inState = getPaper()
    ledgerServices.ledger(dummyNotary.party) {
        transaction {
            input(CP_PROGRAM_ID, inState)
            command(megaCorp.publicKey, CommercialPaper.Commands.Move())
            attachments(CP_PROGRAM_ID)
            'fails with'("the state is propagated")
        }
    }
}
```

我们可以继续建立交易，直到它验证成功。

```
@Test
fun simpleCPMoveFailureAndSuccess() {
    val inState = getPaper()
    ledgerServices.ledger(dummyNotary.party) {
        transaction {
```

```
                input(CP_PROGRAM_ID, inState)
                command(megaCorp.publicKey, CommercialPaper.Commands.Move())
                attachments(CP_PROGRAM_ID)
                'fails with'("the state is propagated")
                output(CP_PROGRAM_ID, "alice's paper", inState.withOwner(alice.party))
                verifies()
            }
        }
    }
```

输出指定要将输入状态转移给爱丽丝，并且添加移动命令本身，由输入状态的当前所有者——MEGA_CORP_PUBKEY 签名。我们建立了完整签署的商业票据交易并对它进行验证。请注意，我们在行中失败了，这很好，因为这将对部分构造的事务进行测试。如果我们想测试当错误的参与方签署交易时会发生什么，那么我们只需要添加一个命令，它将永久毁掉交易，并输入 tweak。

```
@Test
fun 'simple issuance with tweak'() {
    ledgerServices.ledger(dummyNotary.party) {
        transaction {
            output(CP_PROGRAM_ID, "paper", getPaper()) // Some CP is issued onto the
                ledger by MegaCorp.
            attachments(CP_PROGRAM_ID)
            tweak {
                // 错误的公钥
                command(bigCorp.publicKey, CommercialPaper.Commands.Issue())
                timeWindow(TEST_TX_TIME)
                'fails with'("output states are issued by a command signer")
            }
            command(megaCorp.publicKey, CommercialPaper.Commands.Issue())
            timeWindow(TEST_TX_TIME)
            verifies()
        }
    }
}
```

tweak 创建事务的本地副本。这使其可以在不修改原始事务的情况下局部“破坏”事务，允许测试不同的错误条件。我们现在有一个测试单个事务的小的简洁代码段了，这非常有用，事实上以这种方式测试单个事务是业内普遍采用的方式。注意，还有一个速记顶级事务原语，它创建一个带有单个事务的分类账。

```
@Test
fun 'simple issuance with tweak and top level transaction'() {
    ledgerServices.transaction(dummyNotary.party) {
        output(CP_PROGRAM_ID, "paper", getPaper()) // Some CP is issued onto the
            ledger by MegaCorp.
        attachments(CP_PROGRAM_ID)
        tweak {
```

```
            //错误的公钥
            command(bigCorp.publicKey, CommercialPaper.Commands.Issue())
            timeWindow(TEST_TX_TIME)
            'fails with'("output states are issued by a command signer")
        }
        command(megaCorp.publicKey, CommercialPaper.Commands.Issue())
        timeWindow(TEST_TX_TIME)
        verifies()
    }
}
```

2. 链接事务

既然我们已经知道如何定义单个事务，那么我们来看看如何定义它们的一个链。

```
@Test
fun 'chain commercial paper'() {
    val issuer = megaCorp.party.ref(123)
    ledgerServices.ledger(dummyNotary.party) {
        unverifiedTransaction {
            attachments(Cash.PROGRAM_ID)
            output(Cash.PROGRAM_ID, "alice's $900", 900.DOLLARS.CASH issuedBy issuer
                ownedBy alice.party)
        }

        // 提交票据到账本
        transaction("Issuance") {
            output(CP_PROGRAM_ID, "paper", getPaper())
            command(megaCorp.publicKey, CommercialPaper.Commands.Issue())
            attachments(CP_PROGRAM_ID)
            timeWindow(TEST_TX_TIME)
            verifies()
        }


        transaction("Trade") {
            input("paper")
            input("alice's $900")
            output(Cash.PROGRAM_ID, "borrowed $900", 900.DOLLARS.CASH issuedBy
                issuer ownedBy megaCorp.party)
            output(CP_PROGRAM_ID, "alice's paper", "paper".output<ICommercial-
                PaperState>().withOwner(alice.party))
            command(alice.publicKey, Cash.Commands.Move())
            command(megaCorp.publicKey, CommercialPaper.Commands.Move())
            verifies()
        }
    }
}
```

在这个例子中，我们声明爱丽丝有 900 美元，但我们不在乎钱是从哪里来的。为此，我们可以使用 unverifiedTransaction。我们不需要指定 verifies()。注意，我们用“爱丽丝的 900 美元”标出了输出，在“发行”的交易中，我们贴上了商业票据。现在我们可以在其他事务中引用它们，例如通过 input("alice's $900") 或 "paper".output<ICommercial-PaperState>()。

最后一个称为“贸易”的交易是将商业票据卖给爱丽丝的简单事实，她只花了 7 天就以 900 美元 -100 美元的票面价值减去了 10% 的利息。我们还可以在分类账级别上测试整个分类账的调用 verifies() 和 fails()。为此，让我们创建一个简单的例子，两次使用相同的输入。

```
@Test
fun 'chain commercial paper double spend'() {
    val issuer = megaCorp.party.ref(123)
    ledgerServices.ledger(dummyNotary.party) {
        unverifiedTransaction {
            attachments(Cash.PROGRAM_ID)
            output(Cash.PROGRAM_ID, "alice's $900", 900.DOLLARS.CASH issuedBy
                issuer ownedBy alice.party)
        }

        // 提交票据到账本
        transaction("Issuance") {
            output(CP_PROGRAM_ID, "paper", getPaper())
            command(megaCorp.publicKey, CommercialPaper.Commands.Issue())
            attachments(CP_PROGRAM_ID)
            timeWindow(TEST_TX_TIME)
            verifies()
        }

        transaction("Trade") {
            input("paper")
            input("alice's $900")
            output(Cash.PROGRAM_ID, "borrowed $900", 900.DOLLARS.CASH issuedBy issuer
                ownedBy megaCorp.party)
            output(CP_PROGRAM_ID, "alice's paper", "paper".output<ICommercial-
                PaperState>().withOwner(alice.party))
            command(alice.publicKey, Cash.Commands.Move())
            command(megaCorp.publicKey, CommercialPaper.Commands.Move())
            verifies()
        }

        transaction {
            input("paper")
            //转移票据到另一个公钥
            output(CP_PROGRAM_ID, "bob's paper", "paper".output<ICommercial-
                PaperState>().withOwner(bob.party))
            command(megaCorp.publicKey, CommercialPaper.Commands.Move())
            verifies()
        }
        fails()
```

```
    }
}
```

由上述测试可知，事务验证（单独）的状态花费了两次。这就是为什么我们需要全局分类账验证（FAILSAR()）。与前面的示例一样，我们可以使用 tweak 创建整个分类账的本地副本。

```
@Test
fun 'chain commercial tweak'() {
    val issuer = megaCorp.party.ref(123)
    ledgerServices.ledger(dummyNotary.party) {
        unverifiedTransaction {
            attachments(Cash.PROGRAM_ID)
            output(Cash.PROGRAM_ID, "alice's $900", 900.DOLLARS.CASH issuedBy issuer
                ownedBy alice.party)
        }

        // 发行票据
        transaction("Issuance") {
            output(CP_PROGRAM_ID, "paper", getPaper())
            command(megaCorp.publicKey, CommercialPaper.Commands.Issue())
            attachments(CP_PROGRAM_ID)
            timeWindow(TEST_TX_TIME)
            verifies()
        }

        transaction("Trade") {
            input("paper")
            input("alice's $900")
            output(Cash.PROGRAM_ID, "borrowed $900", 900.DOLLARS.CASH issuedBy
                issuer ownedBy megaCorp.party)
            output(CP_PROGRAM_ID, "alice's paper", "paper".output<ICommercial-
                PaperState>().withOwner(alice.party))
            command(alice.publicKey, Cash.Commands.Move())
            command(megaCorp.publicKey, CommercialPaper.Commands.Move())
            verifies()
        }

        tweak {
            transaction {
                input("paper")
                //转移票据
                output(CP_PROGRAM_ID, "bob's paper", "paper".output<ICommercial-
                    PaperState>().withOwner(bob.party))
                command(megaCorp.publicKey, CommercialPaper.Commands.Move())
                verifies()
            }
            fails()
        }

        verifies()
```

```
    }
}
```

11.5 升级合约

在开发合约代码时，每一个注意事项都将不可避免地需要升级来修复错误（在设计或实现中）。升级可以包括将合约代码的一个版本替换为另一个版本，或者将合约更改为迁移现有状态对象的不同合约。当状态对象作为输出添加到事务时，它们通过状态和合约类型链接到它们想要的合约代码。更改状态的合约只需要用一个合约名替换另一个合约名。

11.5.1 工作流程

合约升级的工作流程如下所示。

（1）银行 A 和 B 谈判交易，非平台。

（2）银行 A 和 B 执行流程，使用合约 X 构造表示交易的状态对象，并将其包含在事务中。

（3）时间流逝。

（4）合约 X 的开发人员在合约代码中发现了一个 bug，并发布了一个新版本 Y。开发人员将通知所有现有用户（例如通过邮件列表或 CorDapp 商店），以阻止其节点与合约 X 发布进一步的状态。

（5）银行 A 和 B 通过标准变更控制程序审核新合约，并确定他们同意升级的合约状态（他们可能决定不升级某些合约状态，因为这些合约可能需要一些其他的义务合约）。

（6）银行 A 和 B 指示他们的 Corda 节点（通过 RPC）愿意使用约定的升级路径将具有合约 X 的状态对象升级为具有合约 Y 的状态对象。

（7）其中一方（发起方）启动一个流程，用合约状态替换新的状态对象，称为合约 X 的状态对象。

（8）建议的事务（提议），以旧状态作为输入，以重新发布的状态作为输出，用节点的私钥创建和签名。

（9）发起方节点将所提议的事务连同其提出的新合约升级路径的细节发送给状态对象的所有参与者。

（10）每一个对方（“接受者”）核对提案、签署或拒绝状态重新发行，并将签名或拒绝通知回送给发起节点。

（11）如果从所有方接收到签名，则发起方将完整签名的事务集合并发送给公证人。

11.5.2 授权升级

合约升级状态中的每个参与者都必须指示他们的节点在升级之前可以同意升级。ContractUpgradeFlow 用于管理授权过程。每个节点管理员可以使用 RPC 触发授权或授权状态的授权流。

授权升级代码如下所示。

```
@StartableByRPC
class Authorise(
        val stateAndRef: StateAndRef<*>,
        private val upgradedContractClass: Class<out UpgradedContract<*, *>>
) : FlowLogic<Void?>() {
@StartableByRPC
class Deauthorise(val stateRef: StateRef) : FlowLogic<Void?>() {
    @Suspendable
    override fun call(): Void? {
```

11.5.3 提出升级

在各方授权状态进行合约升级后，合约参与者中的任意一个参与者都可以通过触发合约流来启动升级过程。启动创建包括旧状态和更新状态的事务，并将其发送给每个参与者。每个参与者将验证事务，在其上创建签名，并将签名返回给发起方。一旦所有的签名收集齐，交易将被公证，并存储到每个参与者的永久库。

11.5.4 例子

假设银行 A 已与银行 B 签订协议，该银行由状态对象 DummyContractState 状态表示，并由合约代码 DummyContract 管辖。合约交换后的几天，合约代码的开发者发现合约代码中有一个错误。

A 银行和 B 银行决定将合约升级为 DummyContractV2。

（1）开发人员创建一个扩展 UpgradedContract 类的新合约 DummyContractV2，以及一个新的状态对象 DummyContractV2.State 来引用新合约的状态。

创建升级合约代码如下所示。

```
class DummyContractV2 : UpgradedContractWithLegacyConstraint<DummyContract.State,
    DummyContractV2.State> {
    companion object {
        const val PROGRAM_ID: ContractClassName = "net.Corda.testing.contracts.
            DummyContractV2"
    }

    override val legacyContract: String = DummyContract::class.java.name
    override val legacyContractConstraint: AttachmentConstraint = AlwaysAcceptAt
        tachmentConstraint

    data class State(val magicNumber: Int = 0, val owners: List<AbstractParty>) :
        ContractState {
        override val participants: List<AbstractParty> = owners
```

```
    }

    interface Commands : CommandData {
        class Create : TypeOnlyCommandData(), Commands
        class Move : TypeOnlyCommandData(), Commands
    }

    override fun upgrade(state: DummyContract.State): State {
        return State(state.magicNumber, state.participants)
    }

    override fun verify(tx: LedgerTransaction) {
        //这里可以添加其他验证.
    }
```

（2）银行 A 指示其节点接受合约状态下的 DummyContractV2 的合约升级。

```
val rpcClient : CordaRPCClient = << Bank A's Corda RPC Client >>
val rpcA = rpcClient.proxy()
rpcA.startFlow(ContractUpgradeFlow.Authorise(<<StateAndRef of the contract state>>,
    DummyContractV2::class.java))
```

（3）银行 B 启动升级流程，将向所有合约参与者发送升级建议。每一个合约状态的参与者一旦签署并同意升级，将签署并返还合约状态升级方案。升级后的事务将通过流记录在每个参与者的节点中。

```
val rpcClient : CordaRPCClient = << Bank B's Corda RPC Client >>
val rpcB = rpcClient.proxy()
rpcB.startFlow({ stateAndRef, upgrade -> ContractUpgradeFlow(stateAndRef,
    upgrade) },
    <<StateAndRef of the contract state>>,
    DummyContractV2::class.java)
```

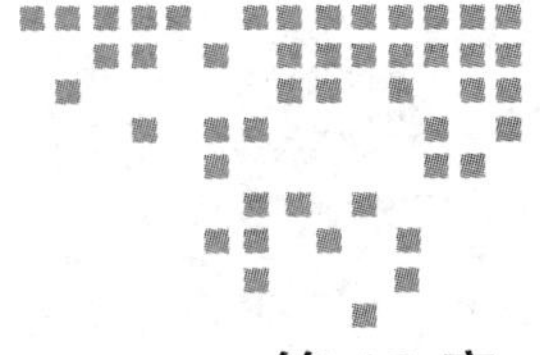

第 12 章 Chapter 12

集成测试与流开发示范

本章将为读者介绍 Corda 开发中集成测试和流开发过程中涉及的重要知识，内容非常广泛，涉及的概念很多，这里介绍的一些概念是在 Corda 应用开发中非常基础和重要的概念，需要读者认真学习。

12.1 集成测试

集成测试包括启动流和检查它们的状态，在本地生成节点并测试它们的不变量。本节中，我们将提出三个节点——爱丽丝、鲍伯和公证人。爱丽丝将向鲍伯发放现金，然后鲍伯把这笔钱还给爱丽丝。我们将看到如何同时测试一些简单的确定性和非确定性不变量。这个例子中，爱丽丝自己发行现金纯粹是为了演示目的，在现实中，现金将由银行发行。

为了生成节点，我们将使用驱动程序 DSL。这个 DSL 允许从代码启动节点进程。它管理网络地图服务和安全关闭背景中的节点。

集成测试代码如下所示。

```
driver(DriverParameters(startNodesInProcess = true,
        extraCorDappPackagesToScan = listOf("net.corda.finance.contracts.asset"))) {
    val aliceUser = User("aliceUser", "testPassword1", permissions = setOf(
            startFlow<CashIssueFlow>(),
            startFlow<CashPaymentFlow>(),
            invokeRpc("vaultTrackBy"),
            invokeRpc(CordaRPCOps::notaryIdentities),
            invokeRpc(CordaRPCOps::networkMapFeed)
    ))
```

```
    val bobUser = User("bobUser", "testPassword2", permissions = setOf(
            startFlow<CashPaymentFlow>(),
            invokeRpc("vaultTrackBy"),
            invokeRpc(CordaRPCOps::networkMapFeed)
    ))
    val (alice, bob) = listOf(
            startNode(providedName = ALICE_NAME, rpcUsers = listOf(aliceUser)),
            startNode(providedName = BOB_NAME, rpcUsers = listOf(bobUser))
    ).transpose().getOrThrow()
```

上面的代码启动了三个节点：

- ❑ 爱丽丝，具有启动 CashIssueFlow 和 CashPaymentFlow 流的用户权限。
- ❑ 鲍伯，只有用户权限才能启动 CashPaymentFlow。
- ❑ 提供 ValidatingNotaryService 的公证人。

startNode 函数返回节点完全启动后的结果，这允许启动节点是并行的。它们各自的节点处理 S。

节点启动函数代码如下所示。

```
val aliceClient = CordaRPCClient(alice.rpcAddress)
val aliceProxy = aliceClient.start("aliceUser", "testPassword1").proxy

val bobClient = CordaRPCClient(bob.rpcAddress)
val bobProxy = bobClient.start("bobUser", "testPassword2").proxy
```

在获得句柄之后，我们等待双方注册网络地图。接下来，使用我们创建的测试用户分别从测试过程连接到爱丽丝和鲍伯。然后建立 RPC 链接，允许启动流和查询状态。

```
val bobVaultUpdates = bobProxy.vaultTrackBy<Cash.State>().updates
val aliceVaultUpdates = aliceProxy.vaultTrackBy<Cash.State>().updates
```

我们会对爱丽丝和鲍伯的库进行修改，所以我们从每一个查询库开始更新。

现金处理类代码如下所示。

```
val issueRef = OpaqueBytes.of(0)
val notaryParty = aliceProxy.notaryIdentities().first()
(1..10).map { i ->
    aliceProxy.startFlow(::CashIssueFlow,
        i.DOLLARS,
        issueRef,
        notaryParty
    ).returnValue
}.transpose().getOrThrow()
// 在开始付款之前，等待所有的发行
(1..10).map { i ->
    aliceProxy.startFlow(::CashPaymentFlow,
```

```
            i.DOLLARS,
            bob.nodeInfo.singleIdentity(),
            true
        ).returnValue
    }.transpose().getOrThrow()

    bobVaultUpdates.expectEvents {
        parallel(
            (1..10).map { i ->
                expect(
                    match = { update: Vault.Update<Cash.State> ->
                        update.produced.first().state.data.amount.quantity == i * 100L
                    }
                ) { update ->
                    println("Bob vault update of $update")
                }
            }
        )
    }
```

首先循环创建 10 个线程，每个线程在爱丽丝节点上启动一个现金流。我们指定要向鲍伯发行 i 美元，将公证人设为公证人，负责公证创建的状态。请注意，我们不会花费任何公证费，因为我们没有花费任何状态，只在分类账上创建新的状态。我们从不同的线程开始流，演示如何测试非确定性，这是 expectEvents 块所做的工作。

预期 DSL 允许在事件流上检查排序约束。上面的代码规定，我们期望未指定的顺序在 bobVaultUpdates 流上发布 10 个更新（这是并行构造所做的）。我们指定一个（可选的）匹配谓词来标识我们感兴趣的特定更新，然后打印。如果运行代码，那么到目前为止应该会看到 4 个节点启动（爱丽丝、鲍伯、公证和隐式网络地图服务），然后 10 个日志记录了鲍伯从爱丽丝那里在一些未指定的顺序中接收 1、2、10 美元。下一步，我们希望鲍伯把这笔钱还给爱丽丝。

还钱代码如下所示。

```
    for (i in 1..10) {
        bobProxy.startFlow(::CashPaymentFlow, i.DOLLARS, alice.nodeInfo.singleI-
            dentity()).returnValue.getOrThrow()
    }

    aliceVaultUpdates.expectEvents {
        sequence(
            (1..10).map { i ->
                expect { update: Vault.Update<Cash.State> ->
                    println("Alice got vault update of $update")
                        assertEquals(update.produced.first().state.data.amount.quantity,
                            i * 100L)
                }
            }
```

```
    )
}
```

这次我们将按顺序进行。我们让鲍伯按顺序支付 1、2、10 美元给爱丽丝。我们通过等待 startFlow 的返还价值来确保现金流已经完成。然后，再次使用期望 DSL，这次使用序列来测试按预期的顺序到达的更新。注意，并行和序列可以任意嵌套，以测试更复杂的场景。我们看到了如何在本地启动几个 Corda，如何连接它们，以及如何测试一些简单的关于不变量的现金流。为了运行完整的测试，你可以打开来自 ITELLIJ 的示例代码：example-code/src/integration-test/kotlin/net/corda/docs/IntegrationTestingTutorial.kt，并运行测试，或者可选地使用 Gradle。

```
# Run example-code integration tests
./gradlew docs/source/example-code:integrationTest -i
```

12.2 使用客户端 RPC API

在本节中，我们将构建一个简单的命令行实用程序，它连接到一个节点，创建一些现金事务，并将事务转移到标准输出。然后我们会在上面放一些简单的视觉效果。我们从连接节点本身开始。为了实现本节的目的，我们将使用驱动程序启动公证人和爱丽丝节点，可以发出、移动和退出现金。下面我们配置该节点以创建具有启动 CashIssueFlow、CashPaymentFlow 和 CashExitFlow 权限的用户。

```
enum class PrintOrVisualise {
    Print,
    Visualise
}

fun main(args: Array<String>) {
    require(args.isNotEmpty()) { "Usage: <binary> [Print|Visualise]" }
    val printOrVisualise = PrintOrVisualise.valueOf(args[0])

    val baseDirectory = Paths.get("build/rpc-api-tutorial")
    val user = User("user", "password", permissions = setOf(startFlow<CashIssueFlow>(),
        startFlow<CashPaymentFlow>(),
        startFlow<CashExitFlow>(),
        invokeRpc(CordaRPCOps::nodeInfo)
    ))
    driver(DriverParameters(driverDirectory = baseDirectory, extraCorDapp-
        PackagesToScan = listOf("net.corda.finance"), waitForAllNodesToFinish =
        true)) {
        val node = startNode(providedName = ALICE_NAME, rpcUsers = listOf(user)).get()
```

现在，我们可以使用一个有效的 RPC 用户登录到节点本身，并使用 generateTransactions（稍后定义）在不同的线程中开始生成事务。

```
val client = CordaRPCClient(node.rpcAddress)
val proxy = client.start("user", "password").proxy

thread {
    generateTransactions(proxy)
}
```

proxy 暴露节点全部的 RPC 接口，限于篇幅，这里列出部分重点接口函数，其余请查阅 Github 的 Corda 社区。

```
//返回RPC协议版本
override val protocolVersion: Int get() = nodeInfo().platformVersion
//返回正在进行的状态机列表
fun stateMachinesSnapshot(): List<StateMachineInfo>
//返回当前正在进行的状态机信息流的数据馈送和可观察到的未来状态机的添加/删除
@RPCReturnsObservables
fun stateMachinesFeed(): DataFeed<List<StateMachineInfo>, StateMachineUpdate>
//按给定条件查询
@RPCReturnsObservables
fun <T : ContractState> vaultQueryBy(criteria: QueryCriteria,
    paging: PageSpecification,
    sorting: Sort,
    contractStateType: Class<out T>): Vault.Page<T>
// 库操作
fun <T : ContractState> vaultTrack(contractStateType: Class<out T>): DataFeed
     <Vault.Page<T>, Vault.Update<T>>
//返回网络上所有公开服务可见的各方
fun networkMapSnapshot(): List<NodeInfo>
//参数更新
@RPCReturnsObservables
fun networkParametersFeed(): DataFeed<ParametersUpdateInfo?, Parameters-Update-
     Info>
//启动流
@RPCReturnsObservables
fun <T> startFlowDynamic(logicType: Class<out FlowLogic<T>>, vararg args: Any?):
     FlowHandle<T>
//公证人列表
fun notaryIdentities(): List<Party>
//交易写库
fun addVaultTransactionNote(txnId: SecureHash, txnNote: String)
//下载JAR
fun openAttachment(id: SecureHash): InputStream
//上传JAR
fun uploadAttachment(jar: InputStream): SecureHash
```

为了转储事务，我们需要的 RPC 操作是 internalVerifiedTransactionsFeed。类型签名告诉我们，RPC 操作将返回事务列表和可观察流。这是一个通用模式，我们通过该模式可以查询一些数据，并且节点将返回当前快照和对它进行的未来更新。在客户机 RPC 中更详细地描述了可观测性。

```
val (transactions: List<SignedTransaction>, futureTransactions: Observable
    <SignedTransaction>) = proxy.internalVerifiedTransactionsFeed()
```

事务图将被定义为如下形式：

- 每个事务都是一个顶点，由打印节点 <txHASH> 表示。
- 每个输入－输出关系是一个边，由打印边缘 <txHASH> <txHASH> 表示。

事务图定义代码如下所示。

```
when (printOrVisualise) {
    PrintOrVisualise.Print -> {
        futureTransactions.startWith(transactions).subscribe { transaction ->
            println("NODE ${transaction.id}")
            transaction.tx.inputs.forEach { (txhash) ->
                println("EDGE $txhash ${transaction.id}")
            }
        }
    }
```

现在我们只需要创建交易本身。创建交易的代码如下所示。

```
fun generateTransactions(proxy: CordaRPCOps) {
    val vault = proxy.vaultQueryBy<Cash.State>().states

    var ownedQuantity = vault.fold(0L) { sum, state ->
        sum + state.state.data.amount.quantity
    }
    val issueRef = OpaqueBytes.of(0)
    val notary = proxy.notaryIdentities().first()
    val me = proxy.nodeInfo().legalIdentities.first()
    while (true) {
        Thread.sleep(1000)
        val random = SplittableRandom()
        val n = random.nextDouble()
        if (ownedQuantity > 10000 && n > 0.8) {
            val quantity = Math.abs(random.nextLong()) % 2000
            proxy.startFlow(::CashExitFlow, Amount(quantity, USD), issueRef)
            ownedQuantity -= quantity
        } else if (ownedQuantity > 1000 && n < 0.7) {
            val quantity = Math.abs(random.nextLong() % Math.min(ownedQuantity, 2000))
            proxy.startFlow(::CashPaymentFlow, Amount(quantity, USD), me)
        } else {
            val quantity = Math.abs(random.nextLong() % 1000)
            proxy.startFlow(::CashIssueFlow, Amount(quantity, USD), issueRef,
                notary)
            ownedQuantity += quantity
        }
    }
}
```

我们在这里使用了几个 RPC 函数来查询节点集群中的公证人或我们自己的库。这些

RPC 函数还返回可观察对象，以便节点可以发送更新的值。然而，我们不需要在这里更新，所以我们将这些观测值标记为未使用。如果不这样做，将泄漏节点中的资源。然后在一个循环中，我们随机生成一个问题、一个工资或一个退出交易。我们需要启动现金交易的 RPC 是 startFlow，它启动了一个任意流，并有足够的权限这样做。最后，我们有了一切：我们启动了几个节点，并连接到了它们，还开始创建了事务，同时监听成功创建的事务，它们被转储到控制台。我们只需要运行它就可以了。

```
# Build the example
./gradlew docs/source/example-code:installDist
# Start it
./docs/source/example-code/build/install/docs/source/example-code/bin/client-
    rpc-tutorial Print
```

现在让我们尝试可视化事务图。我们将使用被称为图形流的图形绘制库。事务图代码如下所示。

```
PrintOrVisualise.Visualise -> {
        val graph = MultiGraph("transactions")
        transactions.forEach { transaction ->
            graph.addNode<Node>("${transaction.id}")
        }
        transactions.forEach { transaction ->
            transaction.tx.inputs.forEach { ref ->
                graph.addEdge<Edge>("$ref", "${ref.txhash}", "${transaction.id}")
            }
        }
        futureTransactions.subscribe { transaction ->
            graph.addNode<Node>("${transaction.id}")
            transaction.tx.inputs.forEach { ref ->
                graph.addEdge<Edge>("$ref", "${ref.txhash}", "${transaction.id}")
            }
        }
        graph.display()
    }
}
```

如果我们以可视化的方式运行客户端，我们应该看到一个简单的随机图被绘制，因为正在创建新的事务。用 Corda 节点从 CorDapp 中创建白名单类，如在客户端 RPC 中所描述的，你必须在 RPC 请求或 Corda 节点的响应中添加所需的任何附加类。下面是两个示例类的两种方式的示例。

```
data class ExampleRPCValue(val foo: String)
@CordaSerializable
data class ExampleRPCValue2(val bar: Int)
class ExampleRPCSerializationWhitelist : SerializationWhitelist {
    override val whitelist = listOf(ExampleRPCValue::class.java)
}
```

安全性方面，与客户端关联的 RPC 凭据必须与服务器节点上配置的权限集相匹配。这指的是身份验证（用户名和密码）和基于角色的授权（允许认证的用户有权运行 RPC 操作的集合）。权限被表示为 String，以允许 RPC 实现添加自己的许可。目前唯一定义的权限类型是 SistFoad，它定义了一个身份验证的使用可能执行的白名单流列表。管理员用户（或开发人员）也可以分配所有权限，授予对任何流的访问权。在上面的说明中，服务器节点权限是在驱动程序代码中以编程方式配置的。

```
driver(driverDirectory = baseDirectory) {
    val user = User("user", "password", permissions = setOf(startFlow <CashFlow>()))
    val node = startNode("CN=Alice Corp,O=Alice Corp,L=London,C=GB", rpcUsers =
         listOf(user)).get()
```

当使用配置文件启动独立节点时，我们必须提供如下所示的 RPC 证书。

```
rpcUsers : [
    { username=user, password=password, permissions=[ StartFlow.net.corda.finance.
         flows.CashFlow ] }
]
```

当我们使用 gradle cordformation 插件配置和部署一个节点时，必须以类似的方式提供 RPC 证书。

```
rpcUsers = [
    ['username' : "user",
    'password' : "password",
    'permissions' : ["StartFlow.net.corda.finance.flows.CashFlow"]]
]
```

然后可以部署和启动如下节点（公证人和爱丽丝）。

```
# to create a set of configs and installs under ``docs/source/example-code/build/
    nodes'' run
./gradlew docs/source/example-code:deployNodes
# to open up two new terminals with the two nodes run
./docs/source/example-code/build/nodes/runnodes
# followed by the same commands as before:
./docs/source/example-code/build/install/docs/source/example-code/bin/client-
   rpc-tutorial Print
./docs/source/example-code/build/install/docs/source/example-code/bin/client-
   rpc-tutorial Visualise
```

关于启动流 RPC，有一个额外的安全层，其中要执行的流必须使用 @StartabelByRPC 注释。没有此注释的流不能使用 RPC 执行。

12.3 构建交易

在 Corda 中，理解交易是建立现实世界智能合约的关键。只有通过构建包含适当数据的有效 Corda 事务，分类账上的节点才能将真实世界的业务对象映射到 Corda 分类账中的数据共享数字视图。更重要的是，作为新的智能合约的开发者，它是一种代码，它决定什么样的数据形成良好，哪些数据应该被错误拒绝，或者防止恶意活动。此文档详细说明了在将事务构建为流的一部分时，需要考虑的一些注意事项和 API。

12.3.1　交易的基本生命周期

Corda 中的事务包含多个元素：

- 由最终接受的事务所消耗的一组输入状态引用。
- 一组输出状态，创建 / 替换消耗的状态，从而成为分类账上的数据的最新版本。
- 一组附件，可以包含法律文档、合约代码或私有加密区段作为超出本合约状态的扩展。
- 一组命令项，指示在事务中编码的分类账转换的类型。每个命令也有一组相关的签名者密钥，这将需要签署交易。
- 签名者列表，它是各个命令对象上签名者的联合。
- 公证身份指定哪个公证节点跟踪状态消耗。如果事务的输入状态被注册到不同的公证节点，则流程将不得不插入附加的 Notarychange 事务，以便在公证之前将状态迁移到一致的公证节点。降低任何状态的变异。
- 可选地，公证人可以使用时间戳来将提议的交易提交到分类账。

通过填充事务生成器来构建事务。通常情况下，事务生成器将需要在各方被完全填充之前来回交换。这是 Corda 隐私模型的一个直接后果，其中输入状态很可能对另一个节点是未知的。一旦构建器完全填充，流就应该通过签署它来创建 SIGNDD 事务来冻结 TransactionBuilder。这是分类账协议过程的关键——一旦流程将一个节点的签名附加到一个事务上，它就有效地表示自己接受了交易的所有细节。

流的最佳实践是接收其他方的事务签名而不是接收完整的 SIGNDD 事务对象，否则我们必须单独检查这仍然是同一个 SIGNDD 事务而不是恶意替代。向分类账提交交易的最后阶段是公证交易，将其分发给所有合适的方，并将数据记录到分类账中。最好将这些操作委托给 FinalityFlow，而不是手动调用各个步骤。但是请注意，对其他节点的最终广播是异步的，因此在单元测试中必须谨慎地等待库更新。

12.3.2　交易准备

本节介绍构建交易前的准备，包含收集输入、生成命令、生成输出。

1. 收集输入

形成事务的第一个步骤是收集一组输入引用。根据智能合约捕获业务流程的性质和请求的参数化细节，此过程将明显不同。但是，通常需要通过 Services 集线器上的 Vaultlt-

Service 接口来搜索库，以定位输入状态。

要给出一些更具体的细节，可以考虑两个简化的现实世界场景。第一，外汇基本现金交易。这笔交易需要找到一套资金来交换。在 FxTransactionBuildTutorial.kt 中实现了流建模。第二，一种简单的商业模式，在该模式中，各方手动接受或拒绝对方的贸易建议，这在 WorkflowTransactionBuildTutorial.kt 中实施。使用 ITELLIJIDE 来运行和探索这些示例，可以通过 FxTransactionBuildTutorialTest.kt 中的各个单元测试和 WorkFutoTraceBudioTutoRealTest.KT 来运行这些步骤，这些流程驱动流作为节点内存的模拟网络的一部分。在为这些单元测试创建智能化运行配置之前，执行运行→编辑 NBSP 配置→默认→ JUnit，添加 -javaagent:lib/quasar.jar 到 VM 选项，并将工作目录设置为 $PurrutsDIR $，以便正确配置类星体仪器。

对于现金交易，假设我们在金融分级模块中使用标准现金状态。现金契约使用 FungibleAsset 状态来模拟可交换资产的持有，并允许分裂、合并和汇总以满足合约义务。我们通常使用 Cash.generateSpend 方法将所需的现金量收集到事务生成器中，设置输出并生成移动命令。然而，为了使事情更清楚，这里所示的示例流代码将通过使用 ValultService 的 tryLockFungibleStatesForSpending 支出方法指定相关的查询准则过滤器来手动执行输入查询。

构建外汇交易代码如下所示。

```
private fun gatherOurInputs(serviceHub: ServiceHub,
        lockId: UUID,
        amountRequired: Amount<Issued<Currency>>,
        notary: Party?): Pair<List<StateAndRef<Cash.State>>, Long> {
    //提取身份
    val ourKeys = serviceHub.keyManagementService.keys
    val ourParties = ourKeys.map { serviceHub.identityService.partyFromKey(it) ?:
        throw IllegalStateException("Unable to resolve party from key") }
    val fungibleCriteria = QueryCriteria.FungibleAssetQueryCriteria(owner = ourParties)

    val notaries = notary ?: serviceHub.networkMapCache.notaryIdentities.first()
    val vaultCriteria: QueryCriteria = QueryCriteria.VaultQueryCriteria(notary =
        listOf(notaries as AbstractParty))

    val logicalExpression = builder { CashSchemaV1.PersistentCashState::currency.
        equal(amountRequired.token.product.currencyCode) }
    val cashCriteria = QueryCriteria.VaultCustomQueryCriteria(logicalExpression)

    val fullCriteria = fungibleCriteria.and(vaultCriteria).and(cashCriteria)

    val eligibleStates = serviceHub.vaultService.tryLockFungibleStatesForSp
        ending(lockId, fullCriteria, amountRequired.withoutIssuer(), Cash.
        State::class.java)

    check(eligibleStates.isNotEmpty()) { "Insufficient funds" }
    val amount = eligibleStates.fold(0L) { tot, (state) -> tot + state.data.amount.
```

```
        quantity }
    val change = amount - amountRequired.quantity

    return Pair(eligibleStates, change)
}
```

这是一个外汇交易，所以我们期待另一套从另一方输入货币的状态。然而，Corda 的隐私模型意味着我们不知道其他节点的状态。因此，我们的流必须要求另一个节点执行类似的查询，并将额外的输入返回到事务。我们现在拥有了所有需要的输入 StateRef 项目，并且可以转向收集输出。

对于贸易审批流程，我们需要实现一个简单的工作流模式。我们首先在一个实现线性状态接口的状态对象中记录未确认的交易细节。该记录的一个字段用于将业务工作流映射到枚举状态。最初，发起人创建一个新的状态对象，该对象在其线性 ID 属性和新的启动工作流状态中接收新的唯一标识符。校验方法的编写是为了允许发起方签署此初始事务并将其发送给另一方。这种模式确保永久性副本被记录在两个账簿上以供审计，并防止国家被恶意地置于批准状态。随后的工作流步骤接着将状态消耗为一个输入的事务，并输出具有任何更新状态的新版本，或者修改与业务流程匹配的线性 ID 并将其保存在更改中。附加的命令对象帮助验证方法限制对工作流中每个步骤的适当字段和签名者的更改。在这方面，双方都签署变更事务，但是如果单方可以阻止拒绝，则允许单方签名有效。通常，这些工作流的手动启动器将在 RPC 接口上查询库的正确合约类型的状态，并在正确的工作流状态中查询。然后，RPC 将使用 StateRef 或线性 ID 值作为流的参数来启动相关流，以识别正在运行的状态。因此，为给定的 StateRef 收集最新输入状态的代码将使用如下 VaultService。

```
val criteria = VaultQueryCriteria(stateRefs = listOf(ref))
val latestRecord = serviceHub.vaultService.queryBy<TradeApprovalContract.State>
    (criteria).states.single()
```

2. 生成命令

对于将被添加到事务中的命令，将需要正确反映手头的任务。这些必须匹配，因为在 Contract.verify 方法中，命令将被用来选择验证代码路径。然后，验证方法将限制事务的允许内容以反映上下文。典型的限制可能包括输入现金量必须等于输出现金量，或者只允许工作流步骤改变状态字段。有时，命令也可以捕获一些数据，例如外汇汇率、一方的身份，或者在批量操作中发出命令的特定输入的 StateReF。该数据将被用于进一步帮助合约验证，因为为了确保分布式环境中的一致、安全和可重复的行为，合约验证事务是唯一允许使用事务的内容来确定有效性的。

命令的另一个基本要求是将正确的公钥对象集添加到生成器上的命令中，以验证事务上形成所需签名者的集合。这些必须符合合约的预期。验证方法应该写出来。应特别注意的是，至少资产所有者应签署该资产的许可转让，通常情况下还需要其他签名者，例如

Oracle 命令的 Oracle 身份或者涉及资产交换时的双方。

3. 生成输出

在将状态和 StateAndRefs 设为事务输入时，流必须生成输出状态。通常，这是对 Kotlin 复制方法的简单调用，以修改将在事务中转换的几个字段。如果任务更复杂，则合约代码可以提供一个 generateXXX 方法来帮助这个过程。对于工作流状态，稍加修改的复制状态即可，当我们希望在状态修订之间保留 linearId 时，通过这样的方式进行库查询就可以找到最新的修订。

对于诸如现金之类的可替代合约状态，通常可分配和拆分总金额，例如在打破大量输入状态时为原始所有者产生余额输出状态。请记住，成功事务的结果总是要完全消耗 / 花费输入状态，因此需要保存总现金量。下列为生成输出的演示代码。

```
val (inputs, residual) = gatherOurInputs(serviceHub, lockId, sellAmount, request.notary)
// 为交易对方构建输出状态
val transferedFundsOutput = Cash.State(sellAmount, request.counterparty)
val outputs = if (residual > 0L) {
    // 建立剩余状态的输出状态
    val residualAmount = Amount(residual, sellAmount.token)
    val residualOutput = Cash.State(residualAmount, serviceHub.myInfo.sing-
        leIdentity())
    listOf(transferedFundsOutput, residualOutput)
} else {
    listOf(transferedFundsOutput)
}
return Pair(inputs, outputs)
```

12.3.3 开始构建交易

本节介绍构建交易准备工作完成以后，开始构建交易的过程。

1. 建立已签名交易

在收集了所有事务的组件之后，便可使用事务生成器来构建一个完整的 SignedTransaction。实例化的事务生成器，并提供一个与输出状态相关联的公证人。然后继续添加输入、输出、命令和附件来完成事务。一旦事务完全形成，我们即可调用 ServiceHub.signInitialTransaction 签署事务生成器并将其转换成 SignedTransaction。这个过程的签署事务代码如下所示。

```
val newState = latestRecord.state.data.copy(state = verdict)
val notary = latestRecord.state.notary
val tx = TransactionBuilder(notary).
    withItems(
        latestRecord,
        StateAndContract(newState, TRADE_APPROVAL_PROGRAM_ID),
        Command(TradeApprovalContract.Commands.Completed(),
            listOf(ourIdentity.owningKey, latestRecord.state.data.source.owningKey)))
```

```
tx.setTimeWindow(serviceHub.clock.instant(), 60.seconds)
val selfSignedTx = serviceHub.signInitialTransaction(tx)
private fun buildTradeProposal(ourInputStates: List<StateAndRef<Cash.State>>,
                ourOutputState: List<Cash.State>,
                theirInputStates: List<StateAndRef<Cash.State>>,
                theirOutputState: List<Cash.State>): SignedTransaction {
    val builder = TransactionBuilder(ourInputStates.first().state.notary)
    val ourSigners = ourInputStates.map { it.state.data.owner.owningKey }.toSet()
    val theirSigners = theirInputStates.map { it.state.data.owner.owningKey }.toSet()
    builder.addCommand(Cash.Commands.Move(), (ourSigners + theirSigners).toList())

    // 增加输入和输出
    builder.withItems(*ourInputStates.toTypedArray())
    builder.withItems(*theirInputStates.toTypedArray())
    builder.withItems(*ourOutputState.map { StateAndContract(it, Cash.PROGRAM_ID)
        }.toTypedArray())
    builder.withItems(*theirOutputState.map { StateAndContract(it, Cash.PROGRAM_
        ID) }.toTypedArray())
    return serviceHub.signInitialTransaction(builder, ourSigners.single())
}
```

2. 完成签名交易

创建初始事务生成器并将其转换为 SignedTransaction，验证和形成完整 SignedTransaction，然后以公证完成。在实践中，这是一个相对固定的过程，因为假设 SignedTransaction 正确构建，验证应该是即时的。但是，重新检查从外部节点接收到的任何数据的业务细节也是非常重要的，因为恶意方在返回事务之前总是可以修改内容的。因此，每个远程流应该在同意签署之前尽可能多地检查接收的初始 SignedTransaction，出现任何问题都应该立即抛出异常以中止流。与此类似，发起人应该总是将任何新的签名应用到其最初的提案中，以确保交易的内容没有被对方改变。

因此，典型的代码使用 verifySignaturesExcept 检查所接收的 SignedTransaction，除了方法本身之外，还应检查公证人和尚未应用其签名的任何其他方。verifySignaturesExcept 的内容应进一步通过 toLedgerTransaction 扩展和调用验证来进一步验证。因为不允许校验，所以还需要进行上下文和业务检查。例如，流程可能需要检查各方是否正确，或者在事务上存在的命令对于这个特定流是否为意料之中的。演示代码中如下所示。

```
// 接收交易
val completeTx = sourceSession.receive<SignedTransaction>().unwrap {
    // 核对交易
    it.verifySignaturesExcept(ourIdentity.owningKey, it.tx.notary!!.owningKey)
    // 检查交易数据
    val ltx = it.toLedgerTransaction(serviceHub, false)
    ltx.verify()
    // 检查交易类型是否符合预期
    require(ltx.commands.single().value is TradeApprovalContract.Commands.Completed) {
        "Transaction must represent a workflow completion"
```

```
    }
    // 检查交易上下文
    val state = ltx.outRef<TradeApprovalContract.State>(0)
    require(serviceHub.myInfo.isLegalIdentity(state.state.data.source)) {
        "Proposal not one of our original proposals"
    }
    require(state.state.data.counterparty == sourceSession.counterparty) {
        "Proposal not for sent from correct source"
    }
    it
}
```

验证后，对方流将返回其签名给始发者。发起方应将签名应用于起始 SignedTransaction，并重新检查签名匹配。

3. 提交交易

一旦所有签名应用到 SignedTransaction，最后的步骤就是公证，并确保所有节点记录完全签名的事务。这个代码在 FinalityFlow 中是标准化的：

```
subFlow(FinalityFlow(allPartySignedTx, setOf(newState.source)))
```

4. 部分可见事务

前面的讨论已经假设各方需要充分的可视性来签署交易。然而，可能存在各方需要存储私人数据以供审计目的或向监管机构提供证据的情况，但不希望与其他贸易伙伴共享该数据。Corda 中的 tear-off/Merkle 树支持允许流发送完整事务的部分来限制对方的可见性。要做到这一点，可以使用 SignedTransaction.buildFilteredTransaction 扩展方法生成一个 FilteredTransaction。我们希望隐藏的 SignedTransaction 的元素被它们的安全散列替换。整个事务 ID 仍然可以从 FilteredTransaction 中证明，防止私有数据的更改，但是我们不会直接将该数据暴露给另一个节点。这一个完整的例子可以从 IRS 演示项目的 NodeInterestRates 代码中找到，它与 RatesFixFlow 交互。

12.4 编写流

本节将介绍建模业务流的方法和实现它们的底层网络协议。本节解释了平台的流框架是如何使用的，并让你通过一个简单的两方资产交易流的代码辅助理解。

12.4.1 基础内容

本节介绍与编写流有关的基础内容，涵盖基本介绍、理论。

1. 介绍

共享的分布式账簿是很有趣的，因为它们允许许多不同的、相互不信任的各方分享资产所有权的单一来源。数字签名的事务被用来更新共享的分类账，事务可能同时原子性改变许多状态。Bitcoin 的区块链系统支持通过在主网络之外传递部分签名的无效事务来建立已完成签名事务的想法，通过这样做，可以实现交付与支付，从而不存在结算失败的机会。因为使用现金的流和交易的资产是由同一交易原子执行。执行这样的交易涉及一个多步骤的流程，其中消息在当事人之间私下传递、检查、签署等。尽管这些流有很大用处，但像 Bitcoin 和 Ethereum 这样的平台并不能帮助开发人员进行实际构建它们。在实施过程中有很多类似的棘手的问题，一个好的平台会为你解决这些问题，比如：

- 避免“回调地狱”。编程时，理想的情况是只有按顺序从前到后执行代码，这是希望避免使用线程来实现流的实例化。
- 节点停机 / 重新启动，可能发生在流运行的时刻，这意味着必须将流的状态保存到磁盘。
- 错误处理。
- 消息路由。
- 序列化。
- 捕获类型错误，期望在实际接收 / 发送另一种类型的消息时接收 / 发送一种类型的消息。
- 完成流的单元测试。

Actor 框架可以解决上面的问题，但是其通常紧密绑定到特定的消息传递层，而我们希望保持框架的独立性，因此 Actor 并不适合我们。此外，Actor 框架通常不是类型安全的，并且不会使持久性或编写顺序代码变得更容易。大多数代码都涉及持久性、消息传递、生命周期管理、错误处理和回调管理的细节。由于业务逻辑非常分散，代码难以读取和调试，并且小型合约特定的交易流程是金融中常见的一种，因此我们提供了一些框架，通过该框架可以自动处理上面提到的许多问题。

2. 理论

延续是存储在一个规则对象中的悬浮堆栈帧，它可以被传递、序列化、非序列化并从被暂停的地方恢复。这个概念有时被称为“纤维”。这听起来也许很抽象，但不用担心，下面的例子会让你更清楚。JVM 不支持连续性，所以我们使用被称为类星体的库来实现它们，类星体库通过重写后台字节代码来工作。类星体库有如下优点：

- 类星体库允许我们编写没有回调的代码，使其看起来像普通的顺序代码。
- 挂起的延续比挂起的线程要少得多的内存，可以低到几百字节。相比之下，暂停 Java 线程的堆栈需要 1MB。
- 类星体库使开发者摆脱了对持久性和序列化的思考。

状态机是通过各种状态移动的代码。这与数据模型中的状态（代表分类账上的世界的事实）不同，而是表示多级流的进展的不同阶段。通常，编写状态机需要使用大交换机语句和一些显式变量来跟踪你所处的位置。

3. 两方交易流

我们希望实现共享交易流程的“Hello World”：卖方希望出售一些资产（例如一些商业票据）以换取现金，买方希望使用现金购买资产。他们都希望贸易是原子的，所以双方都不面临结算失败的风险。我们假设买方和卖方已经找到彼此，并在一些交易所或柜台上安排细节。贸易安排的细节不在本节详述。我们的流有两个方面（买方和卖方的 B 和 S），并将进行如下步骤。

（1）S 发送一个 StateAndRef 指向他们想要卖给 B 的状态，以及他们需要支付的价格的信息。

（2）B 向 S 发送 SignedTransaction，包括两个输入（S 的状态，B 所拥有的现金）和三个输出（现在由 B 所拥有的状态，S 现在拥有的现金，以及 B 所拥有的任何更改现金）。SignedTransaction 有一个 B 的单一签名，但无效，因为它缺少来自 S 授权资产移动的签名。

（3）S 签署交易并将其送回给 B。

（4）B 将交易发送给公证人，该公证人检查交易的有效性，将交易记录在 B 的本地金库中，然后将其发送给 S，同时也检查 S 并将交易提交给 S 的本地金库。

你可以在 finance/src/main/kotlin/net/corda/finance/TwoPartyTradeFlow.kt 中找到此流程的实现。假设没有恶意终止，它们都结束了拥有一个表示原子资产交换的有效的、签名事务的流。注意，卖方是主动与买方联系的，而不是相反的。我们首先定义包含流定义的两个类，然后选择每一方使用什么数据。本节中的代码示例仅在 Kotlin 中可用，但你可以使用任何 JVM 语言编写它们，方法也是相同的。

流定义的代码如下所示。

```
object TwoPartyTradeFlow {
    class UnacceptablePriceException(givenPrice: Amount<Currency>) : FlowException
        ("Unacceptable price: $givenPrice")
    class AssetMismatchException(val expectedTypeName: String, val typeName: String) :
         FlowException() {
        override fun toString() = "The submitted asset didn't match the expected type:
            $expectedTypeName vs $typeName"
    }

    //卖方发送给买方
    @CordaSerializable
    data class SellerTradeInfo(
        val price: Amount<Currency>,
        val payToIdentity: PartyAndCertificate
    )

    open class Seller(private val otherSideSession: FlowSession,
```

```
            private val assetToSell: StateAndRef<OwnableState>,
            private val price: Amount<Currency>,
            private val myParty: PartyAndCertificate,
            override val progressTracker: ProgressTracker = TwoPartyTradeFlow.
                Seller.tracker()) : FlowLogic<SignedTransaction>() {

        companion object {
            fun tracker() = ProgressTracker()
        }

        @Suspendable
        override fun call(): SignedTransaction {
            TODO()
        }
    }

    open class Buyer(private val sellerSession: FlowSession,
            private val notary: Party,
            private val acceptablePrice: Amount<Currency>,
            private val typeToBuy: Class<out OwnableState>,
            private val anonymous: Boolean) : FlowLogic<SignedTransaction>() {

        @Suspendable
        override fun call(): SignedTransaction {
            TODO()
        }
    }
}
```

此代码定义了嵌套在主 TwoPartyTradeFlow 中的几个类。有些类只是流消息或异常。另外两个代表着买卖双方的流。对于卖方：

- otherSideSession: FlowSession。与买方沟通的流会话。
- assetToSell: StateAndRef<OwnableState>。表示销售对象的分类账条目指针。
- price: Amount<Currency>。被出售资产的约定价格（不受发行人限制）。
- myParty: PartyAndCertificate。代表控制被出售资产的一方的证书。

对于买方：

- sellerSession: FlowSession。与卖方沟通的流会话。
- notary: Party。当事人在网络图中输入所选择的公证人。
- acceptablePrice: Amount<Currency>。经外协同意的价格。如果卖方指定的价格低于或等于此价格，则交易将继续进行。
- typeToBuy: Class<out OwnableState>。正在购买的状态类型。这是用来检查流的销售方是不是试图卖给我们错误的东西。
- anonymous: Boolean。是否为事务生成新的匿名公钥。

所以这些流使用不应该太难，在最简单的情况下，我们可以创建一个买方或卖方的细节交易。然后我们必须以某种方式启动流。只需调用调用函数本身是不起作用的，我们需要请求框架为我们启动流。

4. 可挂起函数

买方 / 卖方类的调用函数用 @Suspendable 注释标注。这意味着什么？

如上所述，我们的流框架将在某一点上暂停代码并将其序列化到磁盘。为此，调用堆栈上的任何方法都必须预先标记为 @Suspendable，因此字节码重写器知道修改底层代码来支持这个新特性。当接收、发送或发送并接收调用时，将暂停流。请注意，当调用这些方法中的一个时，必须对堆栈上的所有方法进行标记。如果你忘记了，那么在单元测试环境中，你将得到一个有用的错误消息，告诉你哪些方法没有标记。修复方法很简单：只需添加注释并重试。

5. 带 Corda 节点的白名单类

出于安全原因，我们不想让 Corda 节点能够接收任何类的实例。相反，我们要求包含在消息中的每个类都是白名单类。默认情况下，一些类是白名单的，在该集合之外的其他类需要使用注释 @ @CordaSerializable 或通过插件框架来进行白名单化。

6. 启动你的流

StateMachineManager 是负责维护节点中所有运行流的类。它知道如何将处理程序注册到消息传递系统，并在消息到达时迭代正确的状态机。它提供了发送、接收或发送并接收调用的方法，使代码请求网络交互，并在适当的时间保存 / 恢复序列化的对象。

流可以用多种方式调用。例如，它们可以由计划事件触发（在这种情况下，它们需要用 @SchedulableFlow 注解）；它们也可以通过节点的 RPC API 直接从应用程序代码中触发（在这种情况下，它们需要用 StartableByRPC 注释）。

请求使用 CordaRPCOps.startFlowDynamic 方法调用流是一个 Java 反射类对象描述使用流类（在这种情况下，不分是买方或卖方）。它还需要将一组参数传递给构造函数。因为有可能通过不受信任的代码（例如，你已经发送的状态）请求流调用，所以可以通过白名单来检查可以传递到流中的类型，在加载时，应用程序本身可以扩展这些类型。也有一系列内联的 Kotlin 扩展函数的形式 CordaRPCOps.startFlow，这有助于以类型安全的方式调用流。

启动流的过程返回一个 FlowHandle，你可以使用它来观察结果，它还包含以 StateMachineRunId 形式调用的流的永久标识符。如果你还希望跟踪流的进度，那么可以使用 CordaRPCOps.startTrackedFlowDynamic 或其相应的 CordaRPCOps.startTrackedFlow 函数调用流。这些将返回一个 FlowProgressHandle，它就像一个 FlowHandle，但它也包含一个可观察的进展领域，同时它还包含一个可观察的进度字段。开发人员必须订阅该进程，或者调用它的 Notused() 扩展函数，否则未使用的可观察将在节点中浪费资源。

12.4.2　进一步深入

1. 实现卖方

让我们实现在调用流时运行的 Seller.call 方法。调用流的代码如下所示。

```
@Suspendable
override fun call(): SignedTransaction {
    progressTracker.currentStep = AWAITING_PROPOSAL
    // 第一个消息
    val hello = SellerTradeInfo(price, myParty)
    // 发送和接收
    subFlow(SendStateAndRefFlow(otherSideSession, listOf(assetToSell)))
    otherSideSession.send(hello)
    // 验证和签署交易
    progressTracker.currentStep = VERIFYING_AND_SIGNING

    subFlow(IdentitySyncFlow.Receive(otherSideSession))
    val signTransactionFlow = object : SignTransactionFlow(otherSideSession, VERIFYING_
        AND_SIGNING.childProgressTracker()) {
        override fun checkTransaction(stx: SignedTransaction) {
            // 校验所有交易方
            val states: Iterable<ContractState> = serviceHub.loadStates(stx.tx.inputs.
                toSet()).map { it.state.data } + stx.tx.outputs.map { it.data }
            states.forEach { state ->
                state.participants.forEach { anon ->
                    require(serviceHub.identityService.wellKnownPartyFromAnonymo
                        us(anon) != null) {
                        "Transaction state $state involves unknown participant $anon"
                    }
                }
            }
            if (stx.tx.outputStates.sumCashBy(myParty.party).withoutIssuer() != price)
                throw FlowException("Transaction is not sending us the right
                    amount of cash")
        }
    }
    val txId = subFlow(signTransactionFlow).id

    return waitForLedgerCommit(txId)
}
```

我们开始发送有关资产的信息，因为我们希望出售给买方。我们用贸易信息填写初始流消息，然后调用 otherSideSession.send。它有两个消息：

- 我们希望把这个信息发送给的一方。
- 正在发送的有效载荷。

otherSideSession.send 将串行化有效载荷并将其自动发送给另一方。

接下来，我们调用名为 IdentitySyncFlow.Receive 的子流（参见子流）。IdentitySyncFlow.Receive 确保我们的节点可以在即将被要求签署的事务中提供去匿名的任何机密身份。我们调用的另一个子流称为 SignTransactionFlow。SignTransactionFlow 流自动完成如下过程：

- 收到买方提出的贸易交易，并附上买方签字。
- 检查提议的事务是否有效。
- 计算和附加我们自己的签名，以便交易由买卖双方签署。
- 将交易发送回买方。

交易需要最终确定。这表示将事务发送给公证人的过程（用另一个签名）声明事务中的时间戳（如果有的话）是有效的并且没有“双花”。在这个流程中，最终由买方处理，所以我们只需等待签名的事务出现在我们的事务存储中。它将具有与我们初 ID 相同的身份，以及更多的签名。

2. 实现买方

买方也应做同样的事情，买方定义流类的代码如下所示。

```
@Suspendable
override fun call(): SignedTransaction {
    //等待交易请求
    progressTracker.currentStep = RECEIVING
    val (assetForSale, tradeRequest) = receiveAndValidateTradeRequest()
    // 创建我们将支付的身份，并发送给对方证明我们拥有身份
    val buyerAnonymousIdentity = if (anonymous)
        serviceHub.keyManagementService.freshKeyAndCert(ourIdentityAndCert, false)
    else
        ourIdentityAndCert
    // 将提出的交易组合在一起，并签署
    progressTracker.currentStep = SIGNING
    val (ptx, cashSigningPubKeys) = assembleSharedTX(assetForSale, tradeRequest,
        buyerAnonymousIdentity)
    //签署交易
    val partSignedTx = serviceHub.signInitialTransaction(ptx, cashSigningPubKeys)
    // 与交易对方同步交易中的机密身份
    subFlow(IdentitySyncFlow.Send(sellerSession, ptx.toWireTransaction (serviceHub)))
    //将已签署的交易发送给卖方，卖方必须自己签署并提交给公证人
    progressTracker.currentStep = COLLECTING_SIGNATURES
    val sellerSignature = subFlow(CollectSignatureFlow(partSignedTx, sellerSession,
        sellerSession.counterparty.owningKey))
    val twiceSignedTx = partSignedTx + sellerSignature
    // 公证和记录交易
    progressTracker.currentStep = RECORDING
    return subFlow(FinalityFlow(twiceSignedTx))
}
```

```
@Suspendable
private fun receiveAndValidateTradeRequest(): Pair<StateAndRef<OwnableState>,
    SellerTradeInfo> {
    val assetForSale = subFlow(ReceiveStateAndRefFlow<OwnableState>(sellerSessi
        on)).single()
    return assetForSale to sellerSession.receive<SellerTradeInfo>().unwrap {
        progressTracker.currentStep = VERIFYING
        // 销售信息
        val asset = assetForSale.state.data
        val assetTypeName = asset.javaClass.name
        // 资产必须是由对手的公开身份拥有
        // 或者我们必须能够证明所有者是交易对方的机密身份
        val assetForSaleIdentity = serviceHub.identityService.wellKnownPartyFrom
            Anonymous(asset.owner)
        require(assetForSaleIdentity == sellerSession.counterparty)

        // 注册我们将要支付的身份，不应该和资产所有者一样的身份，从而实现匿名性
        val wellKnownPayToIdentity = serviceHub.identityService.verifyAnd-
            RegisterIdentity(it.payToIdentity) ?: it.payToIdentity
        require(wellKnownPayToIdentity.party == sellerSession.counterparty) {
            "Well known identity to pay to must match counterparty identity" }
        if (it.price > acceptablePrice)
            throw UnacceptablePriceException(it.price)
        if (!typeToBuy.isInstance(asset))
            throw AssetMismatchException(typeToBuy.name, assetTypeName)
        it
    }
}

@Suspendable
private fun assembleSharedTX(assetForSale: StateAndRef<OwnableState>, trade-
    Request: SellerTradeInfo, buyerAnonymousIdentity: PartyAndCertificate):
    SharedTx {
    val ptx = TransactionBuilder(notary)

    // 通过使用现金契约来生成现金的输入和输出状态
    val (tx, cashSigningPubKeys) = Cash.generateSpend(serviceHub, ptx, tradeRequest.
        price, ourIdentityAndCert, tradeRequest.payToIdentity.party)
    // 增加命令
    tx.addInputState(assetForSale)
    val (command, state) = assetForSale.state.data.withNewOwner(buyerAnonymousId
        entity.party)
    tx.addOutputState(state, assetForSale.state.contract, assetForSale.state.
        notary)
    tx.addCommand(command, assetForSale.state.data.owner.owningKey)
    //设置时间窗
    val currentTime = serviceHub.clock.instant()
    tx.setTimeWindow(currentTime, 30.seconds)
    return SharedTx(tx, cashSigningPubKeys)
}
```

这段代码较长，但并不复杂。这里有一些要注意的事情：

- 检查从卖方收到的贸易交易提案是否符合预期。
- 我们使用 Cash.generateSpend 来创建现金支出。
- 根据需要访问的服务集线器来访问暂时性的事务，并且可以在流暂停时改变或重新创建钱包或网络地图等。
- 我们将 CollectSignaturesFlow 作为子流，将未完成的、无效的事务发送给卖方，以便他们可以签署并发送给我们。

最后，我们将 FinalityFlow 作为子流来确定事务。

3. 流会话

流会话将有助于描述流之间是如何相互通信的。节点可以同时运行多个流，并且可能与相同的对手方节点通信，但目的不同。因此，流需要隔离通信信道，使得在同一组节点上的流之间的并发会话不相互干扰。

为了实现这一点，且为了与对方通信，需要首先使用 initiateFlow 发起与一方的会话，该会话返回流会话对象，标识该通信。随后，第一个实际通信将在另一侧启动计数器流，接收“答复”会话对象。当流结束时，会话结束，无论是预期的还是预先完成的。如果流过早结束，则将通知另一侧，然后流也会结束。由于出现异常，流会提前结束，如上所述，如果该异常是流异常或子类型，则它将传播到另一侧。任何其他异常都不会传播。

退后一步，我们提到另一方必须接受会话请求，以便有一个通信信道。如果节点已经注册了正在进行请求的流类型（完全限定类名），则每个节点接受会话请求——每个会话发起都包括发起流类型。启动（Server）流必须使用 @InitiatedBy 注解来命名发起（客户端）流，并传递将开始流会话的类名作为注释参数。

流可以通过嵌套来构成。调用子流看起来类似于普通函数调用。

```
@Suspendable
fun call() {
    val unnotarisedTransaction = ...
    subFlow(FinalityFlow(unnotarisedTransaction))
}
```

让我们来看一下这个流中调用的三个子流。

在买方方面，我们使用最终流来完成交易。它将完成如下任务：

- 将交易发送给所选择的公证人，必要时满足公证人交易有效；
- 如果涉及节点的所有者是相关的，则在本地库中记录事务。
- 将完全签名的事务发送给其他参与者进行记录。

警告 如果卖方在将最终交易发送给买方之前停止，则其将留下有效的交易，但买方不是，所以他们不能使用他们刚刚购买的资产。这类事情并不总是一种风险（因为卖方可能无法从这种行为中获得任何好处，除非是诉讼），但如果是这样的话，该平台的未来版本将允许你要求公证人也将交易发送给你，以防交易对方不这样做。这不是默认的，因为这需要向公证人透露更多私人信息。

我们只需通过流的构造函数创建流对象，然后将它传递给子流程方法，该方法直接返回流的执行结果。在幕后，所有这些都是在进行进度跟踪，然后运行对象的调用方法。因为子流可能挂起，所以我们必须标记调用流作为可中止的方法。

在 FinalityFlow 中，我们使用另一个子流——接收事务流。该流负责下载和检查事务的所有依赖项。在 Corda 中，事务总是可以从发送给你使用事务的方法中检索。该流程返回 LedgerTransaction 对象列表。事务依赖性解决方案假定从事务中获得的对等体本身是具有所有依赖项的，这是必须的，因为它无法保证依赖本身是有效的。重要的是要认识到，只要求我们所需要的交易是一种隐私泄漏，因为如果我们不从对等体下载交易，其他人就会知道我们见过哪些交易。修复隐私泄露的问题后面的内容中会出现。

我们还会调用两个其他子流——CollectSignaturesFlow（在买方）和 SignTransactionFlow（在卖方）。

这些流通过通信来收集提议的事务所需的所有签名。CollectSignaturesFlow 将完成如下任务：

- 验证迄今为止在交易中收集的任何签名。
- 验证事务本身。
- 事务发送到剩余的需要签名者并接收他们的签名。
- 验证收集的签名。

SignTransactionFlow 响应完成如下任务：

- 从线上接收部分签名的事务。
- 验证现有签名。
- 解决事务的依赖关系。
- 验证事务本身。
- 运行任何自定义验证逻辑。
- 把签名寄回买方。
- 记录金库里等待的交易。

我们不能实例化 SignTransactionFlow 本身，因为它是一个抽象类。相反，我们需要对它进行子类化，并重写 checkTransaction() 以添加我们自定义的验证逻辑。添加自定义验证的代码如下所示。

```
val signTransactionFlow = object : SignTransactionFlow(otherSideSession, VERIFYING_
    AND_SIGNING.childProgressTracker()) {
    override fun checkTransaction(stx: SignedTransaction) {
        //验证交易所有参与方
        val states: Iterable<ContractState> = serviceHub.loadStates(stx.tx.inputs.
            toSet()).map { it.state.data } + stx.tx.outputs.map { it.data }
        states.forEach { state ->
            state.participants.forEach { anon ->
                require(serviceHub.identityService.wellKnownPartyFromAnonymous(anon
                    ) != null) {
                    "Transaction state $state involves unknown participant $anon"
                }
            }
        }

        if (stx.tx.outputStates.sumCashBy(myParty.party).withoutIssuer() != price)
            throw FlowException("Transaction is not sending us the right amount
                of cash")
    }
}

val txId = subFlow(signTransactionFlow).id
```

在这种情况下，我们的自定义的验证逻辑会确保交易中的现金输出量等于资产的价格。

4. 持续流

如果你看一下 FinalityFlow、CollectSignaturesFlow 和 SignTransactionFlow 的代码，就会看到两个接收和发送，以及对接收的调用。一旦调用了这些方法中的任何一种，调用方法将被暂停到延续中并保存到持久存储中。如果节点崩溃或重新启动，流将有效地继续下去，好像什么都没发生过一样。在一个需要人与人交互的流程中，你的代码可能会在这样的调用中保持阻塞，阻塞时间可能为几秒、几分钟、几小时甚至几天。在编写一个将继续使用的类时，有两个规则需要牢记：

第一，当函数被挂起时，堆栈上的任何东西将被存储到堆中并被垃圾收集器保持。因此，除非你真的必须这么做，否则不要试图保持巨大的数据结构。你可以始终使用私有方法来保持堆栈不受临时变量的影响，或者避免 Kryo 不能正确序列化的对象。

第二，在堆栈上，从堆栈中获得的对象将被序列化。函数调用的状态可能会在很晚的时候复活。Kryo 不要求对象被标记为可串行化，即便被如此标记，从这些调用中创建线程之类的事情也不是好方法。它们应该只包含业务逻辑，并且只通过流框架公开的方法进行 I/O 处理。

尽管在许多大型内部节点服务上保留引用是可以的：这些将使用平台所识别的特殊令牌序列化，并且当继续加载到磁盘上时，将其可连接到正确的实例。接收、发送和返回一个简单的包装类时，UntrustworthyData<T> 只是一个标记类，它提醒我们数据来自潜在的恶意外部源，并且可能被篡改或以其他方式做一些未知的事情。它不增加任何功能，只起到提醒的作用。

5. 异常处理

流可以抛出异常以提前终止执行。流框架对 FlowException 及其子类型给予特殊的处理。这些异常被视为流的错误响应，并被传播到与之通信的所有对手方。接收流将在下一次接收或发送时抛出相同的异常，从而结束流会话。如果通过子流调用了接收器，则可以捕获异常，从而重新调用子流。如果错误流抛出的异常不是流异常，它仍然会终止，但不会传播到其他对手方。相反，它们将被告知流已经终止并将自身终止于一个通用异常。将来的版本将扩展这一点，让节点管理员对这种错误有更多的控制权。

1）流

抛出流异常可以使流拒绝接收发件人的一段数据。这通常是在接收非信任数据的展开方法中完成的。在上面的示例中，卖方检查价格，如果无效，则抛出流异常。然后再由买方以更好的价格尝试或放弃。

2）进程跟踪

上面的代码片段中没有显示的是 ProgressTracker API 的用法。该 API 可完成进度跟踪从一个流向它所到达的地方导出信息，这样观察者可以将相关信息呈现给需要被告知的人。信息可以通过 API、GUI、终端窗口等来呈现。

ProgressTracker 由一系列的 STEP 对象构造，其中每个步骤是表示一个工件中的一个阶段的对象。因此，使用子类的典型步骤是，当使用 Kotlin 时，某些操作可以很容易在一行中定义，如“等待对等体的响应”“等待签名被批准”“下载和验证数据”等。

流可能在流类中用代码声明一些步骤。

```
object RECEIVING : ProgressTracker.Step("Waiting for seller trading info")

object VERIFYING : ProgressTracker.Step("Verifying seller assets")
object SIGNING : ProgressTracker.Step("Generating and signing transaction
    proposal")
object COLLECTING_SIGNATURES : ProgressTracker.Step("Collecting signatures from
    other parties") {
    override fun childProgressTracker() = CollectSignaturesFlow.tracker()
}

object RECORDING : ProgressTracker.Step("Recording completed transaction") {
    // 可添加其他代码

}

override val progressTracker = ProgressTracker(RECEIVING, VERIFYING, SIGNING,
    COLLECTING_SIGNATURES, RECORDING)
```

上述代码每一步都暴露标签。通过定义自己的步骤类型，可以用人类可读和机器可读的方式导出进程。

进度跟踪器是分级的。每个步骤可以是另一个跟踪器的父级。通过设置 Step.child-ProgressTracker 可以创建一个步骤树。它允许在运行时立即更改层次结构，并且进度渲染器进行适应。当你不完全知道提前进行什么步骤时这可能会有帮助的。如果你确实知道需要什么，则建议提前配置好层次结构，因为这将帮助用户看到即将发生的事情。可以通过如下这样的覆盖步骤类来预先配置步骤：

```
object VERIFYING_AND_SIGNING : ProgressTracker.Step("Verifying and signing
    transaction proposal") {
    override fun childProgressTracker() = SignTransactionFlow.tracker()
}
```

每个跟踪器不仅包括施工时给予的步骤，还包括单进程 ProgressTracker.UNSTA-RTED 步骤和 ProgressTracker.DONE 步骤。一旦跟踪器已经完成，其位置可能不会再次被修改（例如 UI 可能已经被移除或清理），但是在完成前，跟踪器可以被设置为任意集合并可进行来回和向后等操作。比如步骤跳过、重复等。注意，向后滚动当前步骤将删除任何正在被逆转的步骤的进度跟踪器（前提是子任务必须重复）。

跟踪器提供 RX 以便观察哪些流改变到层次结构。顶层可观测的所有事件都是由 RX 的子程序生成的。这些变化可能是位置（即进度）、结构（即添加 / 移除的新子任务）或渲染（即步骤以某种方式改变并请求重新渲染）等方面的改变。

有些流程框架与该 API 进行了集成。每个 flowlogic 可以通过重写流跟踪者的属性以提供一个跟踪过程（在 java getflowtracker 方法）。如果使用 FlowLogic.subFlow 方法，那么如果父流首先使用跟踪，则子流的跟踪器将自动成为父流中当前步骤的子节点。当流程完成时，框架也会自动为你设置当前步骤。

流有时可能希望配置的子流由其发展层次之前的子流构成，且始终遵循相同的框架，故允许子流具有跟踪器，它将作为参数传递。这便允许所有跟踪器提前建立和链接。

在未来，进度跟踪框架将成为如何将异常、错误和其他故障展现给操作员进行调查和解决的重要部分。

6. 未来特征

流框架是平台的关键部分，未来将以主要的方式扩展。以下是我们计划的一些特点：

- 异常管理，使用“流医院”工具来手动解决无法避免的问题（例如另一方不知道交易）。
- 能够通过一些外部的售票系统、电子邮件或自定义的 UI 与人进行交互（例如实现人类事务授权）。

12.5 编写流测试

流可以是一个相当复杂的事情，并与网络上的许多服务和其他各方交互。这意味着单元测试需要一些基础设施来提供轻量级的模拟实现。MockNetwork 提供了这个测试基础结构层，你可以在 UTILS 测试模块中找到这个类。

学习如何进行单元测试流的一个很好的例子是解决事务流测试。此流程负责下载和验证事务图以及所有需要的依赖关系。我们从这个基本骨架开始。事务流测试代码如下所示。

```
class ResolveTransactionsFlowTest {
    private lateinit var mockNet: InternalMockNetwork
    private lateinit var notaryNode: StartedNode<MockNode>
    private lateinit var megaCorpNode: StartedNode<MockNode>
    private lateinit var miniCorpNode: StartedNode<MockNode>
    private lateinit var megaCorp: Party
    private lateinit var miniCorp: Party
    private lateinit var notary: Party

    @Before
    fun setup() {
        mockNet = InternalMockNetwork(cordappPackages = listOf("net.corda.
            testing.contracts"))
        notaryNode = mockNet.defaultNotaryNode
        megaCorpNode = mockNet.createPartyNode(CordaX500Name("MegaCorp",
            "London", "GB"))
        miniCorpNode = mockNet.createPartyNode(CordaX500Name("MiniCorp",
            "London", "GB"))
        megaCorpNode.registerInitiatedFlow(TestResponseFlow::class.java)
        miniCorpNode.registerInitiatedFlow(TestResponseFlow::class.java)
        notary = mockNet.defaultNotaryIdentity
        megaCorp = megaCorpNode.info.singleIdentity()
        miniCorp = miniCorpNode.info.singleIdentity()
    }

    @After
    fun tearDown() {
        mockNet.stopNodes()
    }
```

我们在 @before 安装方法中创建一个模拟网络，并创建几个节点。我们还记录了公证人在我们的测试网络中的身份，这在以后会用到。

接下来编写一个测试用例。

```
@Test
fun `resolve from two hashes`() {
    val (stx1, stx2) = makeTransactions()
    val p = TestFlow(setOf(stx2.id), megaCorp)
    val future = miniCorpNode.services.startFlow(p)
    mockNet.runNetwork()
    val results = future.resultFuture.getOrThrow()
    assertEquals(listOf(stx1.id, stx2.id), results.map { it.id })
    miniCorpNode.database.transaction {
        assertEquals(stx1, miniCorpNode.services.validatedTransactions.getTransaction
```

```
        (stx1.id))
    assertEquals(stx2, miniCorpNode.services.validatedTransactions.getTransaction
        (stx2.id))
  }
}
```

我们看一下 makeTransactions 函数。现在它返回两个 SignedTransaction 对象，第二个事务对象属于第一个节点。这两种事务都来自 MegaCorpNode，而不是 Mini-CorpNode。

测试逻辑很简单：创建流，将 MegaCorpNode 的身份作为与之对话的目标。然后，在 MiniCorpNode 上启动它，并使用 mockNet.runNetwork() 方法来弹出消息直到事情已经解决（即没有更多的消息等待传递）。所有这些都是使用内存中快速初始化和使用的消息路由来完成的。最后，我们得到了流量的结果，并进行了一些测试。我们还检查了 MiniCorpNode 数据库的内容，以查看该流对节点的持久状态是否产生预期影响。

下面是 makeTransactions 交易的样子。创建事务的代码如下所示。

```
private fun makeTransactions(signFirstTX: Boolean = true, withAttachment: SecureHash?
    = null): Pair<SignedTransaction, SignedTransaction> {
    // 建立一个虚拟状态的托管链并插入节点A中
    val dummy1: SignedTransaction = DummyContract.generateInitial(0, notary,
        megaCorp.ref(1)).let {
        if (withAttachment != null)
            it.addAttachment(withAttachment)
        when (signFirstTX) {
            true -> {
                val ptx = megaCorpNode.services.signInitialTransaction(it)
                notaryNode.services.addSignature(ptx, notary.owningKey)
            }
            false -> {
                notaryNode.services.signInitialTransaction(it, notary.owningKey)
            }
        }
    }
    val dummy2: SignedTransaction = DummyContract.move(dummy1.tx.outRef(0),
        miniCorp).let {
        val ptx = megaCorpNode.services.signInitialTransaction(it)
        notaryNode.services.addSignature(ptx, notary.owningKey)
    }
    megaCorpNode.database.transaction {
        megaCorpNode.services.recordTransactions(dummy1, dummy2)
    }
    return Pair(dummy1, dummy2)
}
```

我们使用的是 DummyContract 合约，这是一个简单的测试智能合约，它将单个数字存储在其状态中，包括所有权和发行者信息。你可以发布这些状态，退出它们并重新分配所有权（移动它们）。该代码简单创建了一个事务，由事务发出哑状态（颁发者是 MEGA_

CORP，预定义的单元测试标识)，用测试公证和 MEGA_CORP 密钥对其进行签名，然后将生成器转换为最终 SignedTransaction。重复上述步骤，但是这次不是发行它而是重新分配所有权。在数据库事务中两个事务的链最终通过将它们直接发送到 megaCorpNode.services.recordTransaction 方法（注意，该方法不检查事务是有效的）。所有节点流都在节点本身的数据库事务中运行，但是任何时候我们都需要从单元测试直接使用数据库，你只需要提供上述代码示例所示的数据库事务。

关于启动流，完整节点通过扫描 CorDapp JAR 来自动注册它们。在单元测试环境中，这是不可能的，因此 MockNode 使用 registerInitiatedFlow 方法手动注册启动流。

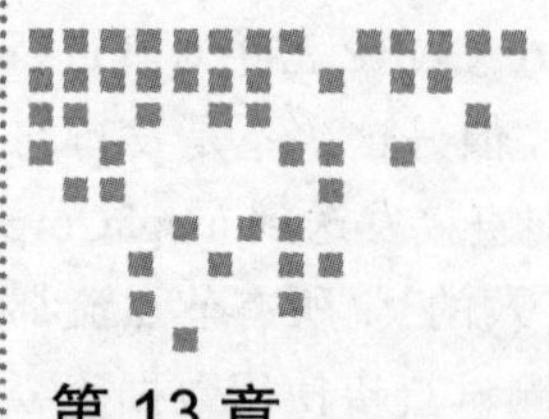

Chapter 13 第 13 章

高级特性开发示范

本章将介绍 Corda 应用开发过程中涉及的一些高级组成部分，包括公证服务、预言机、复杂交易、附件等基础概念。开发内容涉及的面非常广，涉及的概念也很多。这里介绍的概念是笔者认为在企业应用开发中非常基础且非常重要的概念。

13.1 运行公证服务

目前，我们有以下几种原型公证服务。

- SimpleNotaryService（单节点）：在没有任何验证的情况下提交交易发起方所提供的事务输入状态。
- ValidatingNotaryService（单节点）：在交易提交之前，检索并验证整个事务历史（包括给定事务）。
- RaftNonValidatingNotaryService（分布式）：功能上等同于 SimpleNotaryService，但在分布式集合中存储所承诺的状态并在 RAFT 集群中持久化。对于共识层，我们使用的是模仿框架。
- RaftValidatingNotaryService（分布式）：如上所述，但需要对收到的事务执行验证。

要让节点运行公证服务，你需要在启动公证之前设置适当的公证结构。

对于 SimpleNotaryService 配置：

```
notary : { validating : false }
```

对于 ValidatingNotaryServi 配置：

```
notary : { validating : true }
```

成立筏公证需要更多的参与方，不推荐用于原型系统的开发。如果需要体验它的使用效果，可以制作公证演示来进行。

公证集群在首次启动第一个节点时，使用自举 RAFT 集群命令行参数。当标记被设置时，节点将充当其他成员可以加入的集群的种子。

13.2　编写预言机服务

预言机服务（Oracle）是指通过提供影响交易有效性的事实，将分类账链接到外部世界的网络服务。当前原型包括提供利率固定服务的示例 Oracle。它是由美国国税局交易演示应用程序使用的。

Oracle 是区块链 / 分散化分类账空间中的一个关键概念。它们对于许多类型的应用程序都是必不可少的，因为我们通常希望在某个事实为真或假的情况下对事务的有效性进行条件化，但分类账本身有一个本质上是功能性的设计：所有事务都是纯的和不可变的。换句话说，合约不能执行任何输入 / 输出，或者依赖于事务本身之外的任何状态。例如，没有办法下载网页或与用户在合约中进行交互。这是必须的，因为每个人都必须能够独立检查一个交易，并得出一个与它的有效性相同的结论，以保持它的完整性。如果一个交易可以在一台计算机上评估为“有效”，几分钟后另一台不同的计算机评估为“无效”，那么整个共享分类账的概念就是行不通的。

交易的有效性通常取决于外部世界的数据——核实利率互换是否正确支付可能需要利率数据，核实贷款是否到期需要知道当前时间，支付可能需要知道现实世界的某些事实（例如公司或国家的破产或偿付能力）等。

我们可以通过引入创建数字签名数据结构的服务来解决这个问题，这些数据结构断言事实。然后，这些结构可以用作事务的输入，并与事务数据本身进行分配。因为语句本身是不可变和已签名的，所以 Oracle 不可能在以后改变主意并使先前发现有效的事务变为无效。相比之下，如果合约可以做 HTTP 请求，则有可能答案在下载后改变，从而导致协商一致。

1. 两种基本途径

该架构提供了两种实现不同权衡的预言机：

- **使用命令：**事实被编码在一个命令中，它被嵌入到事务本身。然后，Oracle 充当整个事务的联合签名者。Oracle 的签名仅对该事务有效，因此即使事实（如股票价格）不改变，合并该事实的每个事务都必须返回到 Oracle 进行签名。
- **使用附件：**事实被编码为一个附件，它是一个单独的事务对象，并被散列引用。节点在下载事务时同时从对等体下载附件，除非当前节点已经看到了附件，在这种情况下，节点将不会再获取附件。合约在运行时可以访问附件的内容。当前附件不支持数字签名，这是计划的特性。

正如你所看到的，两种方法有相同的部分：它们都允许将任意的二进制数据提供给事务。主要区别在于数据是可自由使用的独立对象，还是与事务集成在一起的。这里有一些问题可帮你决定哪种方法对你的数据源更有意义：

- 你的数据是否持续变化？比如股票价格、当前时间等。如果是，使用命令。
- 你的数据是否有商业价值？比如你不允许转售，除非它被纳入商业交易。如果是，使用命令，这样你就可以在每一个独特的商业环境中收取相同的事实。
- 你的数据很小，像一个数字吗？如果是，使用命令。
- 你的数据是大的、静态的和没有商业价值的吗？比如说，假日日历。如果是，使用附件。
- 你的数据是用于人类消费的吗？比如法律文本的 PDF 或是 Excel 电子表格。如果是，使用附件。

2. 断言连续变化的数据

让我们来看看在 NodeInterestRates 文件中可以找到的利率预言机服务 Oracle。这是一个使用命令的 Oracle 的例子，因为当前的利率修复是一个不断变化的事实。实现这样一种服务的方法是：

- 利率交易的创建者将交易发送到 Oracle。
- Oracle 插入一个带有速率的命令并对事务进行签名。
- 预言机把它送回。

但这样做有一个问题——这意味着预言机必须是第一个签署交易的实体，这可能会导致我们出现不想处理的订购限制（能够使所有各方并行签署是一件很好的事情）。所以我们实际实现它的方式是这样的：

（1）利率交易的创建者要求获取当前利率。如果他们愿意，若利率不符合预期，他们可以在这一点中止交易。

（2）他们用一个命令插入这个期望利率和它在事务中获得的时间。

（3）他们将其发送给预言机，与其他人一起签署。Oracle 检查命令在断言的时间上是否有正确的数据，如果有，则签名。

同样的技术也适用于其他类型的 Oracle。Oracle 由一个核心类来实现查询 / 签名操作（便于单元测试），然后通过一个单独的类将其绑定到网络层。这里是 NodeInterestRates.Oracle 的摘录。Oracle 类和支持类型如下所示。

```
@CordaSerializable
data class FixOf(val name: String, val forDay: LocalDate, val ofTenor: Tenor)
data class Fix(val of: FixOf, val value: BigDecimal) : CommandData
class Oracle {
```

```
    fun query(queries: List<FixOf>): List<Fix>
    fun sign(ftx: FilteredTransaction): TransactionSignature
}
```

FIX 包含一个时间戳（Forday 字段），它标识请求的数据的版本。由于通过查询请求的修复和通过符号请求的签名之间存在任意的延迟，所以这个时间戳允许 Oracle 知道它被要求签署的潜在的历史值。这是连续变化数据的一项重要技术。

3. 在 Oracle 中隐藏事务数据

因为事务被发送到 Oracle 进行签名，通常 Oracle 能够看到该事务的整个内容，包括输入、输出契约状态和所有命令，而不仅仅是一个（在这种情况下）相关命令。这对于其他参与者来说是明显的隐私泄露。我们现在使用 FilteredTransaction 来解决这个问题，它实现了默克尔树。这些只显示了 Oracle 交易的必要部分，但仍然允许它通过为其余部分提供默克尔散列来签署它。

4. 每次付费预言机

因为签名覆盖了事务，且事务可能最终被转发到任何地方，所以事实本身是可独立检查的。然而，当数据本身花费金钱时，这种方法仍然是有用的，因为第一次发布签名的行为可以被收取（例如，通过要求提交一个新的现金状态。已经被重新分配给 Oracle 服务拥有的密钥的状态）。因为签名覆盖事务，而不仅仅是事实，这允许在数据馈送上有一种弱伪 DRM。虽然合约在理论上可以包括事务解析和签名检查库，但是以这种方式编写合约将违反服务规则（禁止窃听）。在当事人可以合法辨认的环境下，这种合约的使用本身就足以带来某种惩罚。

5. 实现数据连续变化的 Oracle

1）实现核心类

关键是要用类似于 NodeInterestRates.Oracle 大纲的方式实现 Oracle 大纲，我们用查询和签名的方法给出了这些语句。通常，你会希望一个类将参数封装到查询方法（Fix0f，见上文）和命令数据实现（Fix，见上文）中，其中还会封装该参数类的实例和查询结果的任何实例（上面的 BigDecimal）。

Oracle 允许对多个固定对象进行查询，但这不是必需的。假设你有一个数据源并可以查询它，那么实现查询方法、参数和命令数据类应该非常容易。让我们看看 NodeInterestRates.Oracle 的签名方法是如何编写的。

```
fun sign(ftx: FilteredTransaction): TransactionSignature {
    ftx.verify()
    // 对获得的过滤组件进行验证.
    fun commandValidator(elem: Command<*>): Boolean {
        require(services.myInfo.legalIdentities.first().owningKey in elem.signers
```

```
            && elem.value is Fix) {
            "Oracle received unknown command (not in signers or not Fix)."
        }
        val fix = elem.value as Fix
        val known = knownFixes[fix.of]
        if (known == null || known != fix)
            throw UnknownFix(fix.of)
        return true
    }

    fun check(elem: Any): Boolean {
        return when (elem) {
            is Command<*> -> commandValidator(elem)
            else -> throw IllegalArgumentException("Oracle received data of
                different type than expected.")
        }
    }

    require(ftx.checkWithFun(::check))
    ftx.checkCommandVisibility(services.myInfo.legalIdentities.first().owningKey)
    return services.createSignature(ftx, services.myInfo.legalIdentities.first().
        owningKey)
}
```

这里我们可以看到有几个步骤：

（1）确保我们发送的事务有效，并通过验证，即使我们不能看到所有的信息。

（2）检查我们是否只收到了预期的命令，这些命令中的每一个都希望我们为它们签名，并且是预期类型。

（3）对最后一步中识别的每个命令进行迭代，并检查它们所代表的数据正好与我们的数据源匹配。假设我们已经完成了这一步，最后一步是为事务生成签名并返回它。

2）绑定到网络

在进一步阅读之前，建议大家理解流的概念并掌握编写和使用它们的方法，这对理解 CorDapp、插件和服务也会有所帮助。

第一步是通过 @ CordaService 注释它的类来创建 Oracle 并将其作为服务。让我们看看这是怎么做到的。

```
@CordaService
class Oracle(private val services: AppServiceHub) : SingletonSerializeAsToken() {
    private val mutex = ThreadBox(InnerState())

    init {
        // 为Oracle设置一些默认修复程序
        addDefaultFixes()
    }
```

Corda 节点用这个注释扫描任何类并初始化它们。唯一的要求是，类提供一个构造函数，其中只有一个类型的 Services 集线器。

```
@InitiatedBy(RatesFixFlow.FixSignFlow::class)
class FixSignHandler(private val otherPartySession: FlowSession) : FlowLogic<Unit>() {
    @Suspendable
    override fun call() {
        val request  = otherPartySession.receive<RatesFixFlow.SignRequest>().
             unwrap { it }
        val oracle = serviceHub.cordaService(Oracle::class.java)
        otherPartySession.send(oracle.sign(request.ftx))
    }
}

@InitiatedBy(RatesFixFlow.FixQueryFlow::class)
class FixQueryHandler(private val otherPartySession: FlowSession) : FlowLogic<Unit>() {
    object RECEIVED : ProgressTracker.Step("Received fix request")
    object SENDING : ProgressTracker.Step("Sending fix response")

    override val progressTracker = ProgressTracker(RECEIVED, SENDING)

    @Suspendable
    override fun call() {
        val request  = otherPartySession.receive<RatesFixFlow.QueryRequest>().
             unwrap { it }
        progressTracker.currentStep = RECEIVED
        val oracle = serviceHub.cordaService(Oracle::class.java)
        val answers = oracle.query(request.queries)
        progressTracker.currentStep = SENDING
        otherPartySession.send(answers)
    }
}
```

这两个流利用 Oracle 实现查询和签名功能。它们使用了 Service HuB.CordaService 来获取已经被节点初始化的 Oracle 的引用。这两个流都用 @InitiatedBy 来告诉启动流的节点（在下一节中讨论）它们将被执行。

3）提供查询和签名的子流程

客户端子流是客户端以其他流的形式来与我们的 Oracle 交互的机制，通常一个用于查询，一个用于签名。让我们看看 NodeInterestRates.Oracle。查询和签名子流代码如下所示。

```
@InitiatingFlow
class FixQueryFlow(val fixOf: FixOf, val oracle: Party) : FlowLogic<Fix>() {
    @Suspendable
    override fun call(): Fix {
        val oracleSession = initiateFlow(oracle)
        // 增加接收期限
        val resp  = oracleSession.sendAndReceive<List<Fix>>(QueryRequest(listOf
             (fixOf)))
```

```
        return resp.unwrap {
            val fix = it.first()
            // 检查返回的修复是否符合要求
            check(fix.of == fixOf)
            fix
        }
    }
}

@InitiatingFlow
class FixSignFlow(val tx: TransactionBuilder, val oracle: Party,
                val partialMerkleTx: FilteredTransaction) : FlowLogic<Transactio
                    nSignature>() {
    @Suspendable
    override fun call(): TransactionSignature {
        val oracleSession = initiateFlow(oracle)
        val resp = oracleSession.sendAndReceive<TransactionSignature>(SignRequest
            (partialMerkleTx))
        return resp.unwrap { sig ->
            check(oracleSession.counterparty.owningKey.isFulfilledBy(listOf(sig.by)))
            tx.toWireTransaction(serviceHub).checkSignature(sig)
            sig
        }
    }
}
```

你会注意到 FixSignFlow 需要一个仅包含固定命令的 FilterTransaction 实例。你可以在预言机中找到一个更进一步的解释。下面将介绍如何用隐藏字段并构建这样的事务。

6. 使用预言机

Oracle 通过调用子流来查询相应的值，并将这类值作为命令添加到事务中，然后获取由 Oracle 签名的事务。根据上面的例子，所有这些都被封装在一个名为 RatesFixFlow 的子流中。下面是这个流程的调用方法。

```
@Suspendable
override fun call(): TransactionSignature {
    progressTracker.currentStep = progressTracker.steps[1]
    val fix = subFlow(FixQueryFlow(fixOf, oracle))
    progressTracker.currentStep = WORKING
    checkFixIsNearExpected(fix)
    tx.addCommand(fix, oracle.owningKey)
    beforeSigning(fix)
    progressTracker.currentStep = SIGNING
    val mtx = tx.toWireTransaction(serviceHub).buildFilteredTransaction(Predicate
        { filtering(it) })
    return subFlow(FixSignFlow(tx, oracle, mtx))
}
```

上述代码展示了这些操作：

- 使用客户端子流查询 Oracle 的事实。
- 做一些快速验证。
- 将命令添加到包含要由 Oracle 签名的事实的事务中。
- 调用扩展点，允许客户端根据 Oracle 的事实生成输出状态。
- 基于从 RestSeFieldField 扩展的过滤函数构建过滤事务。
- 使用客户端子流请求来自 Oracle 的签名，用于从上面签名。

下面是一个来自 FixingFlow.Fixer 的例子。

```
val addFixing = object : RatesFixFlow(ptx, handshake.payload.oracle, fixOf,
     BigDecimal.ZERO, BigDecimal.ONE) {
        @Suspendable
        override fun beforeSigning(fix: Fix) {
            newDeal.generateFix(ptx, StateAndRef(txState, handshake.payload.ref), fix)

            // 设置交易的时间窗
                ptx.setTimeWindow(serviceHub.clock.instant(), 30.seconds)
            }

            @Suspendable
            override fun filtering(elem: Any): Boolean {
                return when (elem) {
     // 只公开Oracle在请求签名者列表中的固定命令到Oracle节点，以避免泄露隐私
                    is Command<*> -> handshake.payload.oracle.owningKey in elem.
                         signers && elem.value is Fix
                    else -> false
                }
            }
        }
        val sig = subFlow(addFixing)
```

重写时，当子类为匿名类或内部类（Kotlin 中的对象声明）时要小心，因为这样的类可以从封闭范围访问变量，并且在检查点时会导致出现序列化问题。

7. 测试

MockNetwork 允许创建 MockNode 实例，这是可以用于测试的简化节点。当创建 MockNetwork 时，你需要提供一个包列表来扫描 CorDapp。确保你提供的包具有 Oracle 服务，并自动安装在测试节点。然后，可以在 MockNetwork 上创建 Oracle 节点，并插入你想要使用的任何初始化逻辑。在这种情况下，我们的 Oracle 服务在 NET.CORDA.IRS.API 包中，因此下面的测试设置将在每个节点中安装服务。然后在模拟网络上创建带有一些数据初始化的 Oracle 服务的 Oracle 节点。

```
fun setUp() {
    mockNet = MockNetwork(cordappPackages = listOf("net.corda.finance.contracts",
        "net.corda.irs"))
    aliceNode = mockNet.createPartyNode(ALICE_NAME)
```

```
    oracleNode = mockNet.createNode(MockNodeParameters(legalName = BOB_NAME)).
        apply {
        transaction {
            services.cordaService(NodeInterestRates.Oracle::class.java).knownFixes
                = TEST_DATA
        }
    }
}
```

然后，可以在模拟网络上编写测试，以验证节点是否正确地与 Oracle 进行交互。与预言机交互的代码如下所示。

```
@Test
fun 'verify that the oracle signs the transaction if the interest rate within
    allowed limit'() {
    // 创建部分事务
    val tx = TransactionBuilder(DUMMY_NOTARY)
        .withItems(TransactionState(1000.DOLLARS.CASH issuedBy dummyCashIssuer.
            party ownedBy alice.party, Cash.PROGRAM_ID, DUMMY_NOTARY))
    // 指定我们希望通过Oracle验证的指标
    val fixOf = NodeInterestRates.parseFixOf("LIBOR 2016-03-16 1M")

    //创建新的流
    val flow = FilteredRatesFlow(tx, oracle, fixOf, BigDecimal("0.675"), BigDecimal
        ("0.1"))
    // 运行模拟网络等待结果
    mockNet.runNetwork()
    val future = aliceNode.startFlow(flow)
    mockNet.runNetwork()
    future.getOrThrow()

    //从预言机获得有效费率
    val fix = tx.toWireTransaction(aliceNode.services).commands.map { it  }.first()
    assertEquals(fixOf, (fix.value as Fix).of)
    // 检查响应者收到费率
    assertEquals(BigDecimal("0.678"), (fix.value as Fix).value)
    // 检查预言机已签署交易
    assertContains(fix.signers, oracle.owningKey)
}
```

13.3 编写定制公证服务（实验阶段）

警告 定制公证服务尚处于实验阶段，不适用于大多数用例。API 的编写可能会改变未来的公证人。此外，定制筏或 BFT 公证人还没有完全得到支持。如果你想编写自己的筏公证，则必须实现自定义数据库连接器（或使用公证的单独数据库），并使用自定义配置文件。

与编写 Oracle 服务类似，第一步是在 CordApp 中创建服务类并用 @ CordaService 注释它。Corda 节点用这个注释扫描类并初始化它们。自定义公证服务类应该提供具有 AppService Hub 和 PublicKey 的两个参数的构造函数。构造函数代码如下所示。

```
@CordaService
class MyCustomValidatingNotaryService(override val services: AppServiceHub,
    override val notaryIdentityKey: PublicKey) : TrustedAuthorityNotaryService() {
    override val uniquenessProvider = PersistentUniquenessProvider()
    override fun createServiceFlow(otherPartySession: FlowSession): FlowLogic
        <Void?> = MyValidatingNotaryFlow(otherPartySession, this)
    override fun start() {}
    override fun stop() {}
}
```

下一步是写公证服务流。你可以复制和修改现有的内置流（如 ValidatingNotaryFlow, NonValidatingNotaryFlow)，或者从头开始实现自己的流（遵循 NotaryFlow.Service 模板）。下面是用于验证公证服务的自定义流的示例。

```
class MyValidatingNotaryFlow(otherSide: FlowSession, service: MyCustomValidating
    NotaryService) : NotaryFlow.Service(otherSide, service) {
    //检查接收到的事务的合约有效性，调用方还必须显示整个合约的有效性
    @Suspendable
    override fun receiveAndVerifyTx(): TransactionParts {
        try {
            val stx = receiveTransaction()
            val notary = stx.notary
            checkNotary(notary)
            verifySignatures(stx)
            resolveAndContractVerify(stx)
            val timeWindow: TimeWindow? = if (stx.coreTransaction is WireTransaction)
                 stx.tx.timeWindow else null
            return TransactionParts(stx.id, stx.inputs, timeWindow, notary!!)
        } catch (e: Exception) {
            throw when (e) {
                is TransactionVerificationException,
                is SignatureException -> NotaryInternalException(NotaryError.
                    TransactionInvalid(e))
                else -> e
            }
        }
    }

    @Suspendable
    private fun receiveTransaction(): SignedTransaction {
        return otherSideSession.receive<NotarisationPayload>().unwrap {
            val stx = it.signedTransaction
            validateRequest(NotarisationRequest(stx.inputs, stx.id), it. requestSignature)
            stx
        }
```

```
    }

    @Suspendable
    private fun resolveAndContractVerify(stx: SignedTransaction) {
        subFlow(ResolveTransactionsFlow(stx, otherSideSession))
        stx.verify(serviceHub, false)
        customVerify(stx)
    }

    private fun verifySignatures(stx: SignedTransaction) {
        val transactionWithSignatures = stx.resolveTransactionWithSignatures
            (serviceHub)
        checkSignatures(transactionWithSignatures)
    }

    private fun checkSignatures(tx: TransactionWithSignatures) {
        try {
            tx.verifySignaturesExcept(service.notaryIdentityKey)
        } catch (e: SignatureException) {
            throw NotaryInternalException(NotaryError.TransactionInvalid(e))
        }
    }

    private fun customVerify(stx: SignedTransaction) {
        // 这里可以添加其他的验证逻辑
    }
}
//若要启用服务，请在节点配置中添加以下内容:
notary : {
    validating : true # Set to false if your service is non-validating
    custom : true
}
```

13.4 交易撕裂

假设我们想构建一个事务，包括写 Oracle 服务中包含利率固定数据的命令。在获取签名之前将事务发送到 Oracle，除了修复命令之外，我们需要过滤事务的每一部分。为此，我们需要创建一个过滤函数，该函数指定应该包含事务的哪些字段。当字段作为输入传递时，如果过滤函数返回 true，则只包含每个字段。

```
val filtering = Predicate<Any> {
    when (it) {
        is Command<*> -> oracle.owningKey in it.signers && it.value is Fix
        else -> false
    }
}
```

现在我们可以使用过滤函数构造一个过滤事务：

```
val ftx: FilteredTransaction = stx.buildFilteredTransaction(filtering)
```

在 Oracle 示例中，通过重写过滤函数，在 RatesFixFlow 中执行此步骤。

WireTransaction 和 FilteredTransaction 都继承了 TraversableTransaction，因此对事务组件的访问完全相同。注意，与 WireTransaction 不同，FilteredTransaction 只包含我们想要显示的数据（过滤后）。预言机过滤代码如下所示。

```
// 直接访问包含的命令、输入、输出、附件等
val cmds: List<Command<*>> = ftx.commands
val ins: List<StateRef> = ftx.inputs
val timeWindow: TimeWindow? = ftx.timeWindow
// ...
//预言机签名
fun sign(ftx: FilteredTransaction): TransactionSignature {
    ftx.verify()
    // 对获得的过滤组件进行验证
    fun commandValidator(elem: Command<*>): Boolean {
        require(services.myInfo.legalIdentities.first().owningKey in elem.signers
            && elem.value is Fix) {
            "Oracle received unknown command (not in signers or not Fix)."
        }
        val fix = elem.value as Fix
        val known = knownFixes[fix.of]
        if (known == null || known != fix)
            throw UnknownFix(fix.of)
        return true
    }

    fun check(elem: Any): Boolean {
        return when (elem) {
            is Command<*> -> commandValidator(elem)
            else -> throw IllegalArgumentException("Oracle received data of different
                type than expected.")
        }
    }

    require(ftx.checkWithFun(::check))
    ftx.checkCommandVisibility(services.myInfo.legalIdentities.first().owningKey)
    // 返回无效签名
    return services.createSignature(ftx, services.myInfo.legalIdentities.first().
        owningKey)
}
```

构建 FilteredTransaction，确保在根哈希签名之后不可能添加或移除成分（叶子）。然而，可能发生的是，在多个命令进行事务处理时，一方只向 Oracle 展示它们的子集。由于默克尔根哈希的签名现在完成了，所以服务会显示给定类型的所有命令，即使它没有看到所有的命令。然而，在所有的命令都该是 Oracle 可见的情况下，可以在调用 fix.verify 之前键入 ftx.checkAllComponentsVisible(COMMANDS_GROUP)。checkAllComponentsVisible

使用复杂的底层部分默克尔树检查来保证在原始的 WireTransaction 中存在的特定组的所有组件都包含在接收到的 FilteredTransaction 中。

13.5 使用附件

附件是通过散列引用的事务引用的 ZIP/JAR 文件，但不包含在事务本身中。这些文件是在需要时从请求发送事务的节点自动请求并在本地缓存的，因此如果再次遇到，则不会再请求这些文件。附件通常包含：

- ❑ 合约可执行代码。
- ❑ 有关事务的元数据。
- ❑ 永久性记录在分类账上的共享信息。

要添加附件，必须首先添加文件以上载到节点，该节点返回一个唯一的 ID，可以使用 TransactionBuilder.addAttachment() 添加。附件可以通过 RPC 和 CORDA SHELL 上传和下载。在可能的情况下，附件是可重用的数据，因此节点可以有意义地缓存它们。

1. 上传下载

若要将附件上传到节点，或下载由其散列命名的附件，则使用客户端 RPC。也可以通过 SHELL 交互使用。上传运行的代码如下：

```
>>> run uploadAttachment jar: /path/to/the/file.jar
or
>>> run uploadAttachmentWithMetadata jar: /path/to/the/file.jar, uploader: myself,
    filename: original_name.jar
```

将元数据与附件一起使用，这些附件可用于后面的查找中。注意，当前上传器和文件名都是普通字符串（例如，上传器和 RPC 用户之间没有连接）。

文件被上传、检查，如果成功，则返回文件的哈希值。这就是节点内识别附件的方法。

下载附件，可以这样做：

```
>>> run openAttachment id: AB7FED7663A3F195A59A0F01091932B15C22405CB727A1518418B
    F53C6E6663A
```

然后上述代码会要求你提供保存文件的路径。若要以编程方式执行相同的操作，可以将简单的输入流或安全性散列传递给 JVM 客户端的 RPC 的 uploadAttachment/openAttachment。

2. 搜索附件

附件元数据可以用于类似 API: Vault 查询的方式进行查询。AttachmentQueryCriteria 标准可以用来构建查询，利用每列的操作集，即：

- ❑ 二进制逻辑（和、或）。
- ❑ 比较（小于、小于、等于、大于、大于等于）。

- 平等（平等、不平等）。
- 相像（像、不一样）。
- 可空性（空、非空）。
- 基于集合的（在、不在）。
- 和、或运算符可以用来构建任意复杂度的查询。

此类查询的示例如下所示。

```
assertEquals(
    emptyList(),
    storage.queryAttachments(
        AttachmentQueryCriteria.AttachmentsQueryCriteria(uploaderCondition =
            Builder.equal("complexA"))
        .and(AttachmentQueryCriteria.AttachmentsQueryCriteria(uploaderCondition
             = Builder.equal("complexB"))))
)

assertEquals(
    listOf(hashA, hashB),
    storage.queryAttachments(

        AttachmentQueryCriteria.AttachmentsQueryCriteria(uploaderCondition =
            Builder.equal("complexA"))
        .or(AttachmentQueryCriteria.AttachmentsQueryCriteria(uploaderCondition =
             Builder.equal("complexB"))))
)

val complexCondition =
        (uploaderCondition("complexB").and(filenamerCondition("archiveB.zip"))).
            or(filenamerCondition("archiveC.zip"))
```

3. 协议

事务上的通常附件通过接收事务流自动获取。验证事务（例如，合约代码）时需要附件，因此必须在验证过程运行之前获取附件。Corda 的未来版本可以支持非关键附件，它们不用于事务验证，并且显式共享。这些对于用不作为合约逻辑的一部分的事务附加和签署审计数据是有用的。

4. 附件演示

演示代码是在 samples/attachment-demo/src/main/kotlin/net/corda/attachmentdemo/AttachmentDemo.kt 中，包含两个函数 recipient() 和 sender() 中的核心逻辑。它所做的第一件事是使用演示用户账户设置到节点 B 的 RPC 连接（这都是在演示的 Gradle 构建脚本中配置的，并且节点将使用部署节点 GADLE 任务正常创建）。CordaRPCClient.use 方法可方便设置与所提供的块范围的 RPC 连接，并将所有 RPC 纳入范围内。一旦连接成功，发件人 / 收件人函数以 RPC 代理作为参数运行。

我们先看看收件人函数。它所做的第一件事是等待调用一个新事务的通知，通过调用 verifiedTransactions，它返回一个快照和一个可观察到的变化。可观察到的是阻塞，然后检索节点验证的下一个事务。检查该事务以查看它是否具有预期的附件，如果有，打印出来。收件人代码如下所示。

```
fun recipient(rpc: CordaRPCOps, webPort: Int) {
    println("Waiting to receive transaction ...")
    val stx = rpc.internalVerifiedTransactionsFeed().updates.toBlocking().first()
    val wtx = stx.tx
    if (wtx.attachments.isNotEmpty()) {
        if (wtx.outputs.isNotEmpty()) {
            val state = wtx.outputsOfType<AttachmentContract.State>().single()
            require(rpc.attachmentExists(state.hash))
            //下载附件.
            val connection = URL("http://localhost:$webPort/attachments/${state.
              hash}").openConnection() as HttpURLConnection
            try {
                require(connection.responseCode == SC_OK) { "HTTP status code was
                    ${connection.responseCode}" }
                require(connection.contentType == APPLICATION_OCTET_STREAM) {
                    "Content-Type header was ${connection.contentType}" }
                require(connection.getHeaderField(CONTENT_DISPOSITION) == "attachment;
                    filename=\"${state.hash}.zip\"") {
                    "Content-Disposition header was ${connection.getHeaderField
                         (CONTENT_DISPOSITION)}"
                }

                //列出JAR内容.
                println("Attachment JAR contains these entries:")
                JarInputStream(connection.inputStream).use { it ->
                    while (true) {
                        val e = it.nextJarEntry ?: break
                        println("Entry> ${e.name}")
                        it.closeEntry()
                    }
                }
            } finally {
                connection.disconnect()
            }
            println("File received - we're happy!\n\nFinal transaction is:\n\n$
                {Emoji. ZrenderIfSupported(wtx)}")
        } else {
            println("Error: no output state found in ${wtx.id}")
        }
    } else {
        println("Error: no attachments found in ${wtx.id}")
    }
}
```

发送方相应地建立与附件的事务，然后调用 FinalityFlow 完成事务并将其发送到接收方节点。

```
fun sender(rpc: CordaRPCOps, numOfClearBytes: Int = 1024) { // default size 1K.
    val (inputStream, hash) = InputStreamAndHash.createInMemoryTestZip(numOfClea
        rBytes, 0)
    val executor = Executors.newScheduledThreadPool(2)
    try {
        sender(rpc, inputStream, hash, executor)
    } finally {
        executor.shutdown()
    }
}

private fun sender(rpc: CordaRPCOps, inputStream: InputStream, hash: SecureHash.
    SHA256, executor: ScheduledExecutorService) {

    // 获取其他身份密钥.
    val notaryFuture: CordaFuture<Party> = poll(executor, DUMMY_NOTARY_NAME.
        toString()) { rpc.wellKnownPartyFromX500Name(DUMMY_NOTARY_NAME) }
    val otherSideFuture: CordaFuture<Party> = poll(executor, DUMMY_BANK_B_NAME.
        toString()) { rpc.wellKnownPartyFromX500Name(DUMMY_BANK_B_NAME) }
    // 确认存储
    if (!rpc.attachmentExists(hash)) {
        inputStream.use {
            val avail = inputStream.available()
            val id = rpc.uploadAttachment(it)
            require(hash == id) { "Id was '$id' instead of '$hash'" }
        }
        require(rpc.attachmentExists(hash))
    }

    val flowHandle = rpc.startTrackedFlow(::AttachmentDemoFlow, otherSideFuture.
        get(), notaryFuture.get(), hash)
    flowHandle.progress.subscribe(::println)
    val stx = flowHandle.returnValue.getOrThrow()
    println("Sent ${stx.id}")
}
```

这方面有点复杂。首先，在网络地图上以名称查找对方。如果节点没有在它的存储中有附件，我们从 JAR 资源中上传它，并检查哈希是否是我们所期望的。然后建立一个具有连接和单个签名的事务，并使用 FinalityFlow 将其发送到另一方。启动流的结果是一个进度消息流和一个可返回的返回值，它可以用来监视流成功完成。

13.6　事件调度

本节介绍我们在代码中建模基于时间的事件的方法，包括合约状态如何暴露即将发生的事件，以及如果达到该事件的预定时间，将采取什么行动。

1. 概述

许多金融工具具有时间敏感组件。时间敏感组件都依赖于金融工具的当前状态。例如，已经发生的支付和利率固定都被记录在该状态。这意味着下一次敏感事件是当前合约状态的一个属性。如果在 UTXO 模型中消耗了一个合约状态，那么下一个事件是什么变得无关和过时，下一次敏感事件由任何继承者契约状态决定。

知道下一次敏感事件何时发生非常有用，但通常在发生预期事件时总会出现一些意外，导致本应发生的事情不发生。我们已经有一个流程形式的业务流程模型了，所以在这个平台中，我们引入了计划活动的概念，它可以在预定的时间调用流状态机。合约状态可以可选地描述下一个预定的活动本身。如果它不这样做，那么什么都不会安排。

2. 如何实现预定事件

实现预定事件有如下两个主要步骤。

（1）使你的合约状态设计支持计划状态。这需要实现一个名为 nextScheduledActivity 的方法，该方法返回一个可选的调度活动实例。调度活动捕获 FlowLogic 实例每个节点将运行的内容，以执行该活动，并在运行时由 JavaTimeTimes 描述。一旦你的状态实现这个接口并被库跟踪，它就可以在下一个活动被提交到库时被查询。流程逻辑必须用 @SchedulableFlow 注解。

（2）如果不存在任何合适的内容，那么实现每个节点作为活动本身执行的流逻辑。要记住，在当前的实现中，作为事务方的每个节点都将执行相同的流逻辑，因此它需要基于合约状态和正在运行的节点在业务流程中建立角色。每一方都将遵循不同但互补的路径通过业务逻辑。

调度器的时钟总是在 UTC 时区中工作以实现一致性，因此任何时区逻辑都必须由契约执行，使用 ZonedDateTime。短期内，在建立自动流会话之前，还可能需要安装网络处理程序来获得一个唯一安全的随机会话。

调度程序的生产和消费是由调度器观察的，并且与任何消耗状态相关联的活动都是不定期的。通过 nextScheduledActivity 方法查询任何新生成的状态，如果它们不返回 NULL，则根据返回的 ScheduledActivity 对象的内容来调度该活动。注意，只有当库认为状态“相关”时才会发生这种情况，因为节点的所有者也拥有该状态。声明你的节点会遇到，但与你无关的节点将不会安排任何活动。

3. 一个例子

这里我们看一个例子，利率互换固定为我们预定的事件。第一个任务是在状态上实现

nextScheduledActivity 方法。事件调度代码如下所示。

```
override fun nextScheduledActivity(thisStateRef: StateRef, flowLogicRefFactory:
    FlowLogicRefFactory): ScheduledActivity? {
    val nextFixingOf = nextFixingOf() ?: return null

    // 提交业务日程
    val instant = suggestInterestRateAnnouncementTimeWindow(index = nextFixingOf.
         name, source = floatingLeg.indexSource, date = nextFixingOf.forDay).
         fromTime!!
    return ScheduledActivity(flowLogicRefFactory.create("net.corda.irs.flows.
        FixingFlow\$FixingRoleDecider", thisStateRef), instant)
}
```

第一件事是确定是否有剩余的固定。如果没有，那么返回 NULL 以指示没有调度的活动。否则，计算利率变为可用的时刻，并在那个时刻安排一个活动，以确定每个节点在固定业务流程中扮演什么角色并使之承担这些角色。FlowLogic 将被交给 StateReF 用在利率掉期的状态中，以确定在利率被触发之前多久开始等待，以等待多久会报错。这是一种创建对手流逻辑类及其构造函数参数进行实例化的方法。如前所述，我们目前需要一个小的网络处理器来帮助建立会话，直到工作自动完成。

13.7　观测器节点

向观察员节点发布事务是金融领域的常见要求，监管机构通常希望对采取的所有行动进行全面的报告。通过运行自己的节点，监管者可以接收一个数字签名的重复数据流，这些报告对以后的处理很有用。在应用程序中添加对观察者节点的支持是很容易的。美国国税局（利率互换）演示了如何做到这一点。只需定义一个新的流来封装 SendTransactionFlow/ReceiveTransactionFlow。

```
@InitiatedBy(Requester::class)
    class AutoOfferAcceptor(otherSideSession: FlowSession) : Acceptor(otherSideSession) {
        @Suspendable
        override fun call(): SignedTransaction {
            val finalTx = super.call()
            // 提交交易到账本
            val regulator = serviceHub.identityService.partiesFromName ("Regulator",
                 true).single()
            subFlow(ReportToRegulatorFlow(regulator, finalTx))
            return finalTx
        }
    }

    @InitiatingFlow
    class ReportToRegulatorFlow(private val regulator: Party, private val finalTx:
```

```
        SignedTransaction) : FlowLogic<Unit>() {
        @Suspendable
        override fun call() {
            val session = initiateFlow(regulator)
            subFlow(SendTransactionFlow(session, finalTx))
        }
    }

    @InitiatedBy(ReportToRegulatorFlow::class)
    class ReceiveRegulatoryReportFlow(private val otherSideSession: FlowSession) :
        FlowLogic<Unit>() {
        @Suspendable
        override fun call() {
            // 流匹配
            subFlow(ReceiveTransactionFlow(otherSideSession, true, StatesTo-
                Record.ALL_VISIBLE))
        }
    }
```

在这个例子中，AutoOfferFlow 是业务逻辑，并且我们定义了两个非常短且简单的流来将事务发送到调节器。这里有两个重要的方面需要注意：

- ReportToRegulatorFlow 被标记为 @InitiatingFlow，因为它将使用调节器启动上下文无关的新会话。
- ReceiveRegulatoryReportFlow 以一种特殊的方式使用 ReceiveTransactionFlow——即使不涉及我们的公钥，ReceiveRegulatoryReportFlow 也会告诉 ReceiveTransaction-Flow 将事务发送到库进行处理，包括所有的状态。这是必需的，否则库将不列出任何节点的公钥的状态，但在这种情况下，我们确实想要被动地观察我们不能改变的状态。因此，需要覆盖这种行为。

如果状态定义了关系映射，那么调节器将能够从它们的数据库查询报表，并观察通过 RPC 进来的新事务。

附加说明：

- 此时不支持作为观察者和直接参与者的节点。特别是，货币选择可以返回状态，你没有私人密钥能够签署。未来版本的 Corda 可以解决这个问题，但是现在，如果你希望既参与分类账，也观察不可为你签名的事务，则需要运行两个节点并具有两个独立的身份。
- 节点每个事务只记录一次。如果节点已经在非观察者模式中记录了事务，则它不能重新记录与观察者相同的事务。这个问题可以通过 https://r3-cev.atlassian.net/browse/CORDA-883 被追踪到。

第 14 章 Chapter 14

工　具

工欲善其事，必先利其器。本章将为读者介绍 Corda 开发中目前已有的辅助工具。技术的发展也同样遵循事物发展的“螺旋上升”规律，Corda 的辅助开发工具和其他系统开发中的辅助工具的理念一致。

14.1　网络模拟器

本节介绍一种网络模拟器，它通过利率互换合约的生命周期来显示节点之间的流量。它还可以显示网络设置。节点通过网络地图服务注册自己，并通知地图发生的更改。网络模拟器是通过 Gradle 命令行运行的：

```
Windows:
gradlew.bat :samples:network-visualiser:run
Other:
./gradlew :samples:network-visualiser:run
```

你可以使用 samples:network-visualiser:deployVisualiser 生成独立 JAR，然后使用 samples/network-visualiser/build/libs/network-visualiser-*-capsule.jar 文件，其中 * 表示任何一个当前的 Corda 版本。

模拟器目前作为一个说明性的工具来帮助解释 Corda 如何在一个示例场景中工作。它利用模拟器工具，支持创建一个模拟的 Corda 网络和在单个 JVM 中运行的节点，作为 MockNetwork 测试框架的扩展。模拟器的用途是：

- 一个可视化的新的 CorDapp 及其流的工具，可以帮助调试、演示、解释和提供教程，但仍然作为单个 JVM 中的模拟器来运行。

- 一种工具，用于在真实的 Corda 网络部署上可视化该活动，其中活动流由在其自己的 JVM 中运行的每个节点馈送，最有可能在远程主机上运行。

这两种情况都将由 RPC 框架中的标准观测值来提供支持，而不是由模拟器当前使用的本地绑定数据来提供支持。

网络模拟器界面如图 14-1 所示。

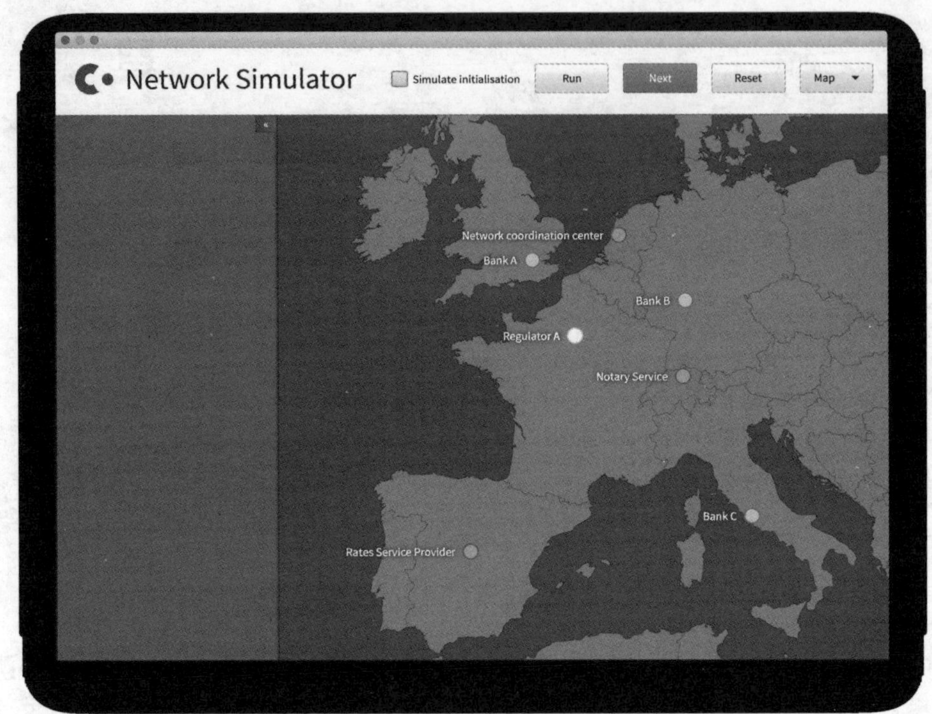

图 14-1 界面图

网络模拟器可以自动运行，或者通过利率互换进行手动操作。模拟器窗口上的选项如下所示。

- **模拟初始化**：如果选中，则显示用网络地图注册的节点。通常，此设置步骤未示出，但若想了解节点发现的细节，可选中该项。
- **运行**：在自动模式下运行网络仿真。在该模式下，每一步都在时间基础上进行。运行开始后，可以暂停模拟，以便手动进行模拟或重置模拟过程。
- **下一步**：手动将模拟进展到下一个步骤。
- **重置**：重置模拟（仅在暂停时可用）。
- **地图 / 圆**：显示节点的方式，节点默认呈现在世界地图上，其中每个节点以圆形布局呈现。

当模拟运行时，当前正在执行的步骤的细节显示在窗口左侧的侧边栏中。

14.2 DemoBench

DemoBench 是一个独立的桌面应用程序，它可以很容易地配置和启动本地 Corda 节点。它对于训练课程、演示或实验都是十分有用的。

1. 下载

与最新的 Corda 版本兼容的安装程序可以从 Corda 网站下载。

2. 运行 DemoBench

（1）**配置节点：**每个节点必须由唯一的名称来标识它到网络地图服务。DemoBench 将建议使用节点名称、最近的城市和本地端口号。第一个节点将是公证人。因此，在服务列表中只能选择公证服务。对于后续节点，你还可以选择任何 Corda 的其他内置服务。单击开始节点按钮启动 Corda 节点与你的配置。

（2）**运行节点：**DemoBench 在终端仿真器中启动每个新节点。在节点完成引导之前，视图数据库、启动资源管理器和启动 Web 服务器按钮都将被禁用。DemoBench 将显示关于节点的简单统计数据，如其现金余额。目前无法重新启动已终止的节点，例如，用户在节点的 SHELL 提示符上键入“退出”。但是，该节点的数据和日志仍然保留在其目录中。

（3）**退出解散：**当你终止 DemoBench 时，它会自动关闭启动的所有节点，然后退出。

你可以将 DemoBench 当前运行的所有节点的配置和 CorDapp 保存到一个配置文件中，这是一个具有以下布局的 ZIP 文件，如下面的代码所示。

```
notary/
    node.conf
    cordapps/
banka/
    node.conf
    cordapps/
bankb/
    node.conf
    cordapps/
        example-cordapp.jar
...
```

当 DemoBench 重新加载此配置文件时，它将关闭当前正在运行的任何节点，然后启动这些新节点。所有节点将创建一个全新的数据库。请注意，每个配置文件中的 NODE.CONF 文件都是 JSON/HOCON 格式，因此可以根据需要提取和编辑。DemoBench 将日志文件写入以下位置：

```
MacOSX/Linux
$HOME/demobench/demobench.log
Windows
%USERPROFILE%\demobench\demobench.log
```

3. 建立安装程序

Gradle 定义使用 JavaPackger 构建 DemoBench 安装程序的任务。在 tools/demobench 目录中有三个脚本来执行这些任务：package-demobench-exe.bat (Windows)、package-demobench-dmg.sh (MacOS) 和 package-demobench-rpm.sh (Fedora/Linux)。

每个脚本只能在其目标平台上运行，并且每一个脚本都希望平台的安装工具已经可用。

- ❑ Windows：Inno setup 5。
- ❑ Mac OS：包装工具应该是可以自动获得的。如果包装者在钥匙环上找到一个带有私钥的有效开发者 ID 应用证书，DMG 内容也将被签署。(默认情况下，DemoBench 的 build.gradle 预期签名密钥的用户名是“R3CEV”)。你可以通过生成证书签名请求来创建这样的证书，然后要求你本地的“Apple Team Agent”将其上传到 Apple 开发者门户。请确保 /usr/bin/codesign 应用程序始终可以访问你证书的签名密钥。你可能需要重新启动你的 Mac 后，通过 Mac OS 密钥链访问应用程序进行任何更改。你应该使用 JDK> = 8U152 来构建 Mac OS 上的解析器，因为这个版本在启动每个 Corda 节点时解决了向终端打印的警告消息。理想情况下，使用 JETBrains JDK 来构建 DMG。
- ❑ Fedora/Linux：rpm-build 包。

你还需要定义环境变量 JAVA_HOME，指向与你运行的 Gradle 相同的 JDK。安装程序将被写入 tools/demobench/build/javapackage/bundles 目录，并且可以像平台的任何其他应用程序一样安装。

4. JetBrains JDK

Mac 用户应该注意到，解脱 DMG 的最佳方法是 JetBrains JDK，它有 Binary 可用的二进制下载。这个 JDK 有一些有用的 GUI 修补程序，最值得注意的是，当使用 JDK 构建时，解散终端将支持 EMOJI，它是更好的彩色 ANSI 进度渲染器。它还解决了 HiDPI 在 Windows 上渲染的一些问题。这个 JDK 不包括 JavaPackger，这意味着你仍然需要从 Oracle JDK 复制 $JAVA_HOME/lib/ant-javafx.jar 到 JetBrains 相应的目录内。

5. 开发者笔记

希望在不使用新安装程序的情况下，要运行 DemoBench 的开发人员可以使用 Gradle 在本地安装它：

```
$ gradlew tools:demobench:installDist
$ cd tools/demobench/build/install/demobench
$ bin/demobench
```

不幸的是，DemoBench 的 $CLASSPATH 对于 Windows SHELL 来说可能太长了。在这

种情况下，你仍然可以运行如下代码：

```
> java  -Djava.util.logging.config.class=net.corda.demobench.config.LoggingConfig
     -jar lib/demobench-$version.jar
```

虽然 DemoBench 可以在 IDE 内执行，但开发人员必须事先将其所有运行时依赖项安装到相关 user.dir 系统属性的正确位置（即 JVM 的当前工作目录）：

```
corda/
    corda.jar
    corda-webserver.jar
explorer/
    node-explorer.jar
cordapps/
    bank-of-corda.jar
```

14.3 节点资源管理器

节点资源管理器使用 Corda 的 RPC 框架将视图提供给节点的库和事务数据。用户可以执行现金交易命令，向网络上的其他各方发出现金并将现金转移（如从分类账中删除）。

1. 运行 UI

运行 UI 的代码如下：

```
Windows:
gradlew.bat tools:explorer:run
Other:
./gradlew tools:explorer:run
```

2. 运行演示节点

演示 Corda 网络拓扑配置有 5 个节点，扮演以下角色：

- 公证人。
- 发行者节点，代表两个虚构的中央银行（英国银行发行的 GBP 和美国银行发行公司的美元）。
- 代表两个用户的参与者节点（爱丽丝和鲍伯）。

当连接到发行者节点时，用户可以执行现金交易命令来发行和移动现金到网络上的自身或其他各方，或者退出现金（仅用于自身）。当连接到参与者节点时，用户只能执行现金交易命令以将现金转移到网络上的其他各方。演示节点可以用两种模式中的任意一种启动。

（1）**正常的**：新鲜清洁的空荡荡的交易环境的。首先，启动 Explorer 实例以登录到发行者节点之一，并向其他参与者（鲍伯和爱丽丝）发行一些现金。然后启动另一个 Explorer 实例，登录到参与者节点并开始支付（例如移动现金）。作为发行者节点，你只能退出（例如，从分类账中赎回）现金。

```
Windows:
gradlew.bat tools:explorer:runDemoNodes
Other:
./gradlew tools:explorer:runDemoNodes
```

（2）**模拟**：在这种模式下，节点将自动执行执行命令作为随机生成过程的一部分。仿真开始于预先分配现金块到各方的两种货币（美元，GBP）中，然后进入循环以产生随机事件。在每次迭代中，发行人将执行发行现金或退出现金命令（以 9∶1 的比率），并且随机方将执行现金转移到另一随机方。

```
Windows:
gradlew.bat tools:explorer:runSimulationNodes
Other:
./gradlew tools:explorer:runSimulationNodes
```

默认情况下，将在本地主机 5 个端口上创建 Corda 节点。

- ❑ 公证→ 20005（不接受登录）。
- ❑ 英国银行 PLC → 20011（发行人节点）。
- ❑ 美国银行公司→ 20008（发行人节点）。
- ❑ 爱丽丝→ 20017。
- ❑ 鲍伯→ 20014。

发行人节点的 Explorer 登录凭据默认为 Manager 和 Test，参与者节点的 Explorer 登录凭据默认为 USER1 和测试。注意，你不能成为公证人。当使用命令提示符启动 Windows 中的节点时，这些节点可能不会在关闭窗口或终止任务时被杀死。如果发生这种情况，你需要手动解除 Java 进程运行的节点，或者使用运行配置 Explorer- 演示节点或 Explorer- 演示节点（模拟）中的任何一个，从内部智能节点启动演示节点。还可以通过 Explorer-GUI 运行配置从 IntelliJ 启动 Explorer GUI，前提是先安装了可选的 Tornadofx 插件。使用 Explorer 与交易者演示和 Corda 示例银行一起使用其他发行人节点。

3. 界面

（1）**登录**：用户可以使用 Explorer 登录到任何 Corda 节点。gradlew explorer: runDemo-Nodes 可以用来启动演示节点进行测试。Corda 节点地址，用户名和密码是登录所需的，如果留空，地址则默认为本地主机，用户名和密码可以通过节点配置文件中的 rpcUsers 字段来配置。

登录节点界面如图 14-2 所示。

（2）**仪表板**：仪表板显示节点和拱顶的顶级状态。目前，它显示你的现金余额和交易的数量。仪表板旨在容纳来自不同 CorDapp 的小部件，并为系统管理员提供有用的信息，如图 14-3 所示。

（3）**现金**：现金视图显示你当前拥有的所有树表格式的货币，它包含发行人和货币分组。可以通过单击表行查看单个现金交易，用户还可以使用搜索字段缩小范围，如图 14-4 所示。

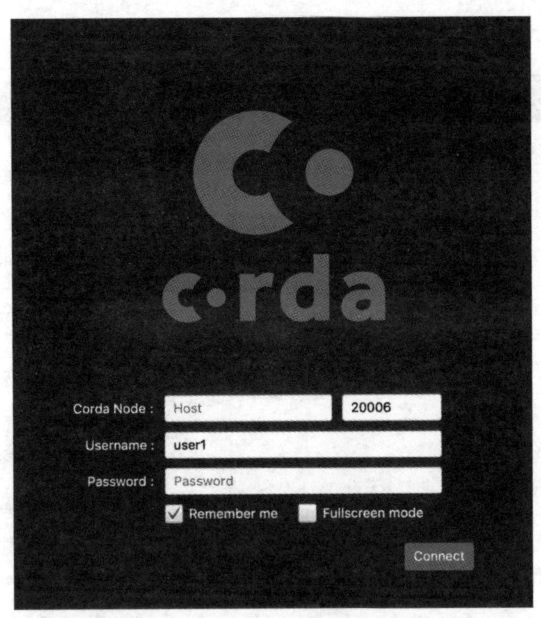

图 14-2　登录节点界面图

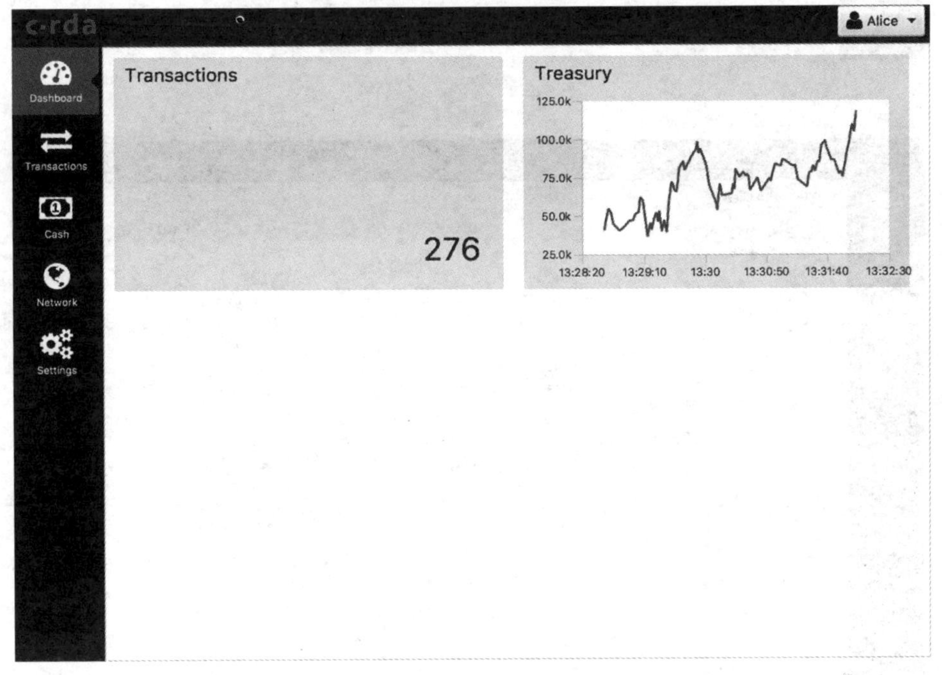

图 14-3　仪表板图

（4）**新交易**：这是你可以创造新的现金交易的地方。用户可以从三种交易类型（发行、支付和退出）和网络上可见的任何一方中进行选择。一般节点只能对网络上的任何其他方执行支付命令，如图 14-5 所示。

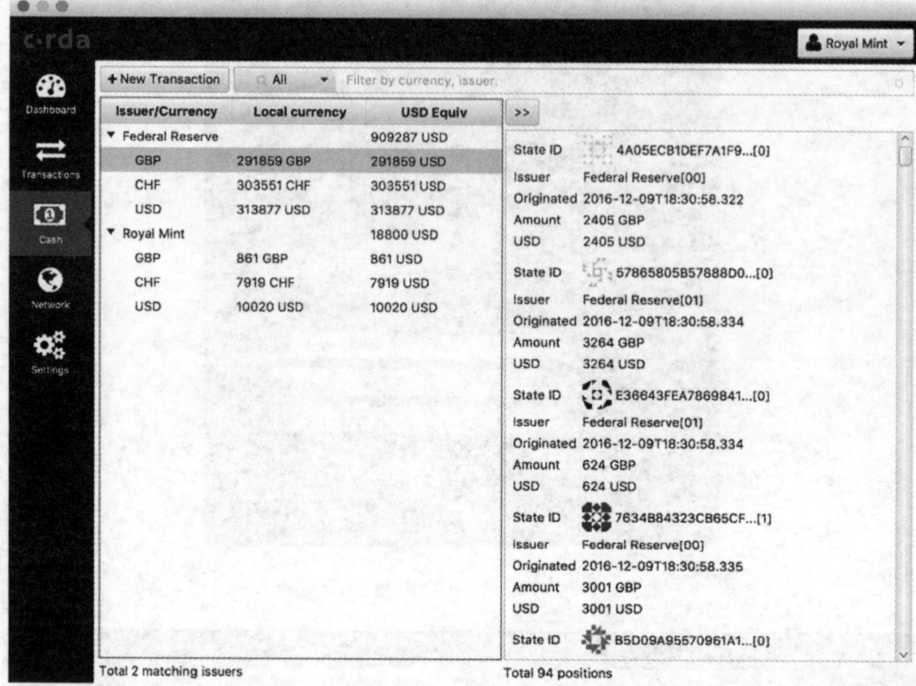

图 14-4　现金交易图

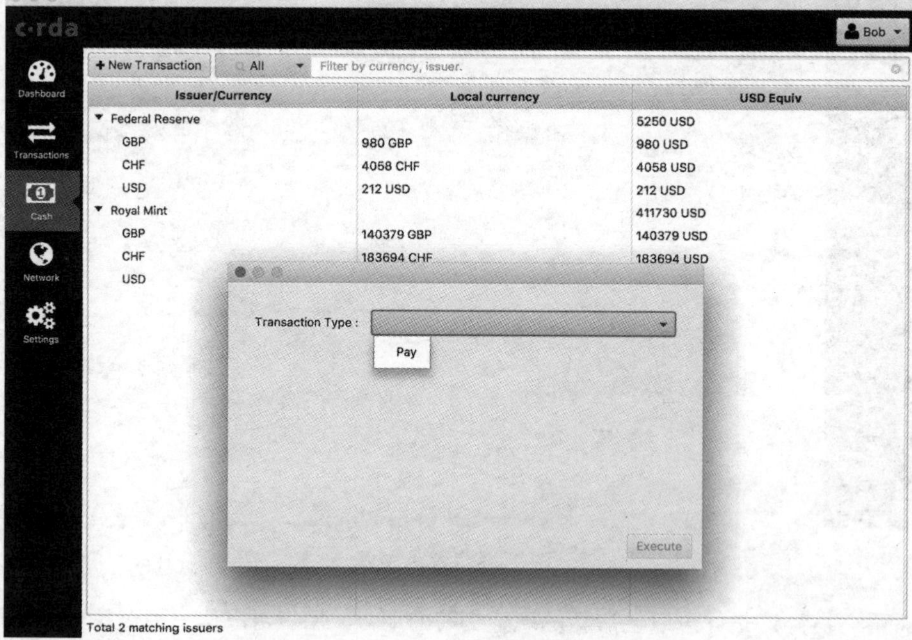

图 14-5　创建新交易图

（5）**发行人节点**：发行人节点可以执行发行（自己或任何其他方）、支付和退出交易等操作。事务的结果将在执行时在事务屏幕中可见，如图 14-6 所示。

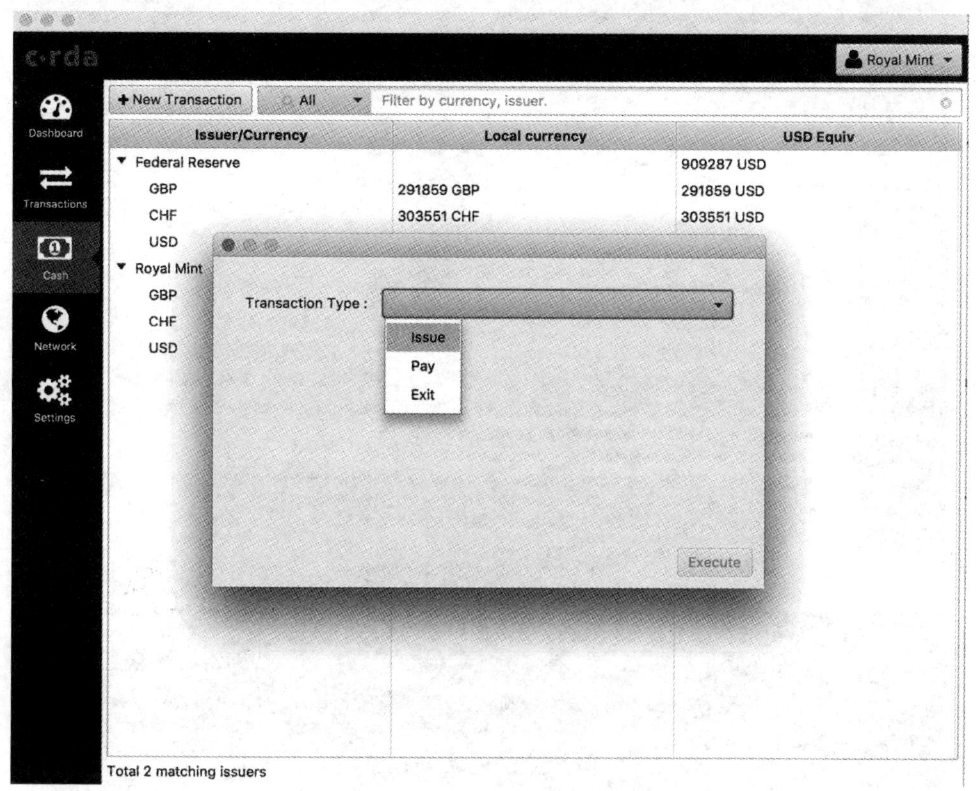

图 14-6 发行者节点观察事务图

（6）**交易**：事务视图包含由表视图中的节点处理的所有事务。它显示了表上的基本信息，例如事务 ID、命令类型、美元价值等。用户可以通过双击来扩展行以查看该事务的输入、输出和签名细节，如图 14-7 所示。

（7）**网络**：网络视图显示世界地图上的网络信息。目前，只有用户的节点呈现在地图上。这将扩展到未来发布中的其他对等点。地图提供了直观的方式可视化 Corda 网络和参与者，如图 14-8 所示。

（8）**设置**：用户可以在这个视图中配置客户端偏好。虽然报告货币是可配置的，但 FX 转换将不适用于这些值，因为我们还没有 FX 服务，如图 14-9 所示。

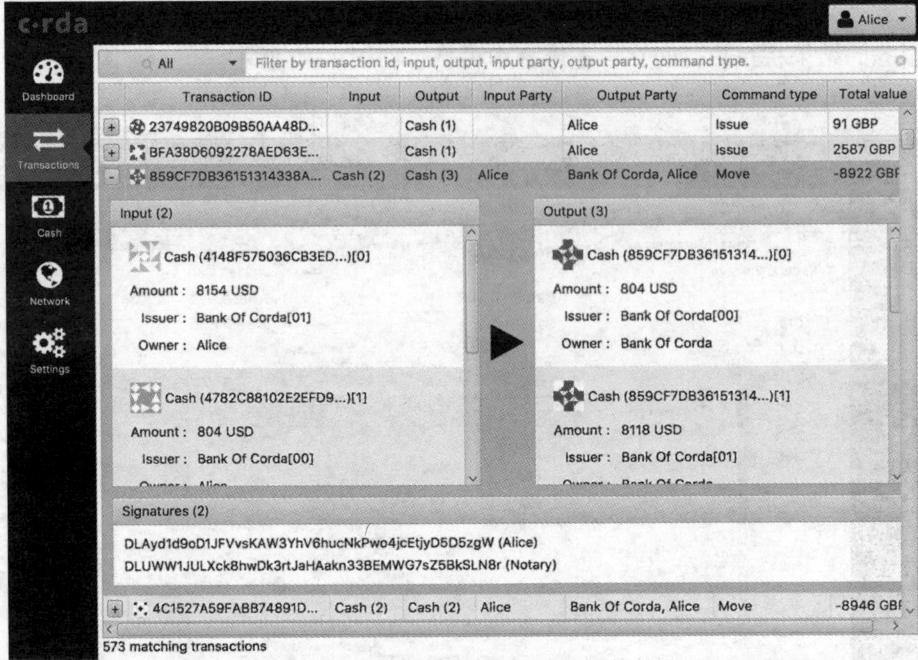

图 14-7 交易事务视图

图 14-8 网络视图

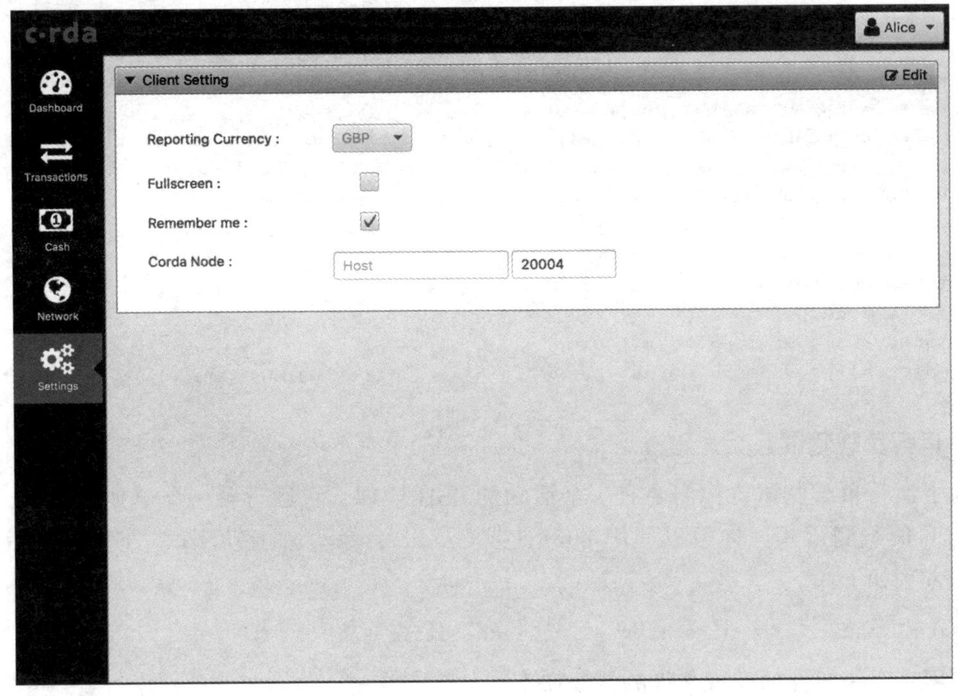

图 14-9　设置视图

14.4　负载测试

本节介绍如何将随机负载应用于节点进行应力测试。它还允许对不同资源进行应变的规范，使我们能够在极端条件下检查节点的行为。负载测试框架是不完整的，目前不是 CI 的一部分，但基本部件是存在的。

1. 负载测试集群的配置

负载测试框架目前假设有以下节点群集：

- 节点作为系统服务管理。
- 群集中的节点目录是相同的。
- 消息传递端口在集群中是相同的。
- 负载测试的执行身份对所有机器都有 SSH 访问权限。
- 有一个单一的网络地图服务节点。
- 有一个公证节点。
- 一些中断还假定存在其他工具（如 OpenSSL）。

请注意，这些点可以并且应该根据需要放宽。负载测试主要期望单个命令行参数指向指定集群主机和默认配置的可选重写的配置文件。

```
# nodeHosts = ["host1", "host2"]
# sshUser = "someusername", by default it uses the System property "user.name"
# executionFrequency = <number of execution per second> , optional, defaulted to 20
    flow execution per second.
# generateCount = <number of generated command> , optional, defaulted to 10000.
# parallelism = <unmber of thread used to execte the commands>, optional, defaulted
    to [ForkJoinPool] default parallelism.
localCertificatesBaseDirectory = "build/load-test/certificates"
localTunnelStartingPort = 10000
remoteNodeDirectory = "/opt/corda"
rpcPort = 10003
remoteSystemdServiceName = "corda"
rpcUser = {username = corda, password = not_blockchain, permissions = ["ALL"]}
```

2. 运行负载测试

为了运行负载测试，你需要有一个活动的 SSH 代理，它运行着一个单独的标识，它有 SSH 访问负载测试簇。你可以使用 IntelliJ 或 Gradle 命令行来启动测试。使用 gradle 配置文件的方法如下：

```
./gradlew tools:loadtest:run -Ploadtest-config=PATH_TO_LOADTEST_CONF
```

使用有系统属性的配置文件的方法如下：

```
./gradlew tools:loadtest:run -Dloadtest.mode=LOAD_TEST -Dloadtest.nodeHosts.0=node0.
   myhost.com
```

你可以使用系统属性提供或重写任何配置，所有属性都需要用 Load Test.. 来添加前缀。使用 ITELLIJ 简单地运行 Main .KT，将配置路径作为 VM 选项提供给 Main. KT。

3. 单个负载测试的配置

负载测试配置不是以块为单位的，而是用来查看节点是如何反应的。有两个顶级旋钮来调整测试行为，测试配置调整代码如下所示。

```
data class RunParameters(
    val parallelism: Int,
    val generateCount: Int,
    val clearDatabaseBeforeRun: Boolean,
    val executionFrequency: Int?,
    val gatherFrequency: Int,
    val disruptionPatterns: List<List<DisruptionSpec>>
)
```

一个值得注意的是中断模式，它可以用来指定中断负载测试正常运行的方式。

```
data class Disruption(
    val name: String,
    val disrupt: (NodeConnection, SplittableRandom) -> Unit
)
```

```
data class DisruptionSpec(
    val nodeFilter: (NodeConnection) -> Boolean,
    val disruption: Disruption,
    val noDisruptionWindowMs: LongRange
)
```

在随机选择的节点上，由随机滤波器在一定的随机间隔下过滤中断。作为一个例子，使用过度处理器的应变 CPU。

```
fun strainCpu(parallelism: Int, durationSeconds: Int) = Disruption("Put strain on
     cpu") { connection, _ ->
    val SHELL = "for c in {1..$parallelism} ; do openssl enc -aes-128-cbc -in /dev/urandom
         -pass pass: -e > /dev/null & done && JOBS=\$(jobs -p) && (sleep $durationSeconds
         && kill \$JOBS) & wait"
    connection.runSHELLCommandGetOutput(SHELL).getResultOrThrow()
}
```

我们可以通过在负载测试的运行参数中指定一个中断规格来使用它。

```
DisruptionSpec(
    disruption = strainCpu(parallelism = 4, durationSeconds = 10),
    nodeFilter = { true },
    noDisruptionWindowMs = 5000L..10000L
)
```

这意味着每 5～10 秒，至少一个随机选择的节点的核心将 100% 运转，并持续 10 秒。

4. 如何编写负载测试

负载测试基本上是由一个随机数据结构生成器定义的，它指定一个节点应该执行的工作单元、执行这项工作的函数，以及一个函数，该函数通过这样做来预测节点应该结束的状态。

```
data class LoadTest<T, S>(
    val testName: String,
    val generate: Nodes.(S, Int) -> Generator<List<T>>,
    val interpret: (S, T) -> S,
    val execute: Nodes.(T) -> Unit,
    val gatherRemoteState: Nodes.(S?) -> S,
    val isConsistent: (S) -> Boolean = { true }
) {
```

负载测试是在 T、工作单位和 S 上的参数化，用跟踪远程节点状态的类型。作为一个例子，让我们看看自我发行测试。这个测试只是从节点到自身创建现金，然后检查本地库，看看这些现金数额是否合计正确。

```
data class SelfIssueCommand(
        val request: IssueAndPaymentRequest,
        val node: NodeConnection
)
```

```
data class SelfIssueState(
        val vaultsSelfIssued: Map<AbstractParty, Long>
) {
    fun copyVaults(): HashMap<AbstractParty, Long> {
        return HashMap(vaultsSelfIssued)
    }
}
val selfIssueTest = LoadTest<SelfIssueCommand, SelfIssueState>(
```

工作单位 SelfIssueCommand 简单地持有一个问题和一个句柄的节点应该提交的问题。生成方法应该为这些提供一个生成器。然后状态 SelfIssueState 持有从节点身份到长的网络地图的映射，描述所生成的问题的总数量（我们将货币固定为美元）。我们想要持有的不变量只是所提交的问题的总和，其应该是库中问题数量的总和。

解释函数应该采用自序函数并更新 SelfIssueCommand 来反映远程节点中预期的变化。在我们的情况下，将简单地将发行量添加到相应节点的长度中。执行函数应该在集群上执行动作。在我们的例子中，它将简单地使用节点句柄并提交 RPC 请求。gatherRemoteState 函数应该检查实际的远程节点的状态，看看它们是否与我们的本地预测冲突，如果冲突，则抛出异常。这个函数应该有自己的段落。

```
val gatherRemoteState: Nodes.(S?) -> S,
```

gatherRemoteState 为所有节点的输入句柄及当前预测状态，如果这是初始集合，则为 NULL。它得到先前状态的原因是允许对节点的远程状态进行非确定性的预测。假设某个工作触发了对节点的异步通知，对于节点无论有没有收到通知，我们都需要考虑处理方法。在这些情况下，S 应该以某种方式表示可能状态的集合，而 gatherRemoteState 应该根据其所做的观察“折叠”集合。当然，我们不需要这个简单的自我测试。最后一个参数是一致的，用于在负载测试结束时对最终一致性进行轮询。

5. 稳定性试验

稳定性测试是负载测试的一种变化，稳定性测试使用执行频率限制来实现恒定的执行速率。为了运行稳定性测试，需要将负载测试模式设置为 STABILITY_TEST(mode=STABILITY_TEST 在配置文件中，-Dloadtest.mode=STABILITY_ TEST 在系统属性中)。

稳定性测试将首先使用 StabilityTest.selfIssueTest 自动发行现金，然后使用 StabilityTest.crossCashTest 进行 P2P 测试，实现随机支付和退出现金。与负载测试不同，稳定性测试将在没有任何中断的情况下运行。

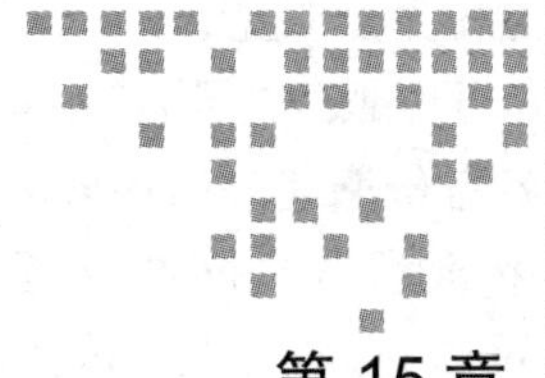

第 15 章 Chapter 15

节点内构件

本章将为读者介绍 Corda 开发中节点内构件的一些基础概念。节点内的构件是支撑 Corda 架构持续发展的重要组成部分，也包含了节点对于分布式账本处置的各项要素。通过对本章的阅读，读者能够明白 Corda 节点的内在机制。对于分析其他区块链和分布式账本架构也具有参考价值。

15.1 节点服务

本节简要介绍节点内的服务组件。虽然不是完全列出，但对于编写代码使用这些服务组件时，或者通过 Corda 的内部组件来操作时，这里阐述的内容将能够提供一些帮助。

15.1.1 节点内的服务

节点服务代表 Corda 节点的各种子功能。一些可以通过 Service Hub 直接访问合约和流，其他的则是托管节点函数的框架内部构件。Service Hub 接口公开了适用于流的功能。任何公共服务接口都在 src/main/kotlin/net/corda/core/node/services 文件夹中定义 coregradle 项目。所有标准服务的实现代码都存在于 gradle 节点项目下的 src/main/kotlin/net/corda/core/node/services 文件夹中。src/main/kotlin/net/corda/core/node/services/API 文件夹包含内部服务的声明和服务间的互操作。

所有的服务都是在抽象节点启动方法中构建的。在初始化过程中，它们也可以调用 NODE 注册一个关机处理程序。对于单元测试，在“节点”和“单元测试”项目中定义了一些非持久性的服务。单元测试项目还提供了内存网络仿真，以允许对对手流量和服务功能进行单元测试。下面描述了各个服务的角色。

1. 密钥管理和身份服务

密钥管理和身份服务主要涉及以下两个方面。

（1）**不记名身份服务**：InMemoryIdentityService 实现了 IdentityService 接口，并提供了 CompositeKey 和远程方之间的远程映射存储。它从 NetworkMapCache 更新中自动填充，并在将事务中的 CompositeKey 转换成完全填充方的身份时使用。此服务也可用于 Web 服务器中各方的默认 JSON 映射，从而允许通过使用方名称来引用其他节点的合法身份。在未来，身份服务将被持久化和扩展，以允许匿名的会话密钥被用在流中，节点的已知复合密钥需要被隐藏到非参与方中。

（2）**持久密钥管理服务和 E2ETestKEY 管理服务**：这些服务的典型用途是找到合适的私有密钥来完成和签署验证的事务，这将作为流的一部分。通常通过 Services 集线器上的帮助扩展方法访问正常节点的合法标识符键，这些最终委托从密钥管理服务向内部私有密钥进行签名。密钥管理服务接口还允许在流中需要匿名密钥时生成其他密钥。注意，这个接口在单个公钥和内部匹配的私有密钥"对"的级别上工作，但是签名权限可以由 NodeInfo 上的"CompositeKey"表示，以允许密钥聚类和阈值方案的执行。

持久性密钥管理服务是密钥管理服务接口的持久实现，它将密钥对记录到数据库中的密钥值存储表中。E2ETestKeyManagementService 是一个简单的密钥管理服务，用于在没有可用数据库时跟踪单元测试中使用的密钥对。

2. 消息和网络管理服务

消息和网络管理服务主要涉及以下三个方面。

（1）**ArtemisMessagingServer**：ArtemisMessagingServer 服务由 Corda 节点内部运行，以承载用于可靠节点通信的 ARTEMISMQ 消息传递代理。可以通过将 messagingServerAddress 设置为远程代理地址来配置节点以禁用此连接，并将其连接到远程代理（测试期间使用的 MOCKNODE 不使用此服务，而是简化了内存网络层）。该服务不暴露于任何 CorDapp 代码中，因为它是一个完全内部的基础结构组件。然而，开发人员可能需要知道这个组件，因为 ARTEMIS 消息服务器负责配置网络端口（基于 NODE.CONF 中的设置），并且服务于 ARTEMISQ 中间件的安全设置，并在节点 MA 之间形成桥梁。基于 NetworkMapService 公告的连接细节的 mailbox 队列，ArtemisMQ 代理被配置为使用 TLS1.2，其中包含一个包含 Corda 根证书的自定义信任库和一个密钥库，该密钥库由一个证书和密钥通过链返回到这个根证书。这些密钥库通常驻留在节点工作区的证书子文件夹中。为了使节点能够彼此连接，至关重要的是，整个节点集能够相互认证，通常它们共享根证书。注意，为服务器定义的地址配置是在 NETWorkMapService 中发布的地址的基础，因此必须由网络中的所有节点进行外部连接。

（2）**NodeMessagingClient**：NodeMessagingClient 是 MessagingService 接口操作 ArtemisMQ 中间件的实现。它通常连接到托管在 ArtemisMessagingServer 服务中的本地 ARTEMISMQ。但是，如果需要的话，可以将 messagingServerAddress 地址设置为远程代理地址。该服务

的职责包括管理节点的持久邮箱、向远程对等节点发送消息、正确地接收所消耗的消息以及对任何怨恨消息进行重复删除。服务还处理来自新 RPC 客户端会话的传入请求，并将它们交给 CordaRPCOpsImpl 来执行请求。

（3）**InMemoryNetworkMapCache**：InMemoryNetworkMapCache 实现 NetworkMapCache 接口，负责跟踪由远程 NetworkMapService 提供的授权节点的标识和广告服务。典型的用途是搜索承载特定广告服务的节点，例如公证服务或 Oracle 服务。此外，此服务允许友好的服务方的名称或身份映射到完整的 NodeInfo，该状态在 StateMachineManager 中用于在流 / 合约中使用的 CompositeKey 或基于服务方的寻址和物理 ArtemisMQ 所需的物理主机和端口信息之间转换。

3. 存储和持久化相关服务

存储和持久化相关服务主要涉及以下三方面。

（1）**储藏室**：StorageServiceImpl 服务简单地保存对各种持久化相关服务的引用，并在 Service Hub 上提供单个分组接口。

（2）**数据库检查点存储**：从 StateMachineManager 代码中使用 DBCheckpointStorage 存储服务来保存流的进程。因此，如果程序终止，则可以从同一点重新启动并完成流程。此服务不应被任何 CorDapp 组件使用。

（3）**DBTransactionMappingStorage andInMemoryStateMachineRecordedTransactionMappingStorage**：DBTransactionMappingStorage 是在 StateMachineManager 代码内使用以关联事务和流。这种关系暴露在 RPC 客户端的事件接口中，从而允许它们跟踪流的最终结果并映射到已完成的实际事务 / 状态。否则，这种服务不太可能被任何应用程序访问。InMemoryStateMachineRecordedTransactionMappingStorage 存储服务可作为不具有数据库的单元测试的非持久实现。

4. 数据库事务存储

DBTransactionStorage 服务是事务存储接口的持久实现，并允许流只读访问完全事务，加上事务级事件回调。新事务的存储必须通过 Services 集线器上的 recordTransactions 方法进行，而不是通过对该服务的直接调用来实现，从而可以发生各种事件通知。

NodeAttachmentService 提供了 Service Heb 接口上的附件存储接口的实现，允许事务将文档、合约代码副本和二进制数据添加到事务中。该服务也与 Web 服务器有接口，允许通过 HTTP POST 请求上传文件。

15.1.2　流框架和事件调度服务

本节描述流的框架和调度服务，内容包含状态监控、节点调度服务和公证实施服务。

1. 状态监控器

StateMachineManager 是运行节点的活动流的服务，无论是由 RPC 客户端、Web 界面、计划的状态活动发起，还是通过从另一个节点接收消息触发。StateMachineManager 类实例中的流代码（流逻辑类的扩展）封装为 FlowStateMachineImpl、Quasar Fiber。这允许 StateMachineManager 在所有关键生命周期点上暂停流，并将其序列化状态通过 DBCheckpointStorage 持久化到数据库。这个过程使用的 Quasar Fibers 库设施管理整个过程，因此满足在 JVM 上运行的 java Quasar Fibers 的仪表设备的代理节点的要求。

在操作中，StateMachineManager 通常在其服务器线程上运行活动流，直到遇到阻塞或外部可见操作，例如发送消息、等待消息或启动子流。然后，将光纤悬浮并将其堆栈帧序列化到数据库，从而确保如果节点停止或在此时崩溃，则流将再次以完全相同的动作重启。为了进一步确保一致性，恢复流的每个事件打开数据库事务，在该暂停过程中提交数据库事务，确保数据库修改，例如状态提交与流的突变保持同步。在记录了光纤状态之后，StateMachineManager 按照需要执行网络动作（内部交换的一条流消息实际上可能涉及多个物理会话消息来对远程节点上的注册流进行认证和调用）。流程将暂停，直到返回所需的消息，调度器将恢复其他激活流的处理。在收到来自网络层的预期响应消息时，StateMachineManager-Advor 定位适当的流，在阻塞步骤之后立即用接收的消息恢复它。因此，从流的角度来看，代码执行为简单的线性处理级数，即使存在节点重启和可能的消息重传（消息层基于检查点的 ID 的消息重复，会删除）。StateMachineManager-Service 不直接暴露于流中，也不会自行收缩。

2. 节点调度服务

NodeSchedulerService 实现调度服务接口，并监视库更新以跟踪实现调度程序接口的任何新状态，并要求自动调度的流启动。在预定的适当时间，NodeSchedulerService 将创建一个新的流实例，将它传递给触发事件的状态进行引用。然后，流动可以开始任何需要的行动。注意，预定活动发生在保存库中的状态的所有节点中，因此如果当前节点不是预期的发起方，则可能需要该流尽早退出。

3. 公证流实施服务

公证流实施服务方是持久唯一性提供者、内存唯一性提供者和 RAFT 唯一性提供者。

公正流的这些变体都通过使用公证流来跟踪消费状态，从而拒绝双重支出方案。InMemoryUniquenessProvider 提供的程序仅用于单元测试，默认为 PersistentUniquenessProvider，它将更改记录到 DB。当筏基公证有效时，使用 RaftUniquenessProvider 程序对整个集群进行跟踪。在公证流转之外，任何 CorDapp 组件都不能访问该服务。

15.1.3 公证服务

公证服务可分为简易公证服务、验证公证服务和 RAFT 公证服务三类。NotaryService 是公证服务器流的抽象基类，它能支持各种具体实现。默认情况下，节点不运行任何 NotaryService 组件。为此，你需要指定公证配置。然后，当节点使用 NotaryFlow.Client subFlow 进行接触时，节点可以参与控制状态的唯一性。SimpleNotaryService 只提供了防止双重花费的保护，但没有进一步验证。ValidatingNotaryService 检查所建议的事务是否正确地由命令中列出的所有密钥签名，并运行合约验证，以确保遵循状态转换规则。RaftValidatingNotaryService 进一步扩展了流程，以对跨越 RAFT 协议运行共享一致状态的节点集群进行操作（注意，这需要 notaryClusterAddresses 属性的附加配置）。

15.1.4 本地库相关服务

本节介绍本地库的服务，包含节点库服务、节点模式服务和观测器。

1. NodeVaultService

NodeVaultService 实现了 VaultService 接口，允许访问节点自己的一组未被消耗的状态。服务跟踪事务存储服务中的更新通知，处理相关的更新，删除已消耗的状态，插入新的状态，然后将结果更新保存到数据库。VaultService 向流和 CorDapp 服务公开的 API 可以进行查询和事件通知，以允许它们响应更新，或查询满足各种条件的状态，形成消耗它们的新事务。同样的服务也被转发给 RPC 客户端，以便它们可以显示节点所持有的状态更新视图。

2. 节点模式服务与 Hibernate 观测器

Hibernate 观测器运行在节点框架内，监听库状态更新，使用 NodeSchemaService 的映射服务来记录辅助数据库表中的状态。这允许 Corda 状态更新将未打包数据插入到现有表中，提供服务给外部遗留系统。为了启用这些特性，合约状态必须实现 QueryableState 接口来定义映射。

15.1.5 Corda 网络服务器

Corda 提供了一个简单的 Web 服务器，并被嵌入 JETTY Servlet 容器。Corda Web 服务器并不意味着要用于真实的、生产质量高的 Web 应用程序。相反，它展示了在 Web 应用程序中使用 CorDapp RPC 的一种示例方法，以在 Corda 原生 RPC 机制之上提供 REST API。Corda Web 服务器可以在正式生产环境中被删除，并用 Spring Boot 之类的标准框架代替特定于样本的 Web 应用程序。

15.2 Vault

Vault 库包含与节点所有者相关的分类账中提取的数据，存储在关系模型中，该关系模型可以很容易地被查询和使用。Vault 跟踪未消耗的状态和消耗的状态：

- 未消费（或未使用）的状态表示可供消费的、可供使用的状态，（包括花费自交易）和可用于演进的线性状态（例如响应于交易的生命周期事件）。
- 消耗（或花费）状态表示事务处理、审计和存档的分类账不可变状态，包括与应用程序私有数据（如客户注释）执行连接的能力。

根据可替代性，可计量的资产（例如现金货币、股票单位）可以组合在一起代表一个分类账的状态。与密码库一样，Corda 库可以将可交换状态结合起来，并可能添加一个使值平衡的改变输出来创建发送值（例如，状态转移）的事务,（这个过程通常被称为“硬币选择”）。储备金支出确保交易遵守可替代规则，以确保发行人和参考数据在资产从一手到第一手时被保存。一个称为软锁定的特性提供了自动或显式保留状态的能力，以防止同一节点内的多个事务同时尝试使用相同的输出。虽然这种情况最终会被公证人检测到，但软锁定为这种不必要和无效的情况提供了早期检测机制。目前实施的基本都是“硬币选择”。未来的工作包括可撤销状态优化（背景状态的分裂和合并）和状态重新发布（将状态发送回发行者以重新发布，从而修剪长期交易链和改善隐私）。也有一个附加的描述性文本注释存储在金库中的事务中。金库支持对权威（on-ledger）表格中的数据进行管理，并且在适当的情况下，支持阴影（“Off-ledger”）形式。

- “分类账”数据指的是一个公司所参与的分布式分类账（现金、交易）。
- “非分类账”数据指的是企业内部参考数据、静态数据和系统数据。

图 15-1 说明了 Vault 到子系统组件的跳转。

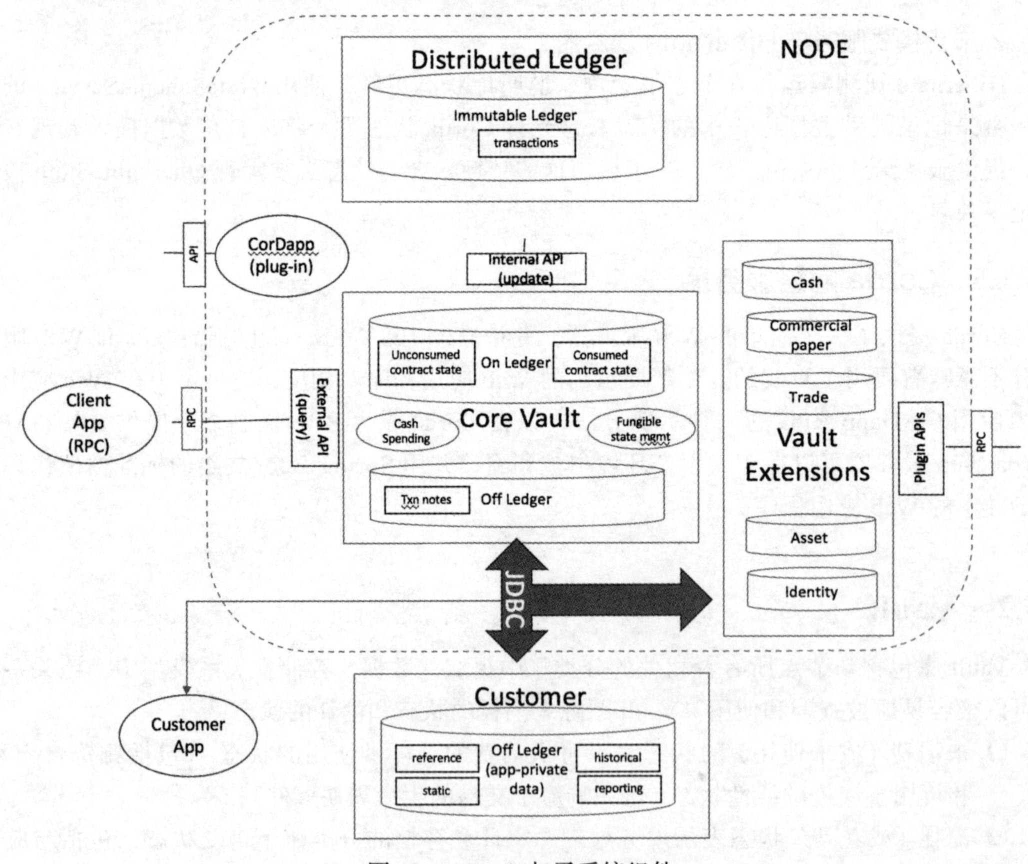

图 15-1 Vault 与子系统组件

请注意以下事项：

- “Ledger”存储库跟踪未被消耗的状态，并在记录账簿上的事务时由节点内部更新（在所有参与者成功的合约验证和签名之后）。
- “关闭 Ledger”存储库是指在事务记录之后，由节点所有者添加附加数据。
- 保险库执行可替代的状态支出命令（将来还会进行可替代的状态优化管理，包括合并、拆分和再发行）。
- 库扩展表示开发人员可以编写的附加自定义插件代码，用于查询定制合约状态属性。
- 客户“链外账”（私人商店）代表内部组织数据，可以与库数据一起进行额外的报告发布或处理。
- 使用标准 CorDapp RPC 和 CorDapp 插件机制向开发人员公开库查询 API。
- 事务记录流内部使用库更新 API。
- 库的数据库模式可以直接通过 JDBC 访问，以供客户加入和查询。

15.3　网络和消息传递

Corda 在节点之间的 TLS 上使用 AMQP 1.0，节点当前使用 Apache ArteMIS，这是一个可嵌入的消息队列代理实现。在已建立的 MQ 协议的基础上，我们提供了像磁盘持久化、自动递送回退和死信路由、安全性、大消息流等特性。ARTEMIS 隐藏在一个简单的接口后面，它还有一个只在单元测试和可视化工具中使用的内存实现。Corda 未来的版本将允许 MQ 将代理拆分为主节点并作为单独的服务器运行。我们还可以通过 JMS 支持非 ARTEMIS 实现，允许代理为其他实现进行交换。有多种方式与网络交互。编写应用程序时，通常不会直接使用消息传递子系统。相反，将构建在流框架之上，它在原始消息的顶部添加了一个层来管理多步流，并让你考虑身份而不是特定的网络端点。

15.3.1　网络地图服务

支持消息层是一个网络地图服务，它负责跟踪网络上的公共节点。节点有一个内部组件，即网络地图缓存，它包含网络地图的副本（这只是一个文档）。当节点启动时，它的缓存获取完整网络映射的副本，并请求通知更改。然后，节点将自己注册到网络地图服务，服务同时会通知用户新节点已经加入了网络。节点不会自动取消注册，因此在网络映射中保留离线维护的节点，并且对它们进行消息队列化，从而最小化中断。节点向 MAP 服务提交签名更改，然后将更新通知转发给请求更改通知的节点。网络地图目前支持：

- 按服务查找节点。
- 按参与方查找节点。
- 建议一个节点提供一个特定的服务，基于合约和当事人的适用性，例如为利率互换合约提出适当的利率预言机。目前没有推荐逻辑。

15.3.2 消息队列

节点使用各种队列来操作。更重要的是下面的描述。其他队列用于维护和其他次要目的。

- p2p.inbound.$identity：该节点监听队列上的其他对等节点发送的消息。只有被认证为在同一网络上的节点的客户端才被允许发送。内部路由的消息也被发送到该队列（例如，在同一节点上的两个流彼此通信）。
- internal.peers.$identity：这是一组专用于队列的私有队列，它用于将消息路由到其他对等点。队列名称以对等体的身份密钥的基 58 编码结束。每个对等体最多有一个队列。经纪人创建一个从这个队列到对等体的 p2p.inbound.$identity 身份队列的桥梁，使用网络地图服务来查找对等网络地址。
- internal.services.$identity：这些是节点可以用来路由消息到服务的专用队列。队列名称在服务拥有的身份密钥的基 58 编码中结束。每个服务标识最多有一个队列（但注意任何一个服务可能具有多个身份）。代理为网络中的所有节点创建桥接器，对所讨论的服务进行广告。当会话与服务对手发起时，握手被推到该队列上，并且使用相应的桥接器将消息转发给广告对等点的 P2P 队列。一旦选择了对等体，会话继续正常运行。
- rpc.requests：RPC 客户机在这里发送它们的请求，并且只对由 RPC 用户进行身份验证的客户机发送。
- clients.$user.rpc.$random：RPC 客户端被允许创建一个包含它们的用户名（$user）的临时队列，并允许从其接收消息的唯一权限。RPC 请求需要包括一个随机数（$random)，从该节点可以构建用户正在侦听的队列，并将响应发送给该节点。该机制防止其他用户能够监听响应。

15.3.3 安全性

试图连接到节点代理的客户端属于四个组中的一个：

- 任何与用户名 SystemUsers/Node 连接的人都被视为承载代理的节点，或节点的逻辑组件。它们提供的 TLS 证书必须与节点的一个代理匹配。如果是这样的话，它们将被完全访问所有有效队列，否则将被拒绝。
- 任何与用户名 SystemUsers/Node 连接的人都被视为与节点相同的 Corda 网络上的对等体。它们的 TLS 根 CA 必须与节点的根 CA 相同——根 CA 是网络的看门人，并且具有相同的根 CA 意味着我们已经被同一个看门人释放。如果它们是同一网络的一部分，那么它们只能被允许发送给我们的 P2P。
- 每个其他用户名都被视为 RPC 用户，并根据节点的有效 RPC 用户列表进行身份验证。如果这是成功的，那么它们只被给予足够的权限来执行 RPC，否则将被拒绝。

- 没有用户名和密码连接的客户端被拒绝。

ARTEMIS 提供了一个功能，用已验证的用户注释每个接收到的消息。这允许节点的消息传递服务向系统的其余部分提供经过验证的消息。对于前面描述的前两个客户端类型，验证的用户是客户端 TLS 证书的 X.500 主题。这允许流框架来真实地确定发起新流程的一方。对于 RPC 客户端，验证的用户是用户名本身，RPC 框架使用它来确定用户拥有什么权限。当连接到另一个对等主体时，代理也进行主机验证。它检查 TLS 证书主题与从网络地图服务发布的 X.500 合法名称是否匹配。

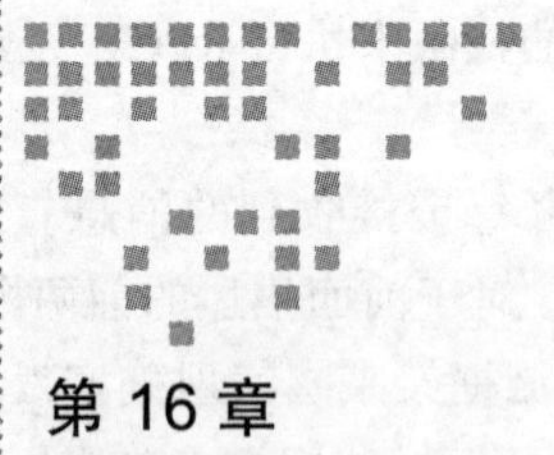

Chapter 16 第 16 章

组件库

本章将介绍 Corda 组件库，在本章中将为读者介绍 Corda 开发中可以使用的一些组件，使用这些组件，能方便和简化读者的开发。读者也可以参考这些已有组件，制作自己应用场景的常用组件。Corda 从面向金融领域出发，所以当前组件库都是面向金融业务的，但能为设计开发其他组件提供有价值的参考。这些组件之间的联系不是非常紧密，读者可以有选择地阅读自己感兴趣的部分。

16.1 流库

这里有许多内置的 Corda 流，它覆盖了一些核心功能。

1. 最终流

最终流验证给定的事务，然后将它们发送给指定的公证人。如果公证人同意交易，那么其就从提交到分类账的那一刻开始被写入永久库。此外，公证人将分布在参加者名单中反映缔约状态。事务将在承诺之前对拓扑进行排序，以确保依赖关系在依赖方之前提交，因此你不需要自己执行。预期事务已经解决：如果它们的依赖项在本地存储或给定集合内不可用，则验证将失败。除了公证人之外，必须有来自所有必要方的签名。如果进行了指定，则事务将发送给额外的收件人。每一笔交易通知的当事人的基本集合是根据每一交易的基础计算的。流以相同的顺序返回与附加签名相同的事务。

2. 收集签名流

CollectSignaturesFlow 用于自动将签名从事务方收集到的事务。通过使用至少已由自己签名的 SignedTransaction 来使用 CollectSignaturesFlow。该流将进行对方身份的识别，并请求来自每个对方的签名。最后，流将验证所有签名并返回所有收集签名的 SignedTransaction。在响应侧使用此流时，必须对 AbstractCollectSignaturesFlowResponder 进行子类实现，并提供检查事务方法的自己的实现。这是为了应对应答方添加额外的验证逻辑。你需要检查的内容包括：

- 确保正在接收的事务是期望接收的事务，即具有预期类型的输入和输出。
- 检查输出的属性是否符合你的预期，在没有集成参考数据源的情况下这可以提供便利。
- 检查事务没有错误地花费你的资产状态，因为事务创建者有可能访问你的一些状态引用。

通常在调用 CollectSignaturesFlow 之后，可以调用 FinalityFlow。

3. 发送事务流 / 接收事务流

通过递归检查所有依赖项的有效性，SendTransactionFlow 和 ReceiveTransactionFlow 用于自动验证事务。一旦一个事务被检查通过并接收，它就会被插入到本地存储中，这样它就可以被中继，不会再被检查。SendTransactionFlow 将事务发送给对方并侦听数据请求，作为验证事务的对手，可以通过在 SendTransactionFlow 流中重写 verifyDataRequest 方法来实现额外的检查来限制数据访问。接收方事务流程返回验证的 SignedTransaction。

16.2 合约目录

Corda 提供了许多合约，它涵盖了两个核心功能（如分类账上的现金），并提供了如何建模复杂合约（如利率掉期）的例子。还有一个虚拟合约，但其不提供任何有意义的功能，纯粹用于测试。

1. 现金

现金合约的状态对象代表一部分货币的发行量，由某一方拥有。任何货币都可以由任何一方发行，并由接收方决定是否信任发行人。一般情况下，节点预期有发行人必须兑现的标准，以便他们发行的现金被接受。现金状态对象实现 FungibleAsset 接口，并可作为商业票据和债务合约的一部分用于结算未偿债务。合约的验证功能要求受益人收到正确金额的现金状态对象作为结算交易的一部分。现金合约支持发行、移动和退出（销毁）状态。要注意，与其他现金命令相比，发行不能是同一交易的一部分，以使余额验证中的复杂性最小化。现金与商品合约共享一个共同的超类别，OnLedgerAsset 实现了在链上发布、移动和退出资产的共同行为，子类处理资产特定的数据类型和行为。Corda 通过实现 CashSelection 接口支持可插拔现金选择算法。默认实现可针对不同数据库提供者重写的 H2 特定查询。请参见 META-INF\services\net.corda.finance.contracts.asset.CashSelection 中的 CashSelectionH2Impl 及其关联声明。

2. 商品

商品合约是一种非货币合约的早期实例，其实现了 FungibleAsset 资产界面。这个界面被用作非现金债务的概念证明。

3. 商业票据

商业票据是一个非常简单的义务，在将来的某个时间点（到期日）支付一定数量的现金，主要作为简化的合约用于指导交易。商业票据支持发行、移动和赎回（结算）状态。与完全责任合约不同，它不支持锁定状态，因此如果债务人在支付过程中或在国家对象的网络上违约，则通过商业票据无法解决。

4. 利率互换

利率互换合约是一种双边合约，用于实现固定 / 浮动的同一货币利率互换。一般来说，IRS 允许两个交易方根据潜在利率的变化来修改他们的风险敞口。IRS 通常被用作对冲工具，将固定利率贷款转换为浮动利率贷款，反之亦然。

5. 债务

债务合约的状态对象代表提供某种资产的义务，通常是现金状态对象，但可以是履行合约资产界面的任何合约状态对象，包括其他义务。义务合约使用名为术语的对象来将命令和状态对象分组在一起。术语是义务状态对象的子集，包括应支付什么、何时以及向谁支付的细节。义务状态对象可以与任何可替代资产一起发出、移动和退出。债务合约还支持状态对象网络化和生命周期变化（将一个状态对象标记为默认的义务，或在标记为缺省后恢复到正常状态）。NET 命令不能包含在同一事务中的任何其他义务命令中，因为它适用于具有不同受益者的状态对象，因此适用于多个术语。

所有其他的义务合约命令都指定义务条款（什么是交付的，由谁和何时）用作输入 / 输出状态和命令的分组密钥。可发布其他和生命周期命令相互排斥的命令（移动 / 退出），这些命令适用于相同的义务条款，如果适用于不同的条款，那么多个命令可以出现在一个单一的交易。例如，一个合约可以有两个不同的问题命令，只要它们适用于不同的术语，但不能有一个问题和一个网络适用于相同的术语。债务净额支持关闭净额结算（可由债务人或受益人触发，但限于双边净额结算）和支付净额结算（这需要来自所有相关方的签名，但支持多边净额结算）。

16.3 金融模型

Corda 标准库提供了大的数据类型的应用程序中使用的财务和合约状态的对象，即提供了状态和合约的通用语言。

16.3.1 数量

数量类用来表示一些可替代资产的数量。它是一个泛型类，它用于定义底层产品的类型（称为令牌）。例如，它可以是标准的 JDK 类型货币，或者是一个发布的实例，或者是一个更复杂的类型，如义务合约发布定义（包含一个令牌定义，用于解决任意义务）。自定义令牌类型应该实现 TokenizableAssetInfo 信息，以允许金额转换助手处理不同进制的转换以计算正确的 displayTokenSize。这里“转换”是指资产实例可用于任何其他相同的实例，并且它们可以被拆分 / 合并。例如，一张 5 英镑的钞票可以合理地兑换成 5 张 1 英镑的钞票，一张 10 英镑的钞票可以换成 2 张 5 英镑的钞票，反之亦然。

下面是一些例子：

```
// 一些特定货币的数量，如英镑、欧元、美元等
Amount<Currency>
//由特定发行人发行的一种货币，例如中央银行和其他银行的货币
Amount<Issued<Currency>>
// 一种受特定义务条款支配的产品数量
Amount<Obligation.Terms<P>>
```

数量为整数。你不能用数量表示负数或分数：如果你想这样做，那么你必须使用其他的类型，通常是 BigDeCimal。对于货币来说，数量代表硬币、美分或其他任意货币的最小整数，它可还可以用于其他资产以表示不同含义，例如 1000 吨煤。精确的转换比率可显示的数量是通过 displayTokenSize 属性——一个单令牌的大数位表示的。量也定义了相关方法进行溢出检查的加法和减法（这些运算符重载在 Kotlin 和 Java 中可以作为正则方法）。更复杂的计算通常在 BigDecimal 中进行，之后会转换回来，以确保适当考虑舍入，并确保令牌保存。

发行的产品指的是一种产品（如现金、现金类的东西、资产，或者一般可以量化的任何东西）。发行的产品通常遵循一个生命周期，包括发行、移动和从分类账中退出（参见现金合约及其相关的状态和命令）。

为了表示数量令牌的移动，常使用金额转移类型来记录转移的数量和角度。正值将指示令牌从源（例如一方）或复合键到目的地的移动，负值可以用来指示从目的地到源的令牌的逆行运动。amounttransfer 支持加法（如 Kotlin 或 Java 方法）以提供网流聚合。应用方法可用于处理清单 List<SourceAndAmount> 中的属性量对象列表，以实现实际传输。

16.3.2 财务状况

除了公共状态类型之外，多个接口将合约状态扩展为金融模型状态。

1. 线性状态

线性状态有唯一的标识符 StateReF，并通过状态转换对其进行携带。这样的状态不能在事务中复制、合并或拆分，仅可继续或删除。线性状态常用于模拟不可分割的 / 不可替代的事物（如特定的交易）或不可分割的资产（如一件稀有的艺术品）中。

2. 解除状态

解除状态表示两个或多个当事人之间的协议的线性状态。其旨在简化实现操纵许多协议类型的通用协议。FungibleAsset 旨在用于代表可交易的、可计数的和由特定的一方发行

的资产的合约状态。状态包含等价的资产（如同一货币的现金），因此它们存在的记录可以在发行人相同的情况下按需要合并或分割。例如，美联储发行的美元是可替代的和可数的（美分），西德克萨斯原油的桶数是可替代的和可数的（两个小容器的油可以倒进一个大容器），一个特定的公司中同一类的股票是可替代的和可数的等。

图 16-1 说明了完整的合约状态层次结构。

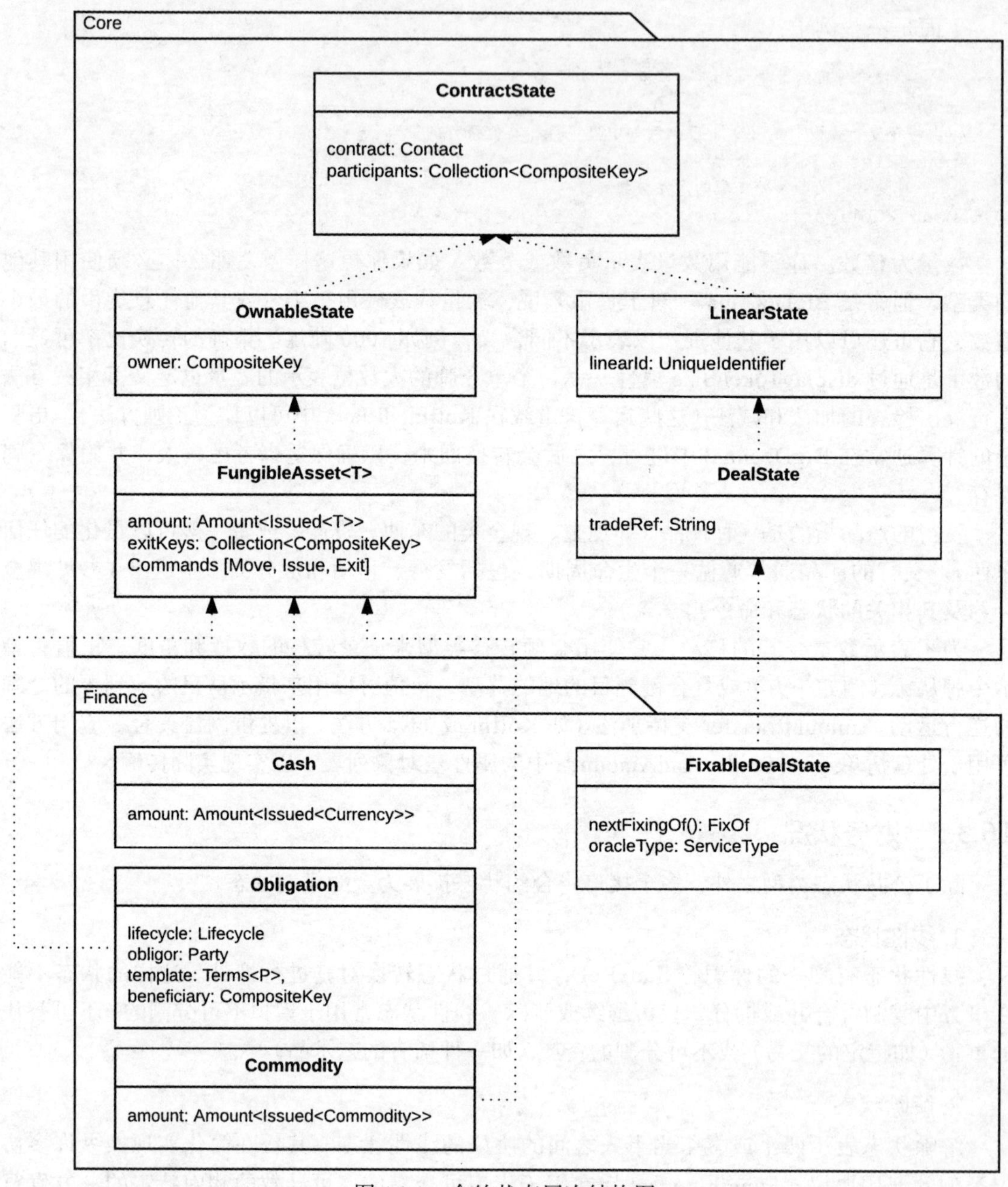

图 16-1 合约状态层次结构图

注意，目前有两个库——一个核心库和一个金融模型特定的库。开发人员可以直接重用或扩展财务类型，或者通过将核心类型扩展到核心库来编写自己的财务类型。

16.4 利率互换

利率互换（IRS）合约（来源：IRS.kt，IRSUtils.kt，IrSouth.KT）是一个双边合约，以实现相对固定 / 浮动相同的货币 IRS。一般来说，IRS 允许两个交易对方根据潜在利率的变化来修改他们的风险敞口。它们通常被用作对冲工具，将固定利率贷款转换为浮动利率贷款，反之亦然。

IRS 合约会存在一段时间（通常是可计量的）。它开始于它的价值日（不是协议日），并且被认为在其到期以后不再活跃。在这段时间里，有一种现金流的交换，通过观察每一条利率的经济性来计算交易数据。这些是基于不实际交换但实际用于计算的量（并且因此被称为名义量），以及固定在交换的生成上的速率，或者基于在交换期间检索的参考速率（t）。一个示例参考率可能是“Libor 3M”之类的东西。

固定利率具有预先计算和设置的速率，而浮动利率具有固定过程，而下一周期的速率相对于基准速率是固定的。然后进行计算，即用该期间到期的利息乘以名义支付金额（通常在期末）。如果这两条利率具有相同的付款日期，那么这些流可以相互抵消（在现实中，通常存在两个对手之间的这些掉期的数量，从而在对手方层面上执行进一步的网络命令）。固定利率和浮动利率不必具有相同的周期频率。事实上，传统的互换行为都不具有相同的周期。

目前，在我们编写的合约代码中没有实际支付或义务的概念，在代码中只表示需要的支付行为。

考虑一下图 16-2 所示情况：X 轴代表时间，Y 轴代表利率支付的大小（不按比例），从浮动利率接收器 / 固定利率付款人的角度展现。“$Y = 0$”上的点代表利率值变得可用，然后曲线箭头指示固定应用的相应时期。

以两天为例，在兑现期之前，从预言机中观察到的参考费率是 1.1%。在权责约定结束时，有责任的浮动利率付款人应付的金额是：

应付的金额 =1.1%× 名义金额 × 权责约定时期 / 360 天

这笔金额在权责约定期末支付。同样，在支付前的两个工作日内，这个比率是固定的（这个时间内是 0.5%），但是实际情况下，利率不会有如此大的不同，并且会执行同样的计算来评估在这个期限结束时到期的支付数额。这个过程一直持续到互换到期并计算最终支付金额。

1. 创建实例和生命周期

IRS 有两个有效的操作。第一个是通过同意命令（双方签署）生成，第二个（重复操作）是固定的，以应用固定速率。要查看创建 IRS 所需的最小数据集，请参阅 IRSTests.kt，它在函数 IRSTests.createDummyIRS() 中有两个示例。当同意函数被调用时，浮动利率和固定利率支付时间表被创建并且可以被查询。一旦 IRS 同意，那么唯一有效的操作就是对 Calculation.floatingLegPaymentSchedule 地图中的一个条目申请修复。修复程序不必按顺序应用。在 IRSTests.generateIRSandFixSome() 中可以看到应用定位器的例子。它通过一个 IRS 的下一个固定日期的循环，用上面的示例函数创建时间表，然后对每个浮动事件应用固定利率 0.052%。目前，还没有成熟、终止或争议性的操作。

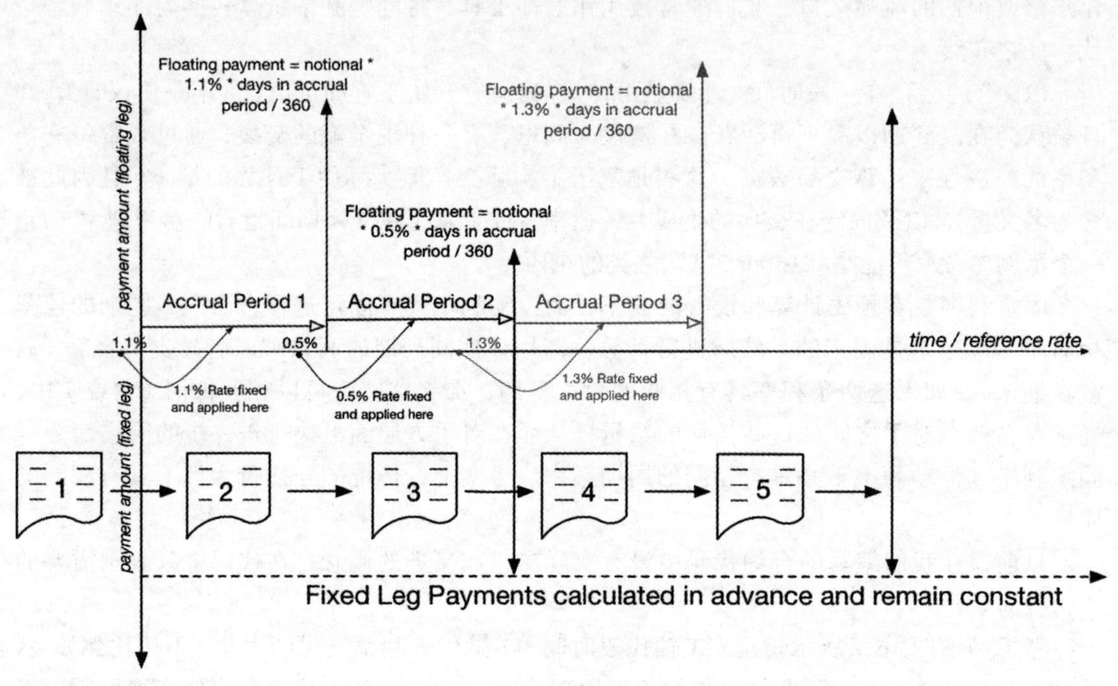

图 16-2　时间支付图

2. 技术细节

合约本身包括 4 个数据状态类：FixedLeg、FloatingLeg、通用和计算。回想一下，平台模型是严格不变的。为了进一步说明，在状态之间，唯一被修改的类是计算类。公共数据类包含整个交换所需的所有数据，例如贸易标识符、估价日期等数据。固定利率和浮动利率的类都来自公共基类。这是由于它们有很多共同的领域。公共贷款类包含名义金额、支付频率、生效日期（以及调整选项）、终止日期（和可选调整）、日系数计算的日数基础、支付延迟、支付日历及权责发生制调整选项。利率类包含所有的细节，以及支付者的细节、固定的速率和日期滚动约定（即如果计算的日期在银行假日或周末登陆时该怎么办）。浮动利率包含了公共利率和付款人的所有细节、滚动约定、定额滚动约定、计算重置的月份、固定的频率周期、固定日历和参考索引的细节（源和主旨）。

计算类包含一个表达式（可以通过使用所提供的变量的分类账和合约的任何成员来评估）和两个时间表——floatingLegPaymentSchedule 和 fixedLegPaymentSchedule。固定利率计划显然是预先设定的，但是，在交换的生命周期中，浮动利率计划在每次固定利率被呈现时再生。由于这个原因，浮动利率上有两个辅助功能：Calculation.getFixing 返回最早的未设置修复的日期；Calculation.applyFixing 返回新的计算对象，修改后的固定就位。请注意，两个时间表是一致的，由付款日期索引，但两天前举行的公约不会在付款日期内。floatingLegPaymentSchedule 中的支付事件开始于 FloatingRatePaymentEvent（它是尚未完成的利率支付的表示形式），其全部替换为等效的 FixedRatePaymentEvent（这是与固定利率相同的类型）。